Droit fiscal immobilier

DROIT FONDAMENTAL

COLLECTION DIRIGÉE PAR

STÉPHANE RIALS

DROIT FINANCIER

Droit fiscal immobilier

LUCIENNE-VICTOIRE
FERNANDEZ-MAUBLANC

MAÎTRE DE CONFÉRENCES À LA FACULTÉ DES LETTRES DE BORDEAUX

JEAN-PIERRE MAUBLANC

PROFESSEUR À LA FACULTÉ DE DROIT DE BORDEAUX

PRESSES UNIVERSITAIRES DE FRANCE

ISBN 2 13 046816 0

Dépôt légal — 1re édition : 1996, janvier

108, boulevard Saint-Germain, 75006 Paris

Sommaire

DEUXIÈME PARTIE

L'IMPOSITION DES SOCIÉTÉS IMMOBILIÈRES

TROISIÈME PARTIE

LA FISCALITÉ IMMOBILIÈRE GÉNÉRALE

TABLEAU DES ABRÉVIATIONS

Revues et documentations

AJDA	*Actualité juridique, Droit administratif*
AJPI	*Actualité juridique, Propriété immobilière*
BODGI	*Bulletin officiel de la direction générale des impôts*
Bull. civ.	*Bulletin des arrêts de la chambre civile de la Cour de cassation*
BF	*Bulletin fiscal F. Lefebvre*
CGI	Code général des impôts
C. urb.	Code de l'urbanisme
Doc. adm.	*Documentation administrative*
Doc. F. Lefebvre	*Documentation pratique F. Lefebvre*
DA	*Droit administratif*
DF	*Droit fiscal*
DS	*Dalloz Sirey*
Gaz. Pal.	*Gazette du Palais*
JO, Déb. AN	*Journal officiel, Débats de l'Assemblée nationale*
JO, Déb. Sénat	*Journal officiel, Débats du Sénat*
JCP	*Jurisclasseur périodique (Semaine juridique)*
JCP, éd. CI	*Jurisclasseur périodique, édition commerce et industrie*
JCP, éd. N	*Jurisclasseur périodique, édition notariale*
Jur.-Cl. fisc.	*Jurisclasseur fiscal*
LPA	*Les Petites Affiches*
LPF	*Livre des procédures fiscales, annoté par J. Lamarque*
Rec.	*Recueil des arrêts du Conseil d'Etat* ou *Recueil des arrêts de la Cour de justice des communautés européennes*
REDI	*Revue d'économie et de droit immobilier*
Rev. dr. immo.	*Revue de droit immobilier*
RJF	*Revue de jurisprudence fiscale*
RSF	*Revue de science financière*
RSLF	*Revue de science et législation financière*
RFDA	*Revue française de droit administratif*
RFFP	*Revue française de finances publiques*
Rev. soc.	*Revue des sociétés*
Rev. dr. rur.	*Revue de droit rural*

Abréviations usuelles

Ass.	Assemblée
BA	bénéfices agricoles
BIC	bénéfices industriels ou commerciaux

BNC	bénéfices non commerciaux
CAA	Cour administrative d'appel
CE	Conseil d'Etat
CGI	Code général des impôts
CJCE	Cour de justice des communautés européennes
Cass.	arrêt de la Cour de cassation
Civ.	arrêt de la chambre civile de la Cour de cassation
Com.	arrêt de la chambre commerciale de la Cour de cassation
Cons. const.	Conseil constitutionnel
doctr.	doctrine
IGF	Impôt sur les grandes fortunes
ISF	Impôt de solidarité sur la fortune
IR	Impôt sur le revenu
IS	Impôt sur les sociétés
Plén.	arrêt de plénière fiscale (7e, 8e et 9e sous-sections réunies)
PV	plus-value
Rép.	réponse ministérielle
req.	requête
TPF	Taxe de publicité foncière
TVA	Taxe sur la valeur ajoutée
TA	Tribunal administratif
TGI	Tribunal de grande instance

Introduction

Définition du droit fiscal immobilier

C'est une branche du droit fiscal dont l'objet est la fiscalité des immeubles. Mais l'impôt exerce une telle force d'attraction sur l'immeuble qu'il est possible d'adopter une définition soit étroite, soit extensive de cette discipline. Chacune de ces définitions présente un intérêt puisque, si la définition étroite fut un élément déterminant dans la naissance de cette discipline, la définition large est plutôt retenue par la doctrine contemporaine. Dans tous les cas cependant, il convient de ne point en exagérer la spécificité.

1 L'ATTRACTION FISCALE POUR L'IMMEUBLE. — La caractéristique majeure de l'immeuble ne réside pas tant dans son caractère statique que dans l'attraction qu'exerce sur lui la fiscalité. L'impôt frappe les transmissions, mutations, cessions, apports, constructions, locations, les profits et plus-values, etc., d'immeubles ou de biens immobiliers de toute nature selon des règles qui présentent une infinie diversité dans les techniques mises en œuvre. Impôts d'Etat ou impôts locaux, directs ou indirects, périodiques ou occasionnels, analytiques ou synthétiques, le droit fiscal immobilier présente une hétérogénéité déroutante, issue d'un empirisme fiscal et d'une boulimie insatiable de la puissance publique.

Il est aisé de justifier cette propension irrésistible pour l'immeuble. Elle procède d'abord des caractéristiques physiques de celui-ci. De par son volume, ses dimensions et sa fixité géographique, c'est une matière imposable non dissimulable et aisément taxable. Elle résulte aussi d'une présomption d'aisance financière qu'induit la propriété ou la possession d'un immeuble, elle-même génératrice de revenus imposables. Elle se fonde enfin sur plusieurs doctrines qui, en accord avec les conceptions dominantes de l'époque, ont valorisé la propriété immobilière, symbole par excellence du pouvoir politique et de la richesse économique dans les sociétés rurales traditionnelles ou dans celles de l'âge industriel (depuis l'adage romain *res mobilis res vilis* jusqu'à la doctrine physiocratique). Ce furent d'ailleurs les théories des physiocrates qui inspirèrent la fiscalité directe du XIXe siècle, fondée sur la taxation du capital immobilier (les contributions foncières et la contribution mobilière personnelle).

En réalité, l'aggravation de la fiscalité pesant sur les immeubles apparaît d'autant moins justifiée que s'atténue la distinction fiscale entre meubles et immeubles et que le droit fiscal assimile à une propriété immobilière la possession de droits sociaux (v. n° 30). Elle n'est toutefois pas exclusive de régimes fiscaux très favorables applicables à certaines opérations immobilières (v. n°s 164 et 187).

2 LA DUALITÉ DES DÉFINITIONS DE LA FISCALITÉ DES IMMEUBLES. — Il n'est pas de développement quelconque relatif à la fiscalité qui n'aborde, à des titres et pour des motifs multiples le statut fiscal des immeubles. Celui-ci se rattache à la fiscalité directe comme à la fiscalité indirecte ; il est au cœur de l'imposition des revenus, du capital et de la dépense. La richesse du vocabulaire révèle cette inépuisable matière imposable qu'est l'immeuble. Praticiens et auteurs évoquent selon les circonstances la fiscalité immobilière ou foncière, celle du patrimoine ou du capital immobilier, celle de l'urbanisme ou de la construction immobilière, en prêtant du reste des acceptions différentes à ces expressions voisines. Pourtant, jusqu'à une période récente, la diversité des impositions applicables aux immeubles n'a pas conduit à identifier une discipline spécifique par son objet d'étude.

L'extension du champ des investigations, la pesanteur des habitudes fondées sur les classifications fiscales traditionnelles, ainsi qu'une présentation analytique de la fiscalité (entendue comme une juxtaposition d'impôts) n'inclinaient guère vers une approche plus synthétique. Au demeurant, c'est à l'époque contemporaine qu'apparurent les classifications matérielles, telle la fiscalité des entreprises ou celle des ménages, qui présentent l'avantage de considérer le contribuable situé dans un système fiscal par définition global, constitué par de nombreux sous-systèmes en étroite liaison.

La rationalité eût justifié que l'on définît la fiscalité immobilière comme l'ensemble des règles fiscales applicables aux immeubles, à l'instar du droit administratif qu'une partie de la doctrine décrit comme étant le droit applicable à l'administration. Mais cette conception extensive ne fut ni retenue ni même envisagée initialement.

Dès l'origine, le terme de fiscalité immobilière fut entendu dans un sens étroit, pour des raisons à la fois historiques et finalistes qui permirent à cette discipline nouvelle de revendiquer un champ d'investigation spécifique, fondé sur un critère rationnel. Mais l'ampleur et le développement de la fiscalité générale applicable aux immeubles ainsi que la généralisation des techniques de l'interventionnisme fiscal ont conduit à élargir cette conception trop étroite et à adopter en définitive la définition large que l'on répudiait à l'origine. De sorte qu'il existe deux définitions possibles de la fiscalité applicable aux immeubles. D'une part une définition étroite désignée sous le nom de fiscalité immobilière *stricto sensu* et fondée sur des critères à la fois historiques et finalistes. D'autre part, une définition extensive entendue simplement comme l'ensemble des règles fiscales applicables aux immeubles et que nous désignons par commodité sous le vocable de droit fiscal immobilier.

L'intérêt de cette distinction ne réside pas seulement dans l'indispensable précision des définitions liminaires à toute discipline. Elle permet aussi de mesurer le caractère empirique du système fiscal applicable aux immeubles et la pluralité, voire les contradictions, des objectifs poursuivis.

I | L'ADOPTION D'UNE DÉFINITION ÉTROITE DE LA FISCALITÉ IMMOBILIÈRE

Il est convenu depuis une trentaine d'années d'isoler au sein de ce vaste ensemble que constitue la fiscalité des immeubles une discipline à l'objet d'étude plus étroit, aux caractères spécifiques et qui est la fiscalité immobilière.

La définition et l'existence même de cette discipline particulière résultent d'un effort de conceptualisation doctrinal fondé sur d'importantes réformes intervenues en 1963 et qui correspondent à une nouvelle conception des fonctions de l'immeuble dans les patrimoines et dans la société.

A - 1963 ou la naissance de la fiscalité immobilière

3 CARACTÈRE GLOBAL DE LA RÉFORME. — Il peut paraître hasardeux de dater aussi affirmativement l'apparition d'une discipline juridique. Tel est pourtant le cas, puisque c'est une importante réforme fiscale issue des lois du 15 mars et du 19 décembre 1963 qui a établi des impositions nouvelles fondées sur une autre conception des immeubles que celle qui prévalait jusqu'alors. Paradoxalement, la naissance de la fiscalité immobilière ne procède pas d'une quelconque spéculation intellectuelle *a priori* mais de l'ampleur d'une réforme globale inédite dans son inspiration. De là surgissent les difficultés pour appréhender un critère unificateur qui tend à perdre sa spécificité à mesure que cette fiscalité vieillit, entre dans les mœurs et subit maintes modifications par l'effet de dispositions fiscales nouvelles applicables aux immeubles.

Les deux grandes lois précitées eurent pour objet d'assurer une plus grande neutralité de l'impôt, conforme à la modernisation attendue du système fiscal (grâce notamment à l'institution de la TVA immobilière), d'imposer des profits immobiliers jusqu'alors exonérés et de favoriser la constitution de certains types de sociétés immobilières en les dotant de statuts spéciaux particulièrement attractifs (v. Marcel Martin, Quelques aspects de la réforme de la fiscalité immobilière, *Dr. social,* 1964, p. 397 et 555 ; 1965, p. 18, 65 et 224 ; Burgard, La réforme de la fiscalité immobilière, *Rev. soc.,* 1963, p. 363).

Plus précisément :

— elles firent entrer dans le champ de l'impôt sur le revenu les profits de construction sous réserve de l'application de régimes dérogatoires d'une grande portée pratique ;
— elles instituèrent une 8e catégorie de revenus, les plus-values de cession de terrains à bâtir de l'ancien article 150 *ter* du CGI ;

— elles firent entrer dans le champ de l'impôt sur le revenu et dans la catégorie des BIC les profits immobiliers à caractère spéculatif réalisés à titre occasionnel par les particuliers, en application de l'ancien article 35 A du CGI ;
— elles soumirent à un régime particulier de TVA, en principe exclusif de l'application des droits d'enregistrement sur les mutations d'immeubles à titre onéreux, les opérations concourant à la production et à la livraison d'immeubles, en application de l'article 27 de la loi du 15 mars 1963 dont les dispositions sont codifiées à l'article 257-7° du CGI ;
— enfin elles pourvurent certaines sociétés immobilières d'un régime fiscal spécifique. Ce fut notamment l'objet des dispositions codifiées à l'article 1655 *ter* du CGI qui instituèrent les sociétés immobilières de copropriété transparentes dont le but est d'établir une large transparence de l'écran social permettant aux associés d'être fiscalement considérés comme les propriétaires directs des immeubles sociaux. La notion de transparence fiscale parut tellement novatrice qu'elle continue d'être présentée comme une illustration typique de l'autonomie du droit fiscal.

4 LES MOTIFS DE LA RÉFORME. — Sur un plan sociologique cette importante réforme fut le produit d'une évolution des mentalités liée aux transformations de la société. Il apparaissait clairement dans les années 1960 que l'immeuble n'était plus seulement la richesse statique et le fondement du pouvoir dans les sociétés traditionnelles que la France avait connues, mais une marchandise sujette à la spéculation liée à la construction immobilière.

La fiscalité traditionnelle des droits d'enregistrement, qui entrave les mutations dans une société où les immeubles sont destinés à être conservés devenait résolument archaïque et insupportable dans un contexte d'urbanisation rapide et de libéralisation des échanges économiques. Toutefois la nouvelle fiscalité immobilière n'était pas pour autant à l'abri des critiques tant sur un plan juridique (en raison des abus résultant du régime de l'article 35 A du CGI et des fortes inégalités d'imposition qu'elle établissait) qu'économique (l'imposition des plus-values immobilières réalisées par les particuliers étant de nature à favoriser la rétention des immeubles).

B - Le champ d'application spécifique de la fiscalité immobilière

5 L'ASSOCIATION D'UN CRITÈRE HISTORIQUE ET FINALISTE. — La doctrine a ensuite, avec plus ou moins de réussite, tenté de synthétiser les apports nouveaux en recherchant les critères spécifiques de cette discipline nouvelle.

En vérité, si les auteurs s'accordent pour reconnaître la nécessité d'une définition étroite de la fiscalité immobilière qui la distingue de la fiscalité générale et traditionnelle applicable aux immeubles, force est de constater que les critères suggérés sont fortement entachés d'irrationalité ou d'arbitraire. Mais cet effort de conceptualisation, en dépit de ses limites, est nécessaire, méritoire et justifié, d'une part parce qu'il permet de structurer utilement une vaste matière, d'autre part parce que l'inévitable relativité des critères est infiniment préférable au désordre des règles et des qualifications.

De ce point de vue, la fiscalité immobilière peut être définie comme l'ensemble des règles fiscales applicables aux cessions d'immeubles destinés à être construits.

Cette définition associe un critère juridique, tiré des mutations d'immeubles à titre onéreux, à une référence historique, à savoir l'institution des impositions précitées issues de la grande réforme de 1963. L'association de ces critères et le choix de cette date de référence révèlent la jeunesse de cette discipline et, probablement, l'impossibilité de dégager une définition plus synthétique et plus satisfaisante. Les définitions doctrinales sont davantage intuitives que rationnelles et exhaustives. Elles évoquent toutes le caractère dynamique de la fiscalité immobilière, qui frappe l'immeuble en mouvement, c'est-à-dire l'immeuble objet de négoce, dans le but, le plus souvent de construire et de vendre. Empruntant le vocabulaire expressif permettant de déterminer le champ d'application de la TVA immobilière, M. Jadaud définit la fiscalité immobilière comme celle relative à la production et à la livraison d'immeubles (Mémento Dalloz, *Fiscalité immobilière,* 1978, p. 1). Les termes de production et de commercialisation des immeubles paraissent le mieux caractériser le champ d'application de cette discipline nouvelle (M. Cozian, *Principes de fiscalité immobilière,* Litec, 1973 ; J. Schmidt, *Fiscalité immobilière,* Litec, 1991, p. 3 ; F. Bouyssou, Introduction générale à la fiscalité immobilière, *Jur.-Cl. fiscalité immobilière,* fasc. 50).

6 LE CHAMP DES EXCLUSIONS. — De cette définition étroite il résulte que sont exclues du champ des investigations les impositions (fort nombreuses en vérité) qui frappent l'immeuble de façon statique ou qui, en raison de leur ancienneté, sont bien intégrées dans la fiscalité générale. Pour ces motifs, la fiscalité immobilière exclut l'étude des droits d'enregistrement sur les mutations d'immeubles, quoique cette opinion soit controversée (car c'était pourtant et depuis l'Ancien Régime, la fiscalité immobilière par excellence, avant même que le terme n'existât) ; celle des impôts directs locaux et spécialement des taxes foncières qui grèvent la détention des immeubles et sont étrangers aux mutations immobilières ; l'imposition de la fortune immobilière, à l'occasion de sa transmission à titre gratuit par suite de décès (droits de succession) ou entre vifs (droits sur les donations) ou en raison de sa détention (l'impôt de solidarité sur la fortune) ; celle des revenus fonciers, et plus largement, des locations immobilières, qui appréhendent les revenus produits par l'immeuble et sont imposés dans le cadre de la fiscalité générale ; celle des travaux immobiliers, qui entre dans le champ de la fiscalité traditionnelle des entreprises ou des ménages, etc.

En vérité, le nombre, la nature et l'importance de ces exclusions, justifiées par un louable souci de rationalité, aboutissent à tracer des frontières artificielles dans la fiscalité des immeubles et à minorer l'intérêt pratique évident d'une approche globale des impositions frappant une opération déterminée.

C - Les ambiguïtés d'une définition étroite de la fiscalité immobilière

Parce qu'elle est datée dans le temps, limitée à certains types d'impositions et inspirée par une finalité particulière, la définition étroite de la fiscalité immobilière est largement empreinte d'ambiguïté.

7 AMBIGUÏTÉ DES FONDEMENTS. — Il y a quelque déférence excessive à l'égard du passé à fonder une discipline sur des innovations certes historiquement essentielles, comme la TVA immobilière ou les statuts fiscaux de certains types de sociétés immobilières, mais en ignorant les évolutions de la fiscalité générale qui affectent très directement le statut fiscal des immeubles (comme les nombreuses réductions d'impôt liées aux constructions, investissements et travaux immobiliers). La fiscalité immobilière *stricto sensu* n'est d'ailleurs nullement figée puisque la fiscalité de l'urbanisme, apparue postérieurement, est unanimement considérée comme l'une de ses principales composantes en dépit de sa spécificité.

Fondamentalement, la fiscalité immobilière *stricto sensu* obéit à une logique économique et productiviste qui prévalait dans les années 1960 (et le terme révélateur de production d'immeubles est expressément utilisé pour définir le champ d'application de la TVA immobilière). Or d'autres finalités aussi respectables ou aussi pressantes peuvent justifier de nouvelles orientations, comme le développement du logement social, la protection des espaces naturels, l'accession à la propriété immobilière, l'entretien du parc immobilier, l'amélioration du statut des propriétaires-bailleurs, etc.

Enfin, d'un point de vue à la fois rationnel et sémantique, il paraît illogique de rejeter hors du champ de la fiscalité immobilière des impositions qui frappent directement et lourdement des immeubles, sous prétexte qu'elles frappent l'immeuble de façon statique ou sont antérieures ou postérieures à la période de référence retenue. Il est pareillement critiquable d'ignorer les droits exigibles sur les mutations d'immeubles à titre onéreux, alors qu'ils taxent aussi l'immeuble en mouvement et sont indissociables de l'application de la TVA immobilière (cette dernière n'étant juridiquement qu'une exception au champ d'application des droits sur les ventes d'immeubles, v. n°s 50 s.).

8 AMBIGUÏTÉS DU CHAMP D'APPLICATION. — La lecture des documentations et ouvrages relatifs à la fiscalité immobilière révèle que leurs auteurs incluent plus ou moins explicitement l'étude de certaines impositions traditionnelles applicables aux immeubles. Force est donc de reconnaître qu'aucune raison majeure, excepté l'inévitable arbitraire d'une définition conventionnelle, ne justifie que soient écartées du champ des investigations des impositions dont l'objet d'étude est celui-là même retenu par la fiscalité immobilière *stricto sensu* et auxquelles elle renvoie naturellement.

Par ailleurs la fiscalité immobilière ne peut ignorer ces acteurs privilégiés que sont les sociétés immobilières et, à travers la fiscalité applicable aux opérations réalisées, celle relative à la cession de droits sociaux. Or, une conception étroite de la fiscalité immobilière est inexacte puisque les cessions de titres entraînent dans certains cas les mêmes effets fiscaux que des cessions d'immeubles, illustrant par là la relativité de la distinction entre meubles et immeubles (les cessions de titres de sociétés à prépondérance immobilière visées à l'article 150 A *bis* du CGI et les cessions de titres de sociétés immobilières de copropriété transparentes de l'article 1655 *ter* du CGI, v. n° 30). Au lieu de gérer et de transmettre directement des immeubles, le contribuable peut avoir intérêt à effectuer les mêmes opérations sur des parts de sociétés immobilières. La fiscalité immobilière devient alors une composante essentielle de la fiscalité des entreprises et de la gestion des patrimoines.

Enfin, la diversité des objectifs poursuivis par le législateur dans les différents domaines de la fiscalité immobilière et dans le temps, aboutit à rompre l'unité et la cohérence de cette discipline. C'est à maints égards une fiscalité éclatée, compartimentée en sous-ensembles possédant chacun ses règles et sa logique propres : la fiscalité du logement social, celle de l'accession à la propriété, celle de l'investissement locatif, la fiscalité des loueurs en meublé ou des marchands de biens, la fiscalité des monuments historiques, etc. (v. *12e rapport du Conseil des impôts,* 1992, p. 356 s.).

De ces ambiguïtés résulte une propension à l'adoption d'une définition large de la fiscalité immobilière mais qui n'est pas exempte elle aussi de critiques.

II | L'INTÉGRATION CONTEMPORAINE DE LA FISCALITÉ IMMOBILIÈRE DANS LE DROIT FISCAL IMMOBILIER

9 UTILITÉ ET LIMITES D'UNE DÉFINITION SYNTHÉTIQUE. — La fiscalité immobilière n'est en définitive qu'une branche du droit fiscal immobilier.

Alors que la fiscalité immobilière peut être définie comme la fiscalité relative aux acquisitions d'immeubles destinés à être construits ou vendus, le droit fiscal immobilier est plus largement l'ensemble des règles fiscales applicables aux immeubles. Cette approche est plus satisfaisante dans la mesure où elle est synthétique ; mais ces avantages sont atténués par l'absence de véritable critère unificateur, en dehors de la seule référence à l'immeuble. De là résultent des incertitudes sur le champ d'application du droit fiscal immobilier lorsque l'imposition n'atteint que des éléments accessoires ou dérivés de l'immeuble (telle la valeur locative cadastrale pour les taxes foncières) ou une matière imposable globale dans laquelle la valeur des immeubles n'est que l'une des composantes de l'assiette de l'impôt (tels les droits de succession ou l'impôt de solidarité sur la fortune).

Comme la définition étroite, la définition extensive du droit fiscal immobilier n'échappe pas à l'arbitraire. Il n'est pas davantage justifié d'inclure l'étude des revenus fonciers et d'écarter celle des bénéfices agricoles s'agissant dans les deux cas de modes d'exploitation des immeubles et d'impositions assises sur les revenus qu'ils produisent.

En définitive, la définition extensive s'impose parce qu'elle appréhende la fiscalité des immeubles dans sa globalité ; mais de par l'hétérogénéité des impositions qu'elle regroupe, elle pâtit d'un défaut d'unité regrettable sur le plan scientifique. Le développement empirique des systèmes fiscaux et l'éclatement de la discipline en sous-ensembles fortement individualisés (v. n° 187) rendent vaine la recherche d'un quelconque critère général. L'adoption d'une définition extensive ôte du même coup une grande partie de son intérêt à la recherche des caractères spécifiques de cette discipline.

III | La prétendue spécificité de la fiscalité immobilière

10 La dialectique de la spécificité. — L'engouement que suscite une discipline nouvelle est propice à l'affirmation de sa spécificité, voire de son autonomie, selon une dialectique qui conduit par la suite les découvreurs de cette discipline à nuancer le caractère péremptoire des fondements originaires. Cette affirmation est en effet une condition d'existence de toute discipline en quête de reconnaissance et de légitimité face à l'emprise des disciplines-mères (G. Vedel, préface à la thèse de M. Bern sur *La nature juridique du contentieux de l'imposition,* LGDJ, 1972 ; L. Trotabas, Essai sur le droit fiscal, *RSLF,* 1928, p. 201).

La fiscalité immobilière *stricto sensu* n'a pas échappé à cette dialectique fondée sur la différenciation réelle ou supposée existant entre cette discipline et la fiscalité en général. Plusieurs caractères spécifiques lui ont été prêtés. Or il convient non seulement d'atténuer la portée de ces prétendus caractères spécifiques, mais il faut encore reconnaître que la fiscalité immobilière dans son ensemble présente les caractères généraux de notre fiscalité.

11 LES ÉLÉMENTS FONDANT LA SPÉCIFICITÉ. — Ils reposent sur le caractère interventionniste et incitatif de cette fiscalité, sur le particularisme des sources ainsi que sur l'évaluation de son rendement.

En premier lieu la fiscalité immobilière serait spécifique en ce qu'elle présenterait un caractère interventionniste et fortement incitatif. Ce caractère n'est d'ailleurs pas contestable et plusieurs objectifs ont été ou sont poursuivis. Selon M. Cozian, il conviendrait de distinguer un objectif moral, constitué par la lutte contre la spéculation immobilière, un objectif économique qui tendrait à lutter contre la rétention de terrains à bâtir et enfin un objectif proprement financier qui résiderait dans le financement des dépenses d'urbanisme des collectivités locales (*op. cit.,* p. 13 s.).

Plus largement, il a été suggéré que le souci d'équité aurait supplanté l'incitation économique (F. Bouyssou, Introduction générale à la fiscalité immobilière, *Jur.-Cl.,* fasc. 50, n° 3).

En réalité, l'analyse en termes d'objectifs devient aléatoire lorsque des objectifs plus précis dans leur objet, limités dans le temps et éventuellement contradictoires abondent ; la lutte contre la rétention de terrains et la spéculation foncière, l'accès à la propriété immobilière, une meilleure collecte de l'épargne en vue de favoriser la construction, le logement social, la protection des monuments historiques, l'application d'une fiscalité modérée aux plus-values réalisées par les particuliers, etc. (v. n° 187).

De surcroît, et sans qu'il soit opportun de s'interroger sur la compatibilité et l'efficacité des dispositifs adoptés, force est de reconnaître que ce caractère ne révèle aucunement la spécificité de cette discipline. Au demeurant, la neutralité fiscale a pu constituer au même titre que l'interventionnisme l'un des objectifs de la fiscalité immobilière. L'institution de la TVA immobilière par la loi du 15 mars 1963 eut précisément pour objectif de garantir la neutralité fiscale des opérations de construction quelles que soient les formes juridiques adoptées. Et le concept même de transparence fiscale, symbolisé par les dispositions codifiées à l'article 1655 *ter* du CGI n'eut d'autre finalité que de placer les titulaires de parts sociales représentatives de fractions d'immeubles dans la même situation que les propriétaires directs de ces immeubles.

En vérité, la complexité, l'insécurité juridique, les inégalités fiscales ainsi que l'indétermination des résultats économiques qu'engendre l'interventionnisme fiscal justifieraient amplement dans cette branche particulière comme dans la fiscalité dans son ensemble, un moindre recours à ces techniques (*12e rapport du Conseil des impôts relatif à la fiscalité de l'immobilier urbain,* p. 363).

En deuxième lieu, la doctrine a souvent constaté la spécificité des sources de la fiscalité immobilière. Cette discipline serait foncièrement instable dans la formulation des normes, plus fluctuante dans leur élaboration et la doctrine administrative y occuperait une place primordiale (M. Cozian, *op. cit.,* p. 15 à 24 ; F. Bouyssou, art. cité nos 45 s.). En vérité, ces caractères sont ceux-là mêmes que révèle notre fiscalité.

Enfin, le faible rendement de la fiscalité immobilière a été évoqué à maintes reprises (voir not. le rapport du Conseil des impôts de 1972, p. 687). Toutefois, cette conclusion déduite de statistiques partielles n'emporte guère la conviction compte tenu de la dualité des définitions possibles de cette discipline, de l'hétérogénéité et de la dispersion des impositions formant le droit fiscal immobilier et de l'imprécision du critère tiré du faible rendement. Des études synthétiques révèlent au contraire une augmentation continue de la pression fiscale immobilière (rapportée à la valeur du patrimoine immobilier urbain, elle aurait progressé de 1,04 % en 1984 à 1,24 % en 1989 atteignant cette année-là 193 milliards de francs, v. le rapport du Conseil des impôts de 1992, p. 59 s., 297 s.).

12 DE L'IDENTITÉ DES CARACTÈRES ET DES MAUX DE NOTRE FISCALITÉ EN GÉNÉRAL. — L'adoption d'une définition nécessairement extensive du droit fiscal immobilier est déjà une réponse négative à la question de la spécificité de cette discipline. On chercherait vainement sur quels éléments reposerait cette spécificité.

D'une part en effet, la fiscalité immobilière *stricto sensu* ne peut être définie ni par référence à un objet d'étude propre, ni relativement à des objectifs particuliers, ni au regard de catégories d'impositions ou de techniques fiscales originales. Sous de multiples aspects, la fiscalité immobilière s'intègre dans la fiscalité générale. Excepté peut être pour la fiscalité de l'urbanisme (en raison de la nature hybride des prélèvements, v. n° 82), les techniques fiscales et les impositions qui en résultent relèvent des catégories existantes (la TVA, l'IR, les BIC, l'imposition du capital, etc.). On observe même depuis quelques années un retour aux régimes de droit commun qu'il s'agisse de la suppression des régimes dérogatoires d'imposition des profits de construction (v. n° 42), des profits de lotissement (v. n° 39), du taux de la TVA immobilière applicable aux acquisitions de terrains à bâtir (le taux normal depuis le 29 juillet 1991) de l'imposition des bénéfices réalisés par les SOCOMI ou les SOFERGIE (v. n° 126).

Si certaines particularités concernent l'exercice du contrôle fiscal (un délai de prescription de dix ans en matière d'enregistrement, prévu par l'article L. 186 du *LPF,* l'exercice du droit de préemption sur les immeubles prévu par l'article L. 18 du *LPF*), il serait abusif d'en déduire une authentique spécificité.

D'autre part, le droit matériel lui-même pâtit des mêmes maux qui affectent la fiscalité en général. On y décèle sans difficulté maintes incohérences. C'est ainsi que pour l'imposition des profits de construction (abrogés depuis le 1er janvier 1987) les régimes temporaires de faveur se succédèrent dans le temps, tout en devenant de moins en moins favorables aux constructeurs, rendant exceptionnelle l'application du régime qui était théoriquement le droit commun.

La qualification de BIC attribuée aux profits immobiliers réalisés à titre occasionnel par de simples particuliers, pour l'application de l'article 35 A alors en vigueur, relevait de la même incohérence (v. n° 28). Et la fiscalité favorable réservée au logement social est devenue, selon le Conseil des impôts, non seulement difficilement justifiable dans son principe, mais elle laisse hors de son champ d'application le logement social assuré par les propriétaires-bailleurs (v. n° 53).

Les fictions ne sont point exceptionnelles. C'est le cas pour la définition fiscale du terrain à bâtir, puisque cette qualification est susceptible de s'appliquer aux terrains déjà bâtis, et qui resteront dans cet état dès lors qu'un engagement de démolir et de construire n'aura pu être tenu (v. n° 52).

Les discriminations fiscales et les inégalités de traitement, justifiées par des différences réelles ou supposées dans la situation des contribuables procèdent d'un interventionnisme qui affecte la fiscalité dans son ensemble. Enfin, nul ne disconviendra que la mutabilité chronique de textes épars, multiples et complexes, d'une interprétation problématique, génère une insécurité fiscale, des anticipations et des attentes, qui affectent le crédit de l'Etat et le respect dû à la règle de droit.

IV | PLAN DE L'OUVRAGE

13 DIVISIONS. — Au sein du droit fiscal immobilier la fiscalité immobilière occupe une place à juste titre éminente, en raison de son importance historique et pratique (c'est la fiscalité de la construction immobilière), qui justifie non seulement que soit conservé le vocable dans son acception étroite, mais encore qu'on en privilégie l'étude (1re partie). Toutefois la fiscalité immobilière ne se réduit pas aux seules règles de fond, aux règles de droit matériel ; c'est aussi le droit institutionnel de ces acteurs privilégiés que sont les sociétés immobilières, et qui détermine la nature et le régime des diverses impositions (2e partie). Enfin, il conviendra de situer la fiscalité immobilière *stricto sensu* dans le cadre plus vaste et plus traditionnel de la fiscalité générale applicable aux immeubles dont elle est indissociable (3e partie).

Pour aller plus loin

14 DROIT FISCAL IMMOBILIER ET PROTECTION DE L'ENVIRONNEMENT. — Jusqu'à une époque récente, la finalité exclusive de la fiscalité immobilière était la construction d'immeubles. Tout le système fiscal gravitait autour de cet objectif, qu'il s'agisse de l'imposition des profits immobiliers, de l'application de la TVA immobilière, de la fiscalité de l'urbanisme, des statuts particuliers des sociétés immobilières, etc. Il n'existait pas — et il n'existe toujours pas — de véritable fiscalité destinée à protéger les espaces naturels, fondée sur des impositions spécifiques, à l'instar de celles qui ont entendu favoriser ou, à l'inverse et selon les époques, freiner la construction immobilière.

La taxe sur le défrichement des bois et forêts, prévue par l'article 1011 du CGI mais dont le régime est fixé par le Code forestier (art. L. 311-1 et s.), a certes été instituée pour lutter contre la diminution du patrimoine forestier national. En réalité, les défrichements non imposables sont définis largement par la loi. Sont placés hors du champ d'application de la taxe ou sont expressément exonérés les défrichements concernant les jeunes bois pendant les vingt années après leur semis ou leur plantation, la mise en valeur d'anciens terrains de culture ou de pacage envahis par la végétation ou un boisement spontanés ou les terres occupées par des garrigues, des landes et maquis (CE, 22 juillet 1977, n° 922, *RJF* 10/77, n° 548, *DF,* 1977, n° 48, Com. 1693 et n° 49, Com. 1726), ainsi que ceux destinés à la réalisation d'équipements d'intérêt public (v. F. Moderne, Le champ d'application de la taxe sur les défrichements de bois et forêts, *RJF* 4/78, p. 109).

La loi ne vise pas à protéger les espaces naturels non boisés, puisque échappent à la taxation les opérations de mise en valeur, en vue de la culture, d'espaces envahis par une végétation spontanée ou éparse, telles les landes humides (CE, 10 novembre 1982, n° 16188, *DF,* 1983, n° 20-21, Com. 1059, *RJF* 1/83, n° 87).

Cet encouragement fiscal à la mise en culture des terres apparaît d'ailleurs peu compatible avec les objectifs de la politique agricole commune visant à réduire les surfaces de terres cultivables, ni avec les efforts poursuivis en matière de conservation et de valorisation des terres incultes.

Quant à la taxation des installations classées, instituée par une loi n° 76-663 du 19 juillet 1976 sous la forme d'une taxation unique perçue lors de l'ouverture d'une installation classée puis d'une redevance annuelle, elle tient compte de la capacité de l'activité considérée. En effet, des coefficients multiplicateurs sont appliqués au taux de base de la redevance annuelle en fonction de la capacité de l'installation.

Toutefois, la finalité de cette taxation est davantage d'ordre budgétaire qu'écologique. La redevance annuelle n'est pas proportionnelle aux nuisances causées à l'environnement et n'a pas pour objet d'encourager, par une modulation de la pression fiscale, le développement d'installations non polluantes. Elle a pour objet de financer, aux termes mêmes de la loi, des contrôles approfondis et périodiques.

C'est au travers de modifications affectant la fiscalité directe locale traditionnelle que la protection de l'environnement peut être favorisée. Tel a été l'objet de l'article 81 de la loi de finances pour 1992 supprimant l'exonération temporaire de taxe foncière dont bénéficiaient les terres incultes et les friches mises en culture (*DF,* 1992, n° 2-3, Com. 46). Tel fut également l'objet de l'article 107 de la loi de finances pour 1991 qui a supprimé l'exonération de taxe foncière dont bénéficiaient les marais desséchés pendant les vingt premières années après leur dessèchement (*DF,* 1991, n° 2-3, Com. 45) (v. Rapport Sainteny, *La fiscalité de l'espace naturel en France,* mars 1991, Ministère de l'environnement ; M. Potier, La fiscalité au service de l'environnement, *RFFP* 1/83, p. 150 ; T. Schmidt, Fiscalité et environnement : l'impôt, la forêt et le marais, *RFFP,* n° 10/85, p. 49 ; M. Gizard, *La fiscalité forestière,* thèse Bordeaux 1, 1982 (dactyl.) ; P. Dibout, Fiscalité locale et environnement, *La lettre des impôts locaux,* 1993, n° 6, p. 1).

15 SOURCES INTERNATIONALES ET COMMUNAUTAIRES DU DROIT FISCAL IMMOBILIER. — Les sources externes du droit fiscal immobilier sont appelées à influencer de plus en plus profondément notre droit interne. Les règles qui en sont issues pourront difficilement en être séparées tant le dualisme juridique droit national / droit international apparaît désormais dépassé et artificiel et à mesure que s'accélère l'internationalisation de toutes les disciplines juridiques.

Ces sources externes peuvent être indirectes ou directes. Indirectes ou sociologiques dans la mesure où les conceptions juridiques qui fondent des institutions étrangères obligent le droit interne à des adaptations, comme c'est le cas pour le trust ou la fiducie qui appartiennent à des catégories juridiques spécifiques que l'on tente d'introduire dans notre droit (v. J.-P. Le Gall, Premières réflexions sur les dispositions fiscales de l'avant-projet de loi relatif à la fiducie, *DF,* 1991, n° 13, p. 558 ; Quel pourrait être le régime fiscal de la fiducie ?, *Option finance,* 1990, n° 119, p. 29 ; J. Charlin, Le point de vue du fiscaliste sur la fiducie, *Revue de droit ban-*

caire et de la bourse, 1990, p. 111 ; J.-L. Goldsmith, Régime fiscal de la fiducie et du trust, *Banque et droit,* 1990, n° 14, p. 244 ; J. de Guillenchmidt, Présentation de l'avant-projet de loi relatif à la fiducie, *Revue du droit bancaire et de la bourse,* 1990, p. 105 ; R. Magnan et X. Rohmer, Fiscalité des trusts et fiducies en Europe, *LPA,* 1990, n° 58, p. 89).

Les sources directes du droit fiscal immobilier procèdent des conventions fiscales internationales ou des règles communautaires qui, selon des modalités différentes, intègrent dans le droit interne des règles de valeur supérieure. Les conventions internationales visant à prévenir les doubles impositions ont désormais, depuis l'arrêt Nicolo du 20 octobre 1989, une autorité toujours supérieure aux lois internes françaises. Ces conventions déterminent le rattachement à une souveraineté fiscale, et donc l'Etat auquel le pouvoir d'imposer les immeubles en application de son droit interne est reconnu (v. par ex. à propos de la non-imposition à l'ISF des immeubles possédés à l'étranger, Cass. com., 24 mars 1992, Le Marois d'Andlau, *DF,* 1992, n° 31-32, Com. 1618, *RJF* 6/92, n° 909, chronique, p. 477, cité au n° 179).

Ces conventions contiennent habituellement une clause d'égalité de traitement fiscal qui prive d'efficacité une imposition interne visant exclusivement les sociétés étrangères (v. à propos de la taxe annuelle de 3 % applicable à certaines sociétés étrangères les arrêts cités aux n°s 127 et 131 *in fine*). Sur cette importante et lancinante question v. B. Gouthière, Trois questions relatives au principe de non-discrimination, *BF* 6/93, p. 399 ; J. Turot, Le juge fiscal et les clauses de non-discrimination, *RJF* 6/90, p. 391 ; CE, 7 octobre 1988, n° 82784, *RJF* 12/88, n° 1305, *DF,* 1989, n° 7, Com. 239, à propos de l'ancien article 209 A du CGI, remplacé par la taxe annuelle de 3 % précitée à compter du 1er janvier 1983, v. n° 131.

Les conventions internationales attribuent à l'Etat de situation des biens le droit d'imposer les « revenus de biens immobiliers ». Cette expression doit être entendue dans un sens beaucoup plus large que les seuls revenus fonciers puisqu'elle inclut les bénéfices agricoles, les bénéfices tirés des exploitations forestières et selon certaines conventions (comme la convention franco-italienne), les profits provenant de l'aliénation de ces biens. Elle vise également, dans les conventions qui suivent le modèle OCDE, les revenus qui proviennent de biens immobiliers d'une entreprise ou qui servent à l'exercice d'une profession indépendante, sans qu'il soit nécessaire de rechercher si l'entreprise dispose ou non d'un établissement stable dans l'état de situation des biens (CE, 3 mai 1989, n° 78223, *RJF* 6/89, n° 751, *DF,* 1989, n° 46-47, Com. 2198 ; 12 novembre 1990, n° 71047, *RJF* 1/91, n° 107, à propos de la convention franco-suisse).

Cette conception extensive des revenus immobiliers justifierait si besoin était la définition large du droit fiscal immobilier. La qualification des profits immobiliers peut soulever des difficultés, et il y a lieu de référer à la définition nationale de chaque catégorie de revenu (CE, 22 mai 1992, n° 63226, SPA Raffaella, *RJF* 7/92, n° 960, *BGFE,* 1992, n° 33, p. 4, *DF,* 1992, n° 42, Com. 1892).

Les gains en capital provenant de l'aliénation d'immeubles sont imposables dans l'Etat de situation des immeubles (art. 13, § 1 du modèle OCDE).

Les conventions conclues par la France prévoient également que sont imposables en France les plus-values réalisées à l'occasion de la cession de parts ou actions de sociétés dont l'actif est constitué principalement d'immeubles situés en France (par ex. la convention conclue avec le Canada, les Etats-Unis, la Grande-Bretagne).

Les profits immobiliers réalisés par les entreprises industrielles ou commerciales dans un Etat contractant, autres que ceux entrant dans la catégorie des revenus immobiliers sont imposables dans l'Etat sur le territoire duquel elles disposent d'un établissement stable. Ainsi jugé à propos de la non-imposition en France de commissions perçues par une société ayant son siège en Suisse à l'occasion d'une transaction immobilière relative à la vente d'un immeuble situé en France, mais où elle ne disposait pas d'un établissement dans cet Etat (CE, 27 février 1984, n°s 37377, 37378, 37379, *RJF* 4/84, n° 533, *DF,* 1984, n° 42, Com. 1771, concl. Bissara).

C'est en France que sont imposables les revenus que tire une entreprise suisse de sa participation au capital d'une SCI qui dispose d'un établissement stable en France (CAA Paris, 24 septembre 1992, n° 91-1013, Partour, *RJF* 1/93, n° 25 ; 19 novembre 1992, n° 89-2733, SA Rinsoz et Ormond, *RJF* 2/93, n° 262).

Toutefois, la convention internationale relative aux doubles impositions ne définit pas, à l'instar des directives communautaires, un régime fiscal spécifique virtuellement concurrent par son objet du régime fiscal interne, dont le contribuable pourrait demander l'application au lieu et place des règles internes qu'il récuse (v. Tixier et Gest, *Droit fiscal international,* PUF, 1990).

Excepté lorsque est revendiqué le bénéfice de la clause d'égalité de traitement fiscal, son application n'aboutit pas en principe à déclarer incompatible la règle interne avec les dispositions conventionnelles. C'est par principe un droit de référence.

En revanche, l'application du droit communautaire fiscal entraîne l'exclusion des normes internes incompatibles qui doivent être abrogées, modifiées ou interprétées à la lumière de l'interprétation donnée par la CJCE, en application des principes de primauté et d'effectivité du droit communautaire fiscal (v. L. V. Fernandez et J.-P. Maublanc, *Revue du marché commun,* janvier 1994, p. 26).

De nombreux arrêts de la CJCE et, dans une moindre mesure, des juridictions nationales, ont défini le régime des opérations immobilières (livraisons, locations, mutations, etc.), au regard de la TVA. Voir les arrêts de la CJCE du 14 février 1985, n° 268/83, Rompelman, *Rec.* 655 (à propos du remboursement de la TVA ayant grevé la construction d'un immeuble destiné à une activité de location assujettie à la TVA) ; 8 juillet 1986, n° 73/85, Kerrutt, *DF,* 1986, n° 47-48, Com. 2114 (application de la TVA et des droits de mutation aux marchands de biens) ; 21 septembre 1988, n° 50/87, Commission c/ France, *Rec.* 4797, *RJF* 11/88, n° 1255, *DF,* 1988, n° 50, Com. 2305, concl. Gordon Slynn (exercice du droit à déduction nonobstant les restrictions issues du décret quinzième) ; 13 juillet 1989, n° 173/88, Morten Henriksen, *Rec.* 2763, *RJF* 10/89, n° 1183 (assujettissement à la TVA des locations d'emplacements pour le stationnement des véhicules) ; 8 févier 1990, n° 320/88, SAFE Reken Centrum, *Rec.* 285, *RJF* 4/90, n° 504 (définition de la livraison d'immeuble par référence à des critères économiques et pas seulement au regard du transfert du droit de propriété) ; 6 mai 1992, n° 20/91, de Jong, *Rec.* 2847, *RJF* 2/93, n° 300, *DF,* 1993, n° 12, Com. 624, note E. Kornprobst (définition de la livraison à soi-même d'immeubles destinés à l'usage privé du constructeur) ; 16 décembre 1992, n° 208/91, *Rec.* 6709, *RJF* 3/93, n° 471, *DF,* 1994, n° 7, Com. 292, obs. E. K. (les droits d'enregistrement perçus sur la mutation d'immeubles à titre onéreux ne présentent pas le caractère d'une TCA au sens de l'article 33 de la 6ᵉ directive) ; 15 décembre 1993, n° 63/92, Lubbock Fine, *RJF* 3/94, n° 367 (les résiliations conventionnelles de baux, comme les locations immobilières, sont des opérations exonérées de TVA).

Les juridictions fiscales internes apprécient la compatibilité de la fiscalité immobilière française avec les objectifs de la 6ᵉ directive : v. TGI de Brest, 12 décembre 1991, Cavellec, *DF,* 1992, n° 31-32, Com. 1620 (compatibilité des droits d'enregistrement sur les mutations à titre onéreux d'immeubles avec l'article 33 de la 6ᵉ directive) ; CE, 30 septembre 1992, n° 74620, SARL Véfrance Foncier, *RJF* 11/92, n° 1596 (compatibilité du régime de la TVA applicable aux marchands de biens avec les objectifs de la 6ᵉ directive).

Sur la compatibilité du droit fiscal immobilier et de la convention européenne de sauvegarde des droits de l'Homme, v. n° 149 *b*).

16 BIBLIOGRAPHIE.

a) Ouvrages généraux sur la fiscalité immobilière :

L. Broët et Y. Blaise, *La pratique de la fiscalité immobilière,* Delmas, 10ᵉ éd., 1992.
M. Cozian, *Principes de fiscalité immobilière,* Litec, 1973.
P. Deuré, *Guide de la fiscalité immobilière,* Ed. du Moniteur, 1978.

G. Gouaislin, *Pratique de la fiscalité immobilière,* Ed. Masson, 1989.
B. Jadaud, *Fiscalité immobilière,* Mémento Dalloz, 2e éd., 1978.
J.-Y. Mortier et J. Pauzier, *Guide pratique de la fiscalité immobilière,* Litec, 1992.
J. Schmidt, *Fiscalité immobilière,* Litec, 4e éd., 1991.

b) Documentations spécialisées :

Jurisclasseur fiscal, Fiscalité immobilière, 2 t.
Documentation pratique F. Lefebvre, séries IMMO et PV.
Lamy fiscal, 2 t. (annuel).
Mémento pratique immobilier F. Lefebvre, 1994-1995.

c) Thèses et ouvrages spécialisés :

I. Bachour, *L'imposition de la plus-value immobilière,* LGDJ, 1967.
M. Boukasri, *Fiscalité immobilière et politique urbaine au Maroc,* thèse Dijon, 1986.
F. Bouyssou, *La fiscalité de l'urbanisme en droit français,* LGDJ, 1972.
R. Charles, *La politique foncière et l'urbanisme,* thèse Lille, dactyl. 1969.
E. Ciaudo, *La fiscalité de l'urbanisme et l'aménagement régional du territoire français,* LGDJ, 1981.
E. Ferrière, *Les inégalités d'imposition dans la fiscalité immobilière,* thèse Bordeaux 1, 1983.
G. Labaki, *La fiscalité et le financement de l'habitat du Liban,* LGDJ, 1987.
D. Laulan, *Les incidences de la fiscalité sur les opérations immobilières : contribution à l'étude des divergences entre le droit fiscal et le droit commun,* thèse Bordeaux 1, 1976.
D. Vignes et J.-P. Moretti, *Etude critique du processus de création d'une nouvelle branche fiscale : la fiscalité immobilière,* thèse Paris IX, 1980.

d) Rapports et colloques :

Rapport Aicardi, *La fiscalité du patrimoine,* La Doc. française, 1988 (*DF,* 1988, n° 11, p. 422).
Année de l'environnement, Actes du Colloque « Fiscalité-environnement » organisé par le Centre de finances publiques de l'Université de Nice, 26 et 27 mai 1983, PUF, 1984.
Conseil des Impôts : *8e rapport relatif à l'imposition de la fortune* (*DF,* 1986, n° 45, p. 1278) ; *10e rapport relatif à la fiscalité locale* (*DF,* 1989, n° 29, p. 965) ; *12e rapport relatif à la fiscalité de l'immobilier urbain* (*DF,* 1992, n° 48-49, p. 1894).
Rapport Hollande sur la fiscalité du patrimoine, *Doc. AN,* 1989-1990, n° 1415 (*DF,* 1990, n° 28, p. 950).
Commission Montguilhan, *L'imposition des plus-values,* La Doc. française, 1976.
D. Lewandowski et P. Bilger, *Note sur la fiscalité foncière,* Imprimerie nationale, 1971.
Rapport Sainteny, *La fiscalité de l'espace naturel en France,* Ministère de l'Environnement, mars 1991.
P. Uri, L'imposition des plus-values, rapport au Conseil économique et social, *JO Doc. adm.,* 1976.
M. Ventejol, Blot, Méraud, *L'imposition de la fortune,* La Doc. française, 1979.
LXXIVe Congrès des notaires de France, *Droit fiscal et gestion des biens,* Nice, 1977.
OCDE, *Impôts sur la propriété immobilière,* 1983 ; *L'imposition des personnes physiques sur la fortune, les mutations et les gains en capital,* 1979.

e) Sur la fiscalité immobilière en droit comparé :

Rép. de la Commission des Communautés européennes du 28 novembre 1985 à la question écrite de M. Bouke Beumer, *JOCE,* 9 avril 1986, n. C. 81, p. 16, *DF,* 1986, n° 24, Com. 1153.

Revue Administrer, n° 197, janvier 1989, p. 34-42 (contributions de M. Guy Delorme, René de La Portalière et Michel Laurent).
J.-L. Guigou et J.-M. Legrand, *Fiscalité foncière : analyse comparée des pays de l'OCDE,* Economica, 1983.
XLVe Congrès international de droit financier et fiscal de Barcelone, *La détermination de l'assiette de l'impôt sur les biens immobiliers,* 1991.
M. Fromont et autres, *Plus-values et moins-values dues à l'urbanisation : régime juridique et fiscal en Europe occidentale,* Publications de la Faculté de droit de Dijon, Litec, 1984.
OCDE, *L'imposition des personnes physiques sur l'actif net, les mutations et les gains en capital,* 1988 (résumé dans la *Revue française de comptabilité,* 1988, n° 195, p. 23).
LXXXVIIe Congrès des notaires de France, Patrimoine privé, stratégie fiscale, *LPA,* 1991, n° 49, et les contributions de F. Annunziata, La fiscalité du patrimoine en Italie, La nouvelle discipline des impôts sur les successions et donations, p. 121 ; F. Ranke, L'imposition du patrimoine en Allemagne et son application aux résidents de France, p. 114 ; X. Rohmer, Fiscalité du patrimoine au Royaume-Uni, p. 99.
J. Scholsen, *La TVA européenne face au phénomène immobilier, essai de problématique du droit comparé,* préface de P. Harmel, Fac. de droit de Liège, 1976.

f) On signalera également les intéressantes chroniques de fiscalité immobilière de MM. C. Bruno à l'*AJPI* et J. Schmidt dans la *Rev. dr. immo.,* ainsi que les chroniques de bibliographie fiscale publiées par J. Grosclaude dans la revue *Droit fiscal.* Ces chroniques ont été rassemblées dans « Sept ans de doctrine fiscale française (1987-1993) » qui forme le supplément au n° 3/1995 de la revue *Droit fiscal.*

Cette actualité fiscale doit être replacée dans le cadre d'une évolution d'ensemble qui seule permet de comprendre et d'évaluer la portée des mesures nouvelles.

Présentent à cet égard une remarquable vision d'ensemble les développements de MM. J. Schmidt (Présentation de la fiscalité immobilière, *op. cit.,* p. 3 s.) et de F. Bouyssou (Introduction générale, *Jur.-Cl. fiscalité immobilière,* fasc. 50).

V. également J. Schmidt, Pour une politique de fiscalité immobilière, *REDI,* 1962, n° 2, p. 60 ; La réforme de la fiscalité immobilière, *ibid.,* 1963, n° 3, p. 23 ; Crise du logement et fiscalité, *ibid.,* 1970, n° 42, p. 2016 ; Peut-on concevoir une fiscalité immobilière idéale ?, *ibid.,* 1981, n° 92-93, p. 112.

PREMIÈRE PARTIE

LA FISCALITÉ IMMOBILIÈRE *STRICTO SENSU*

C'est le cœur même du droit fiscal immobilier. Elle frappe l'immeuble destiné à être construit et les profits ou plus largement les produits qui résultent de sa cession. Elle regroupe l'étude des profits immobiliers, celle de la TVA immobilière et enfin celle de la fiscalité de l'urbanisme.

Chapitre 1

L'imposition des profits immobiliers

17 UNE CATÉGORIE HÉTÉROGÈNE. — Le régime fiscal applicable aux profits immobiliers dépend de leur nature et de leur qualification. A cet égard la fiscalité des profits immobiliers repose sur deux distinctions fondamentales. Elle distingue d'abord entre les profits réalisés par les professionnels de l'immobilier, qui sont assimilés à des BIC, et ceux réalisés à titre occasionnel, en dehors de l'exercice d'une profession immobilière, par des particuliers ou des entreprises, et qui présentent le caractère de plus-values.

Au sein de cette dernière catégorie, la loi fiscale soumet à des régimes distincts les plus-values réalisées par les personnes physiques et les associés des sociétés de personnes dans le cadre de la gestion de leur patrimoine privé et celles réalisées dans le cadre de l'exercice d'une activité industrielle, commerciale, artisanale, agricole ou libérale, et qui présentent le caractère de plus-values professionnelles.

Enfin, à la distinction fondamentale entre profits immobiliers occasionnels et habituels se rattachent divers profits immobiliers susceptibles de revêtir l'une ou l'autre de ces qualifications (v. n° 188).

Ces distinctions entre profits immobiliers résultent d'une évolution qui a tendu à ranger dans cette catégorie des gains qui ne présentent pas par nature le caractère d'un revenu. Dès 1925, et nonobstant le caractère civil que revêtaient à l'époque les opérations immobilières, la loi fiscale rangeait les profits réalisés par les marchands de biens dans la catégorie des BIC, tandis que les profits immobiliers réalisés par les particuliers n'étaient soumis à l'impôt que de façon très exceptionnelle, sur le fondement des disposition générales de l'article 92 du CGI visant les opérations et exploitations lucratives ne se rattachant à aucune autre source de profit. Alors que la théorie du bilan conduisait à comprendre dans l'assiette des BIC les plus-values professionnelles, il fallut attendre 1963 pour que le législateur assimile certaines plus-values immobilières réalisées par les particuliers à un revenu, selon des modalités particulières. En prévoyant un système généralisé d'imposition des plus-values réalisées par les particuliers, la loi du 19 juillet 1976 poursuivait l'évolution amorcée en 1963, en distinguant nettement les plus-values privées des plus-values dites professionnelles. Dans le même temps, plusieurs régimes spécifiques sont abrogés (les profits de lotissement et les profits de construction, désormais soumis au droit commun), tandis que subsiste un régime spécifique pour les profits immobiliers réalisés par les personnes qui ne sont ni établies, ni domiciliées en France. Cette juxtaposition de régimes fiscaux différents n'est pas seulement une source de complexité et d'inégalités d'imposition. Elle implique aussi que l'on procède préalablement à des distinctions nécessaires et qui soulèvent de délicates questions de fait :

— d'abord l'identification du professionnel de l'immobilier par rapport au simple particulier qui gère son patrimoine privé. Or le réalisme fiscal et la définition extensive du marchand de biens sont une source fréquente de contentieux ;
— ensuite, la définition du patrimoine d'affectation d'une personne physique, l'immeuble cédé pouvant être rattaché à l'un des patrimoines professionnels ou au patrimoine privé du cédant selon divers critères qui varient selon la nature de l'activité et le régime fiscal de ce dernier.

La dualité ou éventuellement la pluralité des patrimoines d'affectation soulève la délicate question de l'existence même d'un éventuel transfert implicite d'un immeuble du patrimoine commercial dans le patrimoine privé, équivalant à une cession (appelé retrait d'actif, v. CE, 1er juillet 1985, n° 43591, *RJF* 10/85, n° 1510, *DF,* 1985, n° 49, Com. 2108, concl. O. Fouquet) ;

— enfin, dans le cas des entreprises, l'exacte qualification du profit imposable implique le rattachement de l'immeuble cédé soit à l'actif immobilisé (c'est alors une plus-value professionnelle), soit aux stocks (le profit est alors regardé comme un bénéfice d'exploitation réalisé par un marchand de biens).

Section I
Les profits réalisés par les professionnels de l'immobilier

18 LES PERSONNES VISÉES. — On entend par professionnels de l'immobilier les personnes, physiques ou morales, inscrites ou non en cette qualité, dont les profits sont imposables dans la catégorie des BIC, quelle que soit leur dénomination : marchands de biens, intermédiaires, lotisseurs, constructeurs, etc.

L'expression habituellement employée de marchand de biens et assimilés pour qualifier les personnes visées à l'article 35-I-1° à 4° du CGI désigne quatre catégories de personnes et d'opérations imposables :

— les personnes qui habituellement achètent en leur nom, en vue de les revendre, des immeubles, des fonds de commerce, des actions ou parts de sociétés immobilières ou qui, habituellement, souscrivent, en vue de les revendre, des actions ou parts créées ou émises par ces mêmes sociétés (art. 35-I-1° du CGI) ;
— les personnes qui se livrent à des opérations d'intermédiaire pour l'achat, la souscription ou la vente des biens visés ci-dessus (art. 35-I-2° du CGI) ;
— les personnes bénéficiaires d'une promesse unilatérale de vente portant sur un immeuble qui est vendu par fractions ou par lots à la diligence de ces personnes (art. 35-I-4° ; CE, 4 octobre 1972, n° 83791, *DF,* 1972, n° 45-46, Com. 1602 et 1973, n° 28, ID 4232). Toutefois l'article 52 de la loi du 29 janvier 1993 relative à la prévention de la corruption et à la transparence de la vie économique et des procédures publiques frappe de nullité d'ordre public les cessions de promesses de vente faites par un professionnel de l'immobilier ;
— enfin, les personnes qui procèdent à la cession d'un terrain divisé en lots destinés à être construits, lorsque le terrain a été acquis à cet effet (profits de lotissement visés à l'article 35-I-3° du CGI).

Bien que ces activités puissent être exercées par une même personne, elles présentent néanmoins des caractères spécifiques susceptibles d'influer sur le régime fiscal applicable.

Le marchand de biens visé à l'article 35-I-1° du CGI achète les immeubles ou les biens assimilés en son nom afin de les revendre ensuite, cette activité présentant un caractère spéculatif et habituel (l'habitude étant appréciée extensivement par la jurisprudence fiscale). En revanche, l'intermédiaire se borne à rapprocher vendeurs et acheteurs et n'agit pas pour son propre compte, de sorte qu'il n'est pas assujetti aux droits de mutation entre vifs comme le marchand de biens. De surcroît, alors que la qualification de marchand de biens implique la réalisation de la condition d'habitude, les profits réalisés par les intermédiaires sont imposables dans la catégorie des BIC alors même que l'activité ne serait pas exercée de façon habituelle (CE, 6 décembre 1961, n° 50662, *DF,* 1962, n° 3, Com. 18, *Rec.* 687, Dupont, 1962, p. 127 à propos d'un administrateur de biens et conseil juridique ; 5 juillet 1978, n° 5058, *DF,* 1978, n° 46-47, Com. 1808, à propos d'un notaire ayant perçu des « rémunérations de mandat » ; 2 juin 1986, n° 40211, *RJF* 8-9/86, n° 751, à propos d'un expert agricole et foncier).

Dès lors, une société civile réalisant une unique opération d'intermédiaire est passible de l'IS pour la totalité de ses opérations imposables, par application des dispositions combinées des articles 35-I-2° et 206-2 du CGI, sous réserve toutefois de la tolérance administrative relative aux opérations commerciales réalisées à titre accessoire (v. n° 112).

C'est la définition des marchands de biens qui soulève en pratique les plus grandes difficultés ; quant au régime juridique applicable aux profits, il s'agit du régime d'imposition des BIC, sous réserve de quelques particularités (en ce qui concerne l'application des droits d'enregistrement et celle de la TVA immobilière, v. n°s 69 et 202).

I | La définition extensive des marchands de biens

19 Les conditions requises cumulativement. — Pour l'imposition des profits et l'assujettissement à la TVA, la jurisprudence fiscale définit extensivement la notion de marchand de biens, par référence aux opérations immobilières qu'ils réalisent. Sont visées toutes les mutations à titre onéreux (et pas uniquement les ventes, comme l'indique la lettre de l'article 35-I-1° du CGI) portant sur des immeubles, des fonds de commerce, des actions ou parts de sociétés immobilières, lorsqu'elles présentent un caractère habituel et spéculatif. Ce sont ces deux dernières conditions qu'une abondante jurisprudence a précisées, dans des hypothèses mettant en cause des simples particuliers qui se livrent à quelques opérations isolées sur une période plus ou moins longue.

20 DE LA SPÉCIFICITÉ FISCALE DE LA NOTION D'HABITUDE. — La condition d'habitude ne soulève guère de difficultés lorsque les opérations visées à l'article 35-I-1° du CGI sont réalisées par une personne physique inscrite en qualité de marchand de biens. Cette condition est déduite de l'activité exercée à titre professionnel et, dans le cas des sociétés, de l'objet social défini par les statuts.

En revanche cette condition soulève des difficultés d'appréciation dans le cas de quelques opérations isolées et espacées dans le temps effectuées par de simples particuliers. Selon la jurisprudence, il convient de tenir compte des opérations d'achat et de revente réalisées au cours des années antérieures à celles en litige, alors même qu'elles seraient couvertes par la prescription, par exception au principe d'annualité de l'impôt sur le revenu (CE, 17 avril 1991, n° 69613, *DF,* 1991, n° 32-38, Com. 1624, *RJF* 6/91, n° 839).

A cet égard, demeurent sans incidence sur le principe de l'imposition les motifs ayant pu justifier les cessions (difficultés de trésorerie, caractère forcé des cessions, montant modique des ventes, etc.).

En théorie le nombre, la fréquence, l'importance et la continuité des opérations d'achat et de revente révèlent la condition d'habitude. Mais l'appréciation de cette condition sur une longue période ainsi qu'une pluralité de cessions survenant après une acquisition unique suffisent à faire regarder le simple particulier administrant son patrimoine privé comme un authentique marchand de biens, avec toutes les conséquences fiscales attachées à cette qualification (arrêts du CE, 12 juin 1992, plénière n°s 67756 et 67759; n°s 84746 et 84747; n°s 84748 et 84749, *RJF* 8-9/92, n° 1109, *DF,* 1992, n° 50, Com. 2319, concl. O. Fouquet).

Seules quelques rares cessions, par définition isolées, effectuées dans des conditions particulières exclusives de toute spéculation (pour des motifs familiaux, pour de faibles montants) ne répondent pas à la condition d'habitude exigée par la loi fiscale (CE, 13 juin 1990, n° 71477, *RJF* 8-9/90, n° 950, *DF,* 1991, n° 9, Com. 368 ; CAA Nancy, 20 novembre 1990, n° 411, Valdemoire, *RJF* 5/91, n° 557 ; CAA Paris, 24 septembre 1991, n° 2911, Simonet, *RJF* 12/91, n° 1473, *DF,* 1992, n° 16, Com. 822, concl. F. Bernault).

Ainsi, par un curieux effet de rétroaction, les circonstances personnelles et familiales entourant la cession sont prises en compte pour éclairer les intentions ayant motivé l'acquisition des biens.

Les mêmes ambiguïtés caractérisent la situation des sociétés civiles effectuant quelques opérations immobilières d'achat-revente d'immeubles ou de biens assimilés. La condition d'habitude comme l'intention spéculative pouvaient valablement résulter des dispositions statutaires, alors même que l'activité de la société se limitait à quelques opérations isolées, voire à une seule opération.

Toutefois, la jurisprudence la plus récente estime que la seule référence aux statuts est insuffisante, la condition d'habitude devant être remplie en fait (CE, section 20 novembre 1992, n° 114667, Joseph, *RJF* 1/93, n° 139, *JCP,* 1992, éd. E, pan. 1461). En théorie, la condition d'habitude pourrait être éludée dans la mesure où l'écran social des sociétés civiles ayant pour objet l'exécution d'une seule opération peut aisément dissimuler l'activité habituelle de véritables professionnels de l'immobilier. Aussi le réalisme implique-t-il d'apprécier la condition d'habitude au niveau des associés. Cette solution, issue d'un arrêt de plénière du 25 juillet 1980, fait une application remarquable de la transparence fiscale en considérant qu'une société, auteur d'une opération immobilière unique, n'est en réalité que l'instrument au service des activités exercées habituellement par les marchands de biens qui l'ont constituée (plénière n° 12091, *RJF* 11/80, n° 859, *DF,* 1981, n° 8, Com. 331, concl. Rivière et n° 16, ID 6888, solution maintes fois confirmée).

La jurisprudence récente a restreint la portée de cette solution en refusant de l'appliquer à des sociétés de construction-vente dont les associés participent habituellement à d'autres sociétés de ce type sans exercer personnellement et à titre habituel une activité d'achat et de revente d'immeubles (CE, 23 juin 1993, n° 69587, SCI le Prieuré, *RJF* 8-9/93, n° 1133).

21 EXIGENCE D'UNE INTENTION SPÉCULATIVE. — Le marchand de biens étant la personne qui achète en vue de revendre, l'intention spéculative doit être appréciée au moment de l'achat. Peu importent dès lors les motifs ayant justifié la cession des immeubles ou des droits immobiliers, tels que les difficultés de trésorerie, le caractère forcé des cessions, les modifications apportées aux statuts sociaux, etc., bien que des circonstances puissent être prises en considération pour éclairer et interpréter les motivations initiales justifiant l'acquisition.

De même, demeurent étrangères à l'appréciation de l'intention spéculative les circonstances dans lesquelles les cessions sont intervenues, comme l'existence de ventes à perte ou le montant modique des cessions. Demeure aussi sans incidence sur la taxation la circonstance que l'immeuble a été habité personnellement ou exploité par le cédant.

En pratique, le caractère habituel des opérations fait présumer leur caractère spéculatif. C'est lorsque la condition d'habitude est douteuse que l'administration, sous le contrôle du juge, recherche des indices susceptibles de révéler cette intention de vendre, tels que la brièveté des délais séparant les acquisitions des cessions, le nombre et la fréquence des opérations, le montant des profits réalisés, etc. En droit, un long délai séparant les acquisitions des cessions révèle plutôt l'absence d'intention spéculative. Dès lors s'agissant de l'imposition des profits de construction visés à l'article 35-I-1°, alinéa 2 du CGI, l'administration en a déduit à titre de règle pratique qu'un délai de quinze ans révèle apparemment l'absence d'intention de vendre au moment de l'achat (instruction du 25 juin 1982, *DF,* 1982, n° 30, Com. 7405).

Toutefois il ne s'agit que d'indices pouvant révéler éventuellement un intention spéculative.

22 DE LA FACULTÉ OFFERTE DE RENVERSER LA PRÉSOMPTION DE COMMERCIALITÉ. — Elle se présente dans des conditions légèrement différentes, selon qu'il s'agit de simples particuliers ou de professionnels de l'immobilier.

En droit strict, la charge de la preuve du caractère habituel et spéculatif des opérations d'achat-revente incombe à l'administration.

Toutefois l'expérience révèle que la réalisation de quelques opérations, même étalées dans le temps, fait peser une forte présomption de commercialité sur leur auteur, de sorte qu'il lui appartient d'apporter toutes justifications utiles s'il entend écarter la qualification de marchand de biens qui lui est attribuée. Force est de reconnaître qu'il est exceptionnel que le particulier rapporte la preuve du caractère non spéculatif d'opérations d'achats-reventes d'immeubles, c'est-à-dire la preuve positive d'une intention différente, telle que la volonté (non conduite à son terme) de constituer une propriété familiale ou agricole, d'acheter des propriétés aux fins de les louer ou d'en conserver la jouissance, alors que les cessions ultérieures infirment les intentions originaires alléguées (v. pour des applications positives : CE, 13 juin 1990, n° 71477, *DF,* 1991, n° 9, Com. 368, *RJF* 8-9/90, n° 950; 5 juin 1989, n° 70330, *DF,* n° 42, Com. 1883, *RJF* 8-9/89, n° 927; 3 avril 1991, nos 69350 et 69351, *RJF* 5/91, n° 558, *JCP,* 1991, éd. E, prat. 575, *DF,* 1992, n° 10, Com. 459, concl. O. Fouquet).

Lorsqu'il s'agit de sociétés civiles, l'intention spéculative résultera normalement des dispositions statutaires définissant l'objet social, sauf si la société est en mesure de rapporter la preuve que l'activité réelle est différente de celle prévue par les statuts et ne présente pas un caractère commercial (par ex. une activité de location d'immeuble nu : CE, 21 juillet 1972, n° 78793, Dupont, 1972, p. 373).

Toutefois la jurisprudence la plus topique concerne les marchands de biens qui, sans aucunement contester qu'ils exercent ou qu'ils ont exercé cette activité, prétendent que certaines opérations se rattachent à la gestion de leur patrimoine privé et doivent être imposées distinctement, selon le régime des plus-values privées, des gains habituels provenant de leur activité professionnelle. Faisant application de la théorie de la distinction des patrimoines d'une même personne physique, la jurisprudence admet que les marchands de biens qui exercent leur activité professionnelle ou qui prétendent avoir cessé de l'exercer peuvent renverser la présomption de commercialité en rapportant la preuve du rattachement de la cession et du profit correspondant à leur patrimoine privé (CE, 22 mars 1991, n° 60704, *DF,* 1991, n° 26, Com. 1303, concl. J. Arrighi de Casanova, *RJF* 5/91, n° 563).

Les sociétés immobilières, même lorsqu'elles exercent l'activité de marchand de biens, sont admises à faire valoir que certaines cessions immobilières n'ont pas constitué le dénouement d'acquisitions faites dans le but initial de vendre, mais dans celui de constituer et d'exploiter, au besoin par voie de location, un patrimoine agricole ou familial.

En pareil cas, la jurisprudence accorde une attention particulière aux circonstances entourant la cession (son caractère isolé, forcé, imprévisible ou dans des conditions financières désavantageuses), parce qu'elles révèlent les obstacles rencontrés par le contribuable pour mener à terme les intentions initiales exclusives de toute spéculation (CAA Nantes, 31 décembre 1990, n° 89-326, *DF,* 1991, n° 26, Com. 1304, *RJF* 3/91, n° 362).

Dans ces hypothèses qui ne sont point exceptionnelles en droit fiscal, l'appréciation des intentions requiert l'interprétation d'éléments subjectifs et psychologiques, éloignés dans le temps, ambivalents et évolutifs par définition, au moyen d'une inquisition fiscale difficilement justifiable.

II | Application du régime d'imposition des BIC

23 Assimilation des profits a des BIC. — Les profits résultant d'opérations visées à l'article 35-I-1° du CGI présentent le caractère de BIC et sont imposables à ce titre soit à l'impôt sur le revenu lorsqu'ils sont réalisés par des personnes physiques, soit à l'impôt sur les sociétés sur le fondement de l'application combinée des articles 206-2 et 35-I-1° du CGI. C'est une fiscalité ancienne puisque c'est l'article 29 d'une loi du 13 juillet 1925 qui a rangé les profits réalisés par les marchands de biens dans la catégorie des BIC, alors que dans le même temps le droit commercial reconnaissait un caractère civil à de telles opérations (jusqu'à ce que l'article 151 de la loi du 13 juillet 1967 portant réforme de la faillite et du règlement judiciaire ne modifie l'article 632 du Code de commerce). C'est aussi une fiscalité relativement stable, car ni les lois de 1963 ni celle de 1976 n'ont modifié la définition ou le régime de ces profits (seuls certains profits de lotissement et profits de construction ont été soumis à ce régime à compter respectivement du 1er janvier 1977 et du 1er janvier 1987).

Conformément à la lettre des articles 38-1 et 2 du CGI et au caractère attractif des BIC (art. 155 du CGI), les profits imposables ne sont pas les seuls produits tirés des cessions d'immeubles. Ils comprennent le cas échéant les loyers provenant des immeubles faisant partie du stock immobilier, ainsi que les produits tirés de l'exploitation agricole des terres (CE plénière, 25 juillet 1975, n° 89522, *DF,* 1975, n° 45, Com. 1442, concl. Mme Latournerie ; 17 décembre 1980, n° 14745, *DF,* 1981, n° 11, Com. 554).

Il comprennent également les « honoraires de gestion » perçus par l'associé principal et gérant de sociétés civiles (CE, 11 janvier 1985, n° 36783, *RJF* 3/85, n° 361, *DF,* 1985, n° 28, Com. 1282), les honoraires perçus en qualité d'architecte (CE, 26 octobre 1977, n° 98438, *RJF* 12/77, n° 634, *DF,* 1978, n° 4, Com. 100) et les dédits perçus à l'occasion de transactions non réalisées (CE, 30 novembre 1977, n° 2135, *RJF* 1/78, n° 17, *DF,* 1978, n° 6, Com. 184).

Le fait générateur du profit est constitué par la cession à titre onéreux des biens ou des droits, quelles que soient les modalités du paiement du prix et même en l'absence de paiement du prix par l'acquéreur (en raison de l'imposition d'après le système des créances acquises, compensée par la faculté de constituer une provision pour créance douteuse ou litigieuse).

Dans le cas des ventes réalisées sous condition suspensive, c'est à la date de réalisation de la condition que naît le profit imposable (CE, 5 mai 1970, n°s 72104 et 73902, Dupont, p. 346).

Sont enfin applicables les dispositions de l'article 38-2 *bis* du CGI relatives au rattachement à l'exercice au cours duquel intervient la livraison des produits correspondant aux créances sur la clientèle et aux acomptes perçus.

24 LES RÈGLES FISCALES SPÉCIFIQUES. — Le régime fiscal des BIC applicable aux marchands de biens comporte toutefois trois particularités.

En premier lieu, l'article 302 *ter* 2 du CGI exclut expressément du régime du forfait les opérations portant sur des immeubles et biens assimilés. Les marchands de biens peuvent être soumis au régime simplifié d'imposition des BIC, mais le régime simplifié est exclu en matière de TVA par l'article 204 *quater* de l'annexe II au CGI.

En second lieu, l'administration admet que les marchands de biens peuvent demander l'application de l'article 163 du CGI relatif à l'étalement des revenus exceptionnels ou différés ou le système du quotient qui lui a été substitué par l'article 74 de la loi de finances rectificative pour 1992 (art. 163 OA du CGI), dès lors que les profits sont réalisés en dehors de toute activité professionnelle (note sous CE, 23 avril 1971, n° 78674 plénière, Dupont, 1971, p. 265, *DF,* 1971, n° 23, Com. 849, et 26 mai 1971, n° 78675, au *BO* 5B-12-72, *DF,* 1972, n° 13, ID 3843). C'est une reconnaissance implicite du caractère artificiel de l'assimilation aux BIC des profits immobiliers réalisés par de simples particuliers, auxquels l'application extensive de la condition d'habitude suffit à leur conférer la qualité de marchands de biens.

Enfin, les marchands de biens sont soumis à des obligations spéciales destinées à faciliter le contrôle fiscal, à savoir :

— la tenue d'un répertoire à colonnes non sujet au timbre présentant, jour par jour, sans blanc ni interligne et par ordre de numéros tous les mandats, promesses de ventes, actes translatifs de propriété, et d'une manière générale tous actes se rattachant à la profession de marchand de biens (art. 852-2° du CGI et art. 50 *sexies* de l'annexe IV au CGI). Ce répertoire doit être présenté à toute réquisition des agents des impôts (art. L. 88 du *LPF,* v. CE, 18 décembre 1968, n° 70330, *DF,* 1969, n° 29, Com. 940 et n° 38, Com. 1129, concl. Schmeltz). L'inobservation de ces formalités ou l'absence de répertoire entraîne la déchéance du régime spécial des achats en vue de la revente prévu par l'article 1115 du CGI (v. n° 69 ; Cass. com., 24 mai 1994, n° 1264 P, DGI c/ Coleno, *RJF* 10/94, n° 1144).
— l'obligation d'enregistrer les mandats, promesses de vente, les actes translatifs de propriété et tous actes se rattachant aux opérations visées à l'article 257-6° du CGI dans un délai de dix jours à compter de leur date, sauf s'ils ont été rédigés par acte notarié. Toutefois, les mandats sous seing privé donnés aux intermédiaires échappent à cette formalité (art. 634 du CGI).

A ce régime des professionnels de l'immobilier s'oppose celui applicable aux bénéficiaires occasionnels de profits immobiliers.

Section II
Les plus-values immobilières

Il importe de définir la notion et d'analyser leur régime juridique à travers la distinction fondamentale des plus-values privées et des plus-values professionnelles.

I | DÉFINITIONS

L'imposition des plus-values immobilières soulève non seulement des problèmes de technique fiscale, mais aussi et préalablement des difficultés de qualification. Parmi les profits immobiliers, il convient de distinguer les plus-values et les profits ordinaires et, au sein de la catégorie des plus-values, les plus-values privées et les plus-values professionnelles.

25 SPÉCIFICITÉ DE LA NOTION. — Les plus-values immobilières sont des profits occasionnels réalisés par des personnes physiques ou morales en dehors de l'exercice à titre professionnel d'une activité d'achat-revente d'immeubles et de biens assimilés. Ce sont donc des profits accessoires, voire accidentels, résultant de cessions volontaires ou non (par ex. une expropriation ou la perception d'une indemnité d'assurances à la suite d'un sinistre). La conception extensive du revenu imposable, retenue par notre système fiscal, la théorie du bilan ainsi que le principe égalitaire conduisant à soumettre à l'impôt toutes les formes de rémunération ont justifié dans son principe la taxation des plus-values, notamment immobilières. Toutefois, les modalités d'imposition ont soulevé des difficultés pratiques, notamment dans le cas des plus-values privées, qui expliquent la complexité du système actuel.

En effet, la nature même de ces gains a conduit le législateur à définir des régimes particuliers d'imposition des plus-values au sein des catégories fiscales traditionnelles. D'une part, les plus-values présentent par nature le caractère d'un gain en capital, puisqu'elles révèlent l'accroissement de valeur d'un bien en capital sur une période déterminée. On ne pouvait donc les assimiler à un revenu perçu annuellement en les imposant à l'impôt sur le revenu ou à l'impôt sur les sociétés sans prévoir des règles d'assiette ou des modalités d'imposition spécifiques. D'autre part, il était difficilement concevable de les assimiler à des BIC réalisés par un professionnel de l'immobilier, dès lors qu'il s'agit de gains occasionnels perçus par des personnes physiques ou par des personnes morales en dehors de tout exercice professionnel d'une activité immobilière (bien qu'à l'origine le droit fiscal ait qualifié de BIC des profits immobiliers occasionnels réalisés par de simples particuliers dans le cadre de la gestion de leur patrimoine privé, tels les profits de l'article 35 A ancien du CGI, v. n° 28).

De ces caractères particuliers résultent à la fois la spécificité du régime des plus-values par rapport aux régimes de droit commun et la dualité des régimes applicables à l'imposition des plus-values immobilières.

26 LA DISTINCTION ENTRE PLUS-VALUES PROFESSIONNELLES ET PROFITS IMMOBILIERS ORDINAIRES. — Lorsqu'il s'agit de personnes physiques effectuant quelques opérations immobilières d'achat-revente, le profit imposable peut-être défini, selon que les conditions d'habitude et d'intention spéculative sont ou non réunies, soit comme un BIC, soit comme une plus-values privée (v. n° 19).

Les mêmes difficultés de qualification apparaissent dans le cas de sociétés qui procèdent à la vente de plusieurs immeubles figurant à leur actif professionnel et qui sont susceptibles d'être rattachés soit à leur actif immobilisé, soit au stock immobilier.

En théorie, les critères de distinction sont parfaitement établis. L'actif immobilisé (ou immobilisations) comprend les éléments permanents, stables, de l'actif, dont la destination normale est d'être conservés. Ils ne constituent pas l'objet usuel du négoce de l'entreprise. En revanche, les stocks sont des biens qui sont normalement destinés à la vente en l'état ou au terme d'un processus de production. Ce sont les biens dont la vente constitue l'objet même de l'entreprise.

En pratique, les difficultés de qualification apparaissent lorsque des sociétés dont l'objet statutaire n'était pas le commerce d'immeubles ont procédé par la suite à des cessions plus ou moins importantes d'immeubles inscrits à l'actif, le cas échéant après lotissement, qu'elles ont conservés pendant une période variable et qu'elles ont cédés pour des raisons très diverses (difficultés financières, modification de l'activité, etc.). Selon la jurisprudence, l'immeuble cédé qui figurait jusqu'alors à l'actif du bilan doit être regardé comme appartenant au stock immobilier si les statuts de la société prévoyaient des cessions ultérieures, si la société a manifesté son intention de vendre lors de l'acquisition, si elle s'est livrée à plusieurs opérations semblables ou s'il apparait qu'elle a entendu modifier son activité statutaire. La qualification de marchand de biens résultera également de l'exécution d'importants travaux avant la cession de l'immeuble, excédant l'entretien courant. En revanche, des cessions motivées par des difficultés de trésorerie conduisent plutôt à rattacher l'immeuble à l'actif immobilisé de l'entreprise. Enfin des éléments tirés d'une longue conservation de l'immeuble ou de sa location demeurent indifférents à la qualification du profit (v. CE, 14 novembre 1990, n° 57363, *RJF* 1/91, n° 26, *DF,* 1991, n° 20, Com. 1065 ; CAA Nantes, 23 janvier 1992, n° 1163, *RJF* 5/92, n° 613, *DF,* 1992, n° 48-49, Com. 2255, concl. Cadenat ; CAA Paris, 10 juillet 1990, n° 762-763, *RJF* 4/91, n° 396, *DF,* 1991, n° 32-38, Com. 1625).

27 LA DISTINCTION DES PLUS-VALUES PRIVÉES ET DES PLUS-VALUES PROFESSIONNELLES. — Si le principe de cette distinction est incontestable, son application peut révéler quelques difficultés de mise en œuvre.

La loi fiscale distingue d'une part les plus-values immobilières réalisées par les particuliers et les associés des sociétés de personnes dans le cadre de la gestion de leur patrimoine privé, qui constituent une catégorie particulière de revenus imposables à l'impôt sur le revenu, et d'autre part les plus-values immobilières dites professionnelles, soumises sous réserve de quelques particularités au régime général des plus-values professionnelles. Des facteurs historiques ont justifié la dualité de nature et de régime des plus-values immobilières. La taxation des plus-values professionnelles instituée dans l'entre-deux-guerres (art. 7, 1er al. du décret du 20 juillet 1934) reposait sur la théorie du bilan et la prise en compte des amortissements ; au surplus des règles favorables furent instituées, notamment l'exonération sous condition de remploi de certaines plus-values professionnelles. En revanche, la taxation des plus-values réalisées par des particuliers s'avéra difficile à mettre en œuvre et fut plus tardive (v. n° 28). Il était en effet difficilement concevable de taxer à l'impôt sur le revenu, au titre de l'année de la cession du bien et selon le tarif progressif, l'accroissement de valeur d'un bien en capital sur une longue durée.

En principe, la distinction entre plus-values privées et plus-values professionnelles repose sur un critère organique et fonctionnel. Les premières sont réalisées par des personnes privées administrant leur patrimoine privé, les secondes par des personnes physiques ou morales exerçant une activité professionnelle. Toutefois, ce critère doit être précisé dans trois séries d'hypothèses :

— en premier lieu, la distinction des patrimoines d'affectation d'une même personne physique conduit à qualifier une plus-value immobilière, selon le cas, de plus-values privée ou de plus-value professionnelle. Il convient d'identifier le rattachement du bien à l'un des actifs professionnels ou au patrimoine privé à l'aide des critères jurisprudentiels, des dispositions législatives et de la doctrine administrative. Les règles de rattachement diffèrent selon que l'activité professionnelle dégage des profits imposables dans la catégorie des BIC, des BNC ou des BA, et selon le régime d'imposition du cédant (v. n° 190). Les mêmes difficultés de rattachement à l'un des patrimoines, professionnel ou privé, d'un entrepreneur individuel apparaissent lorsque l'entreprise cesse son activité en poursuivant son existence pour les besoins de sa liquidation, en cédant de façon échelonnée les éléments de l'actif (CE, 29 juin 1988 et 8 juillet 1992, n° 84973, *DF,* 1994, n° 4, Com. 78, concl. O. Fouquet) ;
— en deuxième lieu, le régime des plus-values des particuliers est susceptible de s'appliquer, sous certaines conditions, aux petites entreprises (petites exploitations et loueurs en meublé non professionnels, v. n° 37) ;
— enfin la cession d'un même bien peut dégager à la fois une plus-value privée et une plus-value professionnelle, imposables distinctement, lorsqu'il a été transféré d'un patrimoine à l'autre avant sa cession (biens dits « migrants » visés par l'article 151 *sexies* du CGI).

En définitive, à côté d'éléments objectifs, les éléments subjectifs tirés des intentions ou de la volonté du cédant occupent une place essentielle dans la qualification des profits immobiliers.

II | Les plus-values réalisées par les particuliers

A - Evolution historique

28 Les précédents. — Le système actuel d'imposition des plus-values immobilières réalisées par des particuliers ou des membres de sociétés de personnes visées à l'article 8 du CGI résulte pour l'essentiel de la loi du 19 juillet 1976 portant imposition généralisée des plus-values, dont les dispositions furent simplifiées et modifiées par la loi de finances pour 1983. Ce système rompt avec le régime antérieur, établi par la loi du 19 décembre 1963, et qui reposait sur deux taxations spécifiques, laissant hors de son champ d'application les autres profits immobiliers.

Ce système partiel d'imposition des plus-values immobilières présentait trois caractères essentiels. D'abord, il conduisait à distinguer entre les profits spéculatifs de l'article 35 A du CGI et les plus-values non spéculatives de l'article 150 *ter* résultant de l'augmentation des prix des terrains à bâtir, les premiers étant soumis à des modalités de taxation rigoureuses. Il y avait donc un arrière-plan moral qui justifiait la pénalisation fiscale des contribuables présumés spéculateurs et qui n'avaient pu établir la pureté de leurs intentions lors de l'acquisition des biens.

Cette taxation était ensuite doublement critiquable sur le plan de sa conception. Les plus-values non spéculatives de l'article 150 *ter* étaient rangées dans une catégorie nouvelle de revenus, imposables à l'impôt sur le revenu, nonobstant leur nature de gain en capital. Quant aux plus-values spéculatives de l'article 35 A du CGI, elles étaient artificiellement assimilées à des BIC, bien qu'elles fussent réalisées à titre occasionnel par de simples particuliers et dans le cadre de la gestion de leur patrimoine privé.

Enfin, le dispositif de l'article 35 A du CGI était foncièrement inéquitable, dès lors qu'il présumait spéculatives les plus-values réalisées dans un délai déterminé (qui de cinq ans à l'origine, fut porté à dix ans), en laissant aux particuliers la charge de la preuve d'une intention non spéculative au moment de l'acquisition du bien (sous réserve de la cession de la résidence principale qui était présumée non spéculative). En pratique cette preuve négative n'était rapportée que dans des cas exceptionnels. Ces dispositions, source d'un abondant et irritant contentieux, furent modifiées par la loi du 19 juillet 1976 avant d'être définitivement abrogées par l'article 7-II A de la loi de finances pour 1983. Désormais ces plus-values sont imposables selon le régime de droit commun applicable aux plus-values immobilières.

29 CARACTÈRES GÉNÉRAUX DU SYSTÈME ACTUEL D'IMPOSITION DES PLUS-VALUES IMMOBILIÈRES. — Inspiré des législations étrangères et préparé par les travaux de la commission d'étude d'une imposition générale des plus-values, le système actuel établi par la loi du 19 juillet 1976 modifiée par la loi de finances pour 1983 a eu pour objectif d'établir une imposition généralisée des plus-values à l'impôt sur le revenu.

En réalité, cet objectif était dès l'origine entaché d'une ambiguïté majeure dans la mesure où les caractéristiques de notre imposition sur le revenu, à savoir l'annualité et la progressivité par tranches, sont difficilement conciliables avec les caractères spécifiques des plus-values immobilières, qui sont des gains en capital réalisés sur une période déterminée. Aussi les plus-values immobilières réalisées par les particuliers sont-elles soumises à des règles spécifiques, non seulement différentes de celles applicables aux autres catégories de revenus, mais profondément différentes de celles applicables aux entreprises (plus-values dites professionnelles) et aux plus-values de cession de valeurs mobilières.

Le régime fiscal des plus-values immobilières réalisées par les particuliers ne pouvait être qu'un système de compromis, une cote mal taillée. La taxation générale des plus-values déboucha sur une imposition modérée des plus-values. Aussi les multiples exonérations prévues par la loi (qui atténuent notablement la généralité de l'imposition), la distinction entre plus-values à court terme et à long terme (les premières étant implicitement réputées spéculatives et donc plus lourdement taxées), les modalités de calcul et d'imposition spécifiques aux plus-values à long terme, enfin l'application du système du quotient visant à atténuer les effets de la progressivité par tranches inhérente au barème de l'impôt sur le revenu permettent-elles d'atteindre ces objectifs au prix d'une grande complexité et d'un faible rendement fiscal. En contrepartie, ce système ne suscite plus les critiques justifiées et les difficultés aiguës qu'entraîna autrefois l'application de l'article 35 A du CGI.

B - Définition des plus-values imposables

30 UN SYSTÈME DE TAXATION PRÉTENDUMENT GÉNÉRALISÉ. — Le champ d'application de la taxation est défini extensivement par l'article 150 A du CGI, qui vise les plus-values effectivement réalisées par des personnes physiques ou des sociétés de personnes lors de la cession à titre onéreux de biens ou de droits de toute nature.

Tant les personnes visées par la loi que les opérations ou les biens imposables sont définis très largement.

En effet, les plus-values immobilières imposables sont celles qui résultent de la cession de biens appartenant au patrimoine privé des personnes visées ci-dessus, à l'exclusion par conséquent des profits immobiliers réalisés à titre habituel (qui sont des BIC réalisés par les marchands de biens, v. nos 19 et s.) et des plus-values dites professionnelles (qui résultent de la cession d'un élément de l'actif immobilisé de l'entreprise, v. nos 26 et 27), sans qu'il soit besoin de distinguer, comme sous le régime antérieur, selon l'intention spéculative ou non du cédant.

Enfin les personnes imposables sont celles qui ont leur domicile fiscal (ou dans le cas des sociétés de personnes, leur siège social) en France, que la plus-value soit réalisée en France ou à l'étranger, sous réserve des dispositions contenues dans les conventions internationales. Quant aux personnes qui ont leur domicile fiscal hors de France, mais dont le bien cédé est situé en France, elles sont redevables du versement forfaitaire du tiers prévu par l'article 244 *bis* A du CGI, sous réserve de l'application des conventions internationales (v. n° 45).

Quant aux opérations imposables elles sont constituées par toutes les mutations à titre onéreux, quelles qu'en soient les modalités (ventes, expropriations, échanges) à l'exclusion par conséquent des mutations à titre gratuit entre vifs (donations) et des partages de succession ou de communauté conjugale, même avec soulte. Peu importent la forme ou les modalités de la cession ainsi que l'affectation donnée au produit de celle-ci (CE, 12 juin 1987, n° 55897, *RJF* 8-9/87, n° 901).

L'apport en société d'un immeuble constitue une mutation à titre onéreux imposable selon les règles de l'article 150 A et s. du CGI ; mais tel n'est pas le cas pour l'inscription d'un bien à l'actif d'une entreprise individuelle. La dissolution d'une société de personnes non passible de l'impôt sur les sociétés dégage des plus-values imposables au nom de chaque associé au prorata de ses droits sociaux.

Enfin et sous réserve des nombreuses exonérations prévues par la loi (v. n° 31), les biens imposables ne sont pas uniquement les immeubles *stricto sensu* mais regroupent des biens et des droits de toute nature, indépendamment de l'origine des droits de propriété (acquisitions à titre onéreux ou par voie de succession ou de donation).

En effet, la fiscalité immobilière retient une conception extensive de l'immeuble pour l'imposition des profits immobiliers, incluant les profits tirés de la cession de valeurs mobilières ou de droits sociaux dont la détention est fiscalement assimilée à celle des immeubles.

Ainsi entrent dans les prévisions de l'article 150 A du CGI les plus-values résultant de la cession d'immeubles bâtis ou non bâtis, de droits immobiliers tels qu'usufruit, nue-propriété, servitudes ainsi que les titres de sociétés transparentes visées à l'article 1655 *ter* du CGI et ceux de sociétés à prépondérance immobilière visées à l'article 150 A *bis* du même Code[1].

La transparence fiscale établie par l'article 1655 *ter* du CGI a pour effet de dissiper l'écran social au regard des impôts visés audit article et d'assimiler les associés à des propriétaires directs des immeubles acquis par la société ou construits par celle-ci.

Quant aux cessions de titres de sociétés à prépondérance immobilière, elles relèvent en application de l'article 150 A *bis* du CGI du régime d'imposition prévu pour les biens immeubles. Cette assimilation fiscale est justifiée par le caractère de ces sociétés, définies par l'article 74 A *bis* de l'annexe II, comme des sociétés non cotées en bourse, autres que les SICOMI, dont l'actif est constitué pour plus de 50 % de sa valeur par des immeubles ou des droits portant sur des immeubles. Pour l'application de cette disposition, ne sont pas pris en considération les immeubles affectés par la société à sa propre exploitation industrielle, commerciale, agricole ou à l'exercice d'une profession non commerciale.

L'interprétation de la condition de non-affectation soulève quelques difficultés. La doctrine administrative estime qu'elle n'est pas satisfaite lorsque les immeubles constituent le stock immobilier d'une société de construction-vente ou celui d'une société de marchand de biens, ou lorsqu'ils sont inscrits à l'actif d'une SA ou d'une SARL ayant pour unique objet la location nue de son patrimoine immobilier (instruction du 7 décembre 1978, *DF*, 1979, n° 2-3, ID n° 5941). Dès lors, ces sociétés sont à prépondérance immobilière.

Le droit fiscal des sociétés immobilières distingue donc, pour des motifs différents, la transparence fiscale de l'article 1655 *ter* du CGI (qui n'est elle-même pas absolue, v. n°s 117 s.) de la quasi-transparence résultant (le cas échéant conjointement) soit de la prépondérance immobilière, soit de l'adoption de l'une des formes sociales visées par l'article 8 du CGI (v. n° 108).

Cette taxation apparemment généralisée ne doit pas faire illusion. Elle est fortement atténuée par de multiples exonérations fiscales.

1. Si les titres de sociétés immobilières sont parfois assimilés à des immeubles (v. n°s 47, 139, 146, 167), ce sont toutefois des biens de nature différente soumis à des règles distinctes (v. n°s 31, 33, 147, 168).

31 LES MULTIPLES EXONÉRATIONS FISCALES. — C'est assurément la liste des exonérations qui permet de définir précisément le champ d'application de l'imposition des plus-values des particuliers, tant elles sont nombreuses et diversifiées dans leur objet. Elles sont habituellement rangées en trois catégories. Certaines exonérations sont liées à la nature des biens cédés (la cession de la résidence principale et de ses dépendances immédiates et nécessaires, la première cession d'un logement autre que la résidence principale, la cession de terrains à usage agricole ou forestier, les cessions de terrains à bâtir et de biens assimilés situés dans les DOM et affectés à la création de certains équipements dans le tourisme et l'hôtellerie, les cessions d'immeubles possédés depuis plus de vingt-deux ans).

D'autres exonérations résultent de la nature des opérations réalisées (remembrement et opérations assimilées, cessions réalisées dans l'année inférieures à 30 000 F, encaissement d'indemnités d'assurances consécutives à un sinistre d'un bien personnel, remploi des indemnités perçues à l'occasion d'opérations d'expropriation dans l'achat d'un bien de même nature dans les six mois du paiement, ce qui exclut le remploi sous forme d'achat de parts de sociétés civiles immobilières).

D'autres enfin procèdent de la qualité du cédant (titulaires de pensions-vieillesse non imposables à l'impôt sur le revenu et contribuables dont la valeur de l'ensemble du patrimoine immobilier n'excède pas 400 000 F, somme majorée de 100 000 F par enfant à charge à partir du 3e).

A ces exonérations permanentes, l'article 9 de la loi de finances pour 1994 ajoute une exonération temporaire. Cette disposition prévoit que les plus-values de cession d'un logement réalisées entre le 25 novembre 1993 et le 31 décembre 1994 sont partiellement exonérées sous conditions de remploi dans l'achat d'un logement affecté à l'habitation principale du cédant.

C - La détermination de la plus-value nette

32 APERÇU D'ENSEMBLE. — La plus-value nette est constituée par la différence entre le prix de cession et le prix de revient du bien. Cette opération soulève maintes difficultés, car elle doit tenir compte d'une part du facteur temps — qui justifie que des corrections et majorations liées à l'exécution de travaux postérieurs et à la dépré-

ciation monétaire soient apportées à la valeur d'origine des biens — et d'autre part des modalités juridiques ayant permis l'acquisition ou la cession de l'immeuble.

En outre, la loi du 19 juillet 1976 établit une distinction fondamentale entre plus-values à long terme et à court terme en fonction de la durée de détention du bien, ce qui a conduit le législateur à instituer au bénéfice des seules plus-values à long terme des modalités de calcul spécifiques et favorables aux titulaires de ces plus-values.

L'impression d'ensemble est celle d'une grande complexité, résultant non seulement de la diversité des situations juridiques révélant une mutation, mais encore de la difficulté à intégrer dans le cadre annuel de l'impôt sur le revenu des éléments afférents à l'évaluation d'un bien en capital à des dates qui sont éloignées dans le temps.

Ces difficultés objectives n'expliquent pas toutes les particularités du régime juridique de l'imposition des plus-values privées. Ainsi le législateur a-t-il refusé d'instituer une éventuelle compensation entre moins-values et plus-values immobilières réalisées au cours d'une même année par un particulier (art. 150 N *bis* du CGI), alors que cette compensation est inhérente à la définition même du revenu imposable (qui est un revenu net) et que cette compensation est l'un des principes de l'imposition des plus-values professionnelles. La doctrine administrative ne retient qu'une exception limitée au principe de non-compensation (en cas de vente en bloc d'un immeuble acquis par fractions successives. Rép. Voilquin, *JO, Déb. Sénat,* 12 avril 1980, p. 985, n° 32152, *DF,* 1980, n° 24, Com. 1301 et n° 25, ID 6562 ; CAA Paris, 29 mai 1990, n° 2019, *RJF* 8-9/90, n° 1042).

A cet égard, l'imposition généralisée des plus-values établie en 1976 n'a pas modifié les solutions contestables qui prévalaient déjà sous le régime antérieur (par ex. CE, 14 juin 1989, n° 59479, *RJF* 8-9/89, n° 970).

Pour calculer le montant d'une plus-value, deux séries d'opérations sont nécessaires. Il convient d'abord d'évaluer la plus-value nette imposable à l'aide des règles générales prévues par les articles 150 H et s. du CGI, applicables quelle que soit la nature de la plus-value (à court terme ou à long terme). Ensuite, la loi établit des règles particulières à la détermination des seules plus-values nettes à long terme, et qui sont soumises à une fiscalité atténuée.

33 Les règles communes a la détermination de l'ensemble des plus-values.

a – Evaluation du prix de cession

C'est en principe le prix stipulé dans l'acte authentique sauf si l'une des parties s'inscrit en faux contre la mention de l'acte ou si l'administration apporte la preuve d'une sous-évaluation du prix (CE, 24 février 1988, n° 58913, *DF,* 1988, n° 20-21, Com. 991, *RJF* 4/88, n° 454 ; CAA Lyon, 16 avril 1991, n°s 1831, 1856 à 1858, *DF,* 1991, n° 32-38, Com. 1622). Quant à la preuve d'une dissimulation d'une partie du prix, elle ne saurait résulter des seules déclarations de l'acquéreur, même appuyées par les mouvements de ses comptes bancaires. Elle implique que l'administration établisse l'existence de versements effectifs opérés sur les comptes du vendeur (CAA Nancy, 4 octobre 1994, n° 92-380, Perraudin, *RJF* 3/95, n° 345, *DF,* 1995, n° 22, Com. 1222).

Toutefois les modes d'acquisition des biens étant différents dans leur nature et leur technique, le législateur et la jurisprudence ont été conduits à définir ce prix de cession dans des hypothèses particulières. Lorsqu'un bien est cédé contre une rente viagère, le prix de cession est la valeur en capital de la rente, à l'exclusion des intérêts (art. 150 I du CGI). En réalité, la fiscalité est éminemment défavorable à l'égard des cessions consenties moyennant le paiement d'une rente viagère. Il y a d'abord un cumul d'impositions puisque le crédirentier est imposable à l'impôt sur le revenu non seulement en raison de la plus-value immobilière réalisée, mais encore en raison des arrérages de rente pour une fraction qui varie selon l'âge du crédirentier au moment de l'entrée en jouissance de la rente (art. 158-6 du CGI). Il y a ensuite imposition d'une plus-value factice, quoique juridiquement réalisée, en cas de décès du crédirentier peu de temps après la vente.

Lorsque l'immeuble cédé était possédé en indivision, chacun des indivisaires est réputé recevoir une fraction du prix de vente correspondant aux droits qu'il détient sur le bien cédé, nonobstant l'existence d'arrangements répartissant selon une clé différente le produit de la cession (CE, 15 novembre 1978, n° 10908, *DF,* 1979, n° 32-38, Com. 1973, concl. Rivière, *RJF* 1/79, n° 3 ; 21 décembre 1990, n° 69163, *DF,* 1991, n° 21-22, Com. 1112, *RJF* 2/91, n° 175).

La détermination du prix de cession a suscité des difficultés d'interprétation lorsque la cession d'un terrain à bâtir est consentie moyennant la remise de locaux à construire. Selon l'administration, une telle opération est assimilable à un échange, le prix de cession étant alors constitué non par le prix estimé dans l'acte de vente, mais par la valeur réelle des immeubles bâtis remis en paiement du terrain (instruction du 21 septembre 1981, *DF,* 1981, n° 42, ID 7032). A l'inverse, le Conseil d'Etat se réfère au seul prix énoncé dans l'acte de vente, sauf si la preuve est rapportée qu'il a été sciemment minoré (CE, 26 juin 1985, n° 45913, *DF,* 1985, n° 50, Com. 2188; *RJF* 8-9/85, n° 1185; CAA Lyon, 17 mars 1992, *DF,* 1983, n° 26, Com. 1344, concl. C. Chanel).

Enfin la détermination du prix de cession en cas d'expropriation est régie par les dispositions de l'article 74 F de l'annexe II du CGI, selon lesquelles il y a lieu de retenir l'ensemble des indemnités allouées en espèces ou en nature, à l'exception de celles qui ne sont pas représentatives de la valeur de cession des biens expropriés. Dès lors, les indemnités pour troubles de jouissance, pour perte de loyers, pour récoltes non levées ne doivent pas être prises en compte pour déterminer le prix de cession de l'immeuble. Cette solution s'applique aussi, selon la jurisprudence fiscale, aux indemnités accessoires accordées dans le cadre de cessions amiables à des collectivités publiques d'immeubles compris dans le périmètre d'une déclaration d'utilité publique en vue d'éviter le recours à cette procédure (CE, 10 décembre 1982, n° 23735, *DF,* 1983, n° 22, Com. 1921, concl. Verny, *RJF* 2/83, n° 235; plénière, 29 juillet 1983, n° 31466, *DF,* 1984, n° 9, Com. 392, concl. Rivière, *RJF* 10/83, n° 1155; 4 juillet 1984, n° 48593, *DF,* 1984, n° 49, Com. 2180, *RJF* 10/84, n° 1175; 26 juin 1985, n° 45740, *DF,* 1985, n° 49, Com. 2104, *RJF* 8-9/85, n° 1186).

Le prix de cession peut faire l'objet, le cas échéant, de différentes corrections, positives ou négatives. Il doit être augmenté des charges en capital et indemnités stipulées au profit du cédant, et il est réduit du montant des taxes acquittées et des frais supportés par le vendeur à l'occasion de cette cession (telles les commissions versées aux intermédiaires ou les indemnités d'éviction versées aux locataires).

b – Evaluation du prix d'acquisition

Le second terme de la différence est constitué par le prix d'acquisition ou, en cas d'acquisition à titre gratuit, par la valeur vénale au jour de cette acquisition, auxquels s'appliquent diverses majorations énumérées par l'article 150 H du CGI. Ce prix d'acquisition est celui exprimé par l'acte authentique, excepté lorsque l'administration rapporte la preuve d'une dissimulation de prix.

La détermination du prix d'acquisition ou de la valeur vénale peut soulever des difficultés compte tenu de la diversité des situations possibles. Lorsque le bien a été acquis moyennant le versement d'une rente viagère, le prix d'acquisition à retenir est la valeur de capitalisation retenue par les parties dans l'acte d'achat, et non le prix correspondant au montant total des rentes versées (CAA Paris, 30 mai 1989, n° 355, *DF,* 1989, n° 45, Com. 2075).

Lorsque le bien a été acquis par voie de succession, c'est la valeur vénale au jour de la mutation qui doit être retenue pour le calcul de la plus-value, alors même que le contribuable prétendrait qu'elle fut substantiellement sous-évaluée (CE, 6 juillet 1988, n°s 56922, 71153 et 71873, *DF,* 1988, n° 49, Com. 2196, *RJF* 10/88, n° 1105).

Le droit fiscal applique avec rigueur la règle *nemo auditur...*

En effet, une déclaration rectificative déposée par les héritiers, rehaussant la valeur déclarée de l'immeuble reçu par succession, demeure sans incidence sur le calcul de la plus-value, alors même que l'administration aurait perçu les droits de succession complémentaires (CAA Paris, 19 décembre 1989, n° 462, *DF,* 1990, n° 25-26, Com. 1212, *RJF* 4/90, n° 429).

Seules des circonstances particulières permettraient au contribuable de rehausser la valeur de l'immeuble déclarée pour la perception des droits de mutation, tel un bail de très longue durée restant à courir lors de l'acquisition à titre gratuit (CE, 25 juillet 1986, n° 63983, *DF,* 1986, n° 47-48, Com. 2064, *RJF* 11/86, n° 988).

C'est dire que le contribuable demeure prisonnier, pour le calcul de la plus-value immobilière, de la valeur de l'immeuble déclarée pour la perception des droits de mutation.

Lorsque le bien a été acquis par donation entre vifs remontant à moins de cinq ans, l'article 150 I du CGI disposait que la plus-value devait être calculée en retenant la valeur ou le prix à la date d'acquisition par le donateur. Cette disposition destinée à faire échec à certaines manœuvres s'étant révélée dans certaines occasions favorable aux contribuables, l'article 21 de la loi de finances rectificative pour 1991 dispose qu'elle cesse de s'appliquer pour l'imposition des plus-values réalisées à compter du 1er janvier 1992. C'est désormais la règle de droit commun qui s'applique, la valeur à retenir étant la valeur vénale du bien à la date de son entrée dans le patrimoine du cédant.

On observera que dans le cas des sociétés civiles immobilières cédant un immeuble, le prix d'acquisition à retenir est celui payé par la société et non le prix payé par chaque associé pour acquérir les parts en cours d'existence de la société. Cette solution rigoureuse pour les associés qui deviennent imposables à raison d'une plus-value acquise avant même qu'ils n'acquièrent les parts sociales résulte de la quasi-transparence fiscale des sociétés visées à l'article 8 du CGI (l'administration dérogeant toutefois à cette règle lorsque la plus-value résulte de la dissolution de la société, v. Rép. Tailhades, *JO, Déb. Sénat,* 5 février 1982, p. 551, n° 1680, *DF,* 1982, n° 17-18, Com. 955; CE, 6 janvier 1984, n°s 42382 et 42388, *RJF* 3/84, n° 314, *DF,* 1984, n° 19-20, Com. 960).

Elle emporte toutefois des conséquences favorables dans la mesure où la durée de détention est celle de l'immeuble par la société et non la durée de détention des titres par les associés.

C'est seulement dans le régime de la transparence fiscale de l'article 1655 du CGI qu'il existe une coïncidence parfaite entre la possession des droits sociaux et celle des immeubles, et que la valeur d'acquisition et la durée de détention sont communes aux parts sociales et aux immeubles.

A cette valeur historique que constitue le prix d'acquisition ou la valeur vénale réelle, il y a lieu d'ajouter divers frais et dépenses exposés lors de la mutation ou postérieurement à celle-ci, et qui réduiront d'autant l'assiette de la plus-value nette imposable. Il s'agit (art. 150 H du CGI) :

des frais afférents à l'acquisition à titre gratuit (à l'exclusion des droits de mutation) ou des frais afférents à l'acquisition à titre onéreux, lesquels peuvent être évalués forfaitairement à 10 %

— des dépenses de construction, reconstruction, agrandissement, rénovation, amélioration exposées depuis l'acquisition, lorsqu'elles n'ont pas été déjà déduites du revenu imposable et ne présentent pas le caractère de dépenses locatives. Elles sont prises en compte pour leur montant réel ou peuvent être forfaitairement évaluées à 15 % du prix d'acquisition (art. 150 L du CGI). Les travaux effectués par le cédant ou les membres de sa famille pourront

être déduits pour leur montant réel ou être estimés en appliquant le coefficient 3 au montant des matériaux utilisés ;
— les intérêts des emprunts contractés pour l'acquisition ou la réparation d'une résidence secondaire dans les limites prévues à l'article 199 *sexies* 1° *a* du CGI ;
— les frais de voirie, réseaux et distribution imposés par les collectivités locales ou leurs groupements dans le cadre d'un plan d'occupation des sols en ce qui concerne les terrains à bâtir ;
— et enfin les honoraires ayant rémunéré les consultations fiscales demandées par les assujettis à l'occasion de l'imposition de la plus-value.

34 LES RÈGLES PARTICULIÈRES RELATIVES A LA DÉTERMINATION DES SEULES PLUS-VALUES NETTES A LONG TERME. — Après application des règles générales, communes à la détermination de toutes les plus-values, la loi fiscale établit des règles particulières selon que la plus-value procède de la cession de biens immobiliers moins de deux ans après leur acquisition (plus-values dites à court terme) ou plus de deux ans après celle-ci (plus-values dites à long terme).

En vertu de l'article 150 J du CGI, les plus-values immobilières à court terme sont assimilées à un revenu ordinaire et taxées à l'impôt sur le revenu, sans bénéficier d'aucun correctif particulier. Elles bénéficient uniquement de l'abattement général de 6 000 F et, le cas échéant, des abattements particuliers prévus pour les cessions faisant suite à une déclaration d'utilité publique ou pour la cession de la première résidence secondaire.

En revanche, les plus-values à long terme bénéficient d'un régime fiscal particulier qui tient compte de l'érosion monétaire depuis la date d'acquisition du bien et qui prévoit le bénéfice d'un abattement par année de possession au-delà de la deuxième. Le prix d'acquisition ou la valeur vénale, majoré des frais et dépenses divers est actualisé à l'aide des coefficients tirés de l'indice annuel des prix à la consommation publiés chaque année par le directeur général des impôts (art. 150 K et art. 74 L de l'annexe II au CGI).

La plus-value ainsi déterminée est diminuée d'un abattement pour chaque année de détention au-delà de la 2e (art. 150 M du CGI), fixé à 3,33 % à compter du 1er janvier 1991 et porté à 5 % par la loi de finances rectificative pour 1993. Cette dernière mesure a pour effet de ramener de trente-deux à vingt-deux ans la durée de possession justifiant l'exonération de la plus-value. Ce pourcentage s'applique à la plus-value elle-même (et non au prix d'acquisition du bien) par période indivise de douze mois depuis la date d'acquisition, sans tenir compte des fractions d'années.

Enfin, la plus-value est diminuée des abattements prévus par l'article 150 Q du CGI en faveur de l'ensemble des plus-values (qu'elles soient à court terme ou à long terme). Il s'agit de l'abattement général à la base de 6 000 F (inchangé depuis 1976), de l'abattement spécial prévu en cas de cession de la première résidence secondaire dont le propriétaire a eu la disposition pendant cinq ans au moins (20 000 F pour chacun des époux, 30 000 F pour les veufs, célibataires et divorcés et 10 000 F pour chaque enfant vivant ou représenté) et de l'abattement de 75 000 F (exclusif de celui de 6 000 F), en cas de cession faisant suite à une déclaration d'utilité publique. Mais aucune déduction ne peut être pratiquée au titre d'une compensation entre les moins-values et les plus-values réalisées par un contribuable au cours d'une même période (art. 150 N *bis* du CGI, v. n° 32).

D - Les modalités spécifiques d'imposition des plus-values à long terme

35 ATTÉNUATION DE L'ANNUALITÉ ET DE LA PROGRESSIVITÉ DE L'IMPÔT SUR LE REVENU. — Les plus-values imposables doivent être déclarées dans les mêmes conditions et sous les mêmes sanctions que le revenu global, au moyen d'une déclaration spéciale. Toutefois la liquidation et le recouvrement de l'impôt afférents à la réalisation d'une plus-value à long terme sont régis par des règles particulières qui atténuent les conséquences rigoureuses de l'annualité et de la progressivité de l'impôt sur le revenu.

Le principe de l'annualité de l'impôt sur le revenu implique l'imposition de la plus-value au titre de l'année de la cession, c'est-à-dire celle du transfert de propriété (CAA Paris, 19 décembre 1989, n° 471, *DF,* 1990, n° 27, Com. 1293, *RJF* 4/90, n° 430), quelles que soient les conditions dans lesquelles le prix a été ou sera payé (CE, 6 juin 1984, n° 36633, *RJF* 8-9/84, n° 987, *DF,* 1985, n° 7, Com. 292), ce qui constitue une dérogation au principe de l'imposition des revenus disponibles.

Cette solution s'avère rigoureuse lorsque le paiement effectif du prix n'intervient pas lors du transfert de propriété, de sorte que le cédant est redevable d'une imposition sur une plus-value qu'il n'a pas réellement perçue. Aussi des règles particulières ont-elles été prévues pour l'année de rattachement des plus-values résultant du versement d'indemnités d'expropriation (l'année où l'indemnité a été perçue, ou sur demande du contribuable l'année où l'indemnité a été effectivement fixée ; art. 150 S et art. 74 P de l'annexe II au CGI).

Les plus-values de cession ou d'apport de terrains à bâtir ou de biens assimilés à ces terrains par l'article 691 du CGI bénéficient d'un report de taxation (qui ne peut excéder cinq ans) dans quatre hypothèses visées par les articles 238 *nonies* à 238 *undecies* du CGI (cession faite à une collectivité publique, apport du terrain ou du bien assimilé à une société de construction-vente, à une société transparente visée à l'article 1655 *ter* du CGI, cession de terrain rémunérée par la remise d'immeubles à construire sur le terrain).

Le souci d'atténuer la progressivité de l'impôt sur le revenu a conduit le législateur à prévoir un système de division par 5 des plus-values immobilières à long terme, le cinquième de la plus-value nette imposable étant rattaché au revenu global net du contribuable. L'impôt dû a raison de la plus-value est égal à 5 fois le montant de la cotisation supplémentaire ainsi obtenue (art. 150 R du CGI). Cette modalité particulière de calcul de l'impôt, qui excluait l'application de l'étalement prévu à l'ancien article 163 du CGI, a inspiré la technique du quotient prévue par les dispositions du nouvel article 163 OA du CGI applicables à compter de l'imposition des revenus de 1993 (c'est toutefois un système de division par quatre du revenu exceptionnel ou différé qui a été retenu).

Il n'est pas jusqu'au paiement de l'impôt afférent aux plus-values immobilières à long terme qui n'ait été aménagé par le législateur, puisqu'il peut être fractionné par parts égales sur une période de cinq ans, moyennant versement d'un intérêt au taux légal (art. 150 R du CGI et art. 74 R de l'annexe II du CGI).

III | Les plus-values professionnelles

Les plus-values immobilières réalisées par les entreprises sont en principe soumises au régime général des plus-values professionnelles.

Toutefois, c'est le régime des plus-values privées qui, par exception, s'applique dans quelques hypothèses.

36 Application du régime général des plus-values et des moins-values professionnelles. — En dépit d'une similitude de vocabulaire, fondée sur la distinction entre les plus-values à court terme et à long terme, les plus-values immobilières dites professionnelles relèvent d'un régime spécifique, distinct de celui applicable aux plus-values des particuliers.

A la différence des plus-values immobilières des particuliers, qui sont soumises à un régime spécifique au sein de la catégorie des plus-values des particuliers, les plus-values immobilières réalisées par les entreprises sont soumises au régime général des plus-values professionnelles. On sait que ce régime général s'applique aux sociétés relevant de l'IS, quel que soit le montant de leur chiffre d'affaires, ainsi qu'aux entreprises industrielles, commerciales, artisanales, aux exploitations agricoles et aux professions non commerciales qui revêtent la forme d'entreprises individuelles ou de sociétés de personnes imposables à l'IR et dont les recettes excèdent le double des limites du forfait ou de l'évaluation administrative (en deçà de ce plafond, les plus-values sont exonérées). Le régime d'imposition des plus-values professionnelles diffère fondamentalement de celui applicable aux plus-values immobilières privées.

La définition de ces plus- et moins-values professionnelles est différente, car il y a lieu de tenir compte des amortissements déduits de l'assiette de l'impôt. La compensation entre plus- et moins-values a valeur de règle générale, alors qu'elle est prohibée lorsqu'il s'agit de plus-values immobilières réalisées par les particuliers. Les modalités de calcul sont foncièrement différentes dès lors que le prix de revient résulte de la comptabilité et que les dépenses afférentes au bien ont déjà été déduites soit au titre des charges normales et courantes de l'exercice, soit au titre des amortissements.

Enfin les modalités de taxation sont spécifiques puisque les plus-values professionnelles sont soit exonérées (dans le cas des petites entreprises), soit imposées à un taux (ou à des taux, avant l'unification réalisée par les articles 11 et 19 de la loi de finances pour 1992) proportionnel, alors que les plus-values privées sont taxées au barème progressif de l'impôt sur le revenu, atténué par le système du quotient.

Ce régime prévoit d'une part le bénéfice de l'exonération au profit des petites entreprises, c'est-à-dire les exploitants individuels, les sociétés de personnes imposables à l'IR et les SARL ayant opté pour le régime des sociétés de personnes, lorsque les recettes de l'exploitation ne dépassent pas le double des limites du forfait ou de l'évaluation administrative. Toutefois l'article 151 *septies* du CGI subordonne l'exonération à la condition que l'activité ait été exercée pendant au moins cinq ans, et que le bien n'entre pas dans le champ d'application de l'article 691 du CGI (terrains à bâtir et biens assimilés).

Lorsque la plus- ou la moins-value entre dans le champ de l'impôt, ce régime prévoit des modalités différentes selon que les plus-values ou les moins-values nettes sont à court terme ou à long terme. Les premières sont soumises (en principe) au régime des bénéfices et des pertes d'exploitation, les secondes bénéficient d'une taxation réduite (art. 39 *duodecies* du CGI).

La distinction entre les plus-values et les moins-values à court terme ou à long terme repose sur la nature, amortissable ou non, du bien et sa durée de détention (v. n° 191). Après compensation, la plus-value nette à court terme est rapportée aux bénéfices imposables dans les conditions de droit commun (avec des possibilités d'étalement prévues dans certains cas), la moins-value nette à court terme venant s'imputer sur les bénéfices d'exploitation. Quant aux plus-values nettes à long terme elles sont imposées, après compensation avec les moins-values de même nature, au taux de 16%, lorsqu'elles sont réalisées par des entreprises relevant de l'impôt sur le revenu, et au taux de 19% s'il s'agit d'entreprises passibles de l'IS. Elles peuvent toutefois être utilisées pour compenser les moins-values nettes à long terme subies au cours des 10 exercices ou années antérieurs ou pour compenser un déficit.

Le régime des reports de taxation prévu par les articles 238 *nonies* et suivants du CGI au bénéfice des particuliers lorsque la plus-value résulte d'un apport ou d'une cession de terrain à bâtir s'applique aux plus-values nettes à long terme réalisées par les entreprises et sociétés, y compris, selon une doctrine administrative ancienne et d'une légalité douteuse, par les sociétés de capitaux (CE, 29 juillet 1983, n° 29506, *RJF* 11/83, n° 1338, *DF*, 1984, n° 16, Com. 802).

37 APPLICATION DÉROGATOIRE DU RÉGIME DES PLUS-VALUES DES PARTICULIERS. — Dans plusieurs hypothèses, dont l'importance pratique n'est pas négligeable, la loi fiscale écarte le régime des plus-values professionnelles pour imposer certaines plus-values immobilières selon le régime des plus-values des particuliers.

a) Lorsque l'immeuble cédé figurait dans le patrimoine privé du contribuable avant d'être inscrit à l'actif de l'entreprise, la plus-value réalisée lors de la cession est une plus-value mixte (art. 151 *sexies* du CGI). Pour ces biens dits « migrants », la plus-value est une plus-value privée pour la période correspondant à sa détention dans le patrimoine privé, et professionnelle pour la période postérieure à l'inscription à l'actif jusqu'à la date de la cession. Cette dualité de nature et de régime procède de ce que l'inscription d'un immeuble à l'actif d'une entreprise individuelle n'équivaut pas à une mutation à titre onéreux d'où résulterait une plus-value immobilière privée imposable à cette date (v. n° 30).

La loi fiscale peut exonérer sous certaines conditions la fraction « privée » d'une telle plus-value immobilière à l'occasion de la cession d'un bien « migrant ». Tel est le cas pour certaines cessions immobilières réalisées par les agriculteurs. Sont exonérées les plus-values privées réalisées à l'occasion de cessions de terres agricoles qui n'entrent pas dans le champ d'application de l'article 691 du CGI et qui sont exploitées par un agriculteur ayant exercé son activité à titre principal pendant au moins cinq ans (art. 151 *sexies* du CGI) ainsi que les plus-values de cession de terres et de bâtiments agricoles réalisées par les exploitants agricoles relevant du régime du réel, pour la période antérieure à celle du franchissement des limites du forfait (art. 38 *sexdecies* GA et QA de l'annexe III au CGI).

b) Les plus-values de cessions de terrains à bâtir et de biens assimilés au sens de l'article 691 du CGI réalisées par les « petites entreprises » sont toujours imposées selon les règles des plus-values des particuliers, quelle que soit la durée pendant laquelle l'activité professionnelle a été exercée (art. 151 *septies* du CGI, v. CE, 4 février 1994, n. 115365, Le Proux de la Rivière, *RJF* 4/94, n° 415). Les terrains expropriés ne sont pas considérés comme des terrains à bâtir s'ils sont évalués en fonction de leur seule valeur d'usage et non comme des terrains à bâtir, et les plus-values dégagées par leur cession peuvent éventuellement bénéficier de l'exonération prévue en faveur des « petites entreprises ».

c) C'est également le régime des plus-values des particuliers qui s'applique à celles réalisées par les petites entreprises ayant exercé leur activité depuis moins de cinq ans, à l'occasion de la cession de terres à usage agricole ou forestier. Le législateur a estimé que la faible durée de l'exercice de l'activité professionnelle ne permet pas de qualifier ces plus-values de plus-values professionnelles.

d) Enfin les plus-values de cessions d'immeubles réalisées par les loueurs en meublé non professionnels sont imposées selon le régime des plus-values privées (art. 151 *septies* du CGI).

En définitive, le droit fiscal français révèle la relativité de la distinction entre plus-values immobilières privées et professionnelles. Elle résulte non seulement de la complexité des critères de distinction entre les patrimoines privés et professionnels, mais aussi de l'interpénétration des régimes, les plus-values immobilières des entreprises pouvant relever, le cas échéant, du régime des plus-values des particuliers (v. n° 192).

Section III
Les profits immobiliers susceptibles d'une qualification alternative

38 LES FAUSSES CATÉGORIES JURIDIQUES. — Certains profits immobiliers sont susceptibles de recevoir une qualification alternative parce qu'ils présentent, selon les circonstances, soit un caractère habituel les rendant assimilables à des BIC, soit un caractère occasionnel leur conférant le caractère de plus-values (plus-values privées ou éventuellement plus-values professionnelles).

A la spécificité de l'opération immobilière ne correspond plus un régime spécial mais des régimes de droit commun applicables en fonction des circonstances de fait, c'est-à-dire des caractéristiques des opérations réalisées et de la qualité de leur auteur.

La dualité des régimes concerne trois catégories de profits immobiliers :

— les profits de lotissement ;
— les profits de construction ;
— ainsi que les profits immobiliers réalisés par les personnes physiques ou les sociétés qui ne possèdent pas d'établissement en France.

I | Les profits de lotissement

De leur nature dépend le régime fiscal applicable. La loi du 19 juillet 1976 introduit à cet égard une novation essentielle dans la mesure où certains profits de lotissement ne présentent plus le caractère de BIC qui était jusqu'alors celui de tous les profits de lotissement. L'évolution du droit positif a tendu à rechercher un critère permettant de distinguer parmi ces profits ceux qui présentent le caractère de plus-value de ceux qui sont assimilables à des profits industriels ou commerciaux ordinaires, afin de leur appliquer le régime fiscal adéquat. La nature des profits de lotissement a d'abord résulté de la qualité de marchand de biens du lotisseur, puis de ses intentions.

39 Les difficultés d'application du critère ancien fondé sur la qualité de marchand de biens du lotisseur. — Imposés depuis 1934 à l'impôt sur les BIC, les profits de lotissement étaient soumis, avant l'entrée en vigueur de la loi du 19 juillet 1976, à des régimes d'imposition différents, variables selon la qualité du lotisseur et les caractéristiques des lotissements. L'ensemble de la législation présentait une indéniable complexité (Rapport du Conseil des impôts de 1972, p. 61 et 62).

La loi du 19 juillet 1976 portant imposition généralisée des plus-values modifie profondément le régime antérieur en distinguant deux catégories de profits de lotissement en fonction de la qualité du lotisseur.

Désormais le critère de distinction va résider dans la qualité de marchand de biens ou de simple particulier du lotisseur. Les profits de lotissement présentent le caractère de BIC si le lotisseur possède la qualité de marchand de biens et celui de plus-values réalisées par les particuliers dans les autres cas. Cette évolution ne pouvait qu'être favorablement accueillie dans la mesure où de simples particuliers se voyaient imposés dans les mêmes conditions que les commerçants, alors que les profits de lotissement occasionnels qu'ils réalisaient ne présentaient pas la nature de BIC.

L'application de ce critère, pourtant largement utilisé en droit fiscal, a soulevé des difficultés d'interprétation et suscité des divergences entre l'administration et le Conseil d'Etat concernant l'éventuelle prise en compte de l'opération de lotissement litigieuse pour la détermination de cette qualité. Les difficultés ont été accrues, car les règles de droit fiscal ne se réfèrent plus à la notion de lotissement au sens de la réglementation de l'urbanisme ni à une autorisation de lotir. Sont dorénavant visées « les cessions d'un terrain divisé en lots destinés à être vendus ».

L'intérêt de la question concernait les lotisseurs, personnes physiques ou sociétés civiles, qui ne possédaient pas par ailleurs la qualité de marchands de biens et qui procédaient à une opération isolée de lotissement, même importante, sur des terrains qu'ils avaient le cas échéant acquis à cet effet. L'administration estimait que les conditions dans lesquelles l'opération de lotissement était réalisée révélaient en elles-mêmes la qualité de marchand de biens du lotisseur, sans même qu'il fût besoin de rechercher cette qualité à l'occasion de la réalisation d'opérations immobilières antérieures.

Il s'ensuivait qu'un lotisseur occasionnel était susceptible d'être qualifié de marchand de biens, et d'être imposé par voie de conséquence à l'impôt sur le revenu dans la catégorie des BIC (ou à l'impôt sur les sociétés dans le cas des sociétés civiles), si l'opération de lotissement révélait par elle même l'existence des conditions d'habitude et d'intention spéculative. Ces éléments pouvaient être tirés des dispositions statutaires, des motifs de la création d'une société civile destinée à réaliser l'opération, du nombre de lots cédés, de l'importance des travaux de viabilité, du bref délai séparant l'acquisition du terrain de la réalisation du lotissement, etc.

En revanche, le Conseil d'Etat estimait que la qualité de marchand de biens du lotisseur devait être appréciée indépendamment de l'opération de lotissement en cause, seules les opérations antérieures du lotisseur pouvant être retenues pour apprécier cette qualité. Dès lors, le régime des plus-values réalisées par les particuliers était susceptible de s'appliquer à des profits tirés d'opérations de lotissement importantes, effectuées sur des terrains acquis à cet effet par un lotisseur dès lors qu'il ne s'était jamais livré jusqu'alors à une activité de marchand de biens (CE, 27 mai 1988, n° 51356, *RJF* 7/88, n° 869, concl. M. de Saint-Pulgent, *Rec.*, p. 454, *DF*, 1988, n° 41, Com. 1861 ; 18 novembre 1987, n° 69313, *RJF* 1/88, n° 66, *DF*, 1988, n° 13, Com. 646, concl. O. Fouquet ; CE, 25 avril 1988, n° 51356, *DF*, 1988, n° 41, Com. 1861).

A l'initiative de l'administration, le législateur a retenu un nouveau critère permettant de qualifier les profits de lotissement, tiré de l'existence ou non d'une intention spéculative manifestée par le lotisseur au moment de l'acquisition du terrain.

40 LE NOUVEAU CRITÈRE FONDÉ SUR LES INTENTIONS DU LOTISSEUR. — L'article 27 de la loi de finances rectificative pour 1989 (n° 89-936 du 29 décembre 1989, *DF,* 1990, n° 2-3, Com. 55) modifie à compter du 1er janvier 1990 la rédaction des articles 35-I-3° et 150 A *ter* du CGI en abandonnant la référence antérieure à la qualité de marchand de biens et en retenant un critère finaliste et subjectif.

C'est désormais l'intention qu'a manifestée le lotisseur d'acquérir un terrain en vue de le diviser en lots destinés à être construits qui conduit à taxer les profits en résultant, soit à l'impôt sur le revenu dans la catégorie des BIC ou à l'IS dans le cas où l'opération de lotissement est réalisée par une société civile, soit selon le régime des plus-values des particuliers ou des plus-values professionnelles (v. n° 24).

Cette intention spéculative résultera d'un faisceau d'indices tirés de la brièveté du délai séparant l'acquisition du terrain de la réalisation du lotissement, de la profession de marchand de biens exercée par le lotisseur (bien que le marchand de biens puisse rapporter la preuve que le bien faisait partie de son patrimoine privé et n'avait pas été acquis en vue d'une opération de lotissement, v. n° 20).

Lorsque le lotissement est réalisé par une société civile, l'intention spéculative pourra être révélée par la définition de l'objet social, par la constitution de cette société en vue de la réalisation d'une telle opération, par la présence d'associés exerçant la profession de marchand de biens, etc.

A l'inverse, le régime des plus-values réalisées par les particuliers ne s'applique aux profits de lotissement que dans des situations exceptionnelles. Ce sera le cas lorsque le terrain est entré dans le patrimoine du lotisseur par voie de succession ou de donation (sous réserve de l'inopposabilité des donations entre vifs prévue par l'article 35-III du CGI). Il en ira encore ainsi lorsque le terrain fut acquis à titre onéreux sans que puisse être décelée à cette date une quelconque intention de lotir et de vendre. L'absence d'intention spéculative peut résulter de l'affectation du terrain à l'usage privé du propriétaire ou à son activité professionnelle pendant un longue période (CE, 16 mai 1990, nº 69018, *RJF* 7/90, nº 838).

Cette résurgence du critère de l'intention spéculative, que l'on pensait abandonné à la suite de l'abrogation de l'article 35 A du CGI, introduit des éléments d'appréciation subjectifs d'une importance essentielle puisqu'ils déterminent la nature même et donc le régime des profits de lotissement.

II | Les profits de construction

Ce sont, aux termes de l'article 35-I-1º, alinéa 2 du CGI qui les assimile à des BIC, les profits réalisés par les personnes qui habituellement achètent des biens immeubles en vue d'édifier un ou plusieurs bâtiments et de les vendre, en bloc ou par locaux.

Il faut en réalité évoquer les profits de construction au passé, car après une succession de régimes temporaires, ils sont rattachés, depuis le 1er janvier 1987, aux catégories de profits usuelles, à savoir les BIC ou les plus-values réalisées par les particuliers.

41 La succession des régimes temporaires. — Dès l'origine, la taxation des profits de construction a procédé d'une ambiguïté qui explique leur disparition en tant que catégorie spécifique. Ils furent institués par la loi du 15 mars 1963 portant réforme de la fiscalité immobilière dans le but de favoriser fiscalement la construction d'immeubles, dont les profits échappaient jusqu'alors largement à l'impôt, mais dans la perspective de les soumettre à terme au régime de droit commun des BIC.

Cette échéance, plusieurs fois repoussée, ayant été fixée au 1er janvier 1987, ces profits ne constituent plus, depuis la suppression des régimes temporaires, une catégorie spécifique soumise à un régime fiscal particulier.

Ces divers régimes temporaires ont revêtu une importance telle qu'ils se sont substitués aux dispositions improprement qualifiées de permanentes, codifiées à l'article 35-I-1º, alinéa 2 du CGI, et restées sans application.

Ce sont ces dispositions, prévoyant l'application du régime de droit commun des BIC, qui ont reçu application à compter du 1er janvier 1987. Le tableau figurant à la fin de l'ouvrage (n° 193) retrace l'évolution des régimes successifs, de moins en moins favorables pour les contribuables, applicables aux profits de construction.

42 LE RATTACHEMENT AUX CATÉGORIES EXISTANTES. — Il y a lieu de rattacher les profits de construction aux catégories existantes de profits immobiliers. Ils présentent le caractère de BIC lorsqu'ils sont tirés de la cession habituelle d'immeubles acquis et construits en vue de la vente, suivant la définition de l'article 35-I-1° du CGI. Les conditions relatives à l'habitude et à l'intention spéculative sont appréciées à l'aide des indices permettant de définir la notion de marchand de biens (v. nos 17 et s.).

Il s'ensuit que les profits de construction réalisés, même à titre accessoire, par un entrepreneur de travaux immobiliers ou un marchand de biens sont imposables dans la catégorie des BIC.

Ces dispositions sont applicables non seulement aux cessions d'immeubles, mais aussi à celles relatives aux droits immobiliers, ainsi qu'aux parts ou actions de sociétés immobilières de copropriété transparentes visées à l'article 1655 *ter* du CGI lorsque le cédant a participé comme associé à la construction des immeubles représentés par les parts ou actions cédées.

En revanche, présentent le caractère de plus-values immobilières imposées dans les conditions prévues par les articles 150 A et s. du CGI (plus-values réalisées par les particuliers) les gains tirés d'opérations de construction réalisées à titre occasionnel et non spéculatif par des personnes agissant dans le cadre de la gestion de leur patrimoine privé.

Tel sera le cas pour des profits de construction purement occasionnels résultant d'une première opération, pour ceux qui résultent de la cession de locaux construits sur un terrain acquis à titre gratuit (sauf possibilité reconnue à l'administration de déclarer inopposables les donations entre vifs en application de l'article 35-III du CGI) ou provenant de constructions édifiées dans une intention autre que la vente (dans le but d'habiter, de louer, etc.).

A titre de règle pratique et dans l'hypothèse d'opérations isolées de faible importance dénouées par quelques ventes seulement, l'administration estime qu'entrent dans les prévisions de l'article 35-I-1°, alinéa 2 du CGI, sauf preuve contraire, les opérations de construction comportant au moins 10 appartements ou 5 maisons individuelles, ou 500 m² de bureaux ou de locaux commerciaux. Elle estime également que des cessions intervenant plus de quinze ans après l'achèvement des constructions sont exclusives, sauf circonstances particulières, de toute intention spéculative (instruction du 25 juin 1982, *DF*, 1982, n° 30, ID 7405).

Enfin, le régime des plus-values professionnelles est le cas échéant applicable aux profits provenant d'opérations de construction réalisées par les entreprises, dès lors que les immeubles construits puis cédés faisaient partie de leur actif immobilisé (v. n° 26).

III | Les profits immobiliers réalisés par les personnes non domiciliées ou établies en France

Ils sont soumis aux prélèvements prévus par les articles 244 *bis* et 244 *bis* A du CGI, lesquels présentent des caractères communs, tout en ayant un champ d'application propre quoique complémentaire.

43 Caractères généraux. — L'assujettissement à l'impôt des personnes qui ne sont pas domiciliées en France et qui n'y possèdent pas d'établissement stable, à raison des profits immobiliers qu'elles y réalisent, justifie l'établissement de modalités d'imposition particulières. Aussi les articles 244 *bis* et 244 *bis* A du CGI instituent, lors de la présentation de l'acte de vente à la formalité de l'enregistrement, un prélèvement dont le taux varie selon la nature du profit immobilier réalisé. En application de l'article 244 *bis* du CGI, le prélèvement est de 50 %, lorsque le profit entre dans les prévisions de l'article 35 du CGI et donc procède d'une activité exercée à titre habituel et spéculatif (profits réalisés par les marchands de biens, les intermédiaires, les lotisseurs, ainsi que les profits de construction). Il est égal au tiers lorsque le profit est une plus-value immobilière imposable en application des articles 150 A et s. du CGI (art. 244 *bis* A du CGI).

C'est donc la distinction fondamentale dans notre droit fiscal entre profits habituels et profits occasionnels qui justifie les régimes institués respectivement par les articles 244 *bis* et 244 *bis* A du CGI, lesquels s'appliquent sous réserve des dispositions contenues dans les conventions internationales relatives aux doubles impositions.

De ce point de vue, les difficultés n'ont point concerné le champ d'application territorial de l'impôt et la détermination de l'Etat auquel le droit d'imposer est reconnu, car les conventions internationales prévoient habituellement que la taxation est effectuée dans l'Etat de situation de l'immeuble.

C'est bien davantage la clause d'égalité de traitement fiscal entre les ressortissants des Etats contractants qui est susceptible de faire obstacle, à l'égard des ressortissants des Etats étrangers, à l'application d'un prélèvement dont n'est pas redevable un ressortissant français ayant réalisé une opération identique (CAA Lyon, 11 juin 1991, n° 1921, *DF,* 1991, n° 43, Com. 2015 ; TA de Nice, 3 août 1988, *DF,* 1989, n° 15, Com. 766, *RJF* 1/89, n° 54 ; Rép. Mesmin, *JO, Déb. AN,* 19 juin 1989, p. 2807, n° 10842, *DF,* 1989, n° 32-38, ID 9782).

Au-delà de ces points communs, les deux prélèvements présentent des caractères spécifiques.

44 LE PRÉLÈVEMENT DE 50 % INSTITUÉ PAR L'ARTICLE 244 *bis* DU CGI. — Il s'applique aux profits immobiliers qui entrent dans les prévisions de l'article 35 du CGI et qui sont réalisés par des contribuables ou par des sociétés, quelle que soit leur forme, qui n'ont pas d'établissement en France (CEE Lyon, 20 mai 1992, Scherer, *RJF* 1/93, n° 61, *DF,* 1992, n° 33-38, Com. 1623). Il est à la charge exclusive du cédant et il est établi et recouvré suivant les mêmes règles, sous les mêmes garanties et sous les mêmes sanctions que les droits d'enregistrement sur le fondement d'une déclaration spéciale (CE, 27 juillet 1979, n° 5976, *RJF* 11/79, n° 659, *DF,* 1980, n° 4, Com. 145 et n° 15, ID 6487, n° 50, Com. 2539, concl. Rivière à propos de l'exercice du droit de répétition de l'administration).

Cette référence a fait naître des doutes sur la véritable nature de ce prélèvement et sur l'ordre de juridiction compétent en cas de litige. Saisi sur renvoi du Conseil d'Etat, le tribunal des conflits a estimé que cette disposition ne suffit pas, à elle seule, à entraîner la compétence des juridictions de l'ordre judiciaire (18 mars 1991, nos 2636 et 2637, Banque romande, *RJF* 6/91, n° 854, *DF,* 1991, n° 27, Com. 1386, concl. B. Stirn).

Cette solution est fondée sur le motif que le prélèvement libère les contribuables qui y sont soumis de l'impôt sur le revenu et qu'il s'impute sur le montant de l'impôt sur les sociétés dû par le cédant (sans qu'il puisse d'ailleurs être restitué).

Il ne revêt donc pas une nature propre et il s'analyse en définitive comme une imposition de substitution aux deux impôts précités en raison de l'absence de domiciliation ou d'établissement en France.

45 LE PRÉLÈVEMENT DU TIERS INSTITUÉ PAR L'ARTICLE 244 *bis* A DU CGI. — Il s'applique aux plus-values qui relèvent de l'article 150 A du CGI (plus-values immobilières des particuliers) et qui sont réalisées par les personnes qui ne sont pas fiscalement domiciliées en France au sens de l'article 4 B du CGI ou dont le siège social est situé hors de France.

Ce prélèvement est acquitté lors de l'enregistrement de l'acte ou, à défaut d'enregistrement, dans le mois suivant la cession, sous la responsabilité d'un représentant désigné comme en matière de taxes sur le chiffre d'affaires.

Aux exonérations déjà mentionnées (v. n° 31), le texte légal ajoute celles prévues au profit des organisations internationales, des Etats étrangers, des banques centrales et des institutions financières publiques de ces Etats.

Enfin ce prélèvement du tiers est libératoire de l'impôt sur le revenu dû à raison des sommes qui ont supporté ce prélèvement, mais, en l'absence de disposition législative le prévoyant, n'est pas libératoire au regard de l'impôt sur les sociétés (et ne peut être restitué, ce qu'a confirmé l'article 43-I de la 2e loi de finances rectificative pour 1993).

La difficulté essentielle a concerné la définition des personnes imposables, puisque le texte légal se borne à utiliser cette expression sans l'expliciter.

Le caractère général de cette formulation ainsi que la référence évasive au siège social (dans le texte) et aux sociétés (dans l'intitulé de la codification) ont conduit l'administration à soumettre à ce prélèvement toutes les sociétés immobilières dont le siège social est situé hors de France, y compris les sociétés de capitaux, dès lors que l'immeuble cédé n'est pas affecté à l'exercice de leur activité professionnelle (Rép. Julia, *JO, Déb. AN,* 22 juin 1979, p. 5470, n° 583, *DF,* 1979, n° 32-38,

Com. 1723 ; Rép. Seitlinger, *JO, Déb. AN,* 30 septembre 1978, p. 8544, nº 383, *DF,* 1979, nº 12, Com. 572).

Or, infirmant cette doctrine, les juridictions administratives ont estimé que les sociétés de capitaux ayant leur siège hors de France n'étaient pas redevables dudit prélèvement et demeuraient soumises à l'impôt sur les sociétés à raison du profit immobilier occasionnel réalisé. Cette exclusion résulte de la circonstance que l'article 244 *bis* A du CGI, issu de la loi du 19 juillet 1976, forme un élément indissociable de cette loi dont l'objet était limité à l'imposition à l'IR des plus-values réalisées par des personnes physiques ou des sociétés de personnes (TA de Nice, 30 juillet 1987, *DF,* 1988, nº 20-21, Com. 992, *RJF* 1/88, nº 69 ; CE, 12 février 1992, nº 79523, Sté Croninvest Establishment, *RJF* 4/92, nº 482, *DF,* 1993, nº 30, Com. 1537, concl. M.-D. Hagelsteen).

L'article 43-I de la 2e loi de finances rectificative pour 1993 du 30 décembre 1993 confère une base légale à la doctrine administrative jugée illégale en soumettant au prélèvement du tiers les personnes morales et organismes, quelle qu'en soit la forme, dont le siège est situé hors de France. S'agissant des personnes morales et organismes, de nouvelles règles d'assiette sont définies, qui dérogent à celles applicables à la détermination des plus-values des particuliers (*DF,* 1994, nº 1-2, Com. 2).

46 CONCLUSION : LOGIQUE FORMELLE ET VICES DU SYSTÈME D'IMPOSITION DES PROFITS IMMOBILIERS. — L'imposition des profits immobiliers semble parvenue à un point d'équilibre dans la mesure où, après la disparition des régimes d'imposition temporaires ou particuliers, la distinction fondamentale oppose les profits réalisés à titre habituel à ceux qui présentent un caractère occasionnel.

En réalité, cette apparente logique formelle encourt plusieurs critiques. La première est relative au caractère aléatoire et subjectif de la distinction entre le profit habituel et le profit occasionnel, source d'inévitables difficultés contentieuses issues de l'exercice du pouvoir discrétionnaire fiscal de l'administration. Seule l'appréciation d'éléments subjectifs permet de distinguer des profits objectivement identiques. La seconde critique porte sur la présomption qui fonde le système d'imposition des plus-values réalisées par les particuliers et dans une moindre mesure par les entreprises, et qui conduit à une taxation aggravée pour les plus-values réalisées peu de temps après l'acquisition de l'immeuble. Vendre rapidement un bien ne révèle pas nécessairement une intention spéculative justifiant une imposition alourdie et, à l'inverse, une longue rétention du bien ne justifie pas nécessairement le régime fiscal de faveur accordé aux plus-values de cession réalisées par les particuliers.

La troisième critique est relative à la technique même d'imposition des plus-values immobilières, dont la complexité procède de l'assimilation à un revenu de gains qui ne présentent pas ce caractère et pour l'imposition desquels des règles particulières ont dû être édictées.

Parmi ces règles particulières, il en est de difficilement justifiables comme celle qui interdit la déduction des moins-values immobilières sur les plus-values de même nature réalisées par les particuliers.

Enfin, une dernière critique porte sur les différences de régime et de taxation affectant les plus-values des particuliers et les plus-values professionnelles, notamment quant au tarif de l'impôt.

Pour aller plus loin

47 LES CONDITIONS D'APPLICATION DE L'EXONÉRATION DES PLUS-VALUES DE CESSION D'UNE RÉSIDENCE PRINCIPALE. — D'une importance pratique essentielle, cette exonération, prévue par l'article 150 C-I du CGI, est subordonnée à la réunion de deux séries de conditions qui mêlent subtilement libéralisme et rigueur. La difficulté essentielle réside dans la qualification de résidence principale de l'immeuble cédé, étant entendu que la résidence principale s'étend, en vertu de la lettre même du texte, aux dépendances immédiates et nécessaires de l'immeuble (pour l'application de cette condition lorsque les cessions ne sont pas concomitantes ; CAA Bordeaux, 27 juin 1991, n° 1503, *DF*, 1992, n° 27, Com. 1274, *RJF* 11/91, n° 1395 ; CAA Lyon, 19 février 1991, n° 893, *DF*, 1992, n° 11, Com. 527).

La résidence principale peut être constituée de plusieurs appartements situés dans le même immeuble ou dans des bâtiments distincts (CE, 26 juillet 1991, n° 76565, *DF*, 1992, n° 26, Com. 1224, *RJF* 10/91, n° 1246).

La qualification de résidence principale est subordonnée d'une part à une occupation effective (le texte légal évoque la résidence habituelle du propriétaire) et d'autre part à une condition de délai. L'occupation doit être effective soit depuis la date de l'acquisition ou de l'achèvement sans qu'une condition de durée soit exigée, soit postérieurement à cette date, mais à la condition que l'occupation ait duré au moins cinq ans de manière continue ou discontinue, sauf lorsque la cession est motivée par des impératifs d'ordre familial ou par un changement de résidence.

L'exigence d'une occupation effective conduit à refuser le bénéfice de l'exonération au propriétaire qui a donné son immeuble en location, alors même que ledit immeuble constituerait la résidence principale des locataires. De même ne saurait prétendre au bénéfice de l'exonération le propriétaire d'une résidence qui occupe un logement de fonction, ledit logement de fonction constituant sa résidence principale (sauf dans le cas où la famille réside en dehors du logement de fonction : CE, 14 décembre 1984, n° 42438, *DF,* 1985, n° 10, Com. 496, concl. Bissara, *RJF* 2/85, n° 185).

Dans tous les cas, il appartient au contribuable de justifier du bien-fondé de ses prétentions à l'aide de tous éléments de fait ou de droit (CE, 28 septembre 1988, n° 69984, *DF,* 1989, n° 1, Com. 2 et 3, *RJF* 11/88, n° 1220).

En réalité, l'occupation à titre de résidence habituelle n'est pas toujours interprétée aussi strictement que l'implique la lettre du texte. La CAA de Nantes a jugé que cette condition était remplie dans le cas d'un contribuable qui avait commencé à occuper l'immeuble et qui avait pris les mesures nécessaires pour qu'il constitue sa résidence habituelle (29 décembre 1989, n° 332, Curet, *RJF* 4/90, n° 428, *DF,* 1991, n° 20, Com. 1059, solution qui met en valeur le rôle des intentions en la matière).

Ensuite il est nécessaire que l'immeuble soit la résidence principale, c'est-à-dire habituelle du contribuable au moment de la vente (CE, 11 mai 1984, n° 45381, *DF,* 1984, n° 49, Com. 2179, *RJF* 7/84, n° 846, chronique p. 403 ; 21 juillet 1989, n° 58434, *DF,* 1989, n° 42, Com. 1879, *RJF* 10/89, n° 1112 ; 11 janvier 1993, n° 90179, *RJF* 3/93, n° 367), ce qui peut soulever des difficultés lorsqu'un délai sépare la fin de l'occupation à ce titre de la vente (ne serait-ce que le temps de trouver un acquéreur après le déménagement). La résidence principale qui devient vacante est toujours susceptible de bénéficier de l'exonération si la cession intervient, selon l'administration, dans les délais normaux de vente évalués à quelques mois, mais qui ne sauraient excéder l'année (Rép. Cabanel, *JO, Déb. AN,* 18 mai 1981, p. 2090, n° 39619, *DF,* 1981, n° 29, Com. 1464).

En pratique le propriétaire devra faire preuve de diligence pour mettre en vente l'immeuble, sans quoi celui-ci ne serait plus considéré comme étant encore sa résidence principale (il pourra éventuellement solliciter le bénéfice de l'exonération de la première cession d'une résidence secondaire prévue à l'article 150 C-II du CGI). La location ou la simple mise en location de la résidence après son départ lui fera perdre le bénéfice de l'exonération (Rép. Labbé, *JO, Déb. AN,* 13 janvier 1979, p. 320, n°s 1795 et 6388, et Rép. Lagorce, *JO, Déb. AN,* 13 janvier 1979, p. 224, n° 6488, *DF,* 1979, n° 13, Com. 602). *Quid* du propriétaire qui, ayant quitté sa résidence principale (et entre-temps l'ayant éventuellement donnée en location), revient l'habiter quelque temps avant la vente ? L'administration estime que cette occupation est de pure convenance et ne saurait permettre de regarder l'intéressé comme occupant l'immeuble à titre de résidence habituelle (Rép. Frédéric Dupont, *JO, Déb. AN,* 31 mars 1977, p. 1359, n° 31384). Toutefois, en cas d'occupation discontinue, la lettre de la loi prévoit que l'exonération peut être revendiquée lorsque l'occupation à titre de résidence principale a duré au total au moins cinq ans.

Cette dernière condition est largement atténuée, puisque la loi fait échapper à la condition de délai les cessions justifiées par des impératifs d'ordre familial ou un changement de résidence. L'imprécision de ces formules générales conduit l'administration, dans un souci de simplification, à admettre que les profits consécutifs à la cession des résidences principales échappent, en règle générale, à l'imposition, sauf dans des cas exceptionnels où il résulte des circonstances de fait que le contribuable a entendu réaliser une opération nettement lucrative *(sic)* : occupation fictive de la résidence principale, très court délai de détention du bien sans que le cédant ne puisse en fournir les raisons, opérations répétées dans un bref laps de temps et non liées à des mutations professionnelles (instruction du 30 décembre 1976, *DF,* 1977, n° 4, IIe partie, n° 5271). Cette doctrine bienveillante fait place, au contentieux, à une application littérale de la condition d'occupation pendant un délai d'au moins cinq ans (CE, 21 avril 1989, n° 59951, *DF,* 1989, n° 29, Com. 1451, *RJF* 6/89, n° 693).

Toutefois le bénéfice de l'exonération est acquis même en cas d'acquisitions et de cessions successives de résidences principales (arrêt du 18 novembre 1991, n° 77303, *RJF* 1/92, n° 62, *DF,* 1992, n° 16, Com. 820).

L'exonération de la plus-value de cession d'une résidence principale s'applique aux plus-values réalisées par les porteurs de parts de sociétés de copropriété transparentes visées à l'article 1655 *ter* du CGI (dès lors qu'ils sont considérés comme les propriétaires directs de l'immeuble) mais aussi, selon la jurisprudence fiscale contraire sur ce point à la doctrine administrative, aux associés des SCI de droit commun.

Selon l'administration, le bénéfice de l'exonération ne peut être revendiqué puisque la société civile propriétaire de l'immeuble en a concédé l'occupation à ses associés dont la situation est comparable à celle des locataires. La condition d'occupation à titre de résidence habituelle par le propriétaire ferait ainsi défaut. Cette solution est fondée sur la personnalité juridique distincte de la société civile (v. par ex. Rép. Fiszbin, *JO, Déb. AN,* 4 février 1978, p. 396, n° 39198, *DF,* 1978, n° 18, Com. 702).

A l'inverse, le Conseil d'Etat a jugé qu'il résulte des dispositions éclairées par les travaux préparatoires que les associés d'une SCI de droit commun qui leur attribue gratuitement la jouissance de l'immeuble sont les propriétaires de ce dernier et donc peuvent valablement se prévaloir de l'exonération précitée. L'exonération s'applique lorsque l'immeuble est cédé par la société ou lorsque c'est l'associé qui cède ses parts sociales (CE, 17 mai 1989, n° 62678, *RJF* 7/89, n° 840, *DF,* 1989, n° 46-47, Com. 2162, concl. M. Liebert-Champagne ; CAA Lyon, 19 juillet 1991, n° 1734, *BF* 11/91, Inf. 1501, *DF,* 1991, n° 42, Com. 1716).

L'administration a néanmoins maintenu expressément sa doctrine (Rép. Poncelet, *JO, Déb. AN,* 11 janvier 1990, p. 70, n° 5783, *DF,* 1990, n° 14, Com. 683 ; Rép. Authie, *JO, Déb. Sénat,* 9 avril 1992, p. 869, n° 19502, *DF,* 1992, n° 24-25, Com. 1180).

48 LES RÉSIDENCES SECONDAIRES AU REGARD DE L'IMPOSITION DES PLUS-VALUES DES PARTICULIERS. — Les résidences secondaires — auxquelles le législateur a toujours refusé de reconnaître le régime fiscal de faveur accordé aux habitations principales — sont susceptibles de bénéficier de l'exonération prévue par l'article 150 C-II du CGI. Lorsque la plus-value de cession est imposable, elle bénéficie de l'abattement, variable selon la situation de famille, dans les conditions prévues par l'article 150 Q du CGI.

En réalité, l'exonération et l'abattement ne visent pas les mêmes biens. l'exonération ne se limite pas aux seules résidences secondaires puisque l'article 150 C-II du CGI vise, plus extensivement, la première cession d'un logement autre que la résidence principale tandis que l'abattement précité est strictement limité à la cession de la première résidence secondaire.

La loi fiscale a établi un système d'exonération complexe qui mêle des éléments objectifs et des éléments subjectifs, ces derniers résultant des motifs de la cession (art. 74 B *bis* de l'annexe II au CGI).

La plus-value de cession est exonérée lorsque trois conditions sont remplies. Il doit s'agir de la première cession ; elle doit être réalisée cinq ans au moins après l'acquisition ou l'achèvement, mais le bénéfice de l'exonération est perdu si la cession intervient dans les deux ans de celle de la résidence principale ; le cédant ou son conjoint ne doit pas être propriétaire de sa résidence principale directement ou par personne interposée.

Le texte actuel, issu de l'article 7-II-B de la loi de finances pour 1983, revêt une portée beaucoup plus large que le texte initial issu de la loi du 19 juillet 1976. L'exonération s'applique en effet aux cessions de logements qui ne constituent pas la résidence secondaire du cédant, alors même qu'ils seraient donnés en location. En outre, les délais précités de cinq ans et deux ans ne sont pas applicables lorsque la cession est motivée par l'un des événements énumérés par l'article 74 B *bis* de l'annexe II au CGI (changement dans la situation de famille, survenance d'une invalidité, changement du lieu d'activité professionnelle, cessation forcée d'activité, départ à la retraite).

Comme pour l'exonération prévue en faveur de la résidence principale, l'administration refuse le bénéfice de l'exonération prévue en faveur de la première cession d'un logement autre que la résidence principale lorsqu'une société civile non transparente cède l'immeuble dont elle a la propriété, ou lorsque l'un des associés cède les parts représentatives d'immeubles occupés par les membres de cette société. On sait que le Conseil d'Etat a infirmé cette doctrine à propos de l'exonération prévue au bénéfice de la résidence principale (v. n° 45).

Quant à l'abattement prévu à l'article 150 Q du CGI (20 000 F pour chacun des époux, 30 000 F pour les veufs, célibataires ou divorcés et 10 000 F pour chaque enfant vivant ou représenté), il s'applique uniquement à la cession de la première résidence secondaire à condition que le propriétaire en ait eu la disposition depuis cinq ans au moins. Cette condition relative à la libre disposition, qui était exigée sous le régime antérieur au 1er janvier 1982 pour l'exonération de la première cession d'une résidence secondaire, soulève des difficultés d'appréciation. La jurisprudence relative à ce régime, comme celle dégagée pour l'application de l'article 168 du CGI sont directement utilisables pour définir cette condition.

Il apparaît que la jurisprudence du Conseil d'Etat confère à cette notion une signification juridique alors que la doctrine administrative la définit plutôt d'une façon matérielle. Ainsi, la Haute Juridiction a jugé que le propriétaire qui laisse un tiers occuper l'immeuble à titre précaire et gratuit en conserve néanmoins la libre disposition (CE, 10 mai 1991, n° 81593, *RJF* 7/91, n° 890 ; 30 octobre 1991, n° 80190, *BF* 12/91, Inf. 1678 ; CAA Nantes, 8 mars 1989, n° 262, *DF,* 1989, n° 41, Com. 1800), alors que l'administration estime que cette condition n'est pas remplie, le propriétaire n'étant pas susceptible de l'occuper à tout moment. Mais dans son dernier état, la doctrine administrative s'est rangée à la solution dégagée par le juge de l'impôt (v. l'instruction du 10 avril 1995, *DF,* 1995, 2e partie, n° 11383).

Dans l'hypothèse où la résidence secondaire est détenue en indivision, le Conseil d'Etat a jugé que chaque indivisaire en conserve la libre disposition, même si l'immeuble constitue la résidence principale de l'un d'eux (CE, 8 janvier 1988, n° 61901, *RJF* 3/88, n° 291, *DF,* 1988, n° 46-47, Com. 2113).

L'administration estime en revanche que cette occupation privative de l'immeuble s'oppose à ce que les indivisaires puissent être considérés comme en ayant la libre disposition (Rép. Paecht, *JO, Déb. AN,* 2 février 1981, p. 483, n° 38545, *DF,* 1981, n° 11, Com. 550).

Le nu-propriétaire n'a pas la libre disposition du bien à défaut de titre juridique lui conférant le droit de disposer seul de l'immeuble (CAA Paris, 27 juin 1989, n° 122, *RJF* 8-9/89, n° 971, *DF,* 1989, n° 51, Com. 2406, concl. Bernault ; CE, 29 janvier 1992, n° 79672, *RJF* 3/92, n° 329), bien que la doctrine administrative soit plus libérale (Rép. Ansquer, *JO, Déb. AN,* 14 décembre 1979, p. 11826, n° 20647, *DF,* 1980, n° 7, Com. 295).

Quant à l'immeuble loué ou acquis en viager, il ne peut être regardé comme étant à la libre disposition de son propriétaire (CAA Bordeaux, 22 octobre 1991, n° 110, *RJF* 12/91, n° 1547, *DF,* 1992, n° 44, Com. 2019).

En définitive, le régime prévu en faveur des résidences principales, des logements autres que ces dernières ou l'abattement afférent à la première cession d'une résidence secondaire reflète la complexité d'un système dont on aurait pu faire l'économie. Il a fallu concilier une imposition généralisée des plus-values qui tienne compte des exonérations qui étaient prévues sous le régime antérieur avec des considérations sociales. Ces dernières personnalisent les notions d'habitation principale et de résidence autre que cette dernière. Ces notions n'existent pas « en soi », au regard de critères objectifs. Elle sont susceptibles d'être appliquées à tel immeuble cédé en fonction de considérations relatives à la personne, à la famille, à la profession du cédant. Cette personnalisation des concepts aboutit à les dénaturer, à leur ôter toute identité et oblige à faire preuve d'un positivisme étroit. La logique n'y trouve évidemment pas son compte. En quoi les motifs de la cession sont ils susceptibles d'influer par rétroaction sur la qualification d'une habitation principale, comme le prévoit le texte légal ? Pour quel motif supérieur l'assiette de la plus-value de cession d'une première résidence secondaire dépendrait-elle de la situation de veuf, de célibataire ou de divorcé du cédant, de l'état d'époux et du nombre d'enfants à charge ? Le législateur est allé beaucoup trop loin dans la voie de l'interventionnisme fiscal et de la personnalisation à outrance de la dette d'impôt. Il en résulte une inquisition fiscale dans la vie privée difficilement acceptable.

49 BIBLIOGRAPHIE.

a) Sur la notion de marchand de biens et l'imposition des profits réalisés, voir :

S. Gaillard et H. Tubiana, *Les marchands de biens,* Litec, 1990.
D. Bonnet, *La notion de marchand de biens,* thèse Dijon, 1980 (dactyl.).
L. V. Fernandez, *Les éléments subjectifs en droit fiscal,* thèse Bordeaux 1, 1985 (dactyl.).
F. Lachine, *La notion d'habitude en droit fiscal,* thèse Bordeaux, 1983 (dactyl.).
B. Martin-Laprade, concl. sur CE, 9 novembre 1977, n° 99721, *RJF* 12/77, p. 388, à propos d'immeubles nus donnés en location par des promoteurs ou marchands de biens.
J. Arrighi de Casanova, concl. sur CE, 22 mai 1992, n° 74840, SA Banque romande, *DF,* 1992, n° 41, Com. 1836, à propos des critères retenus pour définir le marchand de biens.

b) Sur les cessions de promesses unilatérales de vente, voir :

Conclusions O. Fouquet sur CE, 16 décembre 1991, n° 110623, *RJF* 2/92, p. 109, *DF,* 1992, n° 21-22, Com. 1025.
R. Pigeon, Les nullités pour cause fiscale, les promesses unilatérales de vente, *LPA,* 1992, n° 53, p. 8.
J.-C. Guinard et Ph. Tournés, TVA et cession de promesses unilatérales de vente portant sur un terrain, *RJF* 12/89, p. 685.

c) Sur la distinction des patrimoines, voir :

A. Bonnet, La détermination de l'actif professionnel des entreprises non commerciales, *DF,* 1987, n° 14, p. 436.
Bulletin fiscal F. Lefebvre. Patrimoine privé ou patrimoine professionnel et imposition des plus-values, n° 5/81, et n° 4/86.
M.-D. Hagelsteen, Transfert d'un bien du patrimoine professionnel au patrimoine privé, *RJF* 1/78, p. 7.
— Patrimoine professionnel des professions non commerciales (concl. sur CE, 8 avril 1991), *RJF* 5/91, p. 330.
B. Martin-Laprade, La distinction du patrimoine civil et du patrimoine professionnel en droit fiscal, *RJF* 1/76, p. 3.
M. Merlin, Les transferts de biens entre patrimoine professionnel et patrimoine privé, *JCP,* 1980, Ed. CI, n° 13421.
J.-F. Picard, Le patrimoine professionnel de l'exploitant individuel, *RJF* 10/81, p. 447.
— La notion d'actif immobilisé, *RJF* 5/86, p. 272.
C. Schricke, L'application à la détermination des BA des principes généraux de détermination des BIC en matière d'amortissement et d'inscription à l'actif, *RJF* 10/80, p. 383.

d) Sur l'imposition des plus-values immobilières des particuliers et, s'agissant des précédents historiques, voir :

L. Bachour, *L'imposition de la plus-value immobilière,* LGDJ, 1967.
R. Blancher, *Bénéfices sur ventes d'immeubles d'habitation,* Sirey, 1964, p. 200.
— Le régime fiscal des plus-values foncières, *Gaz. Pal.,* 1964, 1, doctr. 33.
— Le régime fiscal des profits résultant de cessions immobilières, *Gaz. Pal.,* 1964, 1, doctr. 77.
— La notion de revenu en droit fiscal, *D.,* 1960, chron. p. 142.

F. Bouyssou, *La fiscalité de l'urbanisme en droit français,* LGDJ, 1972.
Chapelain de la Villeguerin, *L'imposition des plus-values foncières sur la fortune non commerciale,* thèse Paris, 1969 (dactyl.).
M. Chrétien, Les gains en capital, rapport national au XXXe Congrès de l'IFA, *DF,* 1976, n°s 21, 24, 28 et 30.
J. Daguet, *La notion fiscale de bénéfice,* thèse Caen, 1959.
De la Martinière, La réforme de la fiscalité immobilière, *Rev. action populaire,* juin 1963.
C. Gayte, *L'imposition des plus-values immobilières,* thèse Montpellier I, 1975 (dactyl.).
J. Grosclaude, Une extension de la notion fiscale de revenu : l'imposition des plus-values sur terrain à bâtir, *JCP,* 1966, I, 1986.
— L'imposition des plus-values et profits immobiliers, *JCP,* 1964, II, 1832.
M. de Guillenschmidt, Calcul d'une plus-value imposable en vertu de l'article 35 A du CGI, *RJF* 12/83, p. 660.
G. Lacroix, La loi de finances pour 1964 : imposition des profits retirés des opérations foncières et immobilières, *AJPI,* 1964, p. 21.
J. Lamarque, note sous CE, 7 mai 1969 et 12 novembre 1969, *AJDA,* 1970, p. 301 (à propos des conditions d'application de l'article 35 A du CGI).
O. Lopez, *La taxation des plus-values immobilières des particuliers avant et après la loi du 19 juillet 1976,* mémoire DEA, Bordeaux, 1979.
L. Mehl, Le traitement fiscal des gains en capital, *Cahiers de dr. fisc. intern.,* vol. 13, 1960.
Ch. Mourret, *L'imposition des profits immobiliers,* thèse Montpellier 1, 1975 (dactyl.).
P. Saumet, La fiscalité des profits immobiliers, *REDI,* 1979, n° 55, p. 61.
J. Schmidt, La réforme de la fiscalité immobilière, *REDI,* 1963, p. 23.
— L'imposition de certaines plus-values immobilières, *REDI,* 1963, p. 288.

e) S'agissant de l'imposition généralisée des plus-values immobilières réalisées par les particuliers, issue de la loi du 19 juillet 1976, voir :

J.-M. Ambrosi, *La notion de gain en capital,* thèse Aix III, 1978 (dactyl.).
P. Andrieu, Plus-values immobilières privées, *Gaz. Pal.,* 1982.2, doctr. p. 597.
R. Blancher, L'imposition des plus-values, *Gaz. Pal.,* 1976.2, doctr. p. 64.
C. Bruno, Les plus-values sur cession d'immeubles bâtis : régime d'imposition applicable à compter du 1er janvier 1977 (loi du 19 juillet 1976), *AJPI,* 1976, p. 1059.
— Moins-values immobilières, *AJPI,* 1990, n° 1, p. 62.
— Plus-values immobilières, logement détenu par l'intermédiaire d'une société de personnes, *AJPI,* 1989, p. 589.
— Sociétés à prépondérance immobilière : calcul de la plus-value taxable, *AJPI,* 1990, n° 3, p. 228.
F. Bouyssou, La réforme de l'imposition des plus-values immobilières par la loi de finances pour 1983, *JCP,* 1983, éd. N, Prat. 8527.
— L'aménagement de l'imposition des plus-values immobilières, *DF,* 1983, n° 2-3, p. 23.
D. Champigny, L'imposition des plus-values réalisées en cas d'expropriation pour cause d'utilité publique (loi du 19 juillet 1976), *Gaz. Pal.,* 1977, p. 25.
P. Ciaudo, *L'imposition des plus-values immobilières réalisées par des particuliers,* thèse Nice, 1979 (dactyl.).
M. Corbel, La fiscalité de la résidence secondaire, in *Aspects juridiques de la résidence secondaire,* Université de Savoie, 1991, p. 69.
P. Courtois, *L'imposition des plus-values,* Litec, 1978.
M. Cozian, La loi du 19 juillet 1976 sur l'imposition des plus-values ou la montagne accouchant d'une souris, *DF,* 1976, n° 30, p. 750.
— L'imposition des profits immobiliers en cas d'annulation de l'acte de vente (ou la méconnaissance de la rétroactivité en droit fiscal), *DS,* 1975, chron. 77.

Conseil des impôts, 8e rapport sur l'imposition du capital (1986), p. 181 s. ; 12e rapport sur la fiscalité de l'immobilier urbain (1992).
P. Frémont, L'imposition des plus-values non professionnelles en matière immobilière, *Administrer,* juin 1980, p. 43.
J. Gaeremynck, Plus-values. Notion de résidence principale et de résidence secondaire, *RJF* 7/84, p. 403.
G. Gest, Plus-values (et moins-values) privées (ou des particuliers), *Dict. encyclopédique des Finances publiques,* p. 1146.
Ch. Joucher, *Le nouveau régime des plus-values immobilières réalisées par les particuliers,* thèse Nice, 1978 (dactyl.).
F. Laffue, *La taxation des plus-values sur ventes d'immeubles bâtis dans le cadre de la gestion des patrimoines privés,* mémoire DEA, Bordeaux 1, 1978.
H. Lazarski, Quelques réflexions sur les aspects fiscaux de la vente d'immeubles et de droits sociaux de sociétés non cotées à prépondérance immobilière détenus par des personnes morales non résidentes, *JCP,* 1991, éd. E, n° 60.
L. Martin, L'imposition de la plus-value latente en cas de dissolution d'une société civile immobilière ne comportant qu'un seul associé, *JCP,* 1991, éd. N, doctr. 248.
B. Martin-Laprade, Plus-value sur cession de terrain à bâtir. Terrain acquis moyennant rente viagère, *RJF* 6/76, p. 190.
— Non-déduction des moins-values sur cessions immobilières, *RJF* 7-8/76, p. 223.
N. Mouillan-Hogberg, La réforme des plus-values en tableaux, *DF,* 1976, n° 40, p. 916.
M. Petit, L'imposition des plus-values, *REDI,* 1977, n° 69, p. 2.
F.-P. Racine, Réflexions sur la notion de revenu, *BF* 2/84, p. 67.
— Concl. sur CE, 6 novembre 1985, n° 45658, *RJF* 1/86, p. 8 (plus-values immobilières privées ; donations entre vifs remontant à moins de cinq ans).
Rapport de la Commission d'étude sur l'imposition des plus-values, dit rapport Monguilham, La Doc. franç., 1975.
Rapport de la mission d'information sur la fiscalité du patrimoine, dit rapport Hollande (*DF,* 1990, n° 28, p. 950).
Rapport au Parlement sur l'imposition des plus-values, annexé à la loi de finances pour 1982 (*DF,* 1982, n° 7, p. 257).
J. Schmidt, La taxation des plus-values immobilières, *JCP* 76, éd. C-I, II, 12309.
J. Turot, Plus-values immobilières des particuliers. Bilan des décisions rendues en 1988 et 1989 pour le régime actuellement en vigueur, *RJF* 7/89, p. 395.
M. Vion, L'imposition des plus-values privées après la loi de finances pour 1983, *Rép. Defrenois,* 1983, 193.
X..., L'imposition des plus-values : commentaire de la loi du 19 juillet 1976, *DF,* 1976, n° 31-37, p. 798.
X..., L'imposition des plus-values (1977-1980), *DF,* 1982, n° 7, p. 257.
X..., L'aménagement de l'imposition des plus-values immobilières, *DF,* 1983, n° 2-3, p. 23.

f) Sur l'imposition des plus-values professionnelles, voir :

BF F. Lefebvre. Réflexions sur le régime des plus-values et moins-values professionnelles, n° 8-9/83.
— L'imposition des plus-values à long terme chez les sociétés passibles de l'IS, n° 4/1987.
Conseil des impôts, 8e rapport (1986) relatif à l'imposition du capital et 9e rapport (1987) relatif à la fiscalité des entreprises.
G. Gest, *Dict. encyclopédique des Finances publiques,* p. 1149.
M.-D. Hagelsteen, Le traitement particulier réservé à la réalisation de certaines plus-values, *RJF* 2/78, p. 40.
— Plus-values professionnelles provenant de cessions d'immeubles, *RJF* 9/77, p. 276.

F. Moderne, BIC. Exercice de rattachement des indemnités d'expropriation, *RJF* 1/80, p. 6.
J. Peyrard, Taxation des plus-values et politique financière de l'entreprise, *RSF,* 1976, p. 999.
F.-P. Racine, Plus-values professionnelles. Contribuables dont les recettes n'excèdent pas les limites du forfait (concl. sur CE, 16 avril 1984, n° 38027), *RJF* 6/84, p. 347.
J.-F. Verny, Conclusions sur CE, 14 juin 1978, n° 9403 (BIC, plus-value professionnelle, apport d'un immeuble en société), *RJF* 7-8/78, p. 214.

g) Sur les profits de construction, qui étaient soumis à des régimes particuliers et temporaires de moins en moins favorables avant d'être assimilés à des profits de droit commun à compter du 1er janvier 1987, voir :

C. Bruno, Profits de construction occasionnels, *AJPI,* 1991, n° 6, p. 467.
A. Fécamp, *L'imposition des profits de construction,* thèse Rouen, 1971 (dactyl.).
J. Gaeremynck, Prélèvement sur les profits de construction, *RJF* 11/84, p. 651.
H. Gence, *L'imposition directe des gains et capitaux tirés des opérations de construction,* thèse Paris, 1965 (dactyl.).
G. Lacroix, La réforme du régime fiscal des profits de construction (loi du 29 juin 1971), *AJPI,* 1971, p. 854.
— L'imposition des profits tirés des opérations de construction, *AJPI,* 1963, p. 677.
B. Plagnet, L'aménagement du régime fiscal des profits de construction, *Droit et ville,* 1982, n° 13, p. 37.
Ch. Mourret, *L'imposition des profits immobiliers,* thèse Montpellier 1, 1975 (dactyl.).
F.-P. Racine, Conclusions sur CE, 11 janvier 1984, n° 37870, à propos d'une opération unique réalisée par une personne physique, *RJF* 3/84, p. 131.
M. Roux, *Le régime fiscal des profits de construction réalisés par les entreprises passibles de l'IS dans le cadre de la loi du 29 juin 1971,* thèse Paris 1, 1975, (dactyl.).
J. Schmidt, La soumission au droit commun des profits de construction réalisés par les personnes physiques et les sociétés assimilées, *DF,* 1987, n° 4, p. 124.
— L'aménagement du régime fiscal des profits de construction, *JCP,* 1981, éd. N, 8143, *DF,* 1981, n° 46, p. 1336.
M. Vion, Le nouveau régime fiscal des profits de construction (art. 23 de la loi de finances pour 1982), *Rép. Defrenois,* 1982, p. 81.
X..., L'aménagement du régime fiscal des profits de construction (LF pour 1982, art. 23), *DF,* 1981, n° 2-3, p. 64.

Chapitre 2

La TVA immobilière

Bien que la loi fiscale n'utilise pas le terme, qui est consacré par la pratique, la TVA immobilière est l'une des pièces maîtresses de la fiscalité immobilière. Elle présente une unité de régime et possède un champ d'application propre, défini de façon extensive, qui lui confèrent une spécificité certaine par rapport à la TVA de droit commun. Sa définition permet d'en dégager les conditions d'application à la fois objectives et subjectives.

Section I
Définition de la TVA immobilière

50 L'OBJECTIF DE MODERNISATION DE LA FISCALITÉ IMMOBILIÈRE. — La loi sociologique de dégradation progressive des systèmes fiscaux et le caractère exceptionnel des grandes réformes fiscales font que les dispositifs fiscaux anciens deviennent rapidement inadaptés lorsque évolue le contexte économique et social. Ce fut le cas dans les années 1960 pour la fiscalité des mutations immobilières traditionnellement fondée sur les droits d'enregistrement et qui ne correspondait plus au rôle et à la conception de l'immeuble dans la société contemporaine (v. n° 4). Ce sont en effet des impôts assis à la fois sur le capital et la dépense, largement inspirés dans leur technique et leur finalité de la fiscalité indirecte de l'Ancien Régime et qui entravent les mutations en les grevant d'un prélèvement à la fois lourd, non récupérable et exempt de neutralité fiscale.

Le développement économique, l'extension des villes, la modernisation du pays justifièrent sur le plan juridique une novation fondamentale en 1963 avec l'assujettissement à la TVA immobilière des mutations effectuées en vue de la construction. Ces mutations furent soumises à un régime particulier de TVA adapté au développement de l'immobilier dont les caractères propres permettent de le distinguer à la fois de la fiscalité traditionnelle des droits de mutation et de la TVA de droit commun. Toutefois les liens entre ces diverses fiscalités sont nombreux et inévitables et s'analysent en des rapports de substitution, de connexité et de complémentarité.

51 LA DÉFINITION FINALISTE DE LA TVA IMMOBILIÈRE. — La TVA immobilière est un régime particulier de TVA et non une imposition spécifique, institué par l'article 257-7° du CGI, applicable selon la lettre même de cette disposition aux opérations concourant à la production ou à la livraison d'immeubles. C'est l'article 27 de la loi n° 63-254 du 15 mars 1963 portant réforme de l'enregistrement, du timbre et de la fiscalité immobilière qui a placé hors du champ d'application traditionnel des droits de mutation un cycle d'opérations qui débute avec l'acquisition du terrain à bâtir ou son apport en société (qui aboutit à la production de l'immeuble) et qui s'achève en principe avec la première mutation dont l'immeuble neuf est l'objet après son achèvement (appelée livraison de l'immeuble).

Ainsi la TVA immobilière ne grève pas l'ensemble des opérations de construction ou de mutation immobilières, comme le suggère faussement son appellation littérale. Son champ d'application est limité, dans la logique de modernisation à la fois juridique et économique des années 1960, aux mutations immobilières effectuées en vue de la construction et à celles qui ont pour objet un immeuble neuf.

Inspirée par la volonté de remédier aux archaïsmes, aux inégalités fiscales et aux cumuls d'impositions qui caractérisaient jusqu'alors la fiscalité de la construction immobilière, cette réforme a présenté un caractère symbolique à un double titre. D'abord, parce qu'elle devance la grande réforme de la TVA entreprise trois années plus tard par la loi du 6 janvier 1966 (laquelle ne lui apportera d'ailleurs que quelques modifications mineures). Ensuite, parce qu'elle soumet à une taxation moderne et neutre un cycle complet d'opérations immobilières qui échappent en principe à la fiscalité traditionnelle et décriée des droits d'enregistrement. Et alors que la loi du 15 mars 1963 limitait initialement le champ d'application de la TVA immobilière aux immeubles dont les trois quarts de la superficie totale étaient affectés à l'habitation, la loi de finances pour 1968 a étendu notablement son champ d'application puisqu'elle y soumet désormais l'ensemble des immeubles à usage d'habitation, industriel ou commercial.

La TVA immobilière peut donc être définie comme un régime fiscal de substitution par rapport à la fiscalité traditionnelle des droits d'enregistrement, d'une importance pratique considérable, applicable aux opérations concourant à la production et à la livraison d'immeubles. Encore faut-il que des conditions à la fois objectives (relatives à la nature des opérations soumises à la taxe) et subjectives (résultant de manifestations de volonté) soient réunies.

En réalité, la neutralité et les avantages de la TVA immobilière, qui étaient les objectifs fondamentaux de la réforme de 1963, ne bénéficient qu'aux redevables qui exercent le droit à déduction des taxes d'amont, et qui peuvent l'exercer pleinement. Vis-à-vis du simple particulier, redevable réel de la TVA, la TVA immobilière supporte les critiques traditionnellement adressées aux droits d'enregistrement sur les ventes d'immeubles. Le taux élevé de la taxe (désormais unifié, sauf exception, à 20,60 % et supérieur aux tarifs des droits d'enregistrement), applicable notamment à des opérations aussi fondamentales que l'acquisition du terrain à bâtir ou celle du logement destiné à devenir une habitation, freine les mutations, pèse sur les prix de l'immobilier et constitue une charge aussi néfaste économiquement que socialement. Le poids de ce prélèvement est considérable, quoique difficilement évaluable (v. Rapport du Conseil des Impôts de 1992, p. 74-75).

52 RUPTURE ET COMPLÉMENTARITÉ AU REGARD DE LA FISCALITÉ DE L'ENREGISTREMENT. — TVA immobilière et droits d'enregistrement s'appliquent tous deux virtuellement à des mutations immobilières. Aussi dans la logique de la réforme de 1963 le législateur a-t-il établi le principe selon lequel les opérations assujetties à la TVA immobilière sont exonérées du paiement des droits d'enregistrement (v. n°s 60 s.). Ce principe s'applique pleinement aux cessions de terrains à bâtir ou de biens assimilés ainsi qu'aux cessions de droits sociaux, en application des articles 691 et 730 du CGI.

Mais ce principe comporte des exceptions et des assouplissements importants.

Des exceptions d'abord, car une même opération immobilière peut être assujettie à la fois à la TVA immobilière et aux droits d'enregistrement. Ainsi la TVA immobilière et les droits de mutation à titre onéreux s'appliquent simultanément à des fractions différentes du prix d'acquisition d'un terrain à bâtir destiné à la construction de maisons individuelles, et qui excède la superficie de 2 500 m^2 par maison ou la superficie minimale exigée par la réglementation sur le permis de construire si elle est supérieure (art. 691 III du CGI, v. n° 53). Il en va de même en cas d'acquisition d'un terrain supportant une construction maintenue à usage d'habitation et sur lequel sera édifiée une nouvelle construction (avis du Conseil d'Etat du 14 septembre 1992, n° 136145, Desusclade, *RJF* 11/92, n° 1488, *DF,* 1993, n° 15, Com. 802, concl. Ph. Martin).

En outre, les cessions d'immeubles neufs bâtis supportent, outre la TVA immobilière, la taxe de publicité foncière au taux réduit de 0,60 % (art. 692 du CGI).

Des assouplissement ensuite, car une même opération peut, selon le cas, être assujettie soit à la TVA immobilière soit aux droits d'enregistrement sans que cette dualité et cette imbrication de régimes contreviennent à l'article 33 de la 6e directive du 17 mai 1977 (CJCE ,16 décembre 1992, n° 208-91, R. Beaulande, cité au n° 15 ; TGI Brest, 12 décembre 1991, Cavellec, *DF,* 1992 n° 31-32, Com. 1620).

Cette dualité potentielle de régimes fiscaux résultera d'une manifestation de volonté que l'acquéreur aura ou non exprimée ou parfois, et plus subtilement, de ses intentions (v. n°s 59 et s). La TVA immobilière privilégie ces éléments subjectifs par excellence que sont la volonté et les intentions du contribuable. Les inconvénients d'une telle orientation sont évidents. Le caractère objectif et impersonnel de la TVA en pâtit, la neutralité de la taxation également. De surcroît les difficultés d'application de la TVA immobilière sont accrues en raison des inévitables errements imputables aux manifestations de volonté inexécutées et aux intentions changeantes ou contredites par des comportements divergents. La TVA immobilière possède en commun avec la fiscalité traditionnelle des droits d'enregistrement de fonder la taxation des mutations immobilières sur la destination de l'immeuble. Ce critère finaliste renvoie nécessairement à des systèmes fondés sur l'existence et l'interprétation de manifestations de volonté et d'intentions.

Ainsi, lorsqu'un marchand de biens acquiert un terrain en vue de le revendre à un constructeur, en l'état ou après aménagement il lui est possible de placer cette acquisition sous le régime de la TVA immobilière ou sous le régime spécial de l'achat en vue de la revente prévu par l'article 1115 du CGI en acquittant le droit de mutation de 0,60 % (v. n° 67).

En outre, à l'application alternative de la TVA immobilière ou des droits de mutation, il est apporté par l'administration d'importants assouplissements lorsque l'acquéreur choisit rétroactivement de placer l'acquisition immobilière sous le régime correspondant à ses nouvelles intentions et à la nouvelle destination qu'il assigne à l'immeuble. Il s'agit d'un droit de repentir qui équivaut à une option à effet rétroactif accompagnée d'une régularisation (v. n°s 64 et 66).

Ainsi, les champs d'application de la TVA immobilière et des droits de mutation, théoriquement distincts sont connexes et présentent de nombreux points de rencontre. Les interférences et imbrications entre les deux régimes sont nombreuses et aboutissent à un système de taxation non dénué d'une grande complexité. Alors que la TVA de droit commun possède un champ d'application exclusif (garanti notamment par l'article 33 de la 6e directive du 17 mai 1977), celui de la TVA immobilière est sans cesse occupé par la fiscalité traditionnelle des droits de mutation, avec les problèmes de frontières et de qualification que cette dualité de régimes implique.

Un exemple classique de ces difficultés d'appréciation source de pouvoir discrétionnaire fiscal est fourni par les importants travaux de rénovation et de reconstruction effectués sur des immeubles anciens et qui selon le cas et en fonction d'indices objectivement comparables font entrer l'acquisition immobilière dans le champ de la TVA ou dans celui des droits de mutation à titre onéreux (v. n° 70). Ces interférences multiples justifient assurément le choix d'une conception extensive de la fiscalité immobilière (v. n° 9).

53 AUTONOMIE RELATIVE AU REGARD DE LA TVA DE DROIT COMMUN. — La TVA immobilière possède une nature hybride. Elle occupe un champ d'application, celui des mutations immobilières, qui est traditionnellement celui de la fiscalité de l'enregistrement ; mais sa technique est fondamentalement celle de la TVA, sous réserve de particularités liées à la nature des opérations imposables.

Aussi la TVA immobilière se définit-elle par la nature des opérations imposables qui, selon les termes de l'article 257-7° du CGI, concourent à la production et à la livraison d'immeubles. Les mutations immobilières visées sont donc placées hors du champ d'application de la TVA de droit commun, puisqu'il ne s'agit ni de la livraison d'un bien meuble corporel ni d'une prestation de services entrant dans les prévisions de l'article 256 du CGI. Toutefois et en application de l'article 257-6° du CGI, le droit commun de la TVA reprend son empire à l'égard des autres opérations immobilières, notamment les prestations de services, liées à la construction, dès lors que les résultats doivent être compris dans les bases de l'impôt sur le revenu au titre des BIC.

Relèvent du régime de la TVA de droit commun, et non de celui de la TVA immobilière les travaux immobiliers exécutés par les entreprises (expressément qualifiés de prestations de services par l'article 256 IV du CGI, v. n° 166), les rémunérations perçues par les professionnels de l'immobilier (CE, 25 juillet 1980, n° 16335, *RJF* 11/80, n° 867 ; 10 mai 1981, n° 16027, *RJF* 7-8/81, n° 660 ; 9 novembre 1981, n° 20395, Vincent, *DF,* 1982, n° 16, Com. 930, *RJF* 1/82, n° 27) à l'exception des commissions perçues par les marchands de biens à l'occasion d'opérations relevant de l'article 257-7° (CE, 16 décembre 1991, n° 110623, *DF,* 1992, n° 21-22, Com. 1025, *RJF* 2/92, n° 198, concl. O. Fouquet). De même, la remise gratuite d'immeubles initialement destinés à être vendus effectuée à titre de dédommagement est une livraison à soi-même assujettie à la TVA de droit commun en application de l'article 257-8° du CGI, et non à la TVA immobilière (CE, 7 décembre 1987, n° 50532, *RJF* 2/88, n° 158, *DF,* 1988, n° 15, Com. 797, concl. Martin Laprade, v. n° 54).

Des hésitations sur le champ d'application respectif de la TVA de droit commun et de la TVA immobilière peuvent aboutir à des évolutions jurisprudentielles (v. à propos des cessions de promesses unilatérales de vente portant sur un terrain à bâtir par un intermédiaire qui entrent désormais dans les prévisions de l'article 257-7° du CGI et non plus dans celles de l'article 257-6° du même Code, CE, 16 décembre 1991, n° 110623, Tricoire, *DF,* 1992, n° 21-22, Com. 1025, *RJF* 2/92, n° 198).

En définitive, ne sont assujetties à la TVA immobilière que les opérations fondamentales du cycle de production ou de livraison de l'immeuble, à savoir l'acquisition du terrain à bâtir ou d'un bien assimilé et la vente de l'immeuble neuf bâti (ou la cession des droits sociaux conférant un droit de propriété ou de jouissance sur l'immeuble, et qui constitue une opération équivalente).

Mais si la TVA immobilière possède son champ d'application propre, défini par les opérations imposables précitées, la technique de déduction des crédits de taxe d'amont s'applique indépendamment de la qualification prêtée à la TVA, qu'elle soit de droit commun ou immobilière. Ainsi la TVA acquittée à l'occasion de l'exécution de travaux immobiliers vient en déduction de la TVA immobilière afférente à la production ou à la livraison de l'immeuble dans les conditions de droit commun prévues par l'article 271 du CGI (v. par ex. CE, 27 janvier 1989, n° 66971, SCI Veronèse Rubiens, *RJF* 3/89, n° 298, *DF,* 1989, n° 22-23, Com. 1096). Le taux spécifique de la TVA immobilière applicable aux acquisitions de terrains à bâtir, qui était de 13 %, a été porté au tarif de droit commun de 18,60 % par l'article 10 de la loi n° 91-716 du 26 juillet 1991 (*DF,* 1991, n° 31, Com. 1584). Le taux normal de la TVA a été lui-même relevé à 20,60 % à compter du 1er août 1995, sous réserve de l'application de l'ancien taux aux opérations immobilières en cours (*DF,* 1995, n° 30, p. 1250).

Il s'ensuit que les particularités du régime de la TVA immobilière procèdent seulement de la nature des opérations visées par l'article 257-7° du CGI.

L'assiette de la taxe est déterminée conformément aux règles définies par l'article 266-2 du CGI, en fonction de la nature de l'opération imposable. Le fait générateur, qui correspond à la date d'exigibilité n'est pas constitué par la livraison, mais par les actes qui constatent les mutations ou, à défaut, par le transfert de propriété, excepté dans les deux hypothèses de livraison à soi-même de l'immeuble passibles de la TVA immobilière, ou c'est la date d'achèvement qui est retenue (art. 269-1 du CGI).

La détermination du redevable de la taxe fait aussi objet de dispositions particulières prévues par l'article 285 du CGI (v. n° 194).

Enfin, le régime de la franchise prévu par l'article 293 B du CGI n'est pas applicable aux opérations visées à l'article 257-7° du CGI (art. 293 C du CGI).

Section II
Les conditions d'application objectives relatives à la nature des opérations réalisées

Sont assujetties à la TVA immobilière toutes les opérations concourant à la production ou à la livraison d'immeubles situés en France, y compris celles présentant un caractère civil, accomplies par toute personne sans considération de sa qualité ou de sa situation au regard des autres impôts, et qui ont notamment l'un des objets suivants :

— l'acquisition d'un terrain à bâtir ou d'un bien assimilé ;
— dans deux hypothèses seulement, la livraison à soi-même d'immeubles après leur achèvement ;
— enfin les ventes d'immeubles neufs bâtis ou la cession de droits sociaux dont la possession assure en droit ou en fait l'attribution d'un immeuble ou d'une fraction d'immeuble en propriété ou en jouissance.

I | L'ACQUISITION DES TERRAINS A BÂTIR ET DES BIENS ASSIMILÉS

54 DÉFINITION FINALISTE ET EXTENSIVE DU TERRAIN A BÂTIR. — C'est avec l'acquisition du terrain à bâtir que débute le cycle de production de l'immeuble imposable à la TVA immobilière.

Les textes et la jurisprudence définissent extensivement ces deux éléments de l'opération imposable. Les acquisitions s'entendent de toutes les mutations à titre onéreux résultant de ventes, adjudications, échanges, apports en société, dations en paiement, etc., qui entreraient dans les prévisions de l'article 683 du CGI relatif aux droits de mutation de propriété à titre onéreux d'immeubles, à l'exclusion, selon l'administration, des expropriations et des fusions de sociétés et opérations assimilées.

Quant à la notion de terrain à bâtir elle est entendue très largement, puisque le texte légal vise « les ventes et les apports en société de terrains à bâtir, de biens assimilés à ces terrains par l'article 691 ainsi que les indemnités de toute nature perçues par les personnes qui exercent sur ces immeubles un droit de propriété ou de jouissance, ou qui les occupent en droit ou en fait ».

L'article 10-II de la loi du 26 juillet 1991 élargit encore la notion de terrain à bâtir en y incluant les terrains pour lesquels, dans un délai de quatre ans à compter de la date de l'acte qui constate l'opération, l'acquéreur ou le bénéficiaire de l'apport obtient le permis de construire ou commence les travaux nécessaires pour édifier un immeuble ou un groupe d'immeubles ou pour construire de nouveaux locaux en surélévation (*DF,* 1991, n° 31, Com. 1584). Par réalisme, et compte tenu des différences de tarif existant entre la TVA immobilière et les droits de mutations sur les acquisitions d'immeubles destinés à l'habitation (soumises à la taxation réduite de l'article 710 du CGI), la loi fiscale a entendu éviter qu'une acquisition de terrain à bâtir soit déguisée sous l'apparence d'une acquisition d'immeuble bâti (v. n° 65).

Le renvoi opéré par l'article 257-7° du CGI à l'article 691 du même Code conduit à retenir une définition subjective et finaliste du terrain à bâtir et des biens assimilés. Cette dernière disposition vise en effet à exonérer de taxe de publicité foncière ou de droit d'enregistrement les acquisitions de terrains nus ou recouverts de bâtiments destinés à être démolis, d'immeubles inachevés, du droit de surélévation d'immeubles préexistants et d'une fraction du terrain supportant ceux-ci, à condition que l'acquéreur prenne l'engagement d'effectuer les travaux nécessaires de construction dans un délai de quatre ans, éventuellement prorogé. Dès lors, devient terrain à bâtir tout terrain, même bâti, qui a été acquis dans l'intention d'y édifier une construction, alors même que l'acquéreur serait dans l'impossibilité, pour un motif quelconque, de mener à son terme le projet de construction envisagé. Le terrain à bâtir, objet initial et privilégié de la fiscalité immobilière est souvent un terrain déjà bâti et parfois même un terrain inconstructible (CE, 22 décembre 1976, n° 92201, Consorts Pluviaud, *DF,* 1977, n° 18, Com. 696, *RJF* 2/77, n° 81 ; CE, 25 avril 1990, n° 80804, Sté de programmation foncière, *DF,* 1990, n° 22, Com. 1056, concl. P. F. Racine ; *RJF* 6/90, n° 727 ; CAA Paris, 14 décembre 1993, n° 92-138, Etheve, *RJF* 4/94, n° 404).

C'est là l'un des paradoxes de la fiscalité immobilière qui applique la taxation non pas en fonction de la nature de l'immeuble, mais au regard de sa destination future.

A l'inverse, ne peut être qualifié de terrain à bâtir un terrain même réputé constructible par la réglementation de l'urbanisme si l'acte d'acquisition ne fait pas mention de l'engagement de l'acquéreur de construire, à moins que cette qualification ne puisse résulter du comportement postérieur de l'acquéreur (qui a obtenu un permis de construire ou qui a commencé les travaux de construction, v. n° 65). De cette définition finaliste et extensive du terrain à bâtir résultent les plus grandes incertitudes sur la qualification et le régime applicables aux acquisitions d'immeubles destinés à être remis en état d'habitabilité ou qui ayant été auparavant affectés à un autre usage seront transformés à usage d'habitation. Cette opération peut rétroactivement être analysée soit comme l'acquisition d'un bien assimilé à un terrain à bâtir, passible de la TVA immobilière, soit comme celle d'un immeuble destiné à être affecté à l'habitation, soumise au droit d'enregistrement au taux réduit prévu par l'article 710 du CGI. Le critère de distinction, d'une appréciation toujours délicate repose selon l'administration sur l'importance des travaux ; mais la jurisprudence fiscale des deux ordres de juridictions délaisse ce critère et retient celui plus large et plus réaliste de la nature et de l'objet des travaux (v. n° 70).

55 TECHNIQUE DE LA TVA APPLICABLE AUX CESSIONS DE TERRAINS A BÂTIR. — Ce sont les particularités du régime de la TVA immobilière qui dérogent aux règles du droit commun de la TVA.

La superficie de terrain à prendre en compte pour l'assiette de la taxe est déterminée par l'article 691-III du CGI. En effet, dans le cas de la construction de maisons individuelles, la TVA s'applique à concurrence d'une superficie de 2 500 m² par maison ou de la superficie minimale exigée par la réglementation sur le permis de construire si elle est supérieure. Seule la fraction du prix d'acquisition du terrain correspondant à cette superficie est passible de la TVA, le surplus du prix correspondant aux superficies supplémentaires acquises étant soumis aux droits d'enregistrement. La condition de superficie ne s'applique pas en cas d'acquisition de terrains destinés à la construction d'immeubles collectifs, dès lors que les constructions, cours et jardins couvrent la totalité des terrains acquis. Dans le cas de terrains destinés à la construction d'immeubles qui ne sont pas destinés à l'habitation pour les trois quarts au moins de leur superficie totale, la surface à prendre en compte est celle qui est occupée par les constructions à édifier et par leurs dépendances nécessaires.

L'assiette de la taxe, ajustée le cas échéant par application de la règle de superficie précitée est le prix de cession hors taxe, le montant de l'indemnité ou la valeur des droits sociaux rémunérant l'apport, augmenté des charges. Mais l'administration est en droit de substituer à ce montant la valeur vénale réelle du terrain, établie dans les conditions prévues à l'article L. 17 du *LPF,* si elle est supérieure au prix déclaré (v. n° 74).

Fait générateur et exigibilité coïncident, et se situent à la date de l'acte qui constate l'opération, ou, à défaut, à la date du transfert de propriété.

Le taux de la TVA qui était de 13 % avant l'adoption de la loi précitée du 29 juillet 1991 (excepté pour les acquisitions d'immeubles inachevés, passibles du taux normal), est désormais de 20,60 % pour l'ensemble des opérations relatives aux acquisitions de terrain à bâtir et de biens assimilés, avec toutefois des taux réduits pour les cessions de terrains destinés à des logements sociaux (5,5 %) et des tarifs spéciaux en Corse et dans les départements d'outre-mer.

Le redevable de la taxe est en principe l'acquéreur, la société bénéficiaire de l'apport ou le débiteur de l'indemnité dès lors que l'immeuble n'était pas déjà placé dans le champ d'application de la TVA immobilière (art. 285-3° du CGI). Les droits à déduction sont alors limités à la TVA ayant grevé la commission payée aux intermédiaires pour le compte des vendeurs.

En revanche, le redevable de la taxe est le vendeur, l'auteur de l'apport ou le bénéficiaire de l'indemnité lorsqu'ils prennent la position d'assujetti ou que l'immeuble a déjà fait l'objet d'une mutation passible de la taxe. Le vendeur peut alors exercer son droit à déduction de la taxe qu'il a payée lors de l'acquisition de l'immeuble, celle acquittée à raison des travaux immobiliers qu'il a effectués et des commissions qu'il a versées aux agents immobiliers. Lorsque le montant de la TVA déductible ne peut être déterminé au moment de la vente (par ex. en cas de cession d'un terrain effectuée avant l'achèvement des travaux), le vendeur peut évaluer provisoirement ses droits à déduction, même s'il a opté pour le paiement de la TVA d'après les encaissements.

Enfin, l'assujettissement à la TVA des acquisitions de terrains et de biens assimilés comporte de nombreuses exonérations, dont celles prévues en faveur des apports et des cessions effectués par les collectivités locales au profit des offices publics d'HLM et de leurs unions (art. 261-5-2° du CGI). Il s'agit là de l'un des éléments de la fiscalité de faveur instituée au profit du logement social, et dont le bien-fondé paraît discutable (Rapport du Conseil des impôts relatif à la fiscalité de l'immobilier urbain, 1992, p. 187 s.).

II | Les livraisons a soi-même de certains immeubles

56 Une catégorie résiduelle. — La notion de livraison à soi-même est une notion polymorphe aux implications souvent complexes. Instituée dans un objectif de neutralité fiscale par l'article 257-8° du CGI et, s'agissant des immeubles passibles de la TVA immobilière, par l'article 257-7° du même Code, elle est susceptible de s'appliquer aux livraisons de biens ou de services, nécessitant ou non le concours d'autres personnes, les biens produits pouvant ou non présenter le caractère d'immobilisations et être ou non affectés aux besoins de l'entreprise.

A l'origine, l'article 27 de la loi n° 63-254 du 15 mars 1963 avait assujetti de façon générale les livraisons à soi-même d'immeubles affectés à l'habitation, dans un objectif de stricte neutralité fiscale, tout en prévoyant néanmoins, pour des motifs économiques et sociaux, des exonérations au bénéfice des opérations de construction de maisons individuelles et de logements destinés à la location.

Toutefois, entraient dans les prévisions de l'article 257-7° du CGI les livraisons à soi-même d'immeubles destinés à la vente.

En réalité, cette dernière hypothèse ne se justifiait guère dès lors que la taxe acquittée lors de l'achèvement de l'immeuble au titre de la livraison à soi-même était immédiatement déductible, sous réserve de la règle du décalage d'un mois, de la taxe due par le constructeur à raison de ses ventes d'immeubles.

Aussi l'article 4 de la loi n° 73-1120 du 21 décembre 1973 supprime-t-il l'imposition des livraisons à soi-même relatives aux immeubles destinés à la vente, l'achèvement de l'immeuble ne constituant plus désormais le fait générateur de la TVA immobilière. Subsistent cependant deux hypothèses particulières d'assujettissement à la TVA immobilière des livraisons à soi-même.

Il s'agit d'une part des livraisons d'immeubles construits par les sociétés d'attribution (c'est-à-dire des sociétés dont les parts ou actions assurent en droit ou en fait l'attribution privative en propriété ou en jouissance d'un immeuble ou d'une fraction d'immeuble) alors même que ces sociétés ne bénéficieraient pas d'un régime de transparence fiscale (CE, plénière, 25 juillet 1983, n° 36014, *RJF* 10/83, p. 1131).

Il s'agit d'autre part des livraisons d'immeubles qui ne sont pas affectés à l'habitation pour les trois quarts au moins de leur superficie et qui sont destinés à être utilisés pour la réalisation d'opérations soumises à la TVA (par ex. la construction d'immeubles destinés à être loués lorsque les locations seront soumises à la TVA). Pour l'application de cette condition, les locaux à usage mixte d'habitation et professionnel, ainsi que leurs dépendances, sont considérés comme affectés à l'habitation (art. 259 de l'annexe II au CGI), alors que les locaux à usage professionnel, commercial ou industriel ne sont pas considérés comme affectés à l'habitation.

En dehors de ces hypothèses, la livraison à soi-même d'immeuble est susceptible d'être assujettie à la TVA de droit commun en application de l'article 257-8° du CGI (CE, 7 décembre 1987, n° 50532, cité au n° 51).

Quant aux livraisons à soi-même de travaux immobiliers (travaux d'amélioration, de transformation ou d'aménagement), elles sont passibles dans les mêmes conditions de la TVA de droit commun en application de l'article 257-8° du CGI, à l'exception des travaux d'entretien courant (CE, 26 juillet 1978, n° 2913, Sté Urbaine d'air comprimé, *RJF* 114/78, n° 467, *DF,* 1979, n° 8, Com. 360; 22 mai 1974, n° 90908, Min. Fin. c/ Industrie hôtelière. Hôtel Prince de Galles, Dupont, 1974, p. 304, *DF,* 1974, n° 43, Com. 1310, concl. Schmeltz).

57 LES MODALITÉS D'IMPOSITION. — Sous réserve des exonérations prévues par l'article 261-5-8° du CGI (et qui visent le logement social), le redevable de la TVA est le constructeur de l'immeuble. La TVA est exigible à la date du fait générateur, c'est-à-dire à la date de la livraison des immeubles, qui correspond à celle de leur achèvement.

La définition de l'achèvement est celle-là même retenue par la jurisprudence pour définir le point de départ du délai de cinq ans pendant lequel doit intervenir la vente de l'immeuble bâti. Elle résulte des dispositions de portée générale codifiées à l'article 258 de l'annexe II au CGI (v. n° 57). L'assiette de la taxe est constituée par le prix de revient total des immeubles, y compris le coût des terrains ou leur valeur d'apport (art. 266-2 *a* du CGI), les taxes d'urbanisme et les frais financiers engagés pour la construction de l'immeuble.

Le taux de la TVA est le taux normal (20,60 %) et les déductions de taxes ayant grevé le prix de revient de l'immeuble (TVA sur les terrains, sur les travaux immobiliers, etc.) sont opérées dans les conditions habituelles prévues par l'article 271 du CGI.

En définitive, l'application de la TVA autorise la déduction des crédits de taxe afférents aux opérations de construction dès l'achèvement de l'immeuble, sans attendre la réalisation postérieure d'opérations imposables et même avant l'achèvement si le constructeur exerce une activité professionnelle assujettie à la TVA (CAA Nantes, 11 mars 1992, n° 89-561, Société d'économie mixte de Normandie, *DF,* 1993, n° 17-18, Com. 933).

III | Les cessions d'immeubles bâtis ou de droits sociaux

58 Définition des mutations imposables. — C'est avec la vente de l'immeuble bâti, ou plus exactement à l'occasion d'une mutation à titre onéreux, que s'achève le cycle de production de l'immeuble et qu'intervient sa livraison, qu'il soit cédé après complet achèvement ou en état futur d'achèvement (l'immeuble inachevé étant assimilé à un terrain à bâtir par l'article 691 du CGI).

Dès lors, la livraison d'immeubles assujettie à la TVA immobilière est la première mutation qui intervient dans les cinq ans suivant leur achèvement, au profit d'une personne autre qu'un marchand de biens. Les cessions ultérieures, même intervenant dans le délai de cinq ans, entrent dans le champ de la fiscalité traditionnelle des droits d'enregistrement.

Si la première mutation postérieure à l'achèvement est consentie au profit d'un marchand de biens, la cession par ce dernier de l'immeuble dans le délai de cinq ans demeure assujettie à la TVA immobilière.

Les mêmes conditions sont requises pour l'assujettissement à la TVA immobilière des cessions de droits sociaux dont la possession assure, en droit ou en fait, l'attribution d'un immeuble en propriété ou en jouissance (Cass. com. 7 février 1989, Sté Les Montagnes de l'Arc, *RJF* 8-9/89, n° 1049, *DF*, 1989, n° 15, Com. 761, *Bull. civ.* IV, n° 57, p. 37 ; *Rép. Defrénois*, 1989, art. 34624 ; Cass. com., 25 février 1992, n° 379 D, Société foncière Pessac II, *RJF* 5/92, n° 754).

Ainsi, la cession de l'immeuble neuf bâti, qui clôt le cycle des opérations assujetties à la TVA immobilière, est définie restrictivement puisque la condition objective tenant au délai de cession après achèvement doit être combinée avec la condition subjective relative à la qualité du premier acquéreur de cet immeuble.

59 LA DÉFINITION DE L'ACHÈVEMENT DE L'IMMEUBLE. — Cette notion présente une importance essentielle dans la mesure où elle détermine le point de départ du délai de cinq ans pendant lequel la mutation de l'immeuble est passible de la TVA immobilière dans les conditions précitées. Elle permet aussi de définir la date de la livraison à soi-même des immeubles passible de la TVA immobilière. Révélée, aux termes de l'article 258 de l'annexe II au CGI lorsque les conditions d'habitabilité ou d'utilisation sont réunies ou par l'occupation même partielle des locaux, à quelque titre que ce soit, cette notion d'achèvement de l'immeuble soulève inévitablement des questions de fait, d'une appréciation délicate. En principe le raccordement aux réseaux permet de considérer que l'immeuble est achevé (CE, 2 février 1987, n° 50362, SARL Hennebert, *RJF* 3/87, n° 277, *DF*, 1987, n° 16, Com. 1211).

C'est toutefois la date d'occupation effective qui est retenue lorsqu'elle est antérieure, alors même que les aménagements internes ne seraient pas achevés (CE, 12 novembre 1986, n° 55581, *RJF* 1/87, n° 28, *DF*, 1987, n° 8, Com. 305, concl. O. Fouquet).

Et lorsque l'immeuble est achevé par fractions successives, à chacune d'elle doit correspondre une date d'achèvement déterminée (CE, 22 juillet 1977, n° 96598, *RJF* 10/77, n° 539, concl. Fabre, p. 338, *DF*, 1978, n° 29, Com. 1203).

Ces difficultés ont conduit les auteurs du décret précité à prévoir que la date d'achèvement et la nature de l'événement qui le caractérise doivent être obligatoirement mentionnées dans les actes constatant les mutations.

Curieusement, la notion d'achèvement permettant la computation du délai de cinq ans visé à l'article 257-7° du CGI est définie avec beaucoup de rigueur tant par la doctrine que par la jurisprudence alors que cette même notion d'achèvement des constructions, qui permet d'apprécier si l'engagement de construire dans le délai de quatre ans visé à l'article 691 du CGI a été exécuté, est appréciée à l'inverse avec beaucoup de souplesse par l'administration (en particulier le certificat du maire visé à l'article 266 *bis* I du CGI n'est pas exigé en fait). Les textes ne pouvaient mieux illustrer la relativité des définitions fiscales, car c'est la même notion qui est à la fois le terme d'un délai (pour construire) et le point de départ d'un autre (pour vendre).

60 TECHNIQUE DE LA TVA APPLICABLE AUX CESSIONS D'IMMEUBLES OU DE DROITS SOCIAUX. — C'est celle-là même applicable aux acquisitions de terrains à bâtir. Fait générateur et exigibilité coïncident et se situent à la date de l'acte qui constate l'opération, ou à défaut, à la date du transfert de propriété. Mais lorsque le règlement du prix est effectué par acomptes, le paiement de la taxe peut intervenir au fur et à mesure de leur encaissement, dès lors que le redevable a présenté des garanties de recouvrement. Cette possibilité, prévue par l'article 252 de l'annexe II au CGI, ne permet pas d'obtenir un remboursement de taxe avant le dernier encaissement; l'acquéreur ne peut déduire la taxe qu'au fur et à mesure des versements.

Le redevable est en principe le vendeur; mais c'est l'acquéreur lorsque la mutation porte sur un immeuble qui, antérieurement à cette mutation, n'était pas placé dans le champ d'application de la TVA immobilière. Tel est le cas par exemple pour des terrains acquis par succession ou sous le régime de la fiscalité traditionnelle des droits d'enregistrement. Toutefois selon la jurisprudence du Conseil d'Etat et de la Cour de cassation, la réalisation de constructions sur ce terrain fait entrer l'immeuble dans le champ d'application de la TVA immobilière (CE, 29 juillet 1983, n° 34761 et 34762, *RJF* 11/83, n° 1300, *DF,* 1984, n° 8, Com. 309, concl. Bissara; Cass., 30 mars 1978, SCI « Les Chaumières » c/ Mouton, *RJF* 11/78, n° 469, *DF,* 1979, n° 16, Com. 769, *JCP,* 1979, éd. N, Prat. 7048).

Le redevable de la taxe est alors le vendeur, mais l'administration estime que dans cette hypothèse la condition précitée n'est pas remplie, et que le redevable de la taxe est l'acquéreur.

Les mêmes difficultés se présentent pour la détermination du redevable de la TVA en cas de vente par un lotisseur de lots provenant d'un terrain acquis par voie de succession (CE, Plénière, 10 février 1982, n° 16281, *RJF* 4/82, p. 358, *DF*, 1982, n° 40, Com. 1818).

Le redevable peut évaluer provisoirement ses droits à déduction. Enfin, des exonérations sont prévues en faveur des ventes effectuées sous certaines conditions par les organismes de construction de logements sociaux et des apports par voie de fusions ou de scissions de sociétés ou des apports partiels d'actif lorsque ces opérations entrent dans le champ d'application de l'article 816 du CGI.

Section III
Les éléments subjectifs de la TVA immobilière

61 OBJECTIVITÉ ET SUBJECTIVITÉ DANS LA TVA IMMOBILIÈRE. — *A priori* les éléments subjectifs tels que les intentions ou les manifestations de volonté ne devraient jouer aucun rôle en matière d'assujettissement à la TVA immobilière dès lors que la lettre des articles 256 A et 257-7° du CGI vise les opérations imposables, même revêtant un caractère civil, effectuées par les personnes à titre habituel ou occasionnel, quels que soient leur statut juridique, leur situation au regard des autres impôts, la forme ou la nature de leur intervention.

En réalité, les éléments subjectifs sont éminemment présents dans le régime de la TVA immobilière.

Ils ne résultent pas uniquement de certains régimes spéciaux, tel celui des marchands de biens et lotisseurs. Ils procèdent fondamentalement de la nature même de la TVA immobilière qui repose sur un critère finaliste, à savoir la destination d'un immeuble à être construit et vendu.

Ainsi, c'est d'un engagement de construire que résultera la qualification de terrain à bâtir attribuée à un immeuble antérieurement acquis, indépendamment de toute considération liée à sa nature ou aux règles d'urbanisme applicables (v. n° 52).

On peut ainsi distinguer, parmi les éléments subjectifs, les engagements de construire, les intentions (de construire ou de ne pas construire) et les véritables choix fiscaux offerts aux contribuables. De ces manifestations de volonté et d'intentions, il résulte un système complexe autorisant une substitution possible de régime fiscal dans des limites variables prévues par les textes, la doctrine ou la jurisprudence, impliquant des régularisations (nécessairement rétroactives) entre une fiscalité indirecte de l'Etat (la TVA immobilière) et une fiscalité locale indirecte (les droits de mutation sur les immeubles dévolus aux collectivités locales par les lois de décentralisation).

A cette subjectivité inhérente au contribuable lui-même se superpose celle résultant de l'appréciation des situations de fait par l'administration sous le contrôle du juge de l'impôt. C'est le domaine des appréciations de fait, du pouvoir discrétionnaire fiscal, et la source d'une insécurité juridique à vrai dire inhérente à l'application de toute règle de droit, mais particulièrement dommageable lorsque les prérogatives de l'Etat menacent la propriété privée et les libertés. Ainsi, de la qualification juridique attribuée aux travaux effectués sur un immeuble ancien résulteront à la fois le régime fiscal applicable à l'acquisition même de cet immeuble et celui qui régira sa cession postérieure (v. n° 70). Le droit de la TVA immobilière parvient à ce résultat étonnant qu'une appréciation subjective façonne le passé fiscal et engage l'avenir fiscal des mutations postérieures.

A - L'engagement de construire, condition de l'exonération des droits d'enregistrement

62 NÉCESSITÉ D'UN ENGAGEMENT DE CONSTRUIRE. — En application des dispositions des articles 691 du CGI et 266 *bis* de l'annexe III au même Code, l'acquisition d'un terrain à bâtir ou d'un bien assimilé est assujettie à la TVA immobilière, et corrélativement est exonérée de taxe de publicité foncière ou de droit d'enregistrement à la condition que l'acquéreur prenne l'engagement, dans l'acte d'acquisition d'effectuer dans un délai de quatre ans à compter de la date de l'acte, les travaux nécessaires pour produire et livrer l'immeuble (à savoir la construction de l'immeuble, l'achèvement des immeubles acquis inachevés ou la construction des locaux en surélévation).

Cette technique de l'engagement de faire, largement usitée par ailleurs en fiscalité, révèle moins l'existence d'un choix véritable qu'une obligation d'agir moyennant le bénéfice d'un régime particulier, *a priori* plus avantageux. En effet, à la différence de l'option, l'engagement n'offre pas une authentique alternative car l'acquisition du terrain à bâtir serait soumise à la TVA immobilière, même à défaut d'engagement exprimé dans l'acte, si l'acquéreur manifestait ultérieurement son intention de construire (v. n° 65).

En réalité, le statut de cette manifestation de volonté est quelque peu ambigu. Ce n'est pas l'engagement de construire qui entraîne à lui seul l'assujettissement à la TVA immobilière, c'est la réalisation d'une opération visée à l'article 257-7° du CGI. Il permet toutefois de conférer dès l'acquisition, avec toutes les conséquences fiscales, la qualité de terrain à bâtir à des immeubles nus ou déjà construits qui relèvent normalement, à défaut de manifestation de volonté, du régime traditionnel des droits de mutation à titre onéreux.

La technique de l'engagement repose, à la différence de l'option, sur des obligations futures que devra remplir le bénéficiaire d'un avantage fiscal.

Alors que l'option régulièrement exercée produit immédiatement et définitivement ses effets pendant la durée prévue par les textes, l'engagement ne produit des effets définitifs que si des conditions (que l'on pourrait qualifier de suspensives) sont remplies à terme.

De là l'éventualité d'une défaillance du contribuable, entraînant la remise en cause du régime initialement applicable (la TVA immobilière) et une régularisation subséquente (v. n°s 64 et s).

Cette technique comporte de multiples éléments subjectifs que les textes et une abondante jurisprudence ont précisés.

63 CONDITIONS DE VALIDITÉ. — A l'égard du contribuable, le régime de l'engagement de construire visé à l'article 691 du CGI est souple dans sa formulation même s'il s'avère très contraignant lorsqu'il est inexécuté.

Il est souple dans la mesure où administration et jurisprudence ne requièrent aucun formalisme particulier pour la souscription de l'engagement.

Ainsi, vaut engagement régulier une simple référence à l'article 691 portée dans l'acte d'acquisition du terrain à bâtir ou d'un bien assimilé (Cass. com., 8 avril 1986, DGI c/ Sté Astral, *Bull. cass.*, 1986, IV, p. 49, n° 56, *DF*, 1986, n° 30, Com. 1426).

Et nonobstant la lettre de l'article 691-II du CGI, l'engagement peut être exprimé dans un acte postérieur à l'acte d'acquisition, alors même que la mutation aurait bénéficié de la taxation réduite applicable aux ventes d'immeubles d'habitation (v. n° 64).

64 LE CONTENTIEUX DES REFUS DE PROROGATION DU DÉLAI IMPARTI POUR CONSTRUIRE. — L'application souple des textes par l'administration voisine avec une sévérité jurisprudentielle jamais démentie.

L'administration applique avec souplesse la condition relative au délai de quatre ans imparti pour construire. Alors que l'article 691 IV du CGI prévoit qu'une prorogation annuelle renouvelable de ce délai peut être accordée par le directeur des services fiscaux, notamment en cas de force majeure ou lorsqu'il s'agit de la construction d'ensembles à réaliser progressivement par tranches successives, l'administration admet dans la généralité des cas une prorogation automatique d'un an sans formalité, dès lors qu'il peut être justifié du commencement des travaux.

En revanche, la jurisprudence des juridictions de l'ordre judiciaire est rigoureuse lorsqu'un refus de prorogation de délai est opposé par le directeur des services fiscaux. Cette décision n'a pas à être motivée (Cass. com., 24 janvier 1995, n° 186 P, SCI La Castellane, *RJF* 4/95, n° 549, *DF,* 1995, n° 22, Com. 1220). Le serait-elle que le juge de l'impôt se refuserait à contrôler le bien-fondé des motifs justifiant la demande de prorogation de délai. Par ailleurs il apprécie avec une constante rigueur l'existence d'une force majeure alléguée par le constructeur défaillant (v. n° 69).

Cette force majeure, visée à l'article 691-IV du CGI, qui est susceptible de justifier parmi d'autres motifs, le bénéfice d'une prorogation annuelle renouvelable du délai imparti pour construire, doit être distinguée de la force majeure qui, selon la jurisprudence dispense l'acquéreur de régulariser l'imposition initiale en l'absence de constructions dans le même délai (v. n° 69).

La même rigueur, fondée sur la lettre de l'article 266 *bis* III de l'annexe III précité est de droit lorsque le juge oppose la forclusion aux demandes de prorogation qui ne respecteraient pas le bref délai de présentation fixé par le règlement d'application (Cass. com., 24 novembre 1981, DGI c/ SCI Balouvroil et SCI Schubert, *DF,* 1982, n° 13, Com. 725).

Concernant la répartition des compétences sur cette question qui concerne la légalité d'une décision administrative ayant des incidences fiscales, il résulte des jurisprudences concordantes des juridictions suprêmes que seul le juge de l'impôt de l'ordre judiciaire est compétent pour apprécier la légalité des refus de prorogation du délai. En conséquence la théorie de l'acte détachable ne saurait être invoquée pour déclarer le recours recevable devant le juge de l'excès de pouvoir (Cass. com., 25 mai 1976, Sté moderne pour les commerces et les immeubles, *RJF* 12/76, n° 568 ; CE, 4 février 1985, n° 40594, *RJF* 4/85, n° 647, *DF,* 1985, n° 20-21, Com. 999 ; Conflits, 28 avril 1980, SCI du Domaine de Ternay, *RJF* 12/80, n° 996, *DF,* 1980, n° 43, Com. 2092 et n° 50, CA et E, n° 6728).

Toutefois, le juge de l'excès de pouvoir est compétent pour se prononcer sur le rejet de la demande de remise gracieuse de la pénalité prévue à l'article 1840 G du CGI (CE, 31 mars 1993, n° 92404, *RJF* 6/93, n° 945).

En définitive, la lenteur des procédures contentieuses, l'exigence réitérée d'une force majeure, l'autolimitation du contrôle juridictionnel de la légalité confortent le pouvoir discrétionnaire du directeur des services fiscaux sur les décisions de refus de prorogation de délai visées à l'article 691 IV du CGI (Cass. Com., 26 janvier 1983, SCI Résidence Quai de la Rapée, *DF,* 1983, n° 18, Com. 967 ; 10 février 1987, Sté européenne des Bois et Fers, *DF,* 1987, n° 18, Com. 943).

65 LES RÉGULARISATIONS APPLICABLES A DÉFAUT D'EXÉCUTION DE L'ENGAGEMENT DE CONSTRUIRE. — L'exonération des droits d'enregistrement n'est définitivement acquise que si l'acquéreur justifie à l'expiration du délai de quatre ans éventuellement prorogé de l'exécution des travaux qu'il s'était engagé à réaliser.

Il résulte de la lettre de l'article 266 *bis* de l'annexe III du CGI que la preuve de l'achèvement des travaux résulte d'un certificat délivré par le maire attestant que les immeubles créés, achevés ou construits en surélévation sont en situation d'être habités ou utilisés. Cependant, dans les faits, l'administration n'exige plus la production du certificat lorsqu'elle peut s'assurer, au vu des documents dont elle dispose pour l'assiette des impôts locaux, de la matérialité de la construction et de l'occupation (Rép. Barnier, *JO, Déb. AN,* 10 août 1987, p. 4529, n° 24300).

Si les travaux n'ont pas débuté ou ne sont pas achevés une régularisation doit être effectuée. Traditionnellement, l'acquisition devenait rétroactivement passible des droits de mutation, auxquels s'ajoutait un droit supplémentaire de 6 % (éventuellement susceptible de remise gracieuse), outre le paiement de l'intérêt de retard de 0,75 % par mois (art. 1840 G *ter* du CGI). De ces droits de mutation exigibles venait en déduction la TVA immobilière acquittée lors de l'acquisition.

Cette régularisation pouvait être effectuée par l'administration dans un délai de dix ans à compter du délai imparti à l'acquéreur pour justifier de l'achèvement des constructions (Cass. com., 16 janvier 1980, SCI du Domaine de Fontenelles, *DF,* 1980, n° 24, Com. 1349 ; Cass. com., 23 octobre 1990, SCI Domaine du Bois-de-Dieu, *RJF* 12/90, n° 1556, *DF,* 1991, n° 8, Com. 358 et n° 30, CA 10377).

En réalité, l'intérêt que présentait cette régularisation pour les services fiscaux a fortement décru depuis l'entrée en vigueur de la loi du 29 juillet 1991 qui a porté de 13 à 18,6 % le taux de la TVA relative aux acquisitions de terrains à bâtir. Le tarif des droits d'enregistrement étant moins onéreux (spécialement le tarif réduit des mutations d'immeubles destinés à l'habitation prévu par l'article 710 du CGI), le législateur a décidé de ne plus exiger de régularisation, sauf dans le cas où l'acquéreur a déduit partiellement ou totalement cette taxe.

Par ailleurs, la doctrine administrative fondée sur un abondant contentieux dispense l'acquéreur défaillant de la régularisation précitée lorsque l'impossibilité de construire résulte d'une force majeure (v. n° 69).

Enfin les tarifs différents de la TVA immobilière et des droits d'enregistrement joints à la possibilité de déduire la TVA immobilière acquittée initialement peuvent conduire le constructeur défaillant à solliciter spontanément la régularisation comme l'admet la doctrine administrative (v. n°s 64 ct 66).

B - Le rôle des intentions dans la substitution rétroactive du régime fiscal

Le régime fiscal choisi lors de l'acquisition d'un bien, en fonction de son affectation, est-il définitivement opposable à l'acquéreur ou celui-ci peut-il par la suite modifier la destination du bien en demandant rétroactivement le bénéfice du régime fiscal correspondant à ses nouvelles intentions ?

L'autonomie de la volonté et les exigences de la sécurité juridique inclinent pour l'intangibilité des choix juridiques et fiscaux exercés en temps utile.

Toutefois, des raisons pratiques et le réalisme fiscal d'une part, l'étroite connexité entre la TVA immobilière et les droits d'enregistrement d'autre part, ont justifié des solutions donnant effet à des intentions de construire ou de ne plus construire exprimées ou appréciées postérieurement à l'acquisition du terrain à bâtir ou d'un bien assimilé.

I | L'INTENTION DE CONSTRUIRE, CONDITION DE SUBSTITUTION DE LA TVA IMMOBILIÈRE AUX DROITS D'ENREGISTREMENT

L'hypothèse est celle de l'acquéreur d'un immeuble qui a placé son acquisition sous le régime des droits d'enregistrement, puis qui entreprend d'importants travaux de démolition et de reconstruction sur cet immeuble. Est-il en droit de placer rétroactivement son acquisition sous le régime de la TVA immobilière ? De son côté l'administration est elle en droit d'opérer cette substitution rétroactive de régime fiscal ?

66 LA SUBSTITUTION OPÉRÉE A L'INITIATIVE DU CONTRIBUABLE. — L'administration admet, par mesure de tempérament et spécialement en cas de force majeure, que l'acquéreur d'un immeuble destiné à l'habitation qui a bénéficié du tarif réduit prévu par l'article 710 du CGI, puisse placer rétroactivement l'acquisition sous le régime de la TVA immobilière en souscrivant l'engagement visé par l'article 691 du CGI dans un acte complémentaire (instruction du 23 mai 1972, *DF,* 1972, n° 25, CA 3922 ; Rép. Larché, *JO, Déb. Sénat,* 6 juin 1985, p. 1059, n° 21881, *DF,* 1985, n° 31, Com. 1451).

Cette faculté de substitution rétroactive de la TVA immobilière aux droits de mutation a été admise également dans des conditions beaucoup plus libérales au profit des constructeurs qui se sont abstenus de prendre l'engagement dans l'acte d'acquisition ou d'apport (Rép. Schumann, 7 avril 1966, *JO, Déb. AN,* p. 607, n° 16473 ; Rép. Didier, 2 décembre 1967, *JO, Déb. AN,* p. 5519, n° 1019).

Toutefois cette faculté de substitution n'a pas été admise par la Cour de Cassation au motif que l'acquéreur qui a placé l'acquisition sous le régime de l'article 710 du CGI était parfaitement en mesure d'apprécier à cette date l'exacte importance des travaux à effectuer pour remettre l'immeuble en état d'habitabilité (Cass. com., 11 juillet 1988, SCI d'attribution du 21, rue Pierre-le-Garrec, *DF,* 1990, n° 10, CA 9925 ; 30 novembre 1982, SCI du 19, rue Garnier, à Neuilly-sur-Seine, *DF,* 1983, n° 15, Com. 794). Il semblerait toutefois que le contribuable soit admis à se prévaloir de la doctrine administrative précitée (Cass. com., 10 janvier 1995, n° 80 D, Le Bouffo, *RJF* 4/95, n° 552).

67 LA SUBSTITUTION OPÉRÉE A L'INITIATIVE DE L'ADMINISTRATION. — Quant à l'administration, elle est en droit d'opérer la substitution de régime fiscal en exigeant le paiement de la TVA immobilière, même à défaut d'engagement de démolir et de construire pris dans l'acte d'acquisition, lorsqu'une opération de la nature de celles visées par l'article 691 du CGI a été engagée en fait dans les quatre ans suivant l'acquisition d'un bien immobilier.

En effet, l'exécution de travaux de construction ou une demande de permis de construire révèle les véritables intentions de l'acquéreur d'un bien. Celui-ci doit être regardé rétroactivement et au vu des circonstances postérieures comme un terrain à bâtir et non comme un immeuble destiné à l'habitation ou à un autre usage (Rép. Schumann, 7 avril 1966, *JO, Déb. AN,* p. 607, n° 16473 ; Rép. Didier, 2 décembre 1967, *JO, Déb. AN,* p. 5519, n° 1019 ; CAA Paris, 30 septembre 1993, n° 91-979, *DF,* 1994, n° 21-22, Com. 1042).

Cette solution est fondée en droit des lors que l'engagement de démolir et de construire a pour effet d'entraîner l'exonération conditionnelle des droits d'enregistrement mais n'a pas d'incidence sur l'assujettissement à la TVA immobilière qui dépend de la nature des opérations visées à l'article 257-7° du CGI.

C'est pour faciliter la recherche d'une telle intention, non exempte parfois de fraude compte tenu de l'écart séparant désormais le taux réduit de l'article 710 du CGI et le taux de la TVA immobilière que l'article 10-II de la loi du 26 juillet 1991 a étendu le droit de reprise de l'administration. Le dernier alinéa de l'article L. 176 du *LPF* dispose désormais que son point de départ est fixé, non à la date de signature de l'acte d'acquisition, mais à compter de la délivrance du permis de construire ou du début des travaux.

II | L'INTENTION DE NE PLUS CONSTRUIRE, CONDITION DE RENONCIATION A LA TVA IMMOBILIÈRE

68 APPLICATION CONDITIONNELLE DU DROIT DE RENONCIATION. — L'hypothèse est inverse de celle envisagée précédemment. L'acquéreur d'un immeuble qui s'était engagé à le démolir et à le reconstruire peut-il rétroactivement renoncer à son projet initial et placer l'acquisition sous le régime des droits de mutation prévu par l'article 710 du CGI en faveur des immeubles d'habitation ?

Abandonnant la doctrine antérieure, fondée sur une solution rendue par la Cour de cassation (Cass. com., 30 mars 1971, Galilée Iéna, *Bull. cass.*, 1971, IV, p. 89, n° 99), l'administration reconnaît la faculté d'user du droit de repentir en procédant à la régularisation de la perception initiale, à condition que les conditions prévues par l'article 710 du CGI soient constamment remplies depuis l'acquisition (c'est-à-dire l'affection exclusive à l'habitation pendant une durée de trois ans, v. instruction du 23 mai 1972, *DF*, 1972, n° 25, CA 3922).

C - L'option pour la TVA immobilière offerte aux marchands de biens et lotisseurs

69 OPTION INITIALE ET RENONCIATION ÉVENTUELLE. — En principe l'application de la TVA immobilière n'est pas laissée au choix du contribuable qui réalise une opération visée à l'article 257-7° du CGI (v. n° 60).

Toutefois, une importante exception est prévue au profit des marchands de biens et des lotisseurs qui acquièrent des terrains à bâtir en vue de leur revente. La doctrine administrative les autorise à placer ou non cette acquisition sous le régime de la TVA immobilière et ils peuvent de la même façon renoncer au régime fiscal choisi à l'origine.

Selon une doctrine administrative confirmée par le Conseil

d'Etat (CE, 26 février 1988, n° 46650, *RJF* 5/88, n° 582) les marchands de biens et lotisseurs professionnels qui achètent des terrains à bâtir en vue de les revendre à un constructeur peuvent soit placer l'acquisition sous le régime de la TVA immobilière, soit sous celui des achats en vue de la revente prévu par l'article 1115 du CGI (application du droit de mutation au taux de 0,60 %). Dans ce dernier régime, le délai de revente a été ramené de cinq à quatre ans par l'article 32 de la loi de finances rectificative pour 1990, les acquisitions successives entre professionnels ne pouvant plus désormais proroger le délai imparti au premier acquéreur (*DF,* 1991, n° 2-3, Com. 46). Toutefois, l'évolution défavorable du marché immobilier a conduit le législateur à proroger jusqu'au 31 décembre 1996 le délai imparti aux marchands de biens pour revendre les biens acquis avant le 1er janvier 1993 (art. 66 de la loi de finances rectificative pour 1992, *DF,* 1993, n° 1-2, Com. 2, v. instruction du 5 février 1993, *DF,* 1993, n° 10, E 10802).

Réciproquement, ils peuvent demander par la suite à bénéficier du régime qu'ils n'avaient pas choisi à l'origine lors de l'acquisition (Rép. Valleix, *JO, Déb. AN,* 24 avril 1989, p. 1905, n° 9622, *DF,* 1989, n° 26, Com. 1286 ; Rép. Le Douarec, *JO, Déb. AN,* 20 mars 1971, p. 717, n° 13711 ; Rép. Valleix, *JO, Déb. AN,* 5 octobre 1992, p. 4604, n° 59883, *DF,* 1993, n° 7, Com. 313).

Toutefois, la jurisprudence fiscale refuse aux intéressés dans les deux hypothèses précitées l'exercice d'un droit de repentir tardif (Cass. com., 5 juillet 1976, Sté du Domaine de Valcros, *Bull. civ.,* IV, n° 226, *RJF* 3/77, n° 185 ; 30 novembre 1982, SCI du 19, rue Garnier, *DF,* 1983, n° 15, Com. 794 ; 12 janvier 1988, Aymard, *DF,* 1988, n° 14, Com. 693 ; 9 octobre 1990, SARL Ufipierre, *RJF* 12/90, n° 1557 ; 21 juin 1994, n° 1490 P, SCI Villa Eden Roc, *RJF* 11/94, n° 1284).

En définitive, le rôle dévolu aux éléments subjectifs n'a pas seulement rendu très complexe le régime de la TVA immobilière. Il contribue à dénaturer cette imposition indirecte très fortement personnalisée.

Cette personnalisation, que l'on croyait spécifique à la fiscalité directe, affecte tous les éléments du régime juridique : la qualité de redevable, qui peut être définie contractuellement, le principe même de l'assujettissement à la TVA immobilière et l'éventuelle renonciation à ce régime.

Pour aller plus loin

70 RÉALISME ET FORMALISME DE LA TVA IMMOBILIÈRE. — Le régime de la TVA immobilière est un mélange complexe de réalisme et de formalisme plus ou moins atténués selon le cas. Le réalisme apparaît dans le pouvoir de déqualification et de requalification dont use l'administration lorsque le régime applicable ne correspond pas à la nature véritable de l'opération (v. par exemple à propos des opérations de ventes de millièmes de terrains à bâtir assorties de marchés de construction appelées « formule de Grenoble » et qui peuvent dissimuler le cas échéant la vente d'un immeuble, terrain compris, à construire (CE, 3 mars 1982, n° 5378 et 12215, *RJF* 4/82, n° 359, *DF,* 1982, n° 41, Com. 1862 ; 29 décembre 1978, n° 99035, *RJF* 2179, n° 17, *DF,* 1979, n° 41, Com. 1918, concl. Lobry ; CE, 29 juin 1981, n° 16796, *RJF* 10/81, n° 866, *DF,* 1982, n° 1, Com. 2 et n° 10, CA 7238 ; n° 43, Com. 1974, concl. Schricke).

Le réalisme fonde les substitutions de régime fiscal opérées à l'initiative de l'administration ou de l'acquéreur, même si dans ce dernier cas les intentions jouent un rôle déterminant (v. n°s 64 et s).

C'est enfin dans l'appréciation des faits, dans l'évaluation des indices, que la jurisprudence fiscale est fortement teintée de réalisme (par exemple pour définir l'imprévisibilité d'une force majeure dispensant l'acquéreur d'un terrain à bâtir de régulariser la perception initiale ; pour évaluer la valeur vénale réelle d'un immeuble (v. n° 72).

Toutefois, ce réalisme poussé, qui caractérise la jurisprudence fiscale en général, aboutit à des situations complexes et génère l'insécurité juridique dès lors que des solutions opposées sont rendues dans des espèces analogues.

A l'opposé, la TVA immobilière présente aussi tous les degrés du formalisme, et, ce qui est plus critiquable, des pratiques souples fondées sur des textes régissant minutieusement les procédures et rigoureusement sanctionnés par le juge de l'impôt. Souvent la doctrine administrative a atténué l'excessive rigueur des textes et a dérogé à leur formalisme mais la jurisprudence fiscale se réfère invariablement à la lettre de ces derniers qui sont ainsi, et par l'effet de la bienveillance administrative, largement inappliqués en fait.

Ainsi les demandes de prorogation du délai de quatre ans imparti pour construire sont elles soumises à un formalisme rigoureux concernant le délai de présentation, leur motivation et l'indication du délai supplémentaire requis (art. 266 *bis* de l'annexe III au CGI). La jurisprudence fiscale déclare irrecevables les demandes présentées hors délai, c'est-à-dire présentées au plus tard après le mois qui suit l'expiration du délai précédemment imparti pour construire (Cass. com., 24 novembre 1981, SCI Balouvroil et Shubert, *DF,* 1982, n° 13, Com. 725).

Or la doctrine administrative admet la prorogation automatique du délai d'un an dès lors que les travaux ont débuté et déclare recevables les demandes de prorogation formulées postérieurement. Et la prorogation sollicitée est accordée alors même que les travaux n'ont pas débuté (Rép. Moinard, *JO, Déb. Sénat,* 8 décembre 1988, p. 1390, n° 1316).

Les mêmes divergences existent en ce qui concerne la production du certificat du maire justifiant de l'exécution des travaux. L'administration n'exige plus la production de ce certificat (Rép. Barnier du 10 août 1987 citée au n° 63), alors que la jurisprudence exige sa production assortie de toutes les mentions exigées par l'article 266 *bis* de l'annexe III au CGI (Cass. com., 5 juin 1984, DGI c/ SCI, rue de Macau, *Bull. cass.,* IV, p. 153, n° 184).

Par exception, doctrine administrative et jurisprudence peuvent écarter tout formalisme superflu. C'est le cas pour l'engagement de construire contenu dans l'acte d'acquisition ou dans un acte postérieur, dont la validité résulte seulement de son expression, fût-elle elliptique (Cass. com., 12 novembre 1979, SCI du Leard, *DF,* 1980, n° 14, CA et E, n° 6477).

71 FORCE MAJEURE ET TVA IMMOBILIÈRE.

a) Pluralité des applications. — La force majeure produit d'importants effets en matière de fiscalité immobilière. Lorsqu'elle survient avant l'expiration du délai de trois ans prévu à l'article 710 du CGI pendant lequel l'acquéreur d'un immeuble a pris l'engagement de l'affecter à l'habitation, elle l'autorise à se placer rétroactivement sous le régime de la TVA immobilière (mais l'administration admet que l'acquéreur puisse demander la substitution de régime chaque fois que ce changement n'a pas d'incidence sur la situation du vendeur). La force majeure dispense aussi le marchand de biens de respecter l'engagement de revendre dans le délai de quatre ans prévu par l'article 1115 du CGI (Cass. com., 12 octobre 1993, n° 1481, *RJF* 12/93, n° 1592).

Mais pour l'application de la TVA immobilière, la force majeure est fréquemment invoquée soit pour justifier une prorogation du délai de quatre ans imparti pour construire, soit pour permettre le maintien du régime initial en cas de non-réalisation des constructions dans le même délai. Ces deux situations sont distinctes et entraînent des effets fiscaux eux-mêmes très différents.

En effet la force majeure qui fait obstacle à l'achèvement des constructions dans le délai de quatre ans n'est que l'une des causes prévues par l'article 691 du CGI pouvant éventuellement ouvrir droit à une prorogation de délai, alors que la force majeure qui fait définitivement obstacle à la réalisation de l'opération projetée est l'unique cause d'origine jurisprudentielle pouvant être invoquée par le contribuable pour s'opposer à une régularisation du régime appliqué initialement. La première n'entraîne qu'un retard surmontable (est-ce dès lors réellement une force majeure ?) alors que la 2e, fait obstacle de façon absolue et définitive à la réalisation de la construction. Enfin, la force majeure visée à l'article 691 du CGI ne lie pas la compétence du directeur des services fiscaux, lequel peut refuser d'accorder la prorogation, alors même que la force majeure serait dûment constatée. Cette solution, adoptée dès l'origine par la doctrine administrative (Rép. Lehn, *JO, Déb. AN,* 19 août 1967, p. 3005, n° 855) apparaît critiquable, car elle contredit le fondement même de la force majeure selon lequel à l'impossible nul n'est tenu.

b) Relativité de la notion. — Il appartient à l'administration de rechercher, sous le contrôle des juridictions fiscales de l'ordre judiciaire, si les circonstances alléguées présentent ou non le caractère d'une force majeure justifiant la prorogation du délai imparti pour construire. Ces circonstances ont été libéralement définies par la doctrine administrative — parce qu'elles se distinguent malaisément des autres motifs justifiant une prorogation de délai — et demeurent étroitement dépendantes des faits de chaque espèce.

Le juge de l'impôt recherche, à l'occasion d'un recours forme contre un avis de mise en recouvrement, si les circonstances alléguées sont ou non constitutives d'une force majeure dispensant l'acquéreur de régulariser l'imposition initiale à la TVA immobilière (Cass. com., 17 janvier 1989, SCI La résidence du Château de Lésigny, *DF,* 1989, n° 12, Com. 622).

Les mêmes circonstances peuvent justifier, le cas échéant, le bénéfice d'une prorogation du délai et une dispense de régularisation. Ainsi en va-t-il, selon le juge de l'impôt, pour la mise en liquidation de l'entreprise de construction (Cass. com., 25 avril 1983, n° 377, Epoux Brunner, *DF,* 1983, n° 39, Com. 1793). Toutefois la doctrine administrative ne voit dans cette circonstance qu'une cause possible de prorogation du délai imparti pour construire (Rép. Houteer, *JO, Déb. AN,* 18 octobre 1982, p. 4194, n° 14322, *DF,* 1982, n° 49, Com. 2367).

Mais une même circonstance peut justifier une prorogation du délai sans pour autant dispenser le constructeur défaillant de la régularisation. Ainsi en va-t-il pour les difficultés de financement imprévisibles rencontrées par l'acquéreur et qui justifient une prorogation du délai (Rép. D'Aillières, *JO, Déb. AN,* 15 octobre 1970, p. 4289, n° 12994 ; Rép. Laborde, *JO, Déb. AN,* 9 février 1974, p. 655, n° 6937, *DF,* 1974, n° 17-18, Com. 504), sans constituer une force majeure dispensant de régulariser la perception initiale de la TVA immobilière (Rép. Poudonson, *JO, Déb. Sénat,* 13 novembre 1986, p. 1591, n° 264 ; Cass. com., 24 novembre 1992, n° 1476, SA Terre et Habitat, *RJF* 2/93, n° 291).

c) Subjectivité de la notion. — La jurisprudence relative à la définition de la force majeure, cause exonératoire de la régularisation de la perception initiale, est abondante, fort sévère pour les acquéreurs défaillants et largement empreinte de subjectivité. Les deux premiers caractères ne surprendront pas, car les trois éléments constitutifs de la notion (imprévisibilité, extériorité et irrésistibilité) font habituellement l'objet d'une interprétation stricte. Les juges du fond sont parfois plus compréhensifs que la Cour de cassation, et des divergences d'appréciation, entraînant la cassation, peuvent être relevées (Cass. com., 12 décembre 1989, SNC ORIP, *RJF* 4/90, n° 491).

Mais surtout, l'imprévisibilité requise implique non seulement une analyse des circonstances de fait extérieures à l'acquéreur, mais aussi une appréciation de ses intentions, de ses motivations, de ses potentialités au moment de l'acquisition, puis lors des années où il a failli à ses engagements. La force majeure n'est pas une notion absolue, en « soi », c'est une notion relative (à l'acquéreur), contingente et conditionnelle. Elle renvoie nécessairement à une analyse subjective et très souvent à une analyse des mobiles du constructeur défaillant.

Ainsi, le retard mis par l'administration à la délivrance du permis de construire, à la suite d'erreurs qu'elle a commises ne constitue un cas de force majeure que si l'acquéreur a déposé sa demande dans un délai raisonnable à compter de l'achat du terrain (Cass. com., 23 juin 1987, Laplaze, *DF,* 1987, n° 44, Com. 1994 ; 26 janvier 1983, SCI Résidence quai de La Rapée, *DF,* 1983, n° 18, Com. 967).

Le refus de permis de construire paraît *a priori* constituer le cas de force majeure typique ne soulevant aucune difficulté. Or il n'en va pas ainsi, car la jurisprudence en vient à imputer le refus au contribuable lui-même, parce qu'il aurait dû normalement prévoir que l'administration refuserait le permis sollicité, ou parce qu'il aurait dû modifier le projet présenté (par exemple en sollicitant l'autorisation d'édifier une maison individuelle au lieu de l'immeuble collectif qu'il projetait d'édifier).

L'acquéreur défaillant d'un terrain à bâtir se voit valablement opposer la connaissance acquise des difficultés prévisibles à l'obtention du permis ou encore son imprudence, sa légèreté, qui l'ont conduit à accorder du crédit à des promesses administratives qui ne pouvaient légalement être tenues (Cass. com., 10 juillet 1989, n° 1047 D, SFGI, *RJF* 11/89, n° 1290, *DF,* 1989, n° 41, Com. 1873 ; 25 mars 1991, n° 570 D, SCI quai de l'Oise, *RJF* 6/91, n° 878 ; 12 décembre 1989, précité ; 10 mars 1975, Santini, *RJF* 9/75, n° 449 ; 26 janvier 1983, SCI Résidence quai de La Rapée, précité).

Pour les mêmes motifs, une procédure d'expropriation ne saurait constituer l'événement de force majeure dispensant l'acquéreur de la régularisation lorsqu'elle débute après l'expiration du délai de quatre ans, lorsqu'elle est antérieure à l'acquisition du terrain ou s'il apparaît que l'acquéreur a engagé des négociations avec la personne publique concernée, trahissant ainsi son intention de ne pas construire (Cass. com., 17 décembre 1973, SA Sté immobilière Bordeaux-le-Parc, *Bull. cass.,* 1973, IV, p. 326, n° 366 ; 24 novembre 1983, SCI Le Rad, *DF,* 1984, n° 16, Com. 845 et n° 30, Com. 1411).

Ces solutions fiscales ne sont guère éloignées de celles retenues par la jurisprudence administrative en matière de responsabilité de la puissance publique du fait de promesses non tenues et de renseignements inexacts.

Tout est donc cas d'espèce fondé sur une analyse des comportements et des mobiles, le même événement pouvant selon le cas constituer ou non un cas de force majeure (pour la faillite de l'entrepreneur de travaux : Cass. com., 25 avril 1983, DGI c/ Epoux Brunner, *DF,* 1983, n° 39, Com. 1793, solution qui retient la force majeure, alors que la doctrine administrative refuse cette qualification : Rép. Houteer, *JO, Déb. AN,* 18 octobre 1982, p. 4194, n° 14322, *DF,* 1982, n° 49, Com. 2367).

72 DE LA DIFFICULTÉ DE DISTINGUER LES TRAVAUX DE TRANSFORMATION DES TRAVAUX DE RECONSTRUCTION. — Selon quels critères peut-on affirmer que les travaux de remise en état d'habitabilité ou de transformation d'un immeuble ancien équivalent à une reconstruction véritable ? L'intérêt pratique de la question est évident puisque des travaux qualifiés de reconstruction font regarder rétroactivement l'acquisition de l'immeuble qui en est l'objet comme celle d'un bien assimilé à un terrain à bâtir, passible de la TVA immobilière. A l'inverse, la réalisation de travaux de remise en état d'habitabilité et de transformation d'un immeuble font regarder son acquisition antérieure comme passible des seuls droits d'enregistrement et non de la TVA immobilière.

C'est donc la nature des travaux réalisés postérieurement à l'acquisition qui détermine la fiscalité applicable à cette dernière, conformément au critère de la destination de l'immeuble.

L'acquéreur peut avoir intérêt à placer l'acquisition sous l'un ou l'autre régime : certes l'application de la TVA immobilière permet à l'assujetti de déduire les crédits de TVA d'amont ; toutefois, les droits d'enregistrement sont applicables à un taux réduit si l'immeuble est destiné à l'habitation (art. 710 du CGI) ou s'il satisfait aux conditions prévues par les articles 697 et 1465 du CGI (régime spécial institué en faveur du commerce et de l'industrie).

La qualification des travaux est également importante pour l'avenir car une cession dans le délai de cinq ans suivant la réalisation de travaux équivalant à une reconstruction est passible de la TVA immobilière, et non des droits d'enregistrement (CE, 18 février 1976, n° 96585, *RJF* 4/76, n° 167, *DF,* 1976, n° 21, Com. 727, concl. Lobry).

L'administration et le juge retiennent des critères différents pour définir les travaux qui aboutissent à une reconstruction de l'immeuble et qui font entrer son acquisition antérieure dans les prévisions de l'article 257-7° du CGI.

L'administration retient l'importance des travaux effectués, spécialement la reconstruction quasi-totale des structures intérieures, pour définir les travaux de reconstruction. Si, sur des parties distinctes d'un même immeuble sont exécutés à la fois des travaux de reconstruction et de simples travaux d'aménagement, le régime fiscal applicable à l'acquisition dans son ensemble dépendra du caractère prépondérant ou non des travaux de reconstruction (Rép. Mesmin, *JO, Déb. AN,* 14 janvier 1978, p. 96, n° 35044, *DF,* 1978, n° 12, Com. 407 ; Rép. Drayfus-Schmidt, *JO, Déb. Sénat,* 2 avril 1981, p. 467, n° 2019, *DF,* 1981, n° 21, Com. 1055).

La jurisprudence du Conseil d'Etat retient un critère différent qui aboutit à qualifier de travaux de reconstruction des travaux auxquels la doctrine administrative n'attribue pas cette qualification. Les travaux de reconstruction sont ceux qui ont pour effet de créer de nouveaux locaux, d'apporter une modification importante au gros œuvre de locaux auparavant affectés à un autre usage, de réaliser dans des bâtiments existants des aménagements internes qui, par leur importance, équivalent à une véritable reconstruction, ou d'accroître le volume ou la surface des bâtiments existants (critère inspiré de la déduction des charges foncières visées à l'article 31 du CGI ; CE, 17 décembre 1976, n° 92159 et 99017, *RJF* 2/77, n° 93, chronique p. 49, *DF,* 1977, n° 7, Com. 204, concl. Lobry ; 14 décembre 1977, n° 5010, *RJF* 2/78, n° 49, *DF,* 1978, n° 9, Com. 297).

Il s'ensuit qu'une jurisprudence constante qualifie de travaux de reconstruction les travaux ayant pour effet de créer de nouveaux locaux d'habitation, notamment dans des locaux auparavant affectés à un autre usage (agricole, industriel, commercial) et qui s'accompagnent d'une réfection de la toiture, du percement d'ouvertures nouvelles (CE, 26 mars 1980, n° 12008, *RJF* 6/80, n° 482, *DF,* 1980, n° 27, Com. 1484 et n° 50, CA 6724 ; 21 décembre 1983, n° 37573, Mottier, *RJF* 2/84, n° 135, *DF,* 1984, n° 16, Com. 799).

Toutefois, une refonte du cloisonnement intérieur ne suffit pas, à elle seule, à qualifier de reconstruction la création de nouveaux locaux dans des immeubles auparavant affectés à un autre usage, quel que soit le coût des travaux (CE, 12 février 1990, n° 42667, Sté Maison Malmou, *RJF* 4/90, n° 404, *DF,* 1990, n° 15, Com. 730, concl. Racine ; 9 mai 1990, n° 69142, SCI du 26, rue Gérard, *RJF* 7/90, n° 821, *DF,* 1990, n° 41, Com. 1810).

La jurisprudence de la Cour de cassation adopte les mêmes critères de distinction (Cass. com., 13 octobre 1992, SCI Excelsior Angleterre, *RJF* 12/92, n° 1736, *DF,* 1993, n° 14, Com. 741, *Bull.* IV, n° 305 ; Cass. civ., 19 janvier 1988, SCI Le Terminus, *RJF* 11/88, n° 1206, *DF,* 1988, n° 22-23, Com. 1080 ; Cass. com., 10 janvier 1995, SCI Diffamode et n° 50 D, SCI Stéron, *RJF* 4/95, n° 551).

Il n'est pas contestable que ces solutions tirent logiquement les conséquences de la dualité des régimes applicables à des situations théoriquement différentes. Toutefois, la similitude des travaux réalisés aboutit à des conséquences fiscales et contentieuses disproportionnées au regard de l'erreur d'appréciation imputée à l'acquéreur.

73 MUTATIONS SUCCESSIVES DE TERRAINS A BÂTIR ET TVA IMMOBILIÈRE. — Le délai de quatre ans imparti pour construire en application de l'article 691 du CGI, éventuellement prorogé, s'applique à l'acquéreur initial comme aux sous-acquéreurs, et il produit ses effets à l'égard de chaque mutation postérieure. Il s'ensuit que l'acquéreur initial est déchu du régime de la TVA immobilière si le ou les sous-acquéreurs n'achèvent pas les travaux de construction dans le délai de quatre années qui leur était imparti, éventuellement prorogé, et qui court à compter de l'acte d'acquisition initial.

D'où une situation curieuse puisque la régularisation du régime fiscal de l'acquéreur initial résulte du comportement d'autrui, c'est-à-dire de l'inexécution des travaux dans les délais nécessairement abrégés impartis au sous-acquéreur.

Peu importe que les constructions achevées dans le délai prévu soient différentes de celles projetées dans l'acte d'acquisition initial (Cass. com., 4 novembre 1980, SA Bâti Service, *JCP,* 1981, éd. CI, II, 13606, obs. C. David).

Par ailleurs, l'acquéreur initial a tout intérêt à commencer les travaux, car la revente en l'état du terrain à bâtir ne lui permet pas de solliciter une prorogation du délai (dès lors qu'il n'est plus propriétaire du terrain), ni de bénéficier de la prorogation automatique d'un an du délai légal (Cass. com., 15 novembre 1977, Rouault, *RJF* 6/78, n° 313, *DF,* 1978, n° 19, Com. 746 ; 27 février 1978, Lalaurie, *RJF* 7/78, n° 330, *DF,* 1978, n° 45, CA et E 5894 ; 18 mai 1993, n° 890, SCI Résidence Aurelienne, *RJF* 8-9/93, n° 1232).

Doctrine et jurisprudence en tirent la conséquence que l'acquéreur initial est en droit d'invoquer une force majeure qui aurait empêché le sous-acquéreur de mener à bien son projet de construction dans les délais impartis, pour s'opposer à la régularisation de la perception initiale (Cass. com., 17 mai 1983, SA Oesh, *Bull. cass.,* 1983, IV, p. 125, n° 144, *DF,* 1983, n° 45, Com. 2127).

Compte tenu de l'appréciation très restrictive de cette cause exonératoire par la jurisprudence, il ne restera à l'acquéreur initial qu'à se retourner contre le sous-acquéreur s'il a pris la précaution d'insérer dans le contrat de vente une clause obligeant ce dernier à achever les constructions dans les délais qui lui étaient impartis. En tout état de cause, cette clause est inopposable à l'administration (Cass. com., 3 juillet 1985, DGI c/ Ouvrier Buffet, *DF,* 1985, n° 52, Com. 2343 et 1986, n° 20-21, CA 8786 ; 14 novembre 1975, Peyrot, *DF,* 1976, n° 19, CA 5093 ; 29 mars 1994, n° 828 P, SCI Jénistem, *RJF* 7/94, n° 849).

74 LA VALEUR VÉNALE, ASSIETTE DE LA TVA IMMOBILIÈRE. — En ce qui concerne les mutations à titre onéreux ou les apports en société, la TVA immobilière est assise soit sur le prix de cession, le montant de l'indemnité ou la valeur des droits sociaux rémunérant l'apport, augmenté des charges qui s'y ajoutent, soit sur la valeur vénale réelle des biens, établie dans les conditions prévues à l'article L. 17 du *LPF,* si elle est supérieure (art. 266-2 *b* du CGI).

L'administration et la jurisprudence définissent cette valeur vénale réelle, de façon générale et chaque fois qu'elle peut être substituée à la valeur déclarée, comme la valeur pour laquelle le bien pourrait être vendu dans les conditions normales du marché, indépendamment de l'utilisation qui été faite par le propriétaire ou qui lui sera donnée par l'acquéreur, et sans tenir compte de la qualité des parties (CE, 18 octobre 1993, n° 93876, SCI Le Vasco de Gama, *DF,* 1993, n° 52, Com. 2536).

En réalité, outre les difficultés habituellement rencontrées pour évaluer les conditions normales du marché à l'aide de cessions comparables effectuées à des dates rapprochées (v. n° 149), on peut relever la présence d'éléments subjectifs, théoriquement exclus, et qui influent sur la valeur vénale réelle de l'immeuble cédé ou apporté.

Ainsi, il n'est pas toujours fait abstraction de la qualité des parties. Très souvent les transactions pour lesquelles l'administration substitue la valeur vénale réelle à la valeur déclarée sont intervenues entre une société et ses associés, de sorte qu'une suspicion pèse *a priori* sur ce type d'opération (même si depuis l'adoption de l'article 81-VI de la loi n° 86-1317 du 30 décembre 1986, la charge de la preuve incombe toujours à l'administration).

En outre, la jurisprudence retient parfois la situation financière difficile de la société venderesse lors des cessions pour estimer que l'insuffisance de prix n'est pas établie, alors même que le prix de cession serait inférieur au prix de revient (CE, 3 mars 1989, n° 64963, SCI Le Florimontane, *RJF* 5/89, n° 555, *DF,* 1989, n° 22-23, Com. 1041/2).

Quand au caractère indifférent de l'utilisation qui sera faite de l'immeuble par l'acquéreur, il paraît mal adapté à la technique même de la TVA immobilière et à la définition finaliste du terrain à bâtir. C'est ainsi que le Conseil d'Etat a jugé que pour déterminer la valeur vénale d'un terrain, il convient de tenir compte de l'affectation que l'acquéreur envisage de lui donner (CE, 23 mars 1992, n°s 64665 et 64666, Sogeprim, *RJF* 5/92, n° 654, *DF,* 1992, n° 40, Com. 1768). Dès lors, pour l'assiette de la TVA immobilière, c'est la valeur vénale d'un terrain à bâtir qui doit être retenue, dès lors que les parties lui ont donné cette qualification, alors même que le terrain serait inconstructible au regard du droit de l'urbanisme (CE, 22 décembre 1976, n° 92201, cité au n° 52).

En cas d'engagement de construire non tenu et de substitution des droits d'enregistrement à la perception initiale de la TVA immobilière, la valeur vénale réelle retenue pour l'assiette de la TVA immobilière sera différente de la valeur vénale réelle retenue pour l'assiette des droits de mutation. Le concept de valeur vénale réelle n'est pas seulement très difficilement définissable, il est au surplus relatif à tel ou tel type d'imposition. C'est la conséquence du fait qu'un terrain à bâtir ou un bien assimilé au regard de la TVA immobilière peut être un immeuble destiné à l'habitation au regard des droits d'enregistrement. De ces assimilations résultent forcément des fictions, des contradictions et des incohérences.

75 VENTE DE TERRAINS MOYENNANT REMISE DE LOCAUX A CONSTRUIRE. — Cette opération est susceptible de revêtir plusieurs modalités dont la qualification juridique peut être délicate et dont dépend le régime fiscal applicable. On peut distinguer deux grands types d'opérations.

a) Il peut s'agir de la vente d'un terrain ou d'une fraction indivise de terrain correspondant à X millièmes à un acquéreur qui s'engage à remettre au cédant des locaux à édifier sur le terrain cédé. Cette opération s'analyse en une double mutation. La vente du terrain est assujettie à la TVA immobilière et il en va de même pour la dation en paiement des locaux (v. concl. O. Fouquet sur CE, 27 février 1991, n° 70963, SCI Raspail, 226, *LPA,* 1991, n° 77, p. 7, *RJF* 4/91, n° 423).

En réalité, l'assimilation de la dation de locaux, correspondant au paiement de la cession d'une fraction indivise du terrain, à une mutation imposable paraît artificielle dans la mesure où il n'y a pas à proprement parler de cession d'immeuble (il y a accession immobilière directe, v. l'important arrêt de la Cour de cassation du 22 mars 1988, SCI de Chingoudy, cité ci-après, rendu en matière de taxe de publicité foncière). Cette interprétation, qui infirme la doctrine administrative, a été adoptée par la CAA de Paris (23 décembre 1994, n° 92-1335, SNC Satis et Cie Lotissement, *RJF* 3/95, n° 324, *DF,* 1995, n° 18-19, Com. 1041, concl. J.-F. Cripoulon).

Concernant la dation en paiement, des divergences sont apparues entre l'administration et la jurisprudence sur le fait générateur de la TVA immobilière. Il s'agit toujours d'un acte juridique (ce ne peut être la livraison des locaux : CE, 6 juillet 1979, n° 11090, *RJF* 10/79, n° 596, *DF,* 1980, n° 43, Com. 2093, concl. Rivière).

Selon l'administration, il s'agit de l'acte de vente du terrain prévoyant l'obligation pour l'acquéreur de remettre les locaux en paiement partiel ou total du prix. Toutefois, la doctrine la plus récente admet que le fait générateur puisse être constitué par l'acte ultérieur qui constate la dation en paiement, s'il y est fait référence dans l'acte (note au *BO* du 2 janvier 1991, *DF,* 1991, n° 4, E 10180).

En revanche pour la jurisprudence fiscale, il y a lieu de rechercher si l'acte de vente du terrain se réfère à des locaux à construire nettement individualisés ou s'il ne comporte qu'une promesse de dation en paiement qui sera constatée par un acte ultérieur. Dès lors le fait générateur de la TVA due à raison de la dation en paiement des locaux se situe soit à la date de cession du terrain à bâtir, soit à celle de l'acte qui constate la dation en paiement (CE, 18 juin 1980, n° 16699, *RJF* 10/80, n° 767, *DF,* 1980, n° 42, Com. 2025 et n° 50, CA 6727 ; 7 octobre 1985, n° 47591, *RJF* 12/85, n° 1515, *DF,* 1986, n° 39, Com. 1573, concl. Mme Latournerie ; CAA Lyon, 9 mai 1989, SCI Le Lorraine, *RJF* 7/89, n° 821 ; CE, 26 juin 1992, n° 71544, *RJF* 10/92, n° 1335, *DF,* 1992, n° 50, Com. 2320 ; CAA Lyon, 21 février 1992, n° 176, Sté Provenco, *RJF* 6/92, n° 800).

La solution comporte un intérêt évident dans la mesure où elle détermine la date à laquelle la valeur vénale des immeubles doit être appréciée, dans le cas où elle est substituée au prix convenu par application des dispositions de l'article 266-2 du CGI (CE, 26 février 1990, n° 44260, SCI Les Dioscures, *RJF* 4/90, n° 408, *DF,* 1990, n° 23-24, Com. 1110 ; 17 février 1982, n° 18935, *RJF* 4/82, n° 357, *DF,* 1982, n° 41, Com. 1863).

Le redevable de la taxe est le vendeur, c'est-à-dire celui qui procède à la dation en paiement, puisqu'il livre un immeuble neuf bâti entrant dans le champ d'application de la TVA immobilière (art. 285-2° du CGI).

Cependant les parties peuvent contractuellement déroger à la loi fiscale en fixant les règles relatives à la charge définitive de la taxe (Cass. com., 15 mars 1988, SCI quai Paul Doumer c/ Société française Neuilly Défense, *Bull. cass.,* 1988, IV, p. 77, n° 110, *JCP,* 1989, éd. N, n° 16, J, p. 125, note B. Stemmer).

b) Le contrat de vente d'un terrain à bâtir moyennant remise de locaux à construire peut revêtir d'autres modalités. Il peut s'agir en effet d'une vente d'une fraction divise d'un terrain ou d'un terrain dans son ensemble, mais l'acquéreur s'engage à construire les locaux sur la fraction de terrain conservée par le vendeur ou sur un autre terrain lui appartenant. Il n'y a pas en pareil cas de mutation de locaux neufs construits (v. par analogie Cass. com., 22 mars 1988, DGI c/ SCI de Chingoudy, *Bull. cass.,* 1988, IV, p. 81, n° 116, *RJF* 6/88, n° 828, *DF,* 1988, n° 26, Com. 1368, *JCP,* 1988, éd. N, II, p. 133, obs. B. Stemmer) quoique cette interprétation soit contestée par l'administration, pour laquelle il y a mutation à titre onéreux passible de la TVA immobilière (note au *BO* du 2 janvier 1991 précité).

L'acquéreur du terrain à bâtir est un entrepreneur de travaux immobiliers assujetti à la TVA de droit commun qui construit les locaux pour le compte du vendeur du terrain. Il y a livraison à soi-même des locaux édifiés par l'acquéreur du terrain, et cette livraison à soi-même est éventuellement imposable à la TVA immobilière si les conditions prévues par l'article 257-7° du CGI sont réunies (CE, 12 octobre 1984, n° 37094, *RJF* 12/84, n° 1418, *JCP,* 1985, éd. N, II, p. 74, *DF,* 1985, n° 10, Com. 532).

76 BIBLIOGRAPHIE. — Concernant le champ d'application et le régime de la TVA immobilière, voir :

J.-M. Bez, La détermination du prix dans les ventes d'immeubles assujetties à la TVA, *JCP,* 1976, éd. N, II, 2758.

— Le redevable de la TVA immobilière et la protection du consommateur (à propos de l'arrêt de la Chambre commerciale du 30 mars 1978), *JCP*, 1979, éd. N, Prat. 7048.
R. Blancher, Les opérations de construction et de vente d'immeubles sont-elles assujetties à la taxe sur le chiffre d'affaires ?, *Sirey*, 1963, p. 245.
— La réforme de la fiscalité immobilière : application de la TVA, *AJPI*, 1963, p. 856.
— La réforme de la fiscalité immobilière, *Gaz. Pal.*, 1963, 1, doctr. 74 et 96.
I. Bouillot et C. Lacaze, La transformation d'immeubles au regard des impôts directs, de la TVA, des droits de mutation, *LPA*, 1988, n°s 90, 91, 93 et 103.
C. Bruno, Modification de l'affectation d'un immeuble après son acquisition, *AJPI*, 1988, n° 6, p. 483.
— Les livraisons à soi-même d'immeubles d'habitation, *AJPI*, 1988, n° 7-8, p. 551.
— Mutations successives d'un terrain à bâtir, *AJPI*, 1988, n° 4, p. 343 et n° 5, p. 411.
— Application de la TVA et exonération des droits d'enregistrement, *AJPI*, 1988, n° 4, p. 343.
J.-F. Bulle, *Le terrain à bâtir en droit fiscal*, thèse Dijon, 1975 (dactyl.).
P.-J. Ciaudo, La fiscalité et la notion d'achèvement d'immeuble, *REDI*, 1982, n° 95, p. 47.
M. Cozian, Le régime fiscal de la vente d'un terrain supportant des constructions à démolir, *DF*, 1976, n° 4, p. 101.
— Le droit supplémentaire de 6 % prévu à l'article 1840 G du CGI a-t-il la nature d'une pénalité d'assiette ?, *RJF* 10/79, p. 325.
A. Chappert, Droits d'enregistrement et TVA : une cohabitation délicate dans certaines mutations, *Rép. Defrénois*, 1986, 1310.
J.-P. Courtignon, *Le régime juridique et fiscal de l'opération de construction immobilière*, thèse Nice, 1969, (dactyl.).
F. Deruel et J. Barnasson, Fiscalité immobilière et TVA, *Gaz. Pal.*, 1969, doctr. 33.
J.-C. Guinard et Ph. Tournés, TVA et cession de promesses unilatérales de vente portant sur un terrain, *RJF* 12/89, p. 685 et sur le même thème v. les conclusions O. Fouquet sur CE, 16 décembre 1991, n° 110623, *RJF* 2/92, p. 109.
C. Herrenschmidt, Commentaire de l'article 27 de la loi n° 63-254 du 15 mars 1963 et des textes d'application, *D.*, 1963, p. 340.
— Le nouveau régime d'imposition des opérations de construction, *D.*, 1964, p. 125.
E. Kornprobst, La force majeure et le non-respect de l'engagement de construire dans les quatre ans, *Rev. dr. immob.*, 1981, p. 25.
J. Lafourcade, Les activités immobilières au regard de la TVA, *Gaz. Pal.*, 1978, I, 14.
Marcel Martin, Quelques aspects de la réforme de la fiscalité immobilière, *Dr. social.*, 1964, p. 397 et 555.
Ch. Patat, La fiscalité des travaux de rénovation, *Rev. dr. immob.*, 1988, p. 419.
D. Rulleau, *L'engagement de construire*, mémoire Bordeaux 1, 1978.
J.-M. Sauvé, TVA immobilière : dation en paiement, *RJF* 2/81, p. 58.
J. Schmidt et Sizaire, La TVA et les opérations de production des immeubles, *JCP*, 1968, éd. N, I, 2185.
B. Stemmer, *Les cessions de terrains à bâtir contre des locaux à construire*, thèse Lyon, 1971 (dactyl.) et *Jur.-cl. fisc.*, fasc. 755.
— L'achèvement de l'immeuble, aspects fiscaux, *BF* 4/94, p. 183.
B. Stemmer et A. Kurgansky, Le redevable légal de la TVA : détermination, conséquences et difficultés d'application, *JCP*, 1984, éd. E, 14349.
Ph. Tournés, Evolution récente de la « fiscalité indirecte » des marchands de biens, *BF* 11/92, p. 698.
J.-F. Verny, cession de terrain concourant à la production ou à la livraison d'immeubles, *RJF* 6/79, p. 189.

Chapitre 3

La fiscalité de l'urbanisme

77 De la difficulté d'instituer une authentique fiscalité de l'urbanisme. — Selon la définition de F. Bouyssou, la fiscalité de l'urbanisme est « une fiscalité particulière, d'origine récente, dont le but est de favoriser l'urbanisme, c'est-à-dire l'aménagement rationnel et harmonieux des villes » (*La fiscalité de l'urbanisme en droit français,* LGDJ, p. 2). Bien que cette préoccupation soit ancienne (v. n° 101) la doctrine s'accorde à reconnaître dans la loi d'orientation foncière du 30 décembre 1967 instituant la taxe locale d'équipement, l'acte de naissance de la fiscalité de l'urbanisme (*JO* du 3 janvier 1968, *DF,* 1968, n° 1-2, Com. 2).

Il s'agit en effet d'un texte fondamental et hautement symbolique puisqu'il avait initialement pour objectif de substituer ce nouvel impôt aux participations multiples, anarchiques et à juste titre décriées, exigées des constructeurs par les collectivités locales à l'occasion de la délivrance des autorisations de construire.

En réalité, l'effort de rationalisation et de moralisation engagé avec l'institution de la taxe locale d'équipement a laissé subsister les participations de type ancien et des pratiques d'une légalité douteuse. L'apparente cohérence des textes ne rend que très imparfaitement compte d'une réalité sociologique infiniment plus complexe et opaque. Aussi l'analyse des règles techniques du droit positif en la matière doit-elle être précédée par une présentation des caractères généraux de la fiscalité de l'urbanisme qui révèle sa spécificité au sein de la fiscalité immobilière.

Section I
Caractères généraux

Ils résultent de ses finalités multiples, de la dispersion de ses sources ainsi que de l'opacité du système.

I | Les finalités multiples

Elles sont révélées par la diversité des objectifs poursuivis et par les finalités latentes qui les sous-tendent, en dépit de la médiocrité des résultats obtenus.

78 Diversité des objectifs. — La fiscalité de l'urbanisme fut dès l'origine une fiscalité interventionniste poursuivant une pluralité d'objectifs. Dès 1960, elle devait favoriser la lutte contre la spéculation foncière, le constructeur qui supporte le poids de la fiscalité étant censé faire pression sur les propriétaires de terrains à bâtir afin qu'ils vendent à meilleur prix. Dans le même temps, une fiscalité accrue sur les propriétaires fonciers devait les inciter à vendre et donc à accroître l'offre de terrains à bâtir.

Or les objectifs ambitieux de la fiscalité de l'urbanisme visant à enrayer la spéculation foncière n'ont visiblement pas été atteints, à supposer d'ailleurs qu'ils puissent l'être au moyen de l'interventionnisme fiscal.

Alors qu'il s'agissait dans l'esprit du législateur de répercuter en amont, sur les vendeurs de terrains à bâtir, la charge fiscale imposée aux constructeurs, afin qu'ils diminuent les prix des terrains à bâtir, la répercussion s'est produite en aval, au bénéfice des acquéreurs d'immeubles anciens, dont le patrimoine est valorisé par les réalisations d'équipements publics dont ils ne supportent pas le coût, et au détriment des acquéreurs d'immeubles neufs qui supportent l'intégralité des charges fiscales et autres imposées aux constructeurs.

D'autres effets pervers ont été relevés, comme les constructions en périphérie des villes liées à un renchérissement du prix des constructions provoqué par les versements pour dépassement du PLD dissuasifs (12e Rapport du Conseil des impôts, préc. p. 183 et 184).

Un second objectif majeur devait être de permettre aux collectivités locales de trouver les ressources nécessaires au financement des équipements publics, compte tenu des besoins, du coût des infrastructures et de l'insuffisance chronique de leurs ressources fiscales. Or, confrontés à des pratiques abusives et souvent illégales, les pouvoirs publics ont recherché un compromis entre ces pratiques décriées et un effort de rationalisation juridique fondée à la fois sur les exigences de la sécurité juridique et celles de la légalité de l'impôt. L'institution de la taxe locale d'équipement par la loi du 31 décembre 1967 procède de cette volonté de clarifier et de moraliser des habitudes tenaces.

Enfin à la fiscalité de l'urbanisme a été assigné l'objectif d'orienter les comportements dans une perspective plus large d'aménagement du territoire. La redevance pour création de bureaux ou de locaux de recherche en Ile-de-France, instituée par la loi du 2 août 1960, s'inspire de cette conception. Plus récemment, la fiscalité de l'urbanisme a été utilisée pour faire face aux difficultés des grands ensembles urbains, avec l'institution éphémère de la participation à la diversité de l'habitat par l'article 16 de la loi du 13 juillet 1991 portant la loi d'orientation sur la ville (v. n° 100).

Cet interventionnisme révèle la spécificité de la fiscalité de l'urbanisme par rapport à la fiscalité directe locale traditionnelle, où il est beaucoup moins accusé (quoique les préoccupations relatives à la protection de l'environnement n'y soient point absentes, v. n° 14).

79 LES FINALITÉS LATENTES. — Au-delà de la lecture du droit positif, les finalités latentes de la fiscalité de l'urbanisme révèlent des conceptions idéologiques dont on peut douter du bien-fondé et des résultats. L'institution du versement pour dépassement du PLD et de la participation pour dépassement du COS repose sur l'attribution à la collectivité de l'exercice du droit de construire que l'acquéreur devra acquérir moyennant finances. Or, en pratique, le système aboutit selon l'expression du Conseil des impôts à « l'achat contestable de dérogations aux règles d'urbanisme », facilité par la confusion des pouvoirs, au profit des collectivités locales, d'édicter la norme d'urbanisme et d'accorder ensuite l'autorisation d'y déroger (rapport de 1992 préc., p. 184).

Fondamentalement, la fiscalité de l'urbanisme est un ensemble d'impositions assises sur un capital immobilier en voie de constitution (car l'imposition est due alors même que l'ensemble immobilier n'est pas encore édifié) ou déjà acquis, à l'occasion de la survenance d'un fait générateur unique qui est la délivrance de l'autorisation de construire. L'article 40 de la loi n° 89-936 du 29 décembre 1989 a innové en instituant en Ile-de-France une taxe annuelle à la charge des personnes qui, au 1er janvier, sont propriétaires de locaux à usage de bureaux, c'est-à-dire en instituant un impôt annuel établi sur la possession d'un capital immobilier.

L'archaïsme de la fiscalité immobilière locale traditionnelle nourrit le mythe de l'impôt foncier, établi annuellement sur la valeur vénale réelle des terrains à bâtir ou plus largement de toutes les propriétés foncières, et qui, dans une perspective extrémiste, débouche sur l'appropriation publique des sols.

Plus que toute autre fiscalité, la fiscalité de l'urbanisme renvoie aux questions fondamentales du droit de disposer du sol, de la portée du droit de propriété, de la moralisation de la vie publique et de l'éclatement d'une fiscalité différente d'une collectivité à l'autre.

II | Dispersion des sources

Les sources de la fiscalité de l'urbanisme sont à la fois des sources fiscales et non fiscales, étatiques et locales.

80 Sources fiscales et non fiscales. — La fiscalité de l'urbanisme est une discipline transversale par excellence, comme l'implique sa dénomination même et comme l'atteste la diversité des prélèvements qui s'y rattachent, dont la nature juridique est parfois incertaine.

Le droit de l'urbanisme est omniprésent puisqu'il est la justification et le support juridique des divers prélèvements, dont une grande partie des règles est codifiée dans le Code de l'urbanisme. Toutefois les règles et procédures fiscales occupent une place privilégiée en raison de la nature fiscale indiscutable d'un grand nombre de prélèvements, même si les compétences partagées des services de l'Equipement et des services fiscaux ont imposé des aménagements (ainsi les réclamations concernant l'assiette ou la liquidation de la taxe locale d'équipement et des taxes annexes doivent être présentées au service de l'Equipement). Quant aux participations de nature non fiscale, leur contentieux relève selon le cas du contentieux administratif de droit commun ou bien du contentieux fiscal lorsque l'entreprise déduit les charges correspondantes au titre de dépenses amortissables ou de frais de premier établissement (CE, 17 février 1992 n°s 74272, 81690 et 82782, *RJF* 4/92, n° 433, concl. Ph. Martin, p. 267, *DF,* 1992, n° 52, Com. 2458 ; 16 juin 1993, n° 67760, SA Sellier-Leblanc, *RJF* 8-9/93, n° 1102, *DF,* 1993, n° 44, Com. 2086, concl. J. Arrighi de Casanova, v. n° 165).

La divisibilité des clauses relatives aux participations, admise par la jurisprudence (CE, 13 novembre 1981, Plunian, *Rec.* 413, concl. Labetoulle, *AJDA,* 1982, p. 92, chr. Tiberghien et Lasserre, p. 75, *JCP,* 1982, II, 19849, note Bouyssou, *Gr. arrêts. dr. urb.,* n° 32) puis confirmée par l'article L. 332-7 du Code de l'urbanisme issu de la loi de 1985, fonde désormais l'exercice de l'action en répétition. L'illégalité des prescriptions exigeant des taxes ou des contributions est sans effet sur la légalité des autres dispositions du permis de construire.

Au demeurant, les sources fiscales présentent en cette matière deux caractéristiques spécifiques. En premier lieu, la profusion et l'instabilité des règles fiscales est probablement plus accentuée que dans les autres branches de la fiscalité. L'insécurité fiscale est encore accrue par des pratiques différentes, selon les collectivités, lorsqu'elles ne sont pas en marge des textes ou contraires à ces derniers. En second lieu, la fiscalité de l'urbanisme *stricto sensu* est inspirée par un mimétisme puisque le régime de la taxe locale d'équipement sert de référence au régime de plusieurs taxes appelées pour ce motif taxes annexes (la taxe additionnelle au profit de la région Ile-de-France, la taxe départementale pour le financement des CAUE et la taxe spéciale d'équipement routier de la Savoie).

On peut aussi déceler une tendance à l'uniformisation des règles applicables aux différents prélèvements, qu'ils présentent ou non une nature fiscale. Elle affecte le fait générateur du prélèvement (en principe la délivrance de l'autorisation de construire), la restitution de ce dernier en cas de non-exécution de la construction, l'assiette du prélèvement constitué par la surface hors œuvre nette, les modalités de paiement (en principe deux fractions égales versées dix-huit et trente-six mois après la délivrance de l'autorisation de construire), les demandes de dégrèvement ou de restitution, l'action en recouvrement de l'administration, la juridiction compétente en cas de litige (la juridiction administrative) et l'assimilation du prélèvement à un élément du prix de revient du terrain (il est tenu compte de la valorisation des terrains et des constructions pour le calcul des plus-values et des amortissements).

81 LES COMPÉTENCES ÉTENDUES DÉVOLUES AUX AUTORITÉS LOCALES DÉCENTRALISÉES. — La fiscalité de l'urbanisme étant (sauf exception, v. n° 99) affectée au financement des dépenses d'équipement des collectivités locales, elle dépend largement dans son principe et dans son régime des décisions prises dans le cadre de la loi par les autorités locales décentralisées. Il s'agit là de l'une des conséquences essentielles, dans le domaine fiscal, du principe constitutionnel de libre administration des collectivités locales, lequel implique de concilier les exigences de l'autonomie locale et celles de la légalité de l'impôt.

Le degré et les modalités d'intervention des collectivités locales sont variables.

Tantôt, c'est le principe même de l'institution d'un prélèvement qui dépend d'une délibération émanant d'une assemblée locale décentralisée.

La taxe locale d'équipement est instituée de plein droit dans les communes de plus de 10 000 habitants ; mais ce sont les conseils municipaux qui décident ou non de l'instituer dans les communes dont la population n'atteint pas ce seuil. La fixation d'un plafond légal de densité (PLD) et la perception du versement correspondant résultent d'une délibération du conseil municipal.

Il appartient encore aux conseils généraux d'apprécier s'il convient ou non d'instituer une taxe destinée au financement des conseils d'architecture, d'urbanisme et de l'environnement ainsi que la taxe départementale des espaces naturels sensibles.

Tantôt, le champ des exonérations dépend, dans les conditions et limites prévues par la loi fiscale, des décisions prises par les autorités délibérantes. Il peut s'agir d'une exonération pure et simple, comme c'est le cas lorsque est reconnue aux conseils municipaux la faculté d'exclure, en tout ou en partie, de la TLE les logements sociaux, les garages à usage commercial et les constructions correspondant aux normes des logements aidés par l'Etat édifiées par les propriétaires d'une habitation familiale reconstituant leur bien exproprié (art. 1585.II du CGI). Il peut s'agir aussi d'une exonération conditionnelle, comme celle dont bénéficient les constructeurs chargés de réaliser certaines dépenses d'équipement public, comme le prévoit l'article 1585 CI 3° du CGI pour la mise en œuvre d'un plan d'aménagement d'ensemble.

Enfin, les assemblées locales disposent de la faculté de fixer les taux des prélèvements dans les conditions et limites prévues par la loi fiscale. Cette faculté est notamment prévue pour l'application de la TLE (art. 1585 E du CGI) et pour celle de la taxe départementale des espaces naturels sensibles (art. L. 142-2 C. urb.).

Le pouvoir réglementaire local va bien au-delà de la simple mise en œuvre des normes législatives pour s'étendre dans les limites d'un cadre législatif prédéterminé à la fixation des règles de la fiscalité de l'urbanisme. C'est un facteur de souplesse, car il permet l'adaptation de la fiscalité aux exigences locales, mais aussi un facteur de complexité et de mutabilité des règles applicables.

III | Opacité du système

C'est l'expression utilisée par le Conseil des impôts pour qualifier maints aspects de la fiscalité de l'urbanisme, qu'il s'agisse de l'abondance et de la mutabilité des sources (n° 80), des pratiques locales variables et abusives (v. n° 78), du caractère incertain des résultats. D'autres aspects peuvent être évoqués pour illustrer ce caractère majeur, qu'il s'agisse de l'hétérogénéité des prélèvements ou de l'ignorance du produit de cette fiscalité.

82 Hétérogénéité des prélèvements. — La fiscalité de l'urbanisme est une fiscalité éclatée entre de multiples prélèvements fort différents dans leur technique, mais surtout dans leur nature puisque leur caractère fiscal est plus ou moins accentué. Pour la majorité des prélèvements, le terme de quasi-fiscalité s'imposerait davantage.

A côté de prélèvements de nature véritablement fiscale, comme la taxe locale d'équipement et les taxes annexes (la taxe additionnelle au profit de la région Ile-de-France, la taxe départementale pour le financement des conseils d'architecture, d'urbanisme et de l'environnement, la taxe spéciale d'équipement routier de la Savoie ou la taxe départementale des espaces naturels sensibles), la fiscalité de l'urbanisme comprend des participations de nature non fiscale. C'est le cas par exemple pour les participations exigées des constructeurs en secteur d'aménagement, instituées par les conseils municipaux et qui sont exclusives de la taxe locale d'équipement (art. L. 332-9-1 C. urb.). Elles prennent la forme de contributions financières, mais elle peuvent être exécutées au moyen de la réalisation de travaux ou d'apports de terrain (art. R. 111-14 C. urb.).

D'autres participations aux dépenses d'équipement public, de caractère non fiscal et dites ordinaires, peuvent être instituées. Tel est le cas par exemple de la participation pour raccordement à l'égout prévue à l'article L. 35-4 du Code de la sécurité publique, de la participation destinée à la réalisation de parcs de stationnement prévue à l'article L. 421-3 du Code de l'urbanisme (CAA Nantes, 22 décembre 1994, Communauté urbaine de Brest, *RJF* 4/95, n° 484), de la participation spécifique pour la réalisation d'équipements publics exceptionnels prévue à l'article L. 332-8 du Code de l'urbanisme, etc. Ces participations qui, historiquement, ont précédé la fiscalité de l'urbanisme et concouru à son avènement ont survécu à l'institution de la taxe locale d'équipement. Elles ont été multipliées à l'époque contemporaine, la loi n° 85-729 du 18 juillet 1985 abandonnant l'objectif initial fixé par l'article 72 de la LOF (*DF,* 1985, n° 32-38, Com. 1468).

Ces participations peuvent prendre la forme de versements en espèces, mais aussi d'une dation en paiement (par ex. d'un terrain) ou d'une exécution en nature (la réalisation de travaux). Elles révèlent un retour en force de l'ancienne conception de l'impôt en nature. Par ailleurs la notion de contrepartie directe obtenue moyennant paiement inspire fortement le régime des participations (c'est une condition de fait de l'obtention de l'autorisation de bâtir ou de construire) mais aussi celui du versement pour dépassement du plafond légal de densité et de la participation pour dépassement du COS.

Tous ces prélèvements apparaissent comme des substituts à une authentique fiscalité de l'urbanisme, excessivement difficile à mettre en œuvre car trop ambitieuse et donc irréaliste. La multiplicité et l'imprécision des vocables utilisés, jointes à l'indication de leur affectation budgétaire, sont révélatrices des difficultés rencontrées pour établir les bases saines d'une fiscalité digne de ce nom. La nature juridique des participations et la définition des voies de recours soulèvent de redoutables difficultés de qualification (v. CE, 8 octobre 1993, n° 61621, *DF*, 1994, n° 3, Com. 54, concl. O. Fouquet, à propos de la participation forfaitaire pouvant être exigée des lotisseurs). L'indétermination est accrue lorsque la qualification des prélèvements résulte davantage des conséquences de cette qualification que de ses caractéristiques intrinsèques (CE, 3 juin 1991, n° 61263, *DF*, 1991, n° 48, Com. 2278, concl. Chahid Nouraï, à propos de la nature fiscale de la taxe sur les riverains perçue en Alsace-Lorraine, v. n° 101).

83 IGNORANCE DU RENDEMENT. — Le produit de la fiscalité de l'urbanisme n'a jamais pu être évalué avec précision, en l'absence de statistiques générales. Cette ignorance résulte du prélèvement direct des participations par les collectivités locales et, pour les participations de nature fiscale, du partage des compétences entre l'administration de l'Equipement et les services fiscaux.

Le Conseil des impôts a toutefois déduit de divers recoupements l'importance relative et la forte progression du produit des participations de nature fiscale, qui dépassait 3 milliards de francs en 1989 (soit le double du produit de l'impôt sur les plus-values immobilières ou de la part « immobilière » de l'impôt de solidarité sur la fortune). La TLE, qui représentait en 1985 plus de la moitié du produit des participations de nature fiscale, ne représenterait plus que 39 % de ce produit en 1989.

Le produit des autres participations de nature fiscale atteint des masses financières considérables et en progression continue. Le produit du versement pour dépassement du PLD a presque triplé de 1980 à 1991, où il atteignait 714 millions de francs. La participation pour dépassement du COS a vu son produit multiplié par 6 de 1986 à 1991, où il était évalué à 636 millions de francs. Quant à la redevance pour création de bureaux et de locaux de recherche en Ile-de-France, son produit a connu des évolutions contrastées pour atteindre 760 millions de francs en 1991.

Ces données globales doivent être interprétées avec prudence car il existe de très fortes disparités selon les collectivités locales. En outre, la distinction entre le fait générateur de la taxe (qui est l'autorisation de construire) et le paiement (effectué postérieurement et par fractions) aboutit à des écarts entre les montants liquidés puis recouvrés (notamment lorsque la construction n'est pas édifiée).

Enfin, il n'existe aucune information fiable sur le produit des participations de nature non fiscale.

Section II
Technique de la fiscalité de l'urbanisme

84 UNITÉ ET DIVERSITÉ DE LA FISCALITÉ DE L'URBANISME. — Pour des raisons à la fois historiques, symboliques et techniques, la taxe locale d'équipement est l'un des éléments essentiels de la fiscalité de l'urbanisme.

Mais les besoins de financement des équipements publics ont conduit le législateur à instituer d'autres prélèvements de nature fiscale ou quasi fiscale, tout en conservant les participations diverses de caractère non fiscal. C'est la finalité commune de ces prélèvements qui confère une apparente mais fragile unité à la fiscalité de l'urbanisme. Le tableau ci-après (n° 205) révèle la diversité, l'hétérogénéité, voire l'éclatement de la fiscalité de l'urbanisme. De surcroît, les frontières de cette discipline sont incertaines et les règles infiniment variables non seulement dans l'espace, en raison de la décentralisation et de pratiques locales divergentes mais encore dans le temps en raison de la mutabilité des tarifs.

I | L'EFFORT DE NORMALISATION DES PRATIQUES ANTÉRIEURES : LA TAXE LOCALE D'ÉQUIPEMENT

85 UNE FISCALISATION INACHEVÉE. — Instituée par la loi d'orientation foncière du 30 décembre 1967, la TLE est l'aboutissement inachevé, puis compromis, de l'effort visant à fiscaliser la pratique antérieure des participations affectées au financement des dépenses d'équipement public qui grèvent le budget des collectivités locales.

C'est un aboutissement en ce sens que la TLE succède à deux taxes mort-nées : la redevance d'équipement prévue par la loi n° 61-691 du 13 juillet 1961 assise sur les superficies de planchers susceptibles d'être construites à la suite de travaux publics d'équipement et due par l'ensemble des propriétaires voisins (et donc pas uniquement par les constructeurs), et la taxe de régularisation des valeurs foncières, établie par la loi du 19 décembre 1963, à la charge des propriétaires de terrains nus ou bâtis situés dans des zones en voie d'urbanisation ou de rénovation.

L'institution de la TLE présentait un caractère hautement symbolique puisque l'ambition affichée était de substituer cette nouvelle taxe fiscale à l'ensemble des participations exigées jusqu'alors des constructeurs (quatre exceptions étaient toutefois prévues à l'origine). Encore ne s'agissait-il que d'une étape vers l'institution d'un véritable impôt foncier sur le capital puisque l'article 61 de la LOF envisageait de remplacer la TLE par une taxe d'urbanisation, assise sur la valeur des terrains non bâtis. Si l'évolution postérieure a confirmé le caractère fiscal de la TLE (CE, 9 avril 1976, n° 96217, SCI Les Trémières, *RJF* 76, p. 211), elle a infirmé la vocation initiale à l'exclusivité, en raison de la multiplication des participations additionnelles à cette taxe, de l'institutionnalisation des participations traditionnelles et de la possibilité de substituer valablement deux participations alternatives à la TLE (à savoir le financement des équipements publics dans les ZAC et la participation forfaitaire en cas de programme d'aménagement d'ensemble dans un secteur de la commune).

Cet intérêt historique se double d'un intérêt proprement juridique puisque le régime de la TLE sert de référence à la taxe complémentaire à la taxe locale d'équipement perçue au taux de 1 % dans les communes de la région d'Ile-de-France et versée à cette région en application de l'article 1599 *octies* du CGI ainsi qu'aux taxes départementales d'urbanisme (la taxe pour le financement des Conseils d'architecture, d'urbanisme et d'environnement, la taxe spéciale d'équipement routier de la Savoie et la taxe départementale des espaces naturels sensibles).

86 DÉFINITION DES OPÉRATIONS IMPOSABLES. — En application de l'article 1585 A du CGI, la TLE est établie sur la construction, la reconstruction ou l'agrandissement des bâtiments de toute nature. Elle est instituée de plein droit dans les communes de 10 000 habitants et plus ainsi que dans celles de la région parisienne figurant sur une liste arrêtée par décret (décret n° 72-988 du 5 octobre 1972). Toutefois, le conseil municipal peut décider de renoncer à percevoir la taxe (cette renonciation est valable pour une période de trois ans à compter de la date de son entrée en vigueur). Elle est instituée de manière facultative dans les autres communes ; les délibérations par lesquelles elle est instituée ou supprimée sont valables pour une durée de trois ans à compter de la date de leur entrée en vigueur. La TLE peut être perçue au profit d'un établissement de coopération intercommunale dans les conditions prévues à l'article 1635 *bis* B du CGI. La formulation employée (constructions, reconstructions et agrandissements), peu explicite en soi, est habituellement usitée en matière fiscale puisqu'elle figure à l'article 31 du CGI relatif à la détermination du revenu foncier imposable (v. n°s 155 et 156). Elle permet de définir les travaux de remise en état d'habitabilité passibles de la TVA immobilière (v. n° 72). Elle définit aussi le champ des exonérations temporaires de la taxe foncière sur les propriétés bâties (art. 1383 et s. du CGI).

L'administration interprète ces dispositions par référence au champ d'application du permis de construire, au motif que l'assiette et la liquidation de la taxe sont déterminées à la date de la délivrance de l'autorisation de construire (art. 1585 D et 1585 G du CGI).

En réalité, cette assimilation, justifiée par des raisons de commodité, trahit la lettre de la loi fiscale, et méconnaît la spécificité de la réglementation fiscale au regard de celle de l'urbanisme.

En effet, les opérations passibles de la TLE ne sont pas définies exclusivement par référence à l'exigence d'un permis de construire. Ainsi sont passibles de la TLE les travaux soumis à déclaration préalable en vertu de l'article L. 422-2 du Code de l'urbanisme, ainsi que les travaux exécutés sans permis (outre le paiement d'une amende d'un égal montant).

En revanche, la TLE n'est pas due lorsqu'un permis de construire a été délivré alors qu'il n'était pas exigé (CE, 2 février 1977, n° 94784, *DF,* 1977, n° 30, Com. 1181, concl. Martin Laprade).

Elle n'est pas due non plus par les acquéreurs de lots destinés à la construction lorsque la taxe a été mise à la charge des lotisseurs (procédure dite de préfinancement de la TLE qui a été étendue aux opérations faites par les associations urbaines de remembrement et à celles réalisées par des personnes qui aménagent des terrains destinés à l'accueil d'habitations légères de loisir).

La définition jurisprudentielle des constructions, reconstructions et agrandissements est celle-là même retenue dans les hypothèses précitées où cette expression est utilisée. La notion d'agrandissement soulève des difficultés particulières lorsque des travaux intérieurs aux bâtiments sont réalisés.

L'agrandissement n'implique pas nécessairement une augmentation de la superficie totale occupée par le bâtiment (CE, 3 juillet 1974, n° 90567, Orties, *DF,* 1974, n° 52, Com. 1585, concl. Mme Latournerie ; 1er octobre 1975, n° 97697, *RJF* 11/75, n° 518, à propos de l'aménagement des combles d'un local commercial et d'habitation).

Lorsque des transformations sont effectuées dans un bâtiment existant, par exemple à l'occasion d'un changement d'affectation, sans que le volume soit modifié, l'opération ne constitue un agrandissement passible de la taxe que si la surface de plancher initialement autorisée est augmentée (CE, 18 mai 1977, n° 3543, SA Transports Raisch, *DF,* 1977, n° 27, Com. 1055, concl. Rivière, *RJF* 7/77, n° 414).

Peu importe à cet égard que les locaux soient restés inoccupés (CE, 7 décembre 1987, n° 59912, *RJF* 2/88, n° 193).

87 LE CHAMP DES EXONÉRATIONS. — Le champ des exonérations est étendu puisqu'il recouvre celles qui sont applicables de plein droit et celles qui sont laissées à l'appréciation des conseils municipaux dans les conditions prévues par l'article 1585 C du CGI.

Les premières visent les constructions qui sont destinées à être affectées à un service public ou d'utilité publique et qui ne sont pas productives d'un revenu (CE, 9 mars 1983, n° 24363, Sté Sogeparc, Paris, *DF,* 1983, n° 28, Com. 1491, concl. Schricke, *RJF* 5/83, n° 661) ainsi que les reconstructions à l'identique de bâtiments détruits par un sinistre.

Entrent aussi dans le champ des exonérations de plein droit les constructions pour lesquelles le constructeur acquitte une participation alternative à la TLE. Il s'agit des constructions édifiées dans les ZAC lorsque le coût des équipements incombe au constructeur (CE, 28 juillet 1989, n° 73779, Communauté urbaine de Brest, *DF,* 1989, n° 50, Com. 2344, *RJF* 6/90, n° 701) et de celles édifiées dans le cadre d'un programme d'aménagement d'ensemble, conformément à l'article L. 332-9 du Code de l'urbanisme.

Quant aux exonérations facultatives, elles visent les logements sociaux, les constructions édifiées par les propriétaires d'une habitation familiale reconstruisant leurs biens expropriés et les constructions de garage à usage industriel.

88 L'ASSIETTE FORFAITAIRE DE LA TLE. — Le législateur n'a pas entendu instituer une authentique imposition sur le capital immobilier frappant directement une matière imposable évaluée selon sa valeur réelle dans son état futur de réalisation.

Aussi établit-il l'assiette de la taxe non sur la valeur réelle de l'ensemble immobilier à édifier mais sur une valeur forfaitaire calculée d'après un barème préétabli fixant la valeur au mètre carré de différents types de construction.

Cette assiette est définie extensivement puisqu'elle est constituée par la valeur de l'ensemble immobilier comprenant les terrains nécessaires à la construction et les bâtiments dont l'édification fait l'objet de l'autorisation de construire (art. 1585 DI du CGI).

Cette valeur est déterminée de manière forfaitaire en appliquant à la surface de plancher développée hors œuvre nette une valeur au mètre carré, variable selon la catégorie des immeubles, dans les conditions qui étaient définies jusqu'alors par décret en Conseil d'Etat (art. 317 *sexies* et 317 *septies* de l'annexe II au CGI) et qui résultent désormais de l'article 40 de la loi n° 91-716 du 26 juillet 1991 (*DF*, 1991, n° 31, Com. 1584).

Cette disposition ne modifie pas les catégories 1, 2, 3, 4 et 6, qui conservent leur champ d'application, mais redéfinit la 5e catégorie, crée trois nouvelles catégories (les locaux à usage d'habitation autres que ceux entrant dans les catégories 2°, 4° et 5°, les locaux à usage d'habitation secondaire et les autres constructions soumises à la réglementation des permis de construire) et revalorise d'environ 40 % les bases forfaitaires de taxation. Comme dans le passé, ces bases sont majorées de 10 % dans les communes de la région d'Ile-de-France.

Ces valeurs forfaitaires sont actualisées chaque année au 1er juillet, en fonction de l'évolution de l'indice du coût de la construction.

Il appartient au juge de l'impôt de contrôler le classement des constructions dans chaque catégorie (CE, 13 octobre 1986, n° 49572, Société des autoroutes du sud de la France, *DF,* 1987, n° 5, Com. 125, *RJF* 12/86, n° 1091 ; 18 février 1985, n° 42444, *RJF* 4/85, n° 584).

La surface hors œuvre nette (SHON) est celle définie par l'article R. 112-2 du Code de l'urbanisme. Sa définition et son mode de calcul ont été commentés par une importante circulaire du ministre de l'Equipement et du Logement en date du 12 novembre 1990 (*DF,* 1990, n° 52, ID 10148, *JCP,* 1990, éd. N, Prat. 1665) qui se substitue aux nombreuses circulaires publiées auparavant.

89 LE TAUX DE LA TLE. — C'est le taux de la TLE qui, appliqué à la valeur de l'assiette évaluée forfaitairement, permet de déterminer le montant de la taxe due par le constructeur.

En la matière, la loi reconnaît aux conseils municipaux une liberté étendue. Si l'article 1585 E du CGI fixe le taux à 1 % de la valeur forfaitaire précitée de l'ensemble immobilier, c'est sous réserve de l'application d'un taux majoré, qui peut être porté jusqu'à 5 % par délibération du conseil municipal (l'administration estime illégaux les taux inférieurs à 1 % votés par certains conseils municipaux).

Les taux votés par les conseils municipaux peuvent être différents selon les catégories de bâtiments. Mais pour une même catégorie de constructions, il doit être uniforme sur l'ensemble du territoire communal, sauf si une partie de ce dernier est comprise dans une zone d'agglomération nouvelle (art. 1585 F du CGI).

L'application des taux dans le temps fait l'objet de dispositions particulières empreintes de complexité. Afin de garantir les constructeurs contre de trop fréquentes variations de taux, le taux majoré est en principe invariable pendant une durée de trois ans à compter de son entrée en vigueur, sauf si des modifications sont apportées par décret aux éléments relatifs à la détermination de la valeur des ensembles immobiliers.

En pareil cas, et seulement pour l'application du délai de trois ans, la loi (art. 1585 E dernier alinéa) prévoit que le nouveau taux fixé par le conseil municipal est réputé avoir été fixé à la date à laquelle est entré en vigueur le taux ancien auquel il se substitue. C'est une application rétroactive du nouveau taux valable uniquement pour l'application de la règle de fixité du taux, et qui aboutit à réduire le délai de trois ans à concurrence de la période pendant laquelle l'ancien taux est resté en vigueur. Conformément aux principes régissant l'application des lois fiscales dans le temps, le taux applicable est celui en vigueur au jour du fait générateur, c'est-à-dire celui en vigueur à la date soit de la délivrance du permis de construire ou du permis modificatif, soit de l'autorisation tacite de construire, soit du procès-verbal constatant les infractions (art. 1585 G du CGI).

90 LE PAIEMENT ET LE CONTENTIEUX DE LA TLE. — La taxe est due par le bénéficiaire de l'autorisation de construire et, pour les permis de construire délivrés depuis le 1er janvier 1990, doit être versée au comptable du Trésor de la situation des biens en deux fractions égales, dix-huit et trente-six mois après la date de délivrance du permis ou après celle à laquelle l'autorisation de construire est réputée avoir été tacitement accordée (art. 1723 *quater* du CGI). Pour les permis délivrés à compter du 1er janvier 1993 la taxe dont le montant n'excède pas 2 000 F doit être versée en une seule fois dix-huit mois après la délivrance du permis de construire. La loi prévoit trois versements échelonnés de dix-huit mois en dix-huit mois pour la TLE afférente aux constructions par tranches de logements destinés à l'habitation principale (maisons dites agrandissables).

L'action en recouvrement de l'administration expire le 31 décembre de la 4e année qui suit celle du fait générateur de la taxe (art. L. 274 A du *LPF*). Elle peut être interrompue par un avis de mise en recouvrement mais pas par un avis d'imposition ni un paiement partiel (CE, 21 avril 1986, n° 56740, Calvaruno, *DF,* 1986, n° 39, Com. 1576, concl. Mme Latournerie).

Sont solidaires du paiement de la taxe les établissements de crédit ou les sociétés de caution mutuelle qui sont les garants de l'achèvement de la construction, ainsi que les titulaires successifs de l'autorisation de construire et leurs ayants cause autres que les personnes qui ont acquis des droits sur l'immeuble lorsqu'il s'agit de vente d'immeubles à construire (art. 1929-4 du CGI). Dès lors, en cas de vente amiable ou judiciaire d'immeubles entraînée par la faillite du promoteur ou la défaillance du constructeur, la taxe locale d'équipement et les autres taxes d'urbanisme ne peuvent pas être réclamées aux nouveaux acquéreurs des constructions (Rép. Gruillot et Bouvier, *JO, Déb. Sén.,* 1er septembre 1994, p. 2139, n°s 6031 et 5827, *DF,* 1994, n° 48, Com. 2044).

La taxe qui a été acquittée peut être restituée dans certains cas limitativement prévus. C'est le cas lorsque le constructeur n'a pas donné suite à son projet (CE, 4 juin 1982, n° 23947, *RJF* 8-9/92, n° 824), si des modifications font apparaître une réduction du montant de la taxe ou si la construction est démolie par décision de justice.

Les réclamations contentieuses sont recevables jusqu'au 31 décembre de la 2e année suivant celle du dernier versement ou, le cas échéant, de son recouvrement (CE, 9 mars 1983, n° 24363, précité).

Elles sont adressées au service départemental de l'Equipement, sauf celles qui concernent le recouvrement, qui doivent être portées devant le trésorier-payeur général.

II | Les taxes départementales d'urbanisme

91 Mimétisme fiscal et autonomie relative des prélèvements. — La TLE avait été instituée au profit des communes et des groupements de communes à l'exclusion des autres collectivités locales. Or les départements souhaitaient aussi agir sur l'urbanisme, au moyen de la fiscalité et bénéficier de son produit. Aussi la technique de la TLE a-t-elle permis l'institution de trois taxes qui sont assises et recouvrées selon les mêmes modalités et les mêmes sanctions que la TLE : la taxe pour le financement des CAUE, la taxe spéciale d'équipement routier de la Savoie et la taxe départementale des espaces naturels sensibles.

Les éléments communs sont prépondérants. L'assiette est déterminée forfaitairement après classement des bâtiments dans l'une des catégories prévues en matière de TLE. Le fait générateur de ces taxes est identique à celui de la TLE. Le paiement est effectué auprès du comptable du Trésor, en application de l'article 118 de la loi de finances pour 1990. Enfin, comme la TLE, ces taxes constituent, du point de vue fiscal, un élément du prix de revient de l'ensemble immobilier, et peuvent donc seulement être amorties comme l'ensemble immobilier lui-même (art. 302 *septies* B II du CGI).

Toutefois, cette uniformité de régime juridique ne confère pas à ces taxes le caractère de simples accessoires d'une imposition de référence, à savoir la TLE. D'une part en effet, ces taxes sont exigibles alors même que la TLE ne serait pas applicable dans les communes concernées, dès lors qu'elles présentent le caractère de ressources départementales obligatoires. Leur champ d'application est donc autonome par rapport à celui de la TLE.

D'autre part, le régime juridique de ces taxes comporte des différences plus ou moins profondes avec celui de la TLE. Le champ d'application et l'assiette de ces taxes ont été notablement élargis par la loi relative au renforcement de la protection de l'environnement du 2 février 1995. La liste des exonérations est définie différemment par la loi, soit plus restrictivement (c'est le cas pour la taxe affectée au financement des CAUE), soit plus extensivement (c'est le cas pour la taxe spéciale d'équipement perçue au profit du département de la Savoie).

Les textes institutifs reconnaissent aux élus des compétences d'une portée variable pour la fixation des taux. Ainsi le conseil général de Savoie fixe le taux dans la limite de 5 % de la valeur de l'ensemble immobilier, le taux pouvant être modulé, selon les communes, pour tenir compte de leur situation géographique à l'intérieur du département par rapport à la zone directement intéressée par la réalisation des travaux.

Enfin les modalités de paiement peuvent être différentes de celles applicables à la TLE. C'est le cas pour la taxe départementale pour le financement des CAUE qui est payée en totalité dix-huit mois après la délivrance du permis de construire.

92 LA TAXE POUR LE FINANCEMENT DES CONSEILS D'ARCHITECTURE, D'URBANISME ET DE L'ENVIRONNEMENT. — Cette taxe, instituée par l'article 104 de la loi de finances pour 1979 et dont les dispositions sont codifiées à l'article 1599 B du CGI est une taxe facultative perçue au profit des départements dont le taux, fixé par le conseil général, ne peut excéder 0,3 % de la valeur de l'ensemble immobilier déterminé comme en matière de TLE.

Elle présentait à l'origine un caractère additionnel à la TLE et n'était donc perçue que dans les communes où la TLE avait été instituée. La loi de finances rectificative pour 1981 (n° 81-1179 du 31 décembre 1981) a établi l'autonomie de cette ressource départementale puisqu'elle est désormais exigible dans toutes les communes du département, y compris dans celles où la TLE n'a pas été instituée.

Son régime juridique présente quelques particularités par rapport à celui de la TLE.

Son champ d'application ne recouvre pas celui de la TLE puisque la taxe départementale est assise sur les constructions édifiées dans les

ZAC et dans les secteurs du territoire communal où s'applique un programme d'aménagement d'ensemble.

Le conseil général ne dispose pas de la faculté d'instituer de nouvelles exonérations en sus de celles prévues par la loi. Il peut en revanche fixer le taux dans la limite de 0,3 % de la valeur de l'ensemble immobilier, sans pouvoir moduler ce taux uniforme sur tout le territoire départemental selon les caractéristiques propres à chaque catégorie de construction. Aucune disposition ne prévoit la fixité du taux pendant trois ans, comme en matière de TLE.

Les articles 39 et 40 de la loi relative au renforcement de la protection de l'environnement (loi n° 95-101 du 2 février 1995, *JO* du 3 février, *DF,* 1995, n° 9, Com. 393) élargissent le champ d'application et l'assiette de cette taxe et de la taxe départementale des espaces naturels sensibles en renforçant ainsi la spécificité de leur régime juridique par rapport à celui de la taxe locale d'équipement. En effet, ces taxes sont désormais assises, non seulement sur les constructions, reconstructions et agrandissements dont la valeur forfaitaire est déterminée comme en matière de TLE, mais encore en application de la loi du 2 février 1995, sur les installations et travaux divers autorisés en application de l'article L 442-1 du Code de l'urbanisme (comme les aires de jeux, les aires de stationnement, les parcs d'attraction, etc.). Le conseil général fixe le taux dans la limite de 10 F par mètre carré, cette limite et le taux étant modifiés au 1er juillet de chaque année en fonction de l'évolution du coût de la construction.

93 LA TAXE SPÉCIALE D'ÉQUIPEMENT PERÇUE DANS LE DÉPARTEMENT DE LA SAVOIE. — L'article 32-I de la loi n° 86-1318 du 30 décembre 1986, codifié à l'article 1599 OB du CGI, a autorisé le conseil général de la Savoie à instituer une taxe spéciale d'équipement destinée à financer les travaux routiers nécessaires à l'organisation des Jeux olympiques d'hiver de 1992 à Albertville.

Cette taxe, qui est assise et recouvrée selon les mêmes modalités et sous les mêmes sanctions que la taxe locale d'équipement, a été instituée par une délibération en date du 19 janvier 1987 dans certaines communes du département.

Son produit est affecté au remboursement des annuités des emprunts contractés pour la construction des infrastructures routières. Elle s'ajoute aux autres taxes d'urbanisme qui demeurent applicables.

Son taux, qui ne peut excéder 5 % de la valeur de l'ensemble immobilier calculé dans les conditions prévues par l'article 1585 D du CGI, a été modulé selon les communes, pour tenir compte de leur situation géographique à l'intérieur du département par rapport à la zone directement intéressée par la réalisation des travaux.

La loi reconnaît au conseil général de la Savoie une large compétence pour prévoir des exonérations facultatives parmi celles énumérées au § 3 dudit article.

94 La taxe départementale des espaces naturels sensibles. — Il s'agissait à l'origine d'une redevance départementale d'espaces verts qui tenait lieu de participation forfaitaire aux dépenses exposées par les départements pour l'acquisition de terrains et pour leur aménagement lorsqu'ils étaient situés dans des espaces dits sensibles, afin de préserver la qualité des sites, des paysages et des milieux naturels (art. 65.II de la loi de finances pour 1961).

Les difficultés d'application ont conduit à l'adoption de règles et de dénominations différentes (taxe départementale d'espaces verts, puis, en vertu de l'article 12 de la loi n° 85-729 du 18 juillet 1985, taxe départementale des espaces naturels sensibles) et à calquer le régime de cette taxe sur celui de la taxe locale d'équipement.

C'est une taxe facultative, donc perçue au profit des seuls départements qui ont décidé de l'instituer (40 départements actuellement), et dont les dispositions sont codifiées à l'article L. 142-2 du Code de l'urbanisme. L'assiette, le fait générateur, la liquidation et le recouvrement sont régis par les mêmes règles que celles applicables à la taxe locale d'équipement. Le conseil général fixe le taux qui peut varier selon les catégories de constructions mais qui s'applique à l'ensemble du département, dans la limite de 2 % de la valeur de l'ensemble immobilier. La loi n° 95-101 du 2 février 1995 précitée relative au renforcement de la protection de l'environnement conduit à reconnaître le particularisme du régime de cette taxe puisqu'elle étend désormais aux installations et travaux divers visés par l'article L 442-2 du Code de l'urbanisme son champ d'application (v. n° 92).

En outre, la liste des exonérations, tant obligatoires que facultatives, comporte quelques particularités par rapport aux exonérations de TLE.

III | Les participations pour construction en surdensité

95 Une inspiration commune au service de finalités distinctes. — Elles sont au nombre de deux, à savoir la participation pour dépassement du coefficient d'occupation des sols (appelée aussi participation pour surdensité), prévue par les articles L. 332-1 et s. du Code de l'urbanisme et le versement pour dépassement du plafond légal de densité, régi par les articles L. 122-2 et s. du même Code.

Ces deux taxes fiscales présentent des traits communs. Elles se réfèrent toutes deux à une densité de construction au-delà de laquelle le constructeur doit acquitter sous la forme d'une participation la valeur des terrains nécessaires afin que la densité de construction n'excède pas le plafond fixé. Il s'ensuit que le mode de calcul de ces participations est obtenu par application de la même équation égale au produit de la valeur au mètre carré du terrain par le nombre de mètres carrés de terrains supplémentaires nécessaires pour édifier la construction projetée sans excéder le plafond de densité (art. *R. 332-1 et *R. 333-1 C. urb.).

En effet, le régime de la participation pour dépassement du COS instituée par la loi d'orientation foncière du 30 décembre 1967 a été aligné sur celui de versement pour dépassement du PLD institué par la loi du 31 décembre 1975 portant réforme de la politique foncière.

De cette référence commune à des densités différentes de construction il résulte que ces deux participations peuvent être complémentaires. C'est le cas dans les communes qui ont conservé ou rétabli le versement pour dépassement du PLD lorsque la densité de la construction excède à la fois celle qui résulte du COS et du PLD.

La participation pour dépassement du COS est due jusqu'à concurrence de la densité à partir de laquelle doit être acquitté le versement lié au dépassement du PLD. Au-delà de cette densité c'est le versement du PLD qui est exigé.

Enfin, ces deux participations, qui limitent substantiellement le droit de propriété privé tout en reconnaissant aux communes la faculté de monnayer l'exercice du droit de construire au-delà d'une certaine densité sont, pour diverses raisons, d'une application plutôt restreinte. La loi de finances pour 1983 a reconnu aux communes de plus de 50 000 habitants le pouvoir de moduler dans certaines limites le montant du PLD, avant que la loi du 23 décembre 1986 ne rende facultative la fixation d'un PLD, qui peut désormais ne pas être fixé ou être fixé sans limites (ainsi, le versement pour le dépassement du PLD ne s'applique ni à Paris ni à Marseille).

Quant à la participation pour dépassement du COS, elle suppose que le règlement du POS reconnaisse la possibilité de dépasser le COS dans certains secteurs déterminés lorsque le dépassement est indispensable pour le respect des prescriptions d'urbanisme ou d'architecture ou en raison de l'existence de projets tendant à renforcer la capacité des équipements collectifs (art. L. 123-1 C. urb.).

Toutefois, cette inspiration commune et ces analogies de technique juridique ne permettent pas d'assimiler ces deux types de participations, qui reposent sur des fondements distincts et poursuivent des objectifs différents.

Le versement pour dépassement du PLD avait pour objet de lutter contre la spéculation foncière, en attribuant à la collectivité la faculté d'accorder l'exercice du droit de construire au-delà du PLD. Ce plafond, fixé primitivement par la loi de façon uniforme à l'ensemble du territoire, répondait exclusivement à un objectif d'ordre fiscal.

A l'inverse, le coefficient d'occupation du sol exprime une règle d'urbanisme relative à la densité des constructions pouvant être admise, dans une zone déterminée du POS, en fonction du niveau des équipements. C'est la délivrance d'une autorisation au-delà de cette norme maximale qui constitue le fait générateur de la participation, lorsque le dépassement est autorisé par le règlement du POS dans l'une des hypothèses prévues par l'article L. 123-1 du Code de l'urbanisme.

96 LE VERSEMENT POUR DÉPASSEMENT DU PLD. — C'est une fiscalité d'inspiration dirigiste, voire collectiviste, manifestement attentatoire au droit de propriété privé et au droit de construire, inspirée par la nécessité de lutter contre la spéculation foncière, et dont la rigueur a été notablement atténuée par la faculté reconnue aux collectivités locales de décider la suppression ou le maintien du PLD et par l'institution de diverses exonérations.

L'article L. 112-1 dernier alinéa du Code de l'urbanisme proclame expressément qu' « au-delà de ce plafond, s'il en est fixé un, l'exercice du droit de construire relève de la collectivité dans les conditions fixées par les dispositions du présent chapitre ». Qualifié de « fausse bonne idée, dont les effets pervers l'emportent sur les mérites supposés » (F. Bouyssou), son champ d'application a été notablement restreint. Alors qu'à l'origine la loi avait fixé uniformément le PLD à 1 sur l'ensemble du territoire et à 1,5 pour Paris, les articles 64 et 65 de la loi du 23 décembre 1986 ont reconnu aux communes la faculté de supprimer le PLD ou d'en fixer le niveau sans limite supérieure (mais la limite de densité ne peut être inférieure à 1 pour l'ensemble du territoire et à 1,5 à Paris).

Par ailleurs, certaines opérations sont exonérées de plein droit (les constructions édifiées par les collectivités publiques et les établissements publics administratifs) ou en vertu d'une délibération des assemblées locales (les constructions à usage d'habitation principale ou secondaire ou celles édifiées dans les ZAC).

Le Conseil des impôts estimait dans son rapport de 1992 que ce prélèvement avait été institué dans 2 300 communes environ et que son produit s'élevait en 1991 à 714 millions de francs.

Le montant du versement est égal à la valeur du terrain dont l'acquisition serait nécessaire pour que la densité de la construction n'excède pas le plafond légal de densité (l'article *R. 333-1 du Code de l'urbanisme définit les éléments permettant de calculer le prélèvement). C'est la valeur du terrain considéré comme nu et libre d'occupation, diminué d'une réfaction afin de tenir compte des incidences du PLD (CE, 10 mars 1982, n° 24476, *RJF* 1/83, n° 78) et majoré des frais destinés à rendre le terrain constructible (tels les frais de démolition des immeubles existants ou les indemnités d'éviction, CE, 2 février 1979, n° 3175, *RJF* 3/79, n° 152, *DF,* 1980, n° 20, Com. 1608, *Rec.* 36 ; 27 février 1991, n° 80467, Sté Geprim, *DF,* 1992, n° 7, Com. 256, concl. O. Fouquet).

Le fait générateur est constitué par l'autorisation de construire, expresse ou tacite, ou par le dépôt de la déclaration prévue à l'article L. 422-2 du Code de l'urbanisme. Comme pour l'application de la TLE dans le temps et dont le fait générateur est identique, le juge de l'impôt recherche la nature exacte du permis de construire délivré (CE, 14 novembre 1990, n° 88484, Chabert, *RJF* 1/91, n° 70, *DF,* 1991, n° 23-24, Com. 1184, *LPA,* 1991, n° 28, p. 4, concl. O. Fouquet ; CAA Paris, 21 février 1991, SA immobilière du 131, bd Carnot, *RJF* 5/91, n° 621, *DF,* 1991, n° 15, Com. 807, concl. F. Loloum ; CAA Paris, 22 janvier 1991, SCI GLM, *RJF* 4/91, n° 442).

Il contrôle l'exacte qualification des travaux projetés (le versement n'est pas dû s'il s'agit de travaux de rénovation intérieure et non d'une reconstruction) (CE, 1er juin 1988, n° 54433, *RJF* 8-9/88, n° 995 ; 7 décembre 1987, n° 49696, *DF,* 1988, n° 12, Com. 589).

En cas de litige sur la valeur du terrain déclarée lors du dépôt de la demande de permis de construire, cette valeur est fixée par le juge de l'expropriation saisi à l'initiative de la partie la plus diligente. Le versement doit être acquitté auprès de la perception du lieu de la situation du terrain en deux fractions égales, dix-huit mois et trente-six mois après la date de délivrance du permis de construire ou depuis le 1er janvier 1993, en totalité à 18 mois après la délivrance du permis si le montant du versement n'excède pas 2 000 F. A l'exception des litiges relatifs à la valeur vénale du terrain, le contentieux relève de la compétence des juridictions de l'ordre administratif.

Le produit de ce versement est affecté aux collectivités locales (les trois quarts à la commune et le quart restant au département, sauf dans les cas visés par la loi où la totalité est versée à la commune). Ce versement constitue, comme les autres prélèvements de la fiscalité de l'urbanisme, un élément du prix de revient du terrain.

97 LA PARTICIPATION POUR DÉPASSEMENT DU COS. — C'est une participation exigée des constructeurs lorsque la densité de la construction autorisée pour chaque nature de construction excède le coefficient d'occupation des sols prévu par le règlement du POS, à condition qu'un dépassement de cette densité soit prévu par ce document et ait été autorisé par l'autorité chargée de délivrer l'autorisation de construire.

Le produit de cette participation instituée par la LOF du 30 décembre 1967 est affecté au budget de la commune ou de l'établissement public intercommunal, dans les trois mois suivant son encaissement par les services fiscaux.

La participation est due lorsque la construction projetée excède le COS, même dans le cas où les travaux ont pour objet de transformer des locaux d'habitation en bureaux soumis à un coefficient moins élevé (CE, 14 décembre 1988, n° 42051, *RJF* 2/89, n° 182, *DF,* 1989, n° 27, Com. 1351, *RFDA,* 1989, p. 879, concl. O. Fouquet ; CAA Nantes, 11 mars 1992, n° 1417, Bouvet, *RJF* 7/92, n° 994, *DF,* 1993, n° 6, Com. 247).

Toutefois le dépassement du COS n'entraîne pas le versement de la participation lorsqu'il est motivé par des préoccupations d'urbanisme ou d'architecture ou lorsqu'il s'agit de la reconstruction à l'identique de bâtiments sinistrés (art. L. 332-1, al. 2 C. urb.).

Les règles relatives à l'assiette, à la liquidation et au recouvrement de cette participation sont celles applicables au versement pour dépassement du PLD. Elle est égale à la surface supplémentaire de terrain qui aurait été nécessaire pour édifier les constructions si le COS avait été respecté. C'est la SHON, calculée selon les règles de l'article R. 112-2 du Code de l'urbanisme, qui permet de déterminer la surface de construction qui excède le COS.

Le fait générateur de la participation est constitué par le permis de construire ou par la déclaration prévue à l'article L. 422-2 du Code de l'urbanisme (CAA Nantes, 11 mars 1992, n° 1417, Bouvet, précité). Elle est liquidée selon le cas par le chef du service de l'Etat dans le département ou le maire. Ces derniers en informent le pétitionnaire (CAA Paris, 28 mars 1991, n° 1121, SARL Montague, *RJF* 6/91, n° 803, *DF,* 1992, n° 7, Com. 254), qui doit s'acquitter de son obligation auprès du comptable du Trésor en deux fractions égales, versées dix-huit mois et trente-six mois après la date de délivrance du permis de construire.

Les règles concernant la détermination des juridictions compétentes en cas de litige et la présentation des réclamations sont celles applicables en matière de versement pour dépassement du PLD (CAA Paris, 12 février 1991, n° 1676, Le Dru, *RJF* 6/91, n° 802).

IV | Les taxes sur les bureaux instituées en Ile-de-France

Elles sont au nombre de deux, à savoir la redevance pour création de bureaux ou de locaux de recherche en Ile-de-France (qui, en dépit de certaines hésitations, présente un caractère fiscal, v. CE, 3 novembre 1967, Ministre de l'Economie et des Finances c/ Marc, *AJDA,* 1968, p. 124, concl. Galmot) et la taxe sur les surfaces de bureaux en Ile-de-France.

Ces deux taxes présentent quelques analogies résultant de leur nature fiscale, de leur champ d'application territorial (l'Ile-de-France) et de leur caractère d'instrument au service de l'aménagement de la région parisienne.

En réalité, par-delà ces analogies apparentes, elles présentent de profondes différences qui tiennent à leur nature, aux opérations imposables et aux modalités techniques de calcul de ces taxes.

98 LA REDEVANCE POUR CRÉATION DE BUREAUX OU DE LOCAUX DE RECHERCHE EN ILE-DE-FRANCE. — C'est, en dépit de sa dénomination, une taxe fiscale (CE, *S,* 3 novembre 1967, Ministre des Finances c/ Marc, préc. ; 12 janvier 1973, n° 72098, *Rec.* 35) instituée par une loi du 2 août 1960 et dont le régime juridique est défini aux articles L. 520-1 et s. du Code de l'urbanisme. Les difficultés liées à l'utilisation de l'impôt en matière d'aménagement du territoire et les incidences économiques d'un tel prélèvement ont conduit le législateur à modifier à plusieurs reprises son champ d'application, notamment par la loi n° 82-1020 du 3 décembre 1982 qui a supprimé la redevance établie à l'occasion de la création de locaux à usage industriel (*DF,* 1982, n° 51, Com. 2420).

Le champ d'application de la redevance se limite désormais à la construction de locaux à usage de bureaux et de locaux de recherche ainsi que de leurs annexes dans la région Ile-de-France.

A la construction proprement dite doit être assimilée la transformation en de tels locaux de constructions précédemment affectées à un autre usage (CE, 6 octobre 1976, n° 99439, *RJF* 11/76, n° 473).

Le pouvoir réglementaire dispose, en vertu de la loi, de compétences étendues puisqu'il détermine par décret les zones dans lesquelles s'appliquent les taux de la redevance par mètre carré de surface utile de plancher, ainsi que les taux en vigueur dans chaque zone. C'est ainsi qu'un décret du 9 septembre 1987 a modifié les zones d'application de la redevance (elles sont toujours au nombre de trois). Quant aux taux applicables dans chacune des zones, ils sont périodiquement réévalués dans la limite fixée par l'article L. 520-3 du Code de l'urbanisme (CE, 3 avril 1991, Commune de Levallois-Perret, n° 106403, *D,* 1991, IR 192, *RJF* 5/91, n° 630, *DF,* 1991, n° 49, Com. 2331). Ils résultent actuellement d'un décret n° 89-86 du 10 février 1989 (*JO* du 11 février 1989, *DF,* 1989, n° 9, Com. 365).

Ce dispositif, largement fondé comme toute la fiscalité de l'urbanisme sur la mutabilité du tarif des taxes, déroge ainsi largement aux exigences du principe de légalité de l'impôt et à celles du principe de libre administration des collectivité territoriales, s'agissant d'une ressource affectée à la région Ile-de-France.

C'est d'ailleurs au gouvernement que la loi a confié le soin de fixer les règles relatives aux sanctions applicables en cas d'infraction, leur montant étant le double de celui de la redevance éludée. Cette délégation de compétence a été jugée légale par le Conseil d'Etat (CE, 27 octobre 1976, Ets Ducar, *DF,* 1977, n° 9, Com. 287, *Rec.* 449).

La définition des bureaux et des locaux de recherche passibles de la redevance ou exonérés résulte à la fois de la loi (art. L. 520-7) et du règlement d'application (art. R. 520-1, R. 520-1-1 et R. 520-1-2 C. urb.).

La définition des bureaux est à la fois spécifique et extensive puisqu'elle vise notamment les locaux et leurs annexes tels que « couloirs, dégagements, salles de réunions, d'exposition, d'archives, salles d'attente et de réception où sont exercées des activités de direction, de services, de conseil, d'étude, d'ingénierie, de traitement mécanographique ou d'informatique de gestion ».

Toutefois, sont exonérés de la redevance les bureaux faisant partie d'un local principal d'habitation, les locaux affectés au service public des personnes publiques présentant un caractère administratif ou qui sont utilisés par les organismes de Sécurité sociale, les garages, les locaux à usage de bureaux dépendant de locaux de production, les bureaux utilisés par les membres des professions libérales, etc.

Quant aux locaux de recherche ils sont définies par l'article R. 520-1 du même Code sous réserve d'importantes exonérations relatives notamment aux locaux de recherche compris dans les établissements industriels (art. L. 520-7).

C'est la délivrance du permis de construire ou le dépôt des déclarations qui constitue le fait générateur de la redevance. Son montant, évalué par les services de l'urbanisme (art. **R. 520-6 C. urb.), est obtenu en multipliant le nombre de mètres carrés de surface utile de plancher construite ou transformée par le taux fixé par décret (la surface retenue est diminuée d'un abattement de 5 % dans les établissements industriels, seule la superficie de bureaux supérieure à 1 000 m^2 étant retenue).

Le produit de cette redevance a enregistré des fluctuations considérables. Il s'est élevé à 1,6 milliard de francs en 1990 et à 760 millions de francs en 1991 (Conseil des impôts, Rapport de 1992, p. 179).

99 LA TAXE SUR LES LOCAUX A USAGE DE BUREAUX PERÇUE EN ILE-DE-FRANCE. — L'article 40 de la loi de finances rectificative pour 1989, codifié à l'article 231 *ter* du CGI, a institué, à compter du 1er janvier 1990, une taxe annuelle sur les locaux à usage de bureaux, que ces locaux soient affectés à un usage commercial, professionnel ou utilisés par des administrations publiques.

Cette taxe présente plusieurs caractères originaux. C'est une taxe fiscale perçue annuellement au profit de l'Etat, en vue, selon l'exposé des motifs du projet de loi, de corriger les difficultés du logement et d'améliorer les transports par la création d'un réseau autoroutier. C'est donc un authentique impôt annuel établi à raison de la détention d'un capital immobilier et dont le fait générateur ne procède pas comme pour les autres prélèvements composant la fiscalité de l'urbanisme de la délivrance d'une autorisation de construire.

Les locaux à usage de bureaux passibles de la taxe sont définis par la loi en fonction de critères différents de ceux retenus pour déterminer le champ d'application de la redevance pour la création de bureaux ou de locaux de recherche en Ile-de-France. Ils s'entendent des locaux commerciaux ou à usage professionnel, ainsi que des locaux utilisés par les administrations publiques, à l'exception, d'une part, des magasins, boutiques, ateliers, hangars, garages et locaux de stockage et, d'autre part, des locaux spécialement aménagés pour l'exercice d'une activité de caractère sanitaire, social, éducatif, sportif ou culturel.

Sont également exonérés les locaux appartenant aux fondations et aux associations reconnues d'utilité publique et les locaux d'une superficie totale inférieure à 100 m^2. Ce seuil de 100 m^2 est susceptible de soulever des difficultés d'application dans la mesure où il est tenu compte de tous les locaux à usage de bureaux qu'un propriétaire possède à une même adresse ou en cas de pluralité d'adresses, dans un même groupement topographique.

C'est la propriété du bien au 1er janvier qui constitue le fait générateur de la taxe. Son montant est égal au produit du nombre de mètres carrés de surface de bureaux par un tarif fixé par la loi (pour l'imposition au titre de 1992) et désormais par arrêté, revalorisé chaque année et correspondant à chacune des trois zones constituant la région Ile-de-France.

A l'origine un taux réduit était appliqué aux surfaces de bureaux possédés par les administrations publiques, les organismes sans but lucratif et les organismes professionnels. L'article 44 de la loi de finances pour 1992 supprime le taux unique et établit trois taux réduits correspondant aux trois zones géographiques, dans le but d'aligner en trois ans les taux applicables aux bureaux publics sur ceux applicables aux bureaux privés.

Cette taxe est un impôt déclaratif, les redevables devant déposer, avant le 1er mars de chaque année, une déclaration accompagnée du paiement de l'impôt. Les règles relatives au contrôle, au recouvrement, au contentieux, aux garanties et aux sanctions sont celles applicables en matière de taxe sur les salaires. Elle vient en déduction de l'assiette des BIC, des BNC et des revenus fonciers perçus par le redevable.

V | AUTRES PARTICIPATIONS DE NATURE FISCALE

Instituées à plus d'un siècle de distance, elles ne présentent aucun point commun. Elles révèlent simplement la diversité des taxes cumulatives formant la fiscalité de l'urbanisme, soumises à des techniques fort différentes, au service d'objectifs les plus variés.

100 LA PARTICIPATION A LA DIVERSITÉ DE L'HABITAT. — L'étude de cette participation ne présente plus qu'un intérêt historique puisque la loi n° 95-74 du 21 janvier 1995 relative à la diversité de l'habitat (*JO* du 24 janvier, *DF,* 1995, n° 7, Com. 293) a abrogé les textes relatifs à cette participation avant même qu'ils n'aient été appliqués. Ce n'est qu'un exemple supplémentaire de taxe d'urbanisme mort-née (v. n° 85) en raison de sa complexité, des difficultés d'établissement rencontrées et de ses effets redoutés sur le marché immobilier. Créée par l'article 16 de la loi du 13 juillet 1991 dite loi d'orientation pour la ville, cette nouvelle participation devait être acquittée par les constructeurs lorsque le conseil municipal ou l'établissement public de coopération intercommunale avait décidé de l'instituer afin de faciliter la réalisation de logements locatifs sociaux (art. L. 332-17 et s. C. urb.). Toutefois cette participation ne pouvait être établie que si un programme local de l'habitat avait été élaboré dans les conditions prévues aux articles L. 302-1 et s. du Code de la construction et de l'habitation. En étaient redevables les constructeurs à l'occasion de la délivrance des autorisations de construire, excepté pour les opérations exonérées visées à l'article L. 332-18 du Code de l'urbanisme (les constructions de logements en accession à la propriété aidée par l'Etat, les logements construits à l'aide de prêts locatifs aidés, etc.).

La détermination de l'assiette de la taxe était complexe car elle associait des valeurs foncières réelles et des valeurs forfaitaires normalement actualisées chaque année. Elle était proportionnelle à la valeur des droits à construire reconnus au terrain et à la surface des planchers réalisés et a pu apparaître comme une « réinvention partielle » (selon l'expression de F. Bouyssou) du versement pour dépassement du PLD. L'assiette résultait en effet du produit de la valeur du terrain par mètre carré de SHON constructible, diminuée d'un montant forfaitaire, par la SHON de l'opération diminuée de 170 m^2.

Le montant forfaitaire devait être actualisé chaque année en fonction de l'évolution de l'indice du coût de la construction. Il avait été fixé par le texte institutif à 600 F dans les départements autres que ceux de la région Ile-de-France et à 900 F dans ces derniers.

Le taux de cette participation, qui ne pouvait excéder 15 %, résultait de la délibération qui l'avait instituée. Le fait générateur était constitué par la délivrance du permis de construire.

Le paiement de cette participation pouvait être effectué en nature, comme il est fréquent dans la fiscalité de l'urbanisme, par dations de terrains ou de locaux vacants. Quant au régime de la participation financière, emprunté à celui du versement pour dépassement du plafond légal de densité, il présentait deux particularités. D'abord, son affectation était précisément établie, dans son objet et dans le temps, par l'article L. 332-21 du Code de l'urbanisme. Ensuite son montant était déductible de celui des deux participations pour construction en surdensité si les collectivités intéressées les avaient instituées.

101 LA PARTICIPATION DES RIVERAINS ÉTABLIE DANS LES COMMUNES DU HAUT-RHIN, DU BAS-RHIN ET DE LA MOSELLE. — C'est une participation prévue par la loi locale du 21 mai 1879 et qu'il appartient aux communes des départements du Haut-Rhin, du Bas-Rhin et de la Moselle d'instituer par délibération des assemblées locales. En réalité l'intérêt de cette participation, qui pèse sur les propriétaires (et non, comme les autres taxes et participations, sur les constructeurs), procède de sa nature même, longtemps débattue et récemment définie par le Conseil d'Etat. Cette taxe facultative a pour objet de faire supporter par les riverains des voies communales nouvelles une participation, proportionnelle à la longueur de leur terrain, aux frais de premier établissement d'une voie nouvelle. Les dépenses et travaux servant d'assiette à la taxe sont constitués par les frais d'achat des terrains, les acquisitions d'immeubles bâtis en vue de leur démolition et de la réalisation d'une nouvelle voie, les frais d'édification des nouvelles clôtures, les travaux de premier établissement de la chaussée, les frais de nivellement, de pavage, les travaux de premier établissement des trottoirs réalisés avec des matériaux durables, ainsi que les travaux d'installation d'un système d'écoulement des eaux pluviales.

La loi du 18 juillet 1985 inclut les frais de premier établissement de l'éclairage public et prévoit une actualisation du montant de la participation en fonction de l'évolution du coût des travaux. Cette liste de frais est limitative (Rép. Masson, *JO, Déb. AN,* 29 septembre 1986, p. 3394, *DF,* 1986, n° 51, Com. 2299).

L'objet même de cette participation conduit à lui reconnaître le caractère de remboursement des frais exposés par la commune pour ouvrir une voie nouvelle desservant les immeubles riverains, entraînant une valorisation desdits terrains. La jurisprudence du Conseil d'Etat subordonne l'exigibilité du prélèvement à l'exécution des travaux de premier établissement même s'ils sont effectués de façon espacée dans le temps (CE, 7 décembre 1977, n° 98898, Communauté urbaine de Strasbourg, *DF,* 1978, n° 15-16, Com. 588).

Il résulte pourtant des conclusions des commissaires du gouvernement que cette participation présente le caractère d'une taxe fiscale, assimilée aux contributions directes (concl. Le Roy sous CE, 13 mai 1988, n° 39289, Cté urbaine de Strasbourg c/ Reichenbach, *DF,* 1989, n° 6, Com. 215).

Cette qualification procède notamment du fait que la participation est due alors même que le propriétaire riverain ne retire aucun avantage de l'ouverture de la voie nouvelle (CE, 24 février 1988, n° 63073, Sté Seychen, *DF,* 1988, n° 19, Com. 927).

En réalité, ce sont bien davantage des considérations pratiques, tirées des conséquences déduites de l'une ou l'autre qualification qui ont justifié la qualification de taxe plutôt que celle de redevance (le contrôle de l'équivalence étant exclu, v. concl. Chahid Nouraï sous CE, 3 juin 1991, n° 61263, *DF,* 1991, n° 48, Com. 2278).

Cette qualification ne produit pas toutes les conséquences juridiques attendues puisque la règle de la réclamation préalable est écartée (arrêt du 13 mai 1988 précité). En effet, les demandes présentées contre les actes réclamant cette participation sont assimilées à des réclamations présentées en matière de travaux publics (CE, 12 mai 1971, époux Ghérardi, *Rec.* 356).

102 CONCLUSION : DE LA NÉCESSITÉ D'UNE RÉFORME D'ENSEMBLE DE LA FISCALITÉ DE L'URBANISME. — La fiscalité de l'urbanisme apparaît comme une fiscalité éclatée regroupant les impositions multiples et cumulatives exigées en principe à l'occasion de la délivrance d'une autorisation de construire, aux dénominations approximatives et à la nature juridique souvent incertaine. Encore ne s'agit-il que d'une partie des prélèvements susceptibles d'être exigés, lesquels peuvent par ailleurs présenter le caractère de participations de nature non fiscale.

Si l'on ajoute des pratiques divergentes selon les collectivités et au besoin déviantes par rapport à la légalité, le constat est alarmant. L'absence d'information sérieuse sur les produits de cette fiscalité ainsi que sur ses incidences sur l'immobilier révèle une improvisation regrettable.

Aussi le Conseil des impôts a-t-il souhaité une réforme urgente et globale de la fiscalité de l'urbanisme, fondée sur une plus grande transparence dans tous les domaines : dans la connaissance des ressources procurées aux collectivités territoriales, dans l'analyse des pratiques locales, dans l'information des collectivités et des constructeurs eux-mêmes, dans la publication des taux ou des barèmes applicables. La modération des prélèvements établis cumulativement sur une même construction lui paraît être un objectif prioritaire (12e rapport relatif à la fiscalité de l'immobilier urbain, 1992, p. 184 et 185).

Ces propositions ont reçu un écho favorable puisque les articles 55 à 58 de la loi n° 93-122 du 29 janvier 1993 dite anticorruption modifient le régime juridique des participations des constructeurs et lotisseurs (*JO* du 30 janvier 1993 ; *DF,* 1993, n° 10, Com. 513). Ces dispositions prévoient notamment :

— qu'il ne peut être exigé de contributions pour le financement d'équipements publics que si ceux-ci sont réalisés dans l'intérêt principal des usagers des constructions à édifier (v., à propos des participations aux dépenses d'équipement public dans les ZAC, CE, 28 juillet 1989, Communauté urbaine de Brest, *DF,* 1989, n° 50, Com. 2344, *Dr. adm.,* n° 611). Toutefois, s'agissant des participations financières exigées des constructeurs ou lotisseurs dans les zones d'aménagement concerté ou dans les programmes d'aménagement d'ensemble, l'article 18 de la loi n° 94-112 du 9 février 1994 a restreint la portée de cette règle en prévoyant qu'il peut être mis à la charge des constructeurs le coût des équipements correspondant aux besoins des futurs habitants ou usagers des constructions à édifier dans ces zones (*JO* du 10 février, *DF,* 1994, n° 10, Com. 458, *LPA,* 1994, n° 87, p. 7, note J.-L. Gousseau) ;

— que la nature et le montant des participations effectivement exigées doivent être mentionnés dans les arrêtés portant délivrance des autorisations de construire. A défaut, ces contributions ne peuvent être légalement obtenues. Ces dispositions sont applicables également lors de la délivrance des autorisations de lotir ou d'aménager un terrain destiné à l'accueil d'habitations légères de loisir ou lors de l'approbation du plan de remembrement des associations foncières urbaines (v. circulaire d'application du 12 janvier 1993, *DF,* 1993, n° 10, ID 10792 et décret du 26 mars 1993, *JO* du 28, *DF,* 1993, n° 16, Com. 852).

Ces dispositions ne modifient pas le statut des prélèvements de nature fiscale.

Pour aller plus loin

103 LA DIMENSION TEMPORELLE DE LA TLE ET LA DÉTERMINATION DU FAIT GÉNÉRATEUR DE LA TAXE. — Le facteur temps occupe en droit fiscal une place essentielle, compte tenu notamment de la mutabilité des lois fiscales et du cadre temporel assigné à l'action de l'administration fiscale. A ce facteur d'ordre général s'ajoutent d'autres causes propres à la taxe locale d'équipement et qui résident dans la compétence normative des assemblées locales, dans la revalorisation annuelle des valeurs par mètre carré hors œuvre (effective au 1er juillet) et dans la délivrance d'autorisations de construire successives dont la qualification formelle peut prêter à discussion.

Dans un contexte normatif extrêmement mouvant, la détermination du fait générateur de la taxe présente une importance essentielle puisque c'est à cette date qu'est figé le cadre juridique applicable et notamment le tarif permettant la liquidation de la taxe. L'article 1585 G du CGI indique que la taxe est liquidée au tarif en vigueur à la date, selon le cas, soit de la délivrance du permis de construire ou du permis modificatif, soit du procès-verbal constatant les infractions.

Lorsque des permis successifs sont délivrés pour une même opération projetée sur un même terrain, il appartient au juge de l'impôt de déqualifier et de requalifier les permis successifs dits modificatifs ou abrogatifs pour déterminer la date du fait générateur de la TLE (CE, 3 juillet 1974, n° 87759, SCI Les Pervenches, *Rec.* 392, *DF,* 1974, n° 45, Com. 1352, Dupont, 1974, p. 365 ; 23 avril 1975, n° 93803, SCI Le Clos des Loges, *DF,* 1975, n° 44, Com. 1424, concl. Schneltz Dupont 6/75, n° 308 ; 13 octobre 1976, n° 94283, *RJF* 11/76, n° 489 ; CAA Paris, 22 janvier 1991, n° 461, *RJF* 4/91, n° 442).

Plus que le réalisme du droit fiscal, il faut y voir le nécessaire réalisme de la fonction juridictionnelle et l'exercice justifié d'une compétence de pleine juridiction. Il s'ensuit que les notions de permis ancien, nouveau, périmé, abrogé, rectificatif, modificatif, prorogé, etc., acquièrent en droit fiscal une signification plus exacte et plus précise que celle que leur attribue le droit de l'urbanisme.

Ces solutions sont transposables à tous les prélèvements dont le fait générateur est constitué par la date de délivrance de l'autorisation de construire (pour l'application du versement pour dépassement du PLD v. CE, 14 novembre 1990, n° 88484, Chabert, *DF,* 1991, n° 23-24, Com. 1184, *LPA,* 1991, n° 26, p. 4, concl. O. Fouquet).

Dans le cas de constructions édifiées en infraction, la détermination du fait générateur a soulevé des difficultés. Confirmant la doctrine administrative, le Conseil d'Etat appliquait à la lettre l'article 1585 G précité du CGI selon lequel la taxe est liquidée au tarif en vigueur à la date du procès-verbal constatant les infractions (CE, 18 juin 1975, n° 91381, *DF,* 1975, n° 38, Com. 1148, concl. Fabre ; 18 mai 1977, n° 3543, SA Transports Raisch, *DF,* 1977, n° 27, Com. 1055, concl. Rivière, *RJF* 1/77, n° 414).

L'obtention postérieure d'un permis de construire modificatif n'avait pas pour effet d'effacer rétroactivement l'infraction (CE, 10 mars 1986, Sté SOBREFIM, n° 50987, *RJF* 5/86, n° 495 ; 16 janvier 1980, n° 6002, *RJF* 3/80, n° 226).

Cette solution était sévère dans la mesure où la revalorisation annuelle des tarifs aboutissait à pénaliser fiscalement l'auteur des constructions en infraction, lequel est en outre redevable d'une amende fiscale égale au montant de la taxe éludée (art. 1836 du CGI).

La rigueur de cette solution a conduit le Conseil d'Etat à fixer prétoriennement le fait générateur de la taxe à la date d'achèvement des travaux irréguliers (CE, 23 juin 1986, n° 60250, Reebin, *DF,* 1986, n° 46, Com. 3019, concl. Mme Latournerie, *RJF* 8-9/1986, n° 775 ; 18 novembre 1987, n° 65807, *DF,* 1988, n° 24, Com. 1140, *RJF* 1/88, n° 70).

L'administration fiscale s'est ralliée à cette solution (instruction du 16 janvier 1990 *DF,* 1990, n. 8, n° 9885) mais pas les services de l'équipement (circulaire DUP n° 92-02, *BO Equipement,* n° 5, 20 février 1990, p. 27, n° 181).

104 BIBLIOGRAPHIE

a) Sur le problème du financement des dépenses d'équipement et la taxe locale d'équipement, voir outre l'ouvrage fondamental de F. Bouyssou, *La fiscalité de l'urbanisme en droit français,* LGDJ, 1972 :

P. Amselek, La fiscalité immobilière liée à la politique de l'urbanisme, *AJPI,* 1978, p. 365.

R. Arrago, Problèmes fonciers, politique foncière et expropriation, *Bull. DGI,* janvier-mars 1969, p. 33.

— Spéculation et politique foncière, *Projet,* février, 1969.

— *Les problèmes fonciers et leurs solutions,* Ed. Berger-Levrault, 1969.

J.-B. Auby, Participations financières des constructeurs et des lotisseurs, in *Urbanisme,* coll. « Dalloz Immobilier », 1992, p. 589.

— Le contentieux des participations, *Etudes foncières,* septembre 1986, p. 24.

A. Bartoli et J.-P. Guin, *Le financement de l'aménagement par les taxes et participations,* coll. « L'Administration nouvelle », Dossiers Aménagement, Berger-Levrault, 1988.

J. Baschwitz, Commentaire de la LOF du 30 décembre 1967 (TLE), *Rép. Defrénois,* 1968, art. 29042.
P. Beltrame, La fiscalité de l'aménagement du territoire, *RSLF,* 1967, p. 272.
Ph. Bern, La fiscalité de l'urbanisme pesant sur le constructeur, *Rev. dr. immo.,* 1994, n° 2, p. 201.
F. Bouyssou, Introduction générale à la fiscalité immobilière, *Jur.-Cl. fisc. immo.,* fasc. 50.
— Lotissements et équipements publics, *Droit et ville,* 1975, n° 6, p. 5.
— La jurisprudence en matière de la taxe locale d'équipement, *Droit et ville,* 1976, n° 2, p. 249.
— Dispositions législatives récentes en matière d'urbanisme et de fiscalité immobilière, *JCP,* 1978, éd. N, 6938.
— Le mythe de l'impôt foncier sur la valeur vénale, *REDI,* 1982, n° 96.
— Les récentes réformes de la fiscalité de l'urbanisme, *JCP,* 1983, éd. N, Prat. 8526 ; *DF,* 1983, n° 4, p. 128.
— Réflexions sur vingt ans de fiscalité de l'urbanisme, *Mélanges Gaudemet,* p. 717.
— La loi du 18 juillet 1985, *JCP,* 1985, éd. N, Prat. 9560, p. 569.
E. Bornecque-Winandye, Du régime de l'urbanisme et du permis de construire à la fiscalité immobilière et au régime de la taxe locale d'équipement, *Gaz. Pal.,* 1969, 2, doctr. p. 89.
— La fiscalité immobilière et le rôle des tribunaux administratifs dans les litiges concernant la taxe locale d'équipement, *Gaz. Pal.,* 1970, I, doctr. 176.
J. Cathelineau, J.-L. Viguier et P. Cornille, *Technique du droit de l'urbanisme,* Litec, 1993.
J. Cathelineau, La fiscalité de l'urbanisme, in *Les finances locales,* Dalloz, 1993, p. 229.
— Finances locales et droit de construire, *Mélanges Gaudemet,* p. 753.
P. Benoit-Cattin, La rénovation du régime des participations, *JCP,* 1986, éd. N, Prat. 329.
H. Charles, *Politique foncière et urbanisme,* thèse Lille, 1968 (dactyl.).
— Le contentieux des participations financières aux dépenses d'équipement public liées à la délivrance des autorisations de construire et de lotir, *Cahier des théoriciens et des praticiens de l'urbanisme,* 1991, n° 3, p. 84.
E. Ciaudo, *Les taxes d'urbanisme,* Sirey, 1973.
— *La fiscalité de l'urbanisme et l'aménagement régional du territoire français,* LGDJ, 1981.
Conseil des impôts, 12ᵉ rapport relatif à la fiscalité de l'immobilier urbain (1992).
J.-M. de Forges, La nature juridique des contributions et participations financières des constructeurs, *DA,* n° 2, 1994, p. 1.
Delamare, Les collectivités locales et les promoteurs privés face aux dépenses d'équipement, *REDI,* 1970, p. 108.
Flichy, La taxe d'équipement, *REDI,* 1967, p. 103.
L. V. Fernandez, La décision du Conseil constitutionnel sur le droit de propriété, *Les Petites Affiches,* 8 août 1986.
O. Fouquet, Zones d'aménagement, TVA grevant les équipements publics remis gratuitement à la commune (concl. sur CE, 7 mai 1986, n° 49991), *RJF* 7/86, p. 422.
P. Galan, Les réformes de la fiscalité de l'urbanisme par la loi du 18 juillet 1985, *DF,* 1985, n° 32-38, p. 1042.
— Le droit de l'aménagement et la politique foncière d'après la loi du 18 juillet 1985 : continuité ou changement ?, *Rev. dr. immo.,* 1986, p. 29.
J.-P. Le Gall, La fiscalité du financement privé des équipements collectifs, *AJDA,* 1990, n° 1, p. 3, et *JCP,* éd. E, 1989, n° 15634.
A. Givaudan, L'impôt foncier, les terrains constructibles et la fatalité, *REDI,* 1982, n° 96, p. 27.
— Le bourbier de l'impôt foncier, *Etudes foncières,* 1982.
G. Goulard, Participations aux équipements publics, *RJF* 10/93, p. 727.

J.-L. Gousseau, La réforme du financement de l'aménagement, *Gaz. Pal.*, 1986, 1, doctr. 322.

J.-L Guigou et J.-M. Legrand, *Fiscalité foncière : analyse comparée des pays de l'OCDE*, Economica, 1983.

M.-D. Hagelsteen, TLE, non-cumul entre la TLE et les contributions aux dépenses d'équipements publics, *RJF* 2/77, p. 50.

— Restitution de la TLE (concl. sur CE, 28 novembre 1990, n° 82559), *DF*, 1992, n° 10, Com. 458.

Y. Jegouzo, Le financement de l'aménagement après la loi du 18 juillet 1985 et la nouvelle définition du terrain à bâtir, *Gaz. Pal.*, 1986, I, doctr. 56.

MM. Jegouzo, Auby, Christini, Hubrecht, Melleray, Perinet-Marquet, Bouyssou, Rouquette, Le nouveau régime de l'aménagement urbain, loi du 18 juillet 1985 et décrets d'application. Dossier et documents, *RFDA*, 1986, p. 295 s.

Jung, *La fiscalité foncière en France et à l'étranger*, thèse Strasbourg III, 1975 (dactyl.).

La lettre du cadre territorial, février 1993, n° 83 : « La fiscalité de l'urbanisme, ambiguïté et opacité ».

Le Petit, La loi du 18 juillet 1985 et la nouvelle définition du terrain à bâtir, *Gaz. Pal.*, 1986, 1, doctr. 56.

D. Lewandowski et P. Bilger, *Note sur la fiscalité foncière*, Imprimerie nationale, 1971.

P.-L. Lucas, La participation des constructeurs au financement des équipements publics, *Mélanges Gaudemet*, p. 765.

Mémento immobilier F. Lefebvre, par MM. Boubli, Kurgansky et Stemmer.

Concl. Ph. Martin sur CE 17 février 1992, Amortissements, Participations versées aux collectivités publiques, *RJF* 4/92, p. 267.

F. Moderne et H. Charles, Code de l'urbanisme, obs. sous l'article L. 332-7.

P. Pellas, Les aspects fiscaux de la loi du 18 juillet 1985 relative à la définition et à la mise en œuvre des principes d'aménagement ou de la tentation de la réforme au risque de l'innovation, *Rev. dr. immo.*, 1986, p. 173.

E. Pisani, *L'utopie foncière*, Gallimard, 1977.

M. Ricard, *La pratique du permis de construire*, coll. « L'Actualité juridique », 2 t., 1991.

L. Richer, La taxe locale d'équipement à travers dix années de jurisprudence, *AJPI*, février 1979, p. 5.

J. Schmidt, Fiscalité de l'urbanisme : actualités et difficultés, *Bulletin du Cercle international d'études juridiques et financières immobilières*, 23 mars 1981.

J. Thyraud, Comité d'études de la politique foncière, Rapport au Parlement sur la politique foncière et les moyens d'améliorer les interventions foncières des collectivités locales, *JO, doc. parl.*, 1977.

A. Urios, L'aménagement de la voie privée au titre des « équipements propres », *JCP*, 1992, éd. N, 1, p. 283.

Woerling, La participation des riverains en Alsace-Lorraine, *Revue de l'est de la France*, 1976, n° 4, p. 67.

b) Sur le versement pour dépassement du plafond légal de densité, voir :

G. Araud, La taxe due au titre du dépassement du plafond légal de densité. Le problème de la valeur du terrain, *REDI*, 1982, n° 96, p. 18.

F. Bouyssou, La réforme foncière : le versement pour dépassement du plafond légal de densité, *DF*, 1976, n° 3, p. 57.

— Le versement pour dépassement du PLD : commentaire des textes d'application, *DF*, 1977, n° 3, p. 68.

— Les dispositions fiscales de la loi Mehaignerie : du plafond légal de densité au plafond local de densité, *DF*, 1987, n° 5, p. 152.

J.-P. Gilli, Faut-il conserver un plafond légal de densité ?, *DS,* 1989, chr. p. 27.
A. Givaudan, Petit bilan d'une fausse grande réforme, *Rev. géomètres,* 1987, n° 11, p. 27.
C. Hortus, Le régime du versement pour dépassement du plafond légal de densité, *REDI,* 1976, n° 68, p. 15.
G. Liet-Veaux, Une nouvelle politique foncière ? Réflexions désabusées sur une réforme croupion, rev. *Administrer,* 1976, n° 172, p. 2.
— Survie du plafond légal de densité, rev. *Administrer,* 1987, n° 187, p. 8.
— Réflexions nouvelles sur les changements de destination de locaux, *JCP,* 1990, éd. N, 1, p. 289.
P.-E. Normand, Le changement de destination de locaux. Permis de construire et participations pour dépassement de densité, *JCP,* 1990, éd. N, 1, p. 109.
H. Perinet-Marquet, Maturité et déclin du plafond légal de densité, *D,* 1983, p. 229.

c) Sur les taxes sur les bureaux, voir :

J.-D. Barbier, Un nouvel impôt foncier, la taxe sur les bureaux en Ile-de-France, *Gaz. Pal.,* 1990, 1, doctr. 151.
R. Blancher, Taxe sur les locaux à usage de bureaux, *Journal spécial des sociétés,* 1990, n° 77, p. 2.
Ph. Brault, Une nouvelle taxe sur les bureaux en Ile-de-France, *JCP,* 1990, éd. N, Prat. 1525.
C. Bruno, Taxe sur les surfaces de bureaux en Ile-de-France, *AJPI,* 1990, n° 2, p. 150.
— La taxe sur les bureaux en Ile-de-France, *AJPI,* 1991, n° 3, p. 238.
G.-C. Henriot, La redevance pour création de locaux à usage de bureaux dans la région parisienne, *AJPI,* 1964, p. 652.
A. Hinfray, La taxe annuelle sur les bureaux. Commentaire de la loi n° 89-930 du 29 décembre 1989, *Gaz. Pal.,* 1990, 1, doctr. 154.

d) Sur la participation à la diversité de l'habitat, voir :

J.-B. Auby, La loi d'orientation pour la ville du 13 juillet 1991, *JCP,* 1992, éd. G, I, 3546.
H. Charles, La loi d'orientation pour la ville et le droit de l'urbanisme, rev. *Administrer,* 1991, p. 3.
P. Galan, La participation à la diversité de l'habitat, *DF,* 1991, n° 41, p. 1430 ; *JCP,* 1991, éd. N, I, 389.
X..., La loi d'orientation pour la ville (n° 91-662 du 13 juillet 1991), Dispositions fiscales, *DF,* 1991, n° 31, Com. 1585.

DEUXIÈME PARTIE

L'IMPOSITION DES SOCIÉTÉS IMMOBILIÈRES

Ce sont les acteurs privilégiés dont la pratique révèle quotidiennement le rôle fondamental même si paradoxalement leur existence juridique est plus ou moins atténuée sur le plan fiscal. Dans l'établissement savamment gradué de présomptions et de fictions fiscales affectant l'écran social réside le principe de classification des sociétés immobilières.

105 CARACTÈRES DE LA FISCALITÉ DES SOCIÉTÉS IMMOBILIÈRES. — C'est, comme la fiscalité immobilière dont elle est une composante, une discipline jeune, dont l'acte de naissance procède de la loi du 15 mars 1963 déjà évoquée. En effet, ce texte institue, dans un souci de neutralité fiscale, un régime de transparence fiscale réservé aux sociétés immobilières de copropriété transparentes qui élude dans une très large mesure l'écran constitué par la personnalité morale de la société, excluant par voie de conséquence l'imposition de la société à l'impôt sur les sociétés. L'article 33 de la même loi prévoit la création de sociétés immobilières de gestion, bénéficiant également d'une certaine transparence fiscale et exonérées d'IS. Ces novations, destinées à encourager l'investissement immobilier, acquirent valeur de symbole. D'une part en effet, elles établirent des régimes fiscaux notablement différents de ceux applicables aux sociétés de capitaux et, dans une moindre mesure aux sociétés de personnes et d'autre part, elles furent le point de départ d'un courant de réformes visant à instituer des types particuliers de sociétés immobilières.

La caractéristique majeure du droit des sociétés immobilières procède de ce qu'il est avant tout un droit institutionnel et un droit de référence.

Un droit institutionnel en ce qu'il privilégie l'étude de types spécifiques de sociétés immobilières, qui viennent se juxtaposer aux formes plus classiques et fiscalement moins avantageuses (les sociétés de capitaux et, dans une moindre mesure les sociétés de personnes dont le régime a inspiré l'imposition de certaines sociétés immobilières, telles les sociétés de construction-vente).

Un droit de référence ensuite, en ce qu'il offre un éventail de possibilités très large en fonction des objectifs recherchés par l'associé d'où résulteront des régimes d'imposition variés dont l'exposé est la matière des chapitres les plus classiques du droit fiscal (les revenus fonciers, l'application ou l'exonération de l'IS, les droits d'enregistrement attachés à telle ou telle opération, l'imposition des plus-values de cession d'immeubles ou de cession de titres, etc.).

Le régime fiscal des sociétés immobilières est venu s'appliquer à des sociétés qui existaient déjà en fait, et qui ont été pourvues postérieurement d'un statut juridique et fiscal.

106 CLASSIFICATION DES SOCIÉTÉS IMMOBILIÈRES SELON LA DENSITÉ DE L'ÉCRAN SOCIAL. — L'écran constitué par la personnalité morale des sociétés est au cœur de leur fiscalité. En lui prêtant une densité variable, la loi fiscale permet d'en tirer des conséquences particulières dans chaque cas relatives à l'imposition (éventuelle) de la société et à celle des associés. En cela, le droit fiscal des sociétés immobilières est paradoxal et confine à la fiction dans la mesure où il fait abstraction de la personnalité morale de certaines sociétés immobilières, dans une proportion variable selon le type de société et l'imposition en cause, alors précisément que la personnalité morale est choisie par les associés pour la réalisation de telles opérations.

Cette densité fiscale variable de l'écran social a pu tout à la fois justifier l'autonomie du droit fiscal et fonder le critère de classification des sociétés immobilières.

En vérité, la plus ou moins grande transparence fiscale des sociétés immobilières n'est pas un élément spécifique de la fiscalité puisque le droit commercial reconnaît aussi la plus ou moins grande opacité, selon les types de sociétés et le comportement des dirigeants, du masque social.

Plus qu'aucune autre discipline, le droit fiscal a poussé à l'extrême l'application de ce critère de distinction. Selon la classification établie par M. Cozian (*J. Cl. fisc. immo.*, fasc. 510), il convient de distinguer les sociétés opaques (imposables à l'IS), les sociétés transparentes (qui sont réputées ne pas avoir de personnalité distincte de celle de leurs membres pour l'application des impôts directs, des droits d'enregistrement et de la taxe de publicité foncière), les sociétés semi-transparentes (sociétés de personnes, à objet civil ou commercial, dans lesquelles la transparence est limitée à l'imposition des bénéfices sociaux) et les sociétés translucides (société de capitaux exonérées d'impôt sur les sociétés et distribuant aux associés des revenus mobiliers).

Cette diversité procède de la juxtaposition de types traditionnels et de nouveaux types de sociétés immobilières, ces derniers ayant été inspirés par des motifs divers : favoriser la construction immobilière, attirer les épargnants soucieux de réaliser des placements financiers, garantir l'égalité et la neutralité de la taxation des associés et celle des propriétaires directs des immeubles, favoriser les interventions de la puissance publique dans le domaine économique et social, etc. En outre, la lutte contre l'évasion fiscale internationale a justifié l'établissement d'une taxation spécifique des immeubles possédés en France par certaines personnes morales étrangères.

Section I
Les types traditionnels de sociétés immobilières imposables selon les règles de droit commun

Ce sont des types traditionnels en ce sens que ces sociétés ne présentent aucune particularité quant à leur forme (qui peut être civile ou commerciale), aux conditions de leur constitution, à leur objet (qui lui aussi peut être civil ou commercial). Elles ne sont évoquées ici que dans la mesure où leur objet se rapporte aux immeubles. Il peut s'agir soit d'une activité de gestion patrimoniale d'immeubles par voie de location, soit d'une activité commerciale. Ce sont les régimes fiscaux de droit commun qui s'appliquent, c'est-à-dire soit la taxation des associés à l'impôt sur le revenu ou à l'impôt sur les sociétés en application de l'article 8 du CGI, soit l'imposition de la société à l'impôt sur les sociétés. Leur fiscalité se situe donc en marge des régimes particuliers institués à partir de 1963, et qui eurent pour objet d'exonérer de l'IS de nombreuses catégories de sociétés immobilières. Ces types traditionnels n'en présentent pas moins plusieurs intérêts.

La souplesse des règles relatives à la constitution et au fonctionnement des sociétés immobilières de gestion patrimoniale, ainsi que leur quasi-transparence fiscale ont contribué à leur développement et à leur succès. Et la diminution sensible du taux de l'IS a suscité un regain d'intérêt pour les sociétés immobilières passibles de l'IS. C'est dire que le choix du type de société dépend de multiples paramètres et facteurs, subjectifs et objectifs, qu'il faut maîtriser avec habileté, pour une meilleure gestion fiscale de l'immeuble et une transmission à moindre coût. C'est là un exercice de prévision et de comparaison difficile mais indispensable (v. M. Cozian, Du bon usage des sociétés civiles immobilières, *D,* 1994, chr., p. 199 ; v. n°s 31 et 147).

I | Les sociétés civiles immobilières de gestion patrimoniale

107 Limitation de l'objet social a la gestion patrimoniale de l'immeuble. — Les sociétés civiles immobilières de gestion patrimoniale sont les sociétés civiles immobilières de droit commun, qui, comme leur nom l'indique, limitent leur activité à la gestion des immeubles qu'elles ont fait construire, qu'elles ont reçus en apport ou qu'elles ont acquis, sous forme de location non meublée ou de mise à disposition au bénéfice des associés ou de tiers.

Leur objet est donc nécessairement et exclusivement civil, mais ces sociétés ne revêtent pas nécessairement la forme de sociétés civiles. En effet, le régime des sociétés de personnes, prévu à l'article 8 du CGI s'applique non seulement aux sociétés civiles à objet civil, mais aussi aux sociétés de personnes à forme commerciale et à objet civil (par exemple aux sociétés en nom collectif ayant pour objet la location immobilière). En pareil cas, et quelle que soit la forme civile ou commerciale adoptée par la société de personnes, les revenus perçus par les associés sont imposables entre leurs mains dans la catégorie des revenus fonciers (Rép. Icart, *JO, Déb. AN,* 4 septembre 1971, p. 4053, n° 12986 ; Rép.

Dagonia, *JO, Déb. Sénat,* 22 mars 1979, p. 435, n° 26321, *DF,* 1979, n° 19, Com. 923).

Deux écueils guettent toutefois ces sociétés.

En effet, le bénéfice des dispositions de l'article 8 du CGI n'est acquis que si la société civile ne présente pas un caractère fictif (CE, 24 juillet 1981, n° 16834, *DF,* 1982, n° 8, Com. 365, *RJF* 10/81, n° 895), et si l'objet social ne présente pas un caractère industriel ou commercial au regard du droit fiscal. Nonobstant leur dénomination, les sociétés immobilières civiles par la forme et par leur objet deviennent redevables de l'impôt sur les sociétés lorsqu'elles se livrent à des opérations de nature commerciale, en application de l'article 206-2 du CGI sous réserve toutefois de la tolérance administrative visant les recettes commerciales accessoires inférieures à 10 % du montant total des recettes (v. n° 112).

108 PRINCIPE DE L'IMPOSITION PERSONNELLE DES ASSOCIÉS. — Dès lors que les sociétés civiles de gestion patrimoniale ne sont pas passibles de l'IS en raison d'une option ou de leur objet, ce sont les associés qui, en application des dispositions de l'article 8 du CGI, sont personnellement soumis à l'impôt sur le revenu ou à l'impôt sur les sociétés à raison de la part des bénéfices sociaux correspondant à leurs droits dans la société.

De ce principe peut résulter le cas échéant la taxation de bénéfices qui n'ont pas été, pour des raisons diverses, appréhendés par les associés. En effet, les revenus imposables au nom de chaque associé ne sont pas ceux qu'il a effectivement appréhendés, mais ceux auxquels donnent droit les parts qu'il détient dans le capital de la société civile immobilière (CE, 5 juillet 1978, n° 6457, *DF,* 1978, n° 46-47, Com. 1824, *RJF* 10/78, p. 276).

Seules de nouvelles modalités de répartition des bénéfices convenues entre les associés sont opposables au fisc, sans pouvoir toutefois comporter d'effet rétroactif (CE, 27 novembre 1974, n° 88113, *RJF* 2/75, p. 78, *DF,* 1975 n° 3, Com. 68, concl. Fabre) et à condition de ne revêtir aucun caractère occulte (CE, 9 juillet 1975, n° 92862, *RJF* 10/75, n° 475, *DF,* 1975, n° 50, Com. 1622, concl. Schmeltz).

Corrélativement, les bénéfices perçus par les associés et par les gérants ne sont point déductibles des bénéfices sociaux puisque les revenus de chaque associé sont ceux-là mêmes réalisés par la société.

De ce principe fondamental, il résulte que la société civile immobilière ne possède pas, s'agissant de l'imposition des revenus locatifs et des plus-values éventuellement réalisées à l'occasion de la cession d'immeubles, de personnalité distincte de celle de ses associés.

Mais ces sociétés conservent par ailleurs leur personnalité morale au regard des obligations, déclarations et de tous autres impôts, justifiant pour ce motif leur dénomination de sociétés semi-transparentes conférée par M. Cozian. Elles doivent fournir une déclaration d'existence et sont tenues de déposer les déclarations annuelles de résultats en application des articles 46 B et 46 C de l'annexe III au CGI. Les taxes foncières afférentes aux immeubles loués sont établies au nom de la société civile immobilière. Et le droit de communication et la procédure de vérification de comptabilité sont exercés auprès de la société civile elle-même (CE, 18 décembre 1978, n° 66517 et 7 décembre 1987, n° 73303, *DF,* 1988, n° 19, Com. 926, *RJF* 2/88, n°s 206 et 184 ; CE, sect., 8 avril 1994, n°s 60405 et 65876, *RJF* 5/94, n° 579, concl. F. Loloum, p. 299).

109 DUALITÉ DE RÉGIME SELON LA QUALITÉ DES ASSOCIÉS. — Le régime de la semi-transparence n'est pas exempt d'ambiguïté dans la mesure où les revenus locatifs, en principe imposables dans la catégorie des revenus fonciers, sont susceptibles d'être répartis entre des associés qui peuvent être des sociétés imposables à l'impôt sur les sociétés ou des entreprises individuelles imposables à l'impôt sur le revenu dans la catégorie des BIC selon le régime du bénéfice réel.

En pareil cas, les revenus locatifs correspondant aux droits détenus par ces sociétés ou entreprises dans le capital de la société civile immobilière doivent-ils être déterminés et imposés selon les règles correspondant à leur nature (les revenus fonciers) ou suivent-ils le régime des revenus perçus par les associés (les BIC ou éventuellement les BA) ?

Infirmant la doctrine administrative, le Conseil d'Etat avait jugé que les bénéfices retirés par une société anonyme correspondant aux parts qu'elle détenait dans le capital d'une société civile qui donnait à bail des locaux commerciaux présentaient le caractère de revenus fonciers dont le montant net, calculé selon les règles applicables aux revenus fonciers, devait être compris dans les bases de l'impôt sur les sociétés dû par la société anonyme (CE, sect., 24 février 1978, n° 97347, *DF,* 1978, n° 41, Com. 1558, concl. Rivière ; *Rev. soc.,* 1978, p. 785, note M. Cozian, *DS* 1979, p. 179, note J.-J. Lenclos, *RJF* 4/78 n° 160).

Infirmant à son tour cette solution, l'administration a fait adopter par le Parlement l'article 8 de la loi de finances rectificative pour 1979, dont les dispositions sont codifiées à l'article 238 *bis* K du CGI. Les modalités de détermination des bénéfices et la nature des plus-values immobilières réalisées dépendent désormais de la qualité de l'associé de la société civile. L'article 27 de la loi du 26 juillet 1991 étend l'application de ces règles en cas de détention par une société de personnes d'une participation dans une autre société de personnes. C'est donc dans la catégorie des BIC ou des BA que sont imposés les bénéfices réalisés par une personne morale passible de l'IS ou par une entreprise industrielle, commerciale, artisanale ou agricole imposable à l'impôt sur le revenu selon un régime de bénéfice réel et correspondant aux droits qu'elle détient dans le capital de la société civile. C'est un exemple remarquable, mais pas exceptionnel de dénaturation d'un revenu, qualifié et déterminé selon des règles qui ne correspondent pas à sa nature réelle (v. par ex. l'article 155 du CGI).

En revanche, dans tous les autres cas, les bénéfices perçus par les associés sont déterminés et imposés conformément à la nature de l'activité de la société civile qui les a réalisés. Les règles d'imposition applicables aux plus-values de cession d'immeubles sociaux ou résultant de la cession de titres par les associés de sociétés à prépondérance immobilière visées à l'article 150 A *bis* du CGI relèvent aussi d'un régime dualiste fondé sur la qualité des associés. Sera donc applicable selon le cas, le régime des plus-values des particuliers (la plus-value étant une plus-value immobilière) ou celui des plus-values professionnelles.

II | Les sociétés immobilières passibles de l'impôt sur les sociétés

Ce sont les sociétés dites « opaques », imposables en tant que personnes morales à l'impôt sur les sociétés, avec toutes les conséquences fiscales qui en résultent, notamment la taxation des bénéfices distribués aux associés, atténuée par la technique de l'avoir fiscal, ainsi que l'imposition forfaitaire annuelle prévue par l'article 233 *septies* du CGI. Au regard de la fiscalité immobilière, leur régime ne présente guère de spécificité et, compte tenu de la double imposition au niveau de la société puis à celui des associés, est assez dissuasif lorsqu'on le compare à celui de la transparence ou de la quasi-transparence fiscale dans lequel la société n'est pas imposable à l'IS (il faut en réalité tenir compte du régime d'imposition des bénéfices et de celui des plus-values). Comme la généralité des sociétés, les sociétés immobilières sont passibles de l'IS, en application de l'article 206 du CGI, soit en raison de leur forme, soit en raison d'une option, soit enfin en raison de leur objet.

110 LES SOCIÉTÉS IMMOBILIÈRES IMPOSABLES EN RAISON DE LEUR FORME. — Aux termes de l'article 206-1 du CGI, sont passibles de l'IS, quel que soit leur objet, les sociétés anonymes, les sociétés en commandite par actions et les SARL (lorsqu'elles n'ont pas opté pour le régime des sociétés de personnes). Il s'ensuit qu'une société anonyme de droit suisse qui possède des immeubles en France entre dans le champ d'application de l'impôt sur les sociétés (CAA Paris, 2 février 1995, n° 94-34, Sté Trax Immobilier AG, *RJF* 4/95, n° 459). L'article 206-4 du CGI y soumet également les sociétés en commandite simple pour la part des bénéfices correspondant aux droits des commanditaires, ainsi que les sociétés en participation, pour les bénéfices distribués aux associés qui ne sont pas indéfiniment responsables ou dont les noms et adresses n'ont pas été indiqués à l'administration. Il en va également ainsi des EURL (entreprises unipersonnelles à responsabilité limitée) créées par une personne morale. En outre, selon la doctrine administrative, non confirmée par la jurisprudence, sont passibles de l'IS les sociétés à forme civile qui revêtent en fait le caractère de sociétés de capitaux.

Enfin, les associations et collectivités non soumises à l'IS en vertu d'une autre disposition sont assujetties audit impôt, au taux de 24 % pour les revenus qu'elles tirent de la location d'immeubles dont elles sont propriétaires, de l'exploitation de propriétés agricoles ou forestières et de dividendes de sociétés immobilières (art. 206-5 du CGI).

Toutefois, le principe selon lequel les sociétés précitées sont passibles de l'IS en raison de leur forme comporte une importante exception au profit des sociétés immobilières de copropriété transparentes visées à l'article 1655 *ter* du CGI, puisque ces sociétés relèvent d'un régime de transparence fiscale quelle que soit leur forme juridique (v. n°s 117 et s.).

111 LES SOCIÉTÉS IMMOBILIÈRES IMPOSABLES SUR OPTION. — L'article 206-3 du CGI soumet à l'IS, lorsqu'elles optent pour leur assujettissement à cet impôt dans les conditions prévues à l'article 239 du CGI, les sociétés en nom collectif, les sociétés en commandite simple, les sociétés en participation, les entreprises unipersonnelles à responsabilité limitée dont l'associé unique est une personne physique, les exploitations agricoles à responsabilité limitée visées à l'article 8-5° du CGI.

L'administration a étendu le champ d'application de l'article 206-3 du CGI en reconnaissant la faculté d'option aux sociétés civiles de personnes, sur le fondement d'une circulaire du 10 août 1949, dont les termes furent toujours confirmés par la doctrine administrative postérieure. Dès lors qu'il s'agit d'une option qui n'était prévue par aucun texte légal, le Conseil d'Etat reconnaissait aux sociétés civiles qui l'avaient exercée la possibilité d'y renoncer à tout moment et de contester devant le juge de l'impôt les impositions établies sur son fondement (CE, 7 octobre 1987, n°s 66210 et 66211, *RJF* 11/87, n° 1124, *DF,* 1988, n° 9, Com. 439, concl. Martin Laprade ; 7 octobre 1987, n°s 49773 et 49774, *DF,* 1988, n° 5, Com. 158, concl. Martin Laprade, *RJF* 11/87, n° 1085).

L'article 61 de la loi de finances rectificative pour 1992 légalise cette doctrine infirmée par le Conseil d'Etat et valide rétroactivement les options exercées avant son entrée en vigueur (*DF,* 1993, n° 1-2, Com. 2). Toutefois ne sont pas autorisées à opter pour l'IS les sociétés civiles de construction-vente, les sociétés civiles de placement immobilier et les sociétés immobilières de copropriété transparentes. Les sociétés de personnes issues de la transformation de sociétés de capitaux peuvent désormais opter pour l'impôt sur les sociétés lors de cette transformation.

Cette option doit être notifiée au plus tard avant la fin du 3e mois de l'exercice au titre duquel l'entreprise souhaite être soumise pour la première fois à l'impôt sur les sociétés (rédaction issue de l'article 31 de la loi de finances rectificative pour 1990 ; la rédaction antérieure prévoyait qu'elle devait être notifiée dans les trois premiers mois de chaque année). Cette mesure a eu pour objet de faciliter l'exercice de l'option par les sociétés civiles dont l'exercice ne coïncide pas avec l'année civile.

Les modalités techniques de cette option, peu usitée en pratique, sont prévues par les articles 22 et 23 de l'annexe IV au CGI. Elle doit être signée par l'ensemble des associés ou participants (CE, 15 décembre 1986, n°s 48700 et 48701, *DF,* 1987, n° 52, Com. 2331, *RJF* 2/87, n° 146, concl. Ph. Martin, p. 79) et elle est irrévocable.

L'option exercée par une société civile pour son assujettissement à l'impôt sur les sociétés équivaut à une cessation d'entreprise entraînant l'imposition immédiate des bénéfices réalisés prévue par l'article 201 du CGI. Toutefois cette conséquence est écartée par l'article 202 *ter* du CGI à la triple condition qu'il n'y ait pas création d'une nouvelle personne morale, qu'aucune modification ne soit apportée aux écritures comptables et que l'imposition des bénéfices ou plus-values demeure possible sous le nouveau régime fiscal. Ces dispositions ont été complétées par le nouvel article 202 *ter* II du CGI issu de l'article 37 A de la 2e loi de finances rectificative pour 1993 (*DF,* 1994, n° 1-2, Com. 2).

Lorsqu'elle est valablement exercée, l'option a pour effet de soumettre les sociétés civiles au même régime fiscal que les sociétés de capitaux. Elles sont redevables de l'IS sur l'ensemble des bénéfices réalisés et, à défaut de bénéfices, elles doivent acquitter l'imposition forfaitaire annuelle prévue par l'article 223 *septies* du CGI. Les produits et toutes les sommes perçues par les associés et qui ne rémunèrent pas une fonction ou un service sont imposables entre leurs mains à l'impôt sur le revenu dans la catégorie des revenus de capitaux mobiliers (CE, 28 novembre 1979, n° 10816, *DF,* 1980, n° 7, Com. 320, *RJF* 2/80, p. 81 ; 12 décembre 1973, n° 86166 *DF,* 1974, n° 13, Com. 369.

Les traitements, remboursements forfaitaires de frais et toutes autres rémunérations versées aux dirigeants sont déductibles des bénéfices sociaux dans les conditions prévues à l'article 211 du CGI (alors que les rémunérations perçues par les associés des sociétés relevant de l'article 8 du CGI ne sont pas déductibles des bénéfices sociaux, v. n° 108).

Les rémunérations versées aux associés gérants des sociétés civiles ayant exercé l'option pour l'IS présentent le caractère de BNC selon une doctrine administrative ancienne et constante. En revanche, les rémunérations versées aux associés gérants des autres sociétés de personnes ayant exercé l'option pour l'IS, ou des sociétés civiles soumises à l'IS en raison de leur objet sont imposables selon les règles de l'article 62 du CGI (v. n° 208).

112 LES SOCIÉTÉS CIVILES IMMOBILIÈRES IMPOSABLES EN RAISON DE LEUR OBJET. — Ce sont, aux termes de l'article 206-2 du CGI toutes les sociétés civiles (excepté les sociétés civiles de construction-vente visées par l'article 239 *ter* du CGI), qui se livrent à une exploitation ou à des opérations visées aux articles 34 et 35 du CGI, c'est-à-dire à des opérations de nature industrielle et commerciale. Le champ d'application de cette disposition est très large dès lors que les deux articles précités sont inspirés par une conception extensive de la commercialité en droit fiscal entraînant la dénaturation d'activités que les associés peuvent raisonnablement et en toute bonne foi considérer comme présentant un caractère civil (M. Cozian, une disposition fiscale « attrape nigaud » : la soumission à l'impôt sur les sociétés des sociétés civiles à objet commercial. *DF,* 1979, n° 40, doctr. ; *Grands principes de la fiscalité des entreprises,* Litec, 1986, p. 358).

Sont déchues du régime de la transparence fiscale visé par l'article 8 du CGI les sociétés civiles qui exercent une activité de gestion d'affaires (CE, 25 juillet 1980, n° 16503, *DF,* 1980, n° 43, Com. 2128, *RJF* 11/80, n° 857), une activité commerciale de construction de bâtiments sur le sol d'autrui (CE, 24 février 1988, n° 59762, *DF,* 1988, n° 28, Com. 1453, concl. O. Fouquet, *RJF* 4/88, n° 380), une activité immobilière assimilée à une activité industrielle ou commerciale par l'article 35 du CGI (marchand de biens, intermédiaire, lotisseur, constructeur, etc.) ou qui exercent une activité de location d'immeuble imposable dans la catégorie des BIC en vertu des textes ou de la jurisprudence (v. n° 153).

C'est en application de ces dispositions que sont imposables en France à l'impôt sur les sociétés les loyers perçus ou qui auraient dû être exigés par des sociétés ou personnes morales de droit étranger, notamment liechtensteinois (CE, 18 janvier 1984, n° 24343, *RJF* 3/84, p. 151, *DF,* 1984, n° 27, Com. 1307, concl. Mme Latournerie ; 18 mars 1985, n° 38104, *RJF* 5/85, n° 690, *DF,* 1985, n° 29, Com. 1322, concl. M. de Guillenschmidt ; 24 février 1986, n°s 54253 et 54256, *RJF* 4/86, n° 353, *Rev. soc.* 2/86, n° 268, concl. O. Fouquet, *DF,* 1986, n° 20-21, Com. 997 ; CE, 12 février 1992, n° 79523, *DF,* 1993, n° 30, Com. 1537, concl. M.-D. Hagelsteen, *RJF* 4/92 n° 482).

Les effets conjugués de la définition extensive de la commercialité et du caractère attractif des BIC soulèvent la question de savoir quelle proportion d'actes commerciaux est susceptible de dénaturer l'activité principalement civile d'une société immobilière et d'entraîner son assujettissement à l'IS pour l'ensemble des bénéfices réalisés.

A défaut de seuil prévu par les textes, l'application littérale de l'article 206-2 du CGI entraîne cette déchéance lorsqu'une société civile se livre, même accessoirement ou occasionnellement, à une exploitation ou à des opérations de nature industrielle ou commerciale visées aux articles 34 et 35 du CGI (CE, 4 novembre 1992, n° 84219, GFA Château Clos-Lafitte, *RJF* 1/93, n° 26 ; CE, 9 mai 1990, n° 87503, SCI Sainte-Catherine, *RJF* 7/90, n° 811, *DF,* 1990, n° 28, Com. 1359 et 1382 ; v. chr. Mme Liebert-Champagne, *RJF,* janvier 1988, p. 3).

Aussi, prenant en compte l'impossibilité de constituer des secteurs distincts en matière d'IS, l'administration a-t-elle atténué la rigueur de cette règle en prévoyant que les sociétés civiles ne sont pas redevables de l'IS lorsqu'elles réalisent un montant de recettes commerciales inférieur à 10 % de leurs recettes totales. Le seuil est apprécié d'après une moyenne établie sur l'année en litige et les trois années antérieures afin d'atténuer les effets d'un dépassement accidentel du seuil précité (Rép. Berger, *JO, Déb. AN,* 11 mai 1981, p. 2009, n° 33593, *DF,* 1981, n° 33-39, Com. 1656).

Section II
Les nouveaux types de sociétés immobilières exonérées de l'impôt sur les sociétés

113 UNITÉ APPARENTE ET DIVERSITÉ RÉELLE DES RÉGIMES APPLICABLES. — C'est une vaste catégorie hétérogène, groupant des sociétés dont la dimension, la forme, l'objet sont différents, mais dont le caractère commun réside dans leur non-assujettissement à l'impôt sur les sociétés. Le contribuable, personne physique ou morale, dispose ainsi d'une large liberté de choix pour créer une société immobilière ou en devenir associé, en fonction des objectifs qu'il poursuit et de l'activité sociale exercée.

Le non-assujettissement à l'IS peut avoir différentes causes qui fondent les différents régimes relatifs aux revenus perçus par les associés et aux plus-values de cession réalisées :

— tantôt les sociétés immobilières sont placées hors du champ d'application de l'IS parce qu'elles relèvent, en vertu de la loi du régime de semi-transparence prévu par l'article 8 au bénéfice des sociétés immobilières de gestion patrimoniale nonobstant leur activité de nature industrielle ou commerciale ou leur mode de fonctionnement ;

— tantôt, c'est la notion de transparence fiscale qui, en éludant sur le plan fiscal l'écran constitué par la personnalité morale de la société, conduit à l'exonérer de l'IS ;

— tantôt, la personnalité juridique et fiscale de la société immobilière produit tous ses effets de droit, mais la loi exonère expressément ces sociétés du paiement de l'IS qu'elles seraient normalement tenu d'acquitter eu égard à leur forme et à leur objet.

I | Les sociétés immobilières relevant de l'article 8 par détermination de la loi

Ce sont des sociétés qui en application des règles de droit commun, ne pourraient être imposées selon les règles de l'article 8 du CGI, soit parce que leur objet de nature industrielle ou commerciale les place dans le champ d'application de l'impôt sur les sociétés, soit parce que leurs modalités de fonctionnement sont incompatibles avec les principes régissant les sociétés civiles. Mais elles sont fiscalement assimilées aux sociétés de personnes visées à l'article 8 du CGI par l'effet d'une fiction fiscale destinée à encourager la construction immobilière et les placements financiers dans la pierre.

A - Les sociétés civiles de construction-vente

C'est le strict respect de l'objet social qui conditionne le bénéfice du régime des sociétés de personnes, la jurisprudence fiscale révélant néanmoins une certaine largeur de vue quant à l'application de cette condition, sans dissiper toutes les ambiguïtés et offrir une indispensable sécurité juridique.

114 Application conditionnelle du régime des sociétés de personnes a des sociétés commerciales par leur objet. — L'achat de terrains ou d'immeubles bâtis en vue d'édifier des bâtiments, puis de les vendre, en bloc ou par locaux, présente, aux termes mêmes de l'article 35-I-1°, alinéa 2 du CGI un caractère industriel ou commercial (v. n°s 41 et 42). Dès lors, une activité de cette nature exercée par une société civile la rend passible de l'impôt sur les sociétés, en vertu de l'article 206-2 du CGI (v. n° 112). Aussi dans le but d'encourager la construction immobilière en faisant bénéficier les associés du régime alors très favorable des profits de construction, le législateur a adopté l'article 28 de la loi n° 64-1278 du 23 décembre 1964, dont les dispositions furent codifiées à l'article 239 *ter* du CGI, afin de placer hors du champ d'application de l'impôt sur les sociétés les sociétés civiles ayant pour objet la construction d'immeubles en vue de la vente, réunissant trois séries de conditions énumérées par le texte.

En conséquence, ces sociétés commerciales par leur objet sont soumises au même régime que les sociétés en nom collectif effectuant les mêmes opérations, les associés étant imposés en proportion de leurs droits dans la société civile et suivant le régime qui leur est propre (impôt sur le revenu dans la catégorie des BIC ou impôt sur les sociétés). Sont dès lors déductibles du revenu global ou des bénéfices des associés les pertes subies par la société de construction-vente (CE, 5 avril 1993, n° 84766, Sté Promex, *RJF* 5/93, n° 663 ; 10 janvier 1990, n° 62775, *DF,* 1990, n° 23-24, Com. 1115, *RJF* 3/90, n° 245). Ils ne peuvent toutefois constituer une provision pour tenir compte des résultats déficitaires de la société (CE, 3 juin 1994, n° 123220, *RJF* 8-9/94, n° 892, *DF,* 1995, n° 20, Com. 1086).

La succession, puis la disparition à compter du 1er janvier 1987, des régimes temporaires applicables aux profits de construction n'ont pas entraîné la remise en cause de ce régime fiscal de faveur.

Il ne concerne que l'imposition des bénéfices, les SCI de construction-vente étant soumises au règles de droit commun en matière de TVA et de droit d'enregistrement. Ces sociétés ont été dotées sur le plan civil d'un statut juridique particulier par la loi n° 71-649 du 16 juillet 1971 dont les dispositions sont codifiées aux articles L. 211-1 à L. 211-4 du Code de la construction. Elles ont connu un essor considérable (plus de 13 500 sociétés de ce type étaient recensées en 1989), en raison de la souplesse de leur statut et de l'inadaptation de celui des sociétés voisines.

Sous peine d'être déchues, pour l'exercice en cours et les exercices suivants, du régime institué par l'article 239 *ter* du CGI, les sociétés de construction-vente sont tenues de remplir les trois conditions prévues par le texte. Elles doivent d'abord être constituées sous la forme de sociétés civiles (l'article 239 *ter* prévoit qu'elles ne doivent pas être constituées sous la forme de sociétés par actions ou de SARL). Ensuite, leurs statuts doivent prévoir la responsabilité indéfinie des associés en ce qui concerne le passif social. La troisième condition s'avère la plus contraignante dans la mesure où l'article 239 *ter* subordonne le bénéfice du régime spécial au respect de l'objet social, c'est-à-dire la construction d'immeubles en vue de la vente, soit directement, soit par l'intermédiaire de sociétés visées à l'article 1655 *ter* du CGI.

115 PRINCIPE ET LIMITES DU CARACTÈRE EXCLUSIF DE L'OBJET SOCIAL. — Cette condition, dont l'application a été à maintes reprises précisée par l'administration et interprétée par le juge de l'impôt, n'interdit pas l'exercice d'autres activités, exercées conjointement avec celle de la construction en vue de la vente, dès lors qu'elles sont purement civiles (par exemple la location d'immeubles nus en attendant qu'ils trouvent acquéreur). Elle interdit l'exercice d'autres activités de caractère industriel ou commercial, conjointement avec celle d'achat de terrains en vue de leur construction et de la vente. L'exclusivité de l'objet social, qui conditionne l'application du régime fiscal prévu par l'article 8 du CGI, est une exigence rigoureuse. Ainsi les sociétés immobilières de construction-vente ne sauraient revendiquer le bénéfice de la doctrine précitée selon laquelle les sociétés civiles qui réalisent des recettes commerciales accessoires d'un montant inférieur à 10 % de leur recettes totales ne sont pas assujetties à l'impôt sur les sociétés (Rép. Wolff, *JO, Déb., AN,* 19 juillet 1982, p. 2990, n° 4006, *DF,* 1982, n° 43, Com. 1985).

Par conséquent les sociétés de l'article 239 *ter* doivent limiter leur activité à des opérations de construction en vue de la vente sans l'étendre à des opérations, même liées à la construction, réputées commerciales par les articles 34 et 35 du CGI.

Ainsi excède les limites de l'objet social définies par l'article 239 *ter* du CGI une société civile qui, outre l'exercice de l'objet statutaire, acquiert une villa qu'elle revend après l'avoir transformée et divisée en lots (CE, 5 avril 1978, n° 1211, *RJF* 6/78, n° 289, *DF,* 1978, n° 39, Com. 1389; 5 octobre 1988, n° 62247, *RJF* 11/88, n° 1241, *DF,* 1989, n° 8, Com. 310), bien que depuis l'entrée en vigueur de la loi du 19 juillet 1976 les profits de lotissements ne présentent plus nécessairement le caractère de BIC).

La déchéance est également encourue et la société devient passible de l'impôt sur les sociétés si elle revend en l'état les terrains sans avoir réalisé les travaux de construction, puisqu'elle se comporte en réalité comme un marchand de biens. Encore faut-il que les cessions de terrains présentent un caractère habituel (CE, 26 février 1990, n° 41140, *DF,* 1990, n° 27, Com. 1294, *RJF* 4/90, n° 392 ; CAA Nancy, 3 juin 1993, Lagier, *RJF* 8-9/93, n° 1112) ou qu'à travers l'unique cession réalisée apparaisse l'activité de marchand de biens des associés (CE plénière, 18 mai 1983, n° 29524, *Rec.* 200, *DF,* 1984, n° 9, Com. 400, *RJF* 7/83, n° 862, concl. Schricke, p. 384).

Par ailleurs, l'exécution de travaux de rénovation ne saurait être assimilée à des travaux de construction seuls visés par la lettre de l'article 239 *ter* du CGI (CE, 5 octobre 1988, n° 62247, *DF,* 1989, n° 8, Com. 310, *RJF* 11/88 n° 1241).

C'est dire que le respect scrupuleux de l'objet social est une condition indispensable au maintien du régime prévu par l'article 239 *ter* du CGI. La jurisprudence révèle un formalisme rigoureux puisqu'elle exige que l'objet visé par l'article 239 *ter* soit le motif exclusif de la création de ces sociétés et soit expressément indiqué dans les statuts (CE, 24 février 1988, n° 59762, *DF,* 1988, n° 28, Com. 1453, concl. O. Fouquet, *RJF* 4/88, n° 380).

En réalité, les exigences du commerce et de la clientèle, la rationalité économique et les fluctuations du marché immobilier ont conduit le Conseil d'Etat à atténuer la rigueur de la doctrine administrative et à admettre que l'exercice d'une activité autre que la construction en vue de la vente ne dénature pas nécessairement l'objet social défini par l'article 239 *ter* du CGI, et ne rend pas ces sociétés passibles de l'impôt sur les sociétés.

Ces assouplissements visent essentiellement les sociétés de construction-vente qui ont vendu des terrains en l'état, sans avoir édifié les constructions projetées, celles qui vendent des locaux comportant des équipements mobiliers et enfin celles qui offrent à l'acquéreur du local une garantie minimale de rentabilité.

D'une analyse des circonstances et des mobiles entourant la cession dépend la déchéance ou le maintien du régime prévu par l'article 239 *ter* du CGI (v. n° 130).

B - Les sociétés civiles de placement immobilier

116 L'ESSOR DE LA PIERRE-PAPIER EN FRANCE. — Apparues dans les années 1960, puis régies, à la suite de divers scandales, par la loi n° 70-130 du 31 décembre 1970, ces sociétés ont pour objet exclusif l'acquisition et la gestion d'un patrimoine immobilier locatif, excluant toute activité de construction ou de vente.

Destinées à recueillir les fonds d'épargnants soucieux de placer leurs économies dans l'immobilier sans subir les contraintes qu'éprouve le bailleur d'immeuble, ces sociétés ont connu un essor considérable. Elles présentent un caractère mixte car elles empruntent à la fois au régime des sociétés de capitaux et à celui des sociétés de personnes. Constituées sous la forme de sociétés de personnes, elles sont néanmoins autorisées à faire publiquement appel à l'épargne, par exception à leur nature et à l'interdiction proclamée par l'article 1841 du Code civil. Ainsi la loi a-t-elle prévu des mesures destinées à informer et à protéger les épargnants, en prévoyant notamment le contrôle de la commission des opérations de bourse.

Ces sociétés ont connu un développement important notamment dans l'immobilier professionnel puisque les quelques 260 SCPI représentent une capitalisation supérieure à 85 milliards de francs et gèrent les fonds de plus de 600 000 porteurs de parts. La collecte de fonds dépasse 10 milliards de francs chaque année.

Cette évolution a conduit le législateur à adopter la loi n° 93-6 du 4 janvier 1993, modifiant la loi précitée du 31 décembre 1970 et visant à développer la protection des épargnants, à rendre plus rigoureux le fonctionnement des SCPI, tout en assouplissant les règles relatives à l'objet social. Elles peuvent désormais acquérir à titre accessoire des équipements ou installations nécessaires à l'utilisation des immeubles, procéder à des travaux d'amélioration et enfin céder à titre exceptionnel des éléments de leur patrimoine immobilier (v. *Notes bleues*, n° 602 du 20 au 26 juillet 1992).

Sur le plan fiscal, l'article 35 de la loi du 31 décembre 1970 codifié à l'article 239 *septies* du CGI prévoit que ces sociétés n'entrent pas dans le champ d'application de l'impôt sur les sociétés, chacun de leurs membres étant personnellement passible, pour la part de bénéfices sociaux correspondant à leurs droits dans la société, soit de l'impôt sur le revenu, soit de l'impôt sur les sociétés s'il s'agit de personnes morales relevant de cet impôt.

L'alinéa 2 du même article prévoit qu' « en ce qui concerne les associés personnes physiques soumis à l'impôt sur le revenu dans la catégorie des revenus fonciers, les bénéfices sociaux sont déterminés dans les conditions prévues aux articles 28 à 31 ». Ils peuvent ainsi bénéficier de la déduction forfaitaire au taux majoré (de 35 ou 25 % selon le cas) prévue par l'article 31 du CGI. Les souscripteurs de parts de SCPI bénéficient de la réduction d'impôt en faveur de l'investissement immobilier locatif dans les conditions prévues par les articles 199 *decies* et 199 *decies* A du CGI. Les cessions de parts de SCPI sont soumises au régime des plus-values immobilières.

II | Les sociétés immobilières relevant du régime de la transparence fiscale

On a coutume de réserver l'appellation de sociétés transparentes à deux types de sociétés, à savoir les sociétés immobilières de copropriété transparentes, qui ont permis de définir la notion, et les sociétés de pluripropriété, dont l'objet est différent, mais qui suivent les mêmes principes d'imposition.

A - Les sociétés immobilières de copropriété transparentes

Si l'objet de ces sociétés était déjà celui des sociétés de copropriété, dont le statut remontait à la loi du 2 juin 1938, en revanche le statut fiscal établi en 1963 est original en ce qu'il repose sur la notion de transparence fiscale. Il importe de définir cette notion dont le bénéfice est étroitement conditionné par le respect de l'objet social, le statut des immeubles demeurant indifférent.

117 Signification de la transparence fiscale. — La transparence fiscale est volontiers un thème mythique de la fiscalité dans la mesure où elle est présentée comme une curiosité symbolisant la prétendue autonomie du droit fiscal.

Plus objectivement, elle relève d'une technique juridique (la fiction) et fiscale instituée (avec la TVA immobilière) pour parvenir à une neutralité fiscale nonobstant le choix d'une forme de société déterminée ou les formules juridiques utilisées pour la réalisation d'opérations immobilières. C'est une notion légale, relative (elle ne revêt pas une portée générale) et fonctionnelle (comme toutes les techniques juridiques). On peut la définir comme une fiction établie par la loi dans l'intérêt des associés en vue d'atteindre des conséquences fiscales déterminées. Sous réserve de ne pas excéder les limites de l'objet social ces sociétés sont réputées, quelle que soit leur forme juridique, ne pas avoir de personnalité distincte de celles de leurs membres pour l'application des impôts directs, des droits d'enregistrement, de la taxe de publicité foncière ainsi que des taxes assimilées. Tel est le principe constitutionnel de ces sociétés, établi par l'article 30 de la loi n° 63-254 du 15 mars 1963 codifié à l'article 1655 *ter* du CGI, et qui entraîne leur exonération de l'IS. Par la suite, le titre II de la loi du 16 juillet 1971 a pourvu d'un statut particulier ces sociétés « constituées en vue de l'attribution d'immeubles aux associés par fractions divises ».

Les associés sont réputés devenir propriétaires des immeubles dès que la société les a construits ou acquis. La transparence fiscale va au-delà d'une simple technique fiscale applicable aux sociétés visées par l'article 1655 *ter* du CGI. Elle implique la négation même, sur le plan fiscal, de l'être moral que constitue la société. Ce sont fiscalement des personnes invisibles lorsque les conditions légales sont remplies ; mais la personnalité réapparaît lorsque ces conditions font défaut ainsi qu'à l'égard des impôts non visés par le texte. La transparence ou si l'on préfère la personnalité fiscale de ces sociétés est donc foncièrement contingente et intermittente.

Cette transparence fiscale correspond à la réalité économique et sociologique puisque l'objet de ces sociétés d'attribution est de conférer la jouissance gratuite d'une fraction d'immeubles aux associés.

118 PORTÉE. — Lorsque les conditions énoncées par l'article 1655 *ter* du CGI, relatives notamment au respect de l'objet social sont remplies, il est fait abstraction de la personnalité de la société pour l'application des impôts énumérés par ledit article, alors même qu'elle revêtirait la forme d'une société de capitaux.

Les associés sont placés dans la même situation que s'ils possédaient privativement les immeubles acquis ou construits par la société.

Si l'apport d'un terrain à bâtir à une telle société équivaut à une cession qui dégage une plus-value imposable (laquelle bénéficie d'un report de taxation dans les conditions prévues par l'article 238 *decies* II du CGI), il n'en va pas de même lorsque l'apport concerne un immeuble bâti ou non bâti autre qu'un terrain à bâtir (sauf si les autres associés acquièrent des droits sur cet immeuble).

La dissolution de la société et le partage en nature pur et simple qui en résulte ne dégagent aucune plus-value taxable puisque les associés étaient dès l'origine réputés propriétaires des immeubles acquis ou construits par la société.

Les cessions de droits sociaux portent en réalité sur des immeubles et sont imposables soit selon le régime des plus-values des particuliers (ou au prélèvement de l'article 244 *bis* A du CGI), soit selon le régime des plus-values professionnelles (si les titres sont inscrits à l'actif du bilan d'une entreprise individuelle imposable à l'IR dans la catégorie des BIC ou d'une personne morale imposable à l'IS, ou s'ils sont inscrits à l'actif professionnel d'un titulaire de BNC). Mais c'est le régime des BIC qui est applicable lorsque les profits présentent un caractère habituel (régime des marchands de biens ou prélèvement de l'article 244 *bis* du CGI).

La transparence fiscale conduit à qualifier les revenus locatifs en fonction du statut fiscal de l'associé qui est propriétaire des immeubles loués (revenus fonciers ou BIC selon le cas). Ce sont les associés eux-mêmes qui sont tenus d'acquitter la taxe foncière afférente à la fraction d'immeuble correspondant à leurs droits sociaux.

L'associé qui se réserve la jouissance de l'immeuble n'est pas imposé à raison de l'avantage en nature qui en résulte, et corrélativement ne peut en déduire les charges excepté dans le cadre des réductions d'impôt applicables à l'habitation principale (intérêts des emprunts, dépenses de ravalement, dépenses destinées à économiser l'énergie).

Si l'immeuble est utilisé pour l'exercice d'une activité professionnelle, la transparence fiscale autorise à déduire la part correspondante des charges supportée par la société transparente, ainsi que les amortissements relatifs aux immeubles dans les conditions prévues par l'article 375 de l'annexe II au CGI (sur l'assiette des amortissements : CAA Paris, 5 mars 1991, Sté Unicena et Sté Nekab BV, n°s 2257 et 2258, *DF,* 1991, n° 27, Com. 1365, *RJF* 6/91, n° 736).

Toutefois le champ d'application de la transparence fiscale est étroitement limité aux impositions visées à l'article 1655 *ter* du CGI. Il eût été à la fois impossible et irréaliste de faire abstraction sur le plan fiscal de la personnalité de ces sujets de droits et d'obligations que sont les sociétés de l'article 1655 *ter* du CGI. Il en résulte qu'à l'égard des impositions autres que celles visées par ledit article, ces sociétés possèdent une personnalité fiscale autonome, distincte de celle des associés, pour l'exécution des obligations déclaratives et le paiement des impôts afférents à l'existence et à l'activité des sociétés en général.

Les droits d'enregistrement s'appliquent dans les conditions de droit commun aux actes relatifs à la constitution de ces sociétés, à ceux qui constatent les augmentations de capital ou qui sont relatifs à des attributions exclusives de propriété. La personnalité fiscale de ces sociétés apparaît lors des transformations qui permettent à des sociétés soit de se placer sous le régime de la transparence, soit de renoncer à ce régime et qui sont assimilables à des cessations d'entreprise (Rép. Tiberi, *JO, Déb. AN,* 29 septembre 1980, p. 1416, n° 18950, *DF,* 1980, n° 48-49, Com. 2529).

La personnalité fiscale des sociétés transparentes de l'article 1655 *ter* du CGI apparaît aussi dans les obligations déclaratives qui leur sont imposées (déclaration d'existence et déclarations de résultats), les vérifications de comptabilité étant suivies directement entre l'administration et ces sociétés (art. 373 et 374 de l'annexe II au CGI).

Enfin, la transparence fiscale ne s'applique pas en matière de TVA immobilière (CE plén., 10 juin 1981, n° 12663, *DF,* 1982, n° 5, Com. 211, concl. Lobry, *RJF* 9/81, n° 758). La société de construction transparente est redevable de cette taxe dès l'achèvement de l'immeuble à raison de la livraison à soi-même de ce dernier (v. n° 56). Les entreprises membres de sociétés visées à l'article 1655 *ter* du CGI peuvent opérer la déduction de cette TVA ayant grevé le prix de revient des locaux correspondant à leurs droits dans les conditions prévues par les articles 216 *bis* et 216 *ter* 2° de l'annexe II au CGI).

Ces limites sont autant d'illustrations du caractère conventionnel de la transparence fiscale, fondée sur un texte exprès et non sur la nature des choses.

119 APPRÉCIATION DU CARACTÈRE EXCLUSIF DE L'OBJET SOCIAL. — Aux termes de l'article 1655 *ter* du CGI, les sociétés immobilières de copropriété transparentes doivent avoir pour unique objet :

— soit la construction ou l'acquisition d'immeubles ou de groupes d'immeubles en vue de leur division par fractions destinées à être attribuées aux associés en propriété ou en jouissance ;
— soit la gestion de ces immeubles ou groupes d'immeubles ainsi divisés ;
— soit la location pour le compte d'un ou de plusieurs de leurs membres de tout ou partie des immeubles ou fractions d'immeubles appartenant à chacun de ces membres.

Le respect de l'objet social (qualifié d' « unique objet » par le texte légal) conditionne le bénéfice de la transparence fiscale. Il en résulte que les sociétés de l'article 1655 *ter* du CGI sont déchues du régime fiscal spécial et soumises à l'impôt sur les sociétés lorsqu'elles ne satisfont plus aux conditions précitées définissant l'objet social.

En premier lieu, tel est le cas lorsque la société exerce une autre activité, même civile, étrangère aux prévisions de l'article 1655 *ter* du CGI, conjointement avec celle prévue par les statuts.

Ainsi encourent la déchéance les sociétés de l'article 1655 *ter* du CGI qui exercent une activité de location en meublé (TA Versailles, 31 janvier 1979, n°s 5475 et 6410, *RJF* 9/79, n° 498) ou qui fournissent des services qui ne se rattachent pas directement à la jouissance des immeubles (TA Versailles, 15 février 1979, Sté Résidence du Bois d'Aurouze, *RJF* 9/79, n° 517) ou qui réalisent une opération de lotissement (CE, 29 septembre 1982, n° 22058, *DF,* 1983, n° 14, Com. 664, concl. Ph. Bissara, *RJF* 11/82, n° 1054).

En second lieu, tel est encore le cas lorsque la société s'abstient d'édifier des constructions et cède des terrains à bâtir aux associés, en leur laissant le soin de construire, sans leur donner mandat à cet effet (CE, 6 juillet 1977, n° 2921, *RJF* 9/77, n° 77, *DF,* 1977, n° 38, Com. 1309 ; CE, 29 septembre 1982, n° 22058, *RJF* 11/82, n° 1054, *DF,* 1983, n° 14, Com. 664, concl. Ph. Bissara).

En effet l'acquisition et la construction d'immeubles en vue de leur division et de leur attribution aux associés en propriété ou en jouissance constituent le fondement de l'activité sociale, la gestion et la location de ces biens n'étant que des activités complémentaires exercées sur ces mêmes biens (CAA Nantes, 4 mai 1994, n° 92-315, Pavy, *RJF* 8-9/94, n° 873). C'est la raison pour laquelle la cession de terrains non bâtis est regardée comme étrangère à l'objet social excepté, selon l'administration, lorsqu'il s'agit de cessions immobilières de faible importance, dépourvues de caractère spéculatif et imposées à titre de charges d'aménagement en vertu de la réglementation relative au permis de construire.

Pour sa part, le Conseil d'Etat a jugé que la cession de terrains non bâtis, motivée par l'impossibilité d'obtenir les autorisations de construire nécessaires, n'entraînait pas la déchéance du régime de la transparence fiscale (CE, 17 octobre 1990, n°s 72672 et 72906, *DF,* 1991, n° 15, Com. 803, *RJF* 12/90, n° 1451 ; CE, 28 septembre 1983, n°s 40169, 10335, 40421 et 40931, *RJF* 11/83, n° 1288, *DF,* 1984, n° 18, Com. 920).

En dernier lieu, la déchéance est encourue lorsque la société exerce une activité de location d'immeubles nus pour son propre compte, c'est-à-dire en l'absence de mandat préalablement donné par les associés (CE, 5 novembre 1980, n°s 18274 et 18275, *RJF* 1/81, n° 19, *DF,* 1981, n° 9, Com. 405 et n° 30, ID 6969).

En effet, ces sociétés ont été instituées dans le but de réserver la jouissance des immeubles à leurs associés (et ultérieurement pour leur en attribuer la propriété), finalité qui est méconnue si ces sociétés utilisent ou exploitent pour leur compte lesdits immeubles.

En réalité, des assouplissements ont dû être apportés au caractère exclusif de l'objet social. C'est ainsi que par analogie avec la situation des sociétés de construction-vente visées à l'article 239 *ter* du CGI, l'administration admet que les fournitures et travaux correspondant à des équipements fonctionnels et constituant le complément nécessaire des locaux d'habitation ne font pas perdre aux sociétés de l'article 1655 *ter* du CGI le bénéfice de la transparence fiscale (v. n° 130).

Quant au Conseil d'Etat, il paraît apprécier avec une certaine largeur de vue la condition de l'exclusivité de l'objet social. Il a jugé qu'une société relevant de l'article 1655 *ter* du CGI n'était pas déchue du bénéfice de la transparence fiscale lorsqu'elle a été contrainte de céder les terrains qu'elle avait acquis aux fins de construire, soit en raison de l'impossibilité d'obtenir les autorisations de construire, soit pour les besoins de sa liquidation (CE, 28 septembre 1983, n°s 40169, 40335, 40421, *DF,* 1984, n° 18, Com. 920, concl. Ph. Bissara, *RJF* 11/83, n° 1288 ; 17 octobre 1990, n°s 72672 et 72906, *DF,* 1991, n° 15, Com. 803, *RJF* 12/90, n° 1451, *LPA,* 1990, n° 140, p. 4).

Une extension de l'objet social est également justifiée si la société de l'article 1655 *ter* du CGI agit dans le cadre d'une gestion normale (CE, 1er décembre 1976, n° 88003, *DF,* 1977, n° 5, Com. 123, concl. Martin Laprade, *RJF* 2/77, n° 90).

L'opinion prévaut toutefois que l'interprétation excessivement étroite du caractère exclusif de l'objet social au regard des nécessités économiques explique le faible développement de ce type de société (12e rapport du Conseil des impôts, p. 279).

120 CARACTÈRE INDIFFÉRENT DU STATUT DE L'IMMEUBLE. — A condition d'exercer leur activité dans les limites de l'objet social, la jurisprudence interprète libéralement les conditions ouvrant droit au bénéfice de la transparence fiscale. Le statut des immeubles est à cet égard indifférent, sous un triple aspect.

En premier lieu, le bénéfice de la transparence fiscale n'est pas subordonné à des conditions relatives à l'affectation de l'immeuble. Il peut être occupé personnellement par l'associé (à titre d'habitation principale ou non), donné en location ou encore affecté à l'exercice d'une activité professionnelle.

En second lieu, l'origine des immeubles est indifférente au bénéfice de la transparence fiscale. Il peut s'agir d'immeubles construits par la société ou acquis par elle, selon les modalités juridiques de son choix.

Enfin, le bénéfice de la transparence fiscale n'est nullement subordonné à l'existence d'un droit de propriété dont la société serait titulaire sur les immeubles qu'elle gère, selon une importante jurisprudence de la Cour de cassation fondée sur l'absence d'une telle exigence dans la lettre de l'article 1655 *ter* du CGI.

Cette solution, qui infirme la doctrine administrative, permet aux sociétés concessionnaires de dépendances du domaine public et à celles qui recourent au crédit-bail immobilier de bénéficier du régime de la transparence fiscale (Cass. com., 6 janvier 1975, Sté Garage Saint-Augustin Bergson, *JCP,* 1976, éd. N II, 18274 *bis,* Dalloz, 1976, p. 1, note M. Cozian, relatif à une société qui avait pour unique objet de transférer à ses actionnaires la jouissance d'emplacements de parking appartenant au domaine public de la ville de Paris). Par analogie, cette solution est applicable aux sociétés qui confèrent à leurs membres la jouissance d'emplacements dans les ports de plaisance ou dans les terrains de camping (Rép. Fosset *JO, Déb. Sénat,* 16 septembre 1981, p. 1457, n° 264, *DF,* 1987, n° 45, Com. 1976).

B - Les sociétés de pluripropriété

C'est une catégorie de société dont l'objet particulier a justifié l'application d'un régime fiscal spécifique empruntant des éléments à celui de la transparence fiscale.

121 DIVERSITÉ DE L'OBJET SOCIAL. — Les sociétés visées à l'article 239 *octies* du CGI, couramment dénommées sociétés de pluripropriété, mais auxquelles le législateur fiscal n'a attribué aucune dénomination particulière, sont des personnes morales qui revêtent la forme de sociétés de capitaux ou de sociétés civiles, qui sont passibles de l'impôt sur les sociétés et qui ont pour objet de transférer gratuitement à leurs membres, pendant un temps déterminé, la jouissance d'un bien meuble ou immeuble. Répondant à des besoins nouveaux, elles ont connu un développement considérable au cours des dernières années dans les domaines les plus divers (et pas seulement dans celui des loisirs) ; elles présentent une importance économique primordiale.

La pratique leur a conféré des appellations variées et fortement évocatrices (multivacances, multiséjours, propriété à temps partiel, propriété sur mesures, propriété saisonnière, multipropriété, propriété spatio-temporelle, propriété à temps partagé, etc.).

Ces sociétés ont d'abord été pourvues d'un régime fiscal spécifique par l'article 6 de la loi de finances rectificative du 27 décembre 1975, codifié aux articles 239 *octies* et 261 A du CGI, avant que le législateur ne définisse le statut juridique d'une catégorie de ces sociétés, à savoir les sociétés d'attribution d'immeubles en jouissance à temps partagé, par la loi n° 86-18 du 6 janvier 1986 (*JO,* du 8 janvier 1986, *JCP,* 1986, III, 58205).

Aux termes de l'article 1er de la loi : « Les sociétés sont constituées en vue de l'attribution, en totalité ou par fractions, d'immeubles à usage principal d'habitation en jouissance par périodes aux associés auxquels n'est accordé aucun droit de propriété ou autre droit réel en contrepartie de leurs apports. »

Elles ont pour objet la construction ou l'acquisition des immeubles, l'acquisition des meubles servant à leur équipement, la fourniture de services et le fonctionnement des équipements collectifs.

Entrent aussi dans la vaste catégorie des sociétés de pluripropriété les sociétés concessionnaires de ports de plaisance ou de parkings (les actionnaires ayant la jouissance d'un anneau de mouillage ou d'une place de stationnement pour leur véhicule), les sociétés qui ont pour objet de transférer à leurs associés la jouissance d'un bien meuble (tels que bateaux de plaisance, voitures, chevaux) et selon l'administration, les sociétés civiles qui ont pour objet la location non meublée de leur patrimoine immobilier ou qui confèrent la jouissance gratuite de leur immeubles à des associés ou à des tiers, à l'exclusion de toute fourniture ou prestation de caractère commercial (instruction du 27 janvier 1976, *BODGI* 5 D-I-76, *DF,* 1976, ID 5026).

122 SPÉCIFICITÉ DE L'OBJET SOCIAL. — Ces sociétés présentent deux caractéristiques fondamentales concernant leur objet.

En premier lieu, ces sociétés sont commerciales par leur objet (et aussi par leur forme, car elles revêtent souvent la forme de sociétés de capitaux), puisqu'elles exercent une activité d'administration d'immeubles, offrent des services, notamment l'occupation d'un logement meublé. Elles sont pour ce motif redevables de la taxe professionnelle (TA Marseille, 15 février 1979, Sté Résidence du Bois d'Aurouze, *RJF* 9/79, n° 519).

En second lieu, l'objet de ces sociétés est de transférer gratuitement la jouissance de biens meubles ou immeubles à leurs associés. Cet objet diffère sous un double aspect de celui prévu pour les sociétés de l'article 1655 *ter* du CGI. D'abord en ce qu'il exclut un quelconque transfert de propriété au bénéfice des associés, alors que les sociétés de l'article 1655 *ter* ont précisément pour objet l'attribution d'immeubles ou de fractions d'immeubles en propriété ou en jouissance au bénéfice des associés. Il s'ensuit que l'expression couramment utilisée de pluri- ou multipropriété est juridiquement inexacte dans la mesure où l'associé acquiert des actions ou des parts lui assurant seulement un droit de jouissance, à l'exclusion de tout droit de propriété sur un meuble ou un immeuble. Ce sont d'ailleurs les sociétés de pluripropriété qui sont redevables, en tant que propriétaires des immeubles, des taxes foncières. Pour des raisons pratiques (tenant à l'existence d'une jouissance à temps partagé, qui rendait arbitraire la détermination du redevable de la taxe à la date du 1er janvier) elles sont également redevables de la taxe d'habitation afférente aux locaux, bien qu'elles n'en aient pas la jouissance, en vertu de l'article 106 de la loi de finances pour 1991, qui entérine sur ce point la doctrine administrative.

Toutefois le langage courant rejoint la réalité fiscale dans la mesure où les cessions de parts ou d'actions de ces sociétés sont assimilées fiscalement à des cessions d'immeubles pour l'application de la TVA immobilière et des droits d'enregistrement (art. 257-7°-1, 728 et 729 du CGI, v. nos 58 et s., 139).

Ensuite le droit de jouissance peut porter sur des meubles et comprendre la fourniture de services, alors que l'exercice de telles activités excède les limites de l'objet social assigné aux sociétés transparentes par l'article 1655 *ter* du CGI (TA Marseille, 15 février 1979, Sté Résidence du Bois d'Aurouze, préc.).

Il s'ensuit que le régime fiscal des sociétés de pluripropriété peut être revendiqué par les sociétés de l'article 1655 *ter* du CGI qui ne rempliraient plus les conditions strictes relatives à l'exclusivité de l'objet social, par exemple parce qu'elles attribuent en jouissance des locaux meublés, fournissent des services qui ne se rattachent pas directement à la jouissance des immeubles ou effectuent des opérations commerciales accessoires (Rép. Fosset, *JO, Déb. Sénat,* 16 septembre 1981, p. 1457, n° 264, *DF,* 1981, n° 45, Com. 1978, *JCP,* 1981, éd. N, Prat. 8075).

123 UN RÉGIME FISCAL LARGEMENT FAVORABLE. — Il se caractérise par de très larges exonérations fiscales ainsi que par l'assimilation des cessions de titres à des cessions d'immeubles. L'exonération d'impôt sur les sociétés et d'impôt sur le revenu déroge à l'application des règles du droit commun qui conduiraient à inclure dans l'assiette de l'impôt sur les sociétés la valeur de l'avantage en nature constitué par la mise à la disposition gratuite d'un appartement au bénéfice d'un actionnaire, sans qu'un intérêt social justifie une telle opération. Un tel avantage en nature constitue en principe pour son bénéficiaire un revenu distribué imposable à l'impôt sur le revenu (CE, 14 avril 1976 nos 92197 et 97260, *DF,* 1976, n° 42, Com. 1479, concl. Fabre, *RJF* 6/76, p. 203).

Aussi, afin d'encourager la mise en commun des biens les plus divers, le gouvernement a fait adopter par le Parlement le texte de l'article 6 de la loi de finances rectificative du 27 décembre 1975, codifié à l'article 239 *octies,* et qui prévoit une double exonération fiscale.

D'abord une exonération d'impôt sur les sociétés au bénéfice de la société et ensuite une exonération de la valeur nette de l'avantage en nature conféré aux associés, cet avantage ne présentant pas le caractère d'un revenu distribué entre les mains des bénéficiaires. Toutefois, par exception la valeur nette de l'avantage en nature est soumise à l'impôt (dans la catégorie des BIC) si le bénéficiaire est une personne morale passible de l'impôt sur les sociétés ou une entreprise imposable à l'IR selon les règles des BIC.

L'exonération dont bénéficie un particulier à raison de la valeur nette de l'avantage en nature est fondée sur la volonté du législateur de placer les associés dans la même situation que s'ils étaient les propriétaires directs du bien dont la jouissance leur a été attribuée sous le couvert de la société de pluripropriété (les revenus des logements dont les propriétaires se réservent la jouissance n'étant pas soumis à l'IR, en vertu de l'article 15-II du CGI). L'exonération de l'IS entraîne celle de l'imposition forfaitaire annuelle.

Toutefois, les exonérations d'impôt sur les sociétés, d'impôt sur le revenu (dans la catégorie des revenus de capitaux mobiliers) ou de l'imposition forfaitaire annuelle sont remises en cause si la société de pluripropriété réalise avec des tiers des opérations productives de recettes, à moins qu'il ne s'agisse d'opérations accessoires n'excédant pas 10 % de leurs recettes totales ou résultant d'une obligation imposée par la puissance publique.

Au regard de la TVA, les sociétés de pluripropriété bénéficient d'une exonération à raison des services fournis à leurs membres, à la triple condition qu'ils soient indispensables à l'utilisation des biens, qu'ils ne s'adressent qu'aux seuls membres de la société et que les sommes versées correspondent à la quote-part de chaque membre dans les dépenses communes (art. 261 A du CGI).

Enfin, la notion de transparence fiscale conduit à assimiler les cessions de droits sociaux à des cessions d'immeubles, au regard de l'application de la TVA immobilière, des droits d'enregistrement et de l'imposition des plus-values de cession de droits sociaux. Les titulaires d'un droit de jouissance sur les biens (et non d'un droit de propriété, v. n° 122) sont fiscalement assimilés aux propriétaires directs des immeubles lorsqu'ils procèdent à une cession de leurs titres (Rép. Hage, *JO, Déb. AN,* 15 décembre 1986, p. 4854, n° 10206, *DF,* 1987, n° 9, Com. 443, *JCP,* 1987, éd. N, Prat. 65, note du 18 juin 1981, *DF,* 1981, n° 29, ID 6955).

Seules des cessions de titres effectuées à titre habituel et spéculatif sont imposées dans la catégorie des BIC dans les conditions de droit commun (art. 35-I-1° du CGI).

III | LES SOCIÉTÉS IMMOBILIÈRES D'INVESTISSEMENT

124 DES INSTRUMENTS D'INTERVENTION DE L'ÉTAT DANS LE DOMAINE ÉCONOMIQUE ET SOCIAL. — Apparues en 1963 avec les sociétés immobilières d'investissement et les sociétés immobilières de gestion, ces sociétés sont soumises à un régime fiscal particulier, comportant notamment une exonération d'impôt sur les sociétés, dès lors qu'elles exercent leur activité conformément à l'objet social prévu par les textes institutifs et dans le respect des dispositions statutaires préalablement approuvées par le ministre de l'économie et des finances.

Ce sont des instruments d'intervention de la puissance publique dans le domaine économique et social et qui bénéficient d'un régime fiscal spécial en contrepartie des sujétions imposées par l'Etat. Elles diffèrent donc profondément des sociétés immobilières constituées librement par des personnes physiques ou morales, dans leur intérêt strictement privé, ou de celles qui bénéficient d'un régime fiscal particulier dans un but de neutralité fiscale.

L'interventionnisme fiscal devant s'adapter aux évolutions de la conjoncture il en a résulté de nombreuses modifications affectant à la fois l'objet social et le régime fiscal de ces sociétés. L'objet de ces sociétés a été étendu à un double titre. En premier lieu, alors que seule l'exploitation d'immeubles locatifs affectés à l'habitation justifiait le bénéfice d'un régime fiscal spécial, le législateur a institué de nouveaux types de sociétés bénéficiant du même régime et poursuivant des objets différents dans le domaine industriel.

En second lieu, les nécessités pratiques ont conduit le législateur et l'administration à étendre le champ d'application de l'objet social, sans que le régime fiscal de faveur soit remis en cause.

Enfin, s'agissant des sociétés immobilières pour le commerce et l'industrie, le législateur a estimé en 1991 que l'évolution de la conjoncture justifiait l'abandon du régime fiscal spécial prévu au bénéfice de ces sociétés.

Il en résulte un alignement de leur fiscalité sur le régime de droit commun des sociétés de capitaux.

Au modèle originaire, constitué par les sociétés immobilières d'investissement et de gestion sont venus s'ajouter des types dérivés dans le domaine de l'industrie.

125 LE MODÈLE ORIGINAIRE : LES SOCIÉTÉS IMMOBILIÈRES D'INVESTISSEMENT. — Instituées par l'article 33 de la loi du 15 mars 1963 portant réforme de l'enregistrement, du timbre et de la fiscalité immobilière, les SII sont des sociétés anonymes de grande dimension ayant pour objet l'exploitation d'immeubles locatifs affectés à l'habitation. Elles bénéficient d'un régime fiscal spécial à condition de se soumettre à des obligations édictées par les pouvoirs publics relatives à leur constitution, leur gestion et leur fonctionnement. Elles ont succédé aux sociétés immobilières conventionnées instituées par une ordonnance du 24 septembre 1958, dont l'objet était identique. L'objet social, pour la réalisation duquel elles sont autorisées à constituer des sociétés civiles immobilières, présente un caractère exclusif, sous réserve de tolérances diverses prévues par la doctrine administrative. Elles doivent être constituées sous la forme de sociétés anonymes (sauf les sociétés immobilières de gestion qui revêtent la forme de SARL) et leurs statuts sont approuvés par le ministre de l'économie et des finances. Elles sont astreintes à diverses obligations comme celle de répartir annuellement 85 % au moins de leurs bénéfices nets, après dotation de la réserve légale.

Au respect de ces conditions est subordonné le bénéfice de l'exonération de l'impôt sur les sociétés pour les bénéfices tirés des locations d'immeubles (art. 208-B-I du CGI), pour les produits reçus des sociétés civiles immobilières filiales et, en vertu d'une doctrine administrative libérale, pour tous les revenus acquis dans le cadre de l'exploitation locative, y compris ceux résultant du placement de capitaux en instance d'emploi.

Quant aux associés, ils sont assimilés à des actionnaires percevant des revenus de capitaux mobiliers, et non à des propriétaires directs d'immeubles, en dépit des intentions des auteurs de la loi de 1963, rappelée par la doctrine administrative, d'instituer un régime de quasi-transparence fiscale. Dividendes et autres produits sont imposés à l'IR dans la catégorie des revenus de capitaux mobiliers si l'actionnaire est une personnes physique (et non dans celle des revenus fonciers comme l'eût impliqué la transparence fiscale) et à l'IS si le bénéficiaire est une personne morale passible de cet impôt. L'exonération d'IS prive les actionnaires du bénéfice de l'avoir fiscal (art. 158 *quater* du CGI). Le régime fiscal des sociétés-mères n'est pas davantage applicable au produit des actions des sociétés immobilières d'investissement (art. 145-7 du CGI). Au regard des droits d'enregistrement et de l'imposition des plus-values, les cessions d'actions de SII sont imposées comme des cessions de titres et non comme des cessions d'immeubles.

L'actionnaire bénéficie toutefois de l'exonération de l'IR des primes à la construction réparties par la société (art. 159 *quinquies* I du CGI) et de la réduction d'impôt pour investissement immobilier locatif (art. 199 *decies* du CGI).

126 LES TYPES DÉRIVÉS : SICOMI ET SOFERGIE. — Cette dénomination est justifiée dans la mesure où le législateur a transposé les règles de constitution et de fonctionnement appliquées aux sociétés immobilières d'investissement à des sociétés ayant un objet industriel ou commercial. Les sociétés immobilières pour le commerce et l'industrie ont bénéficié d'un statut largement inspiré de celui applicable aux sociétés immobilières d'investissement et à leur tour les sociétés agréées pour le financement d'économies d'énergie ont été dotées du même statut juridique et fiscal.

Toutefois cette assimilation comporte des limites dans la mesure où ces sociétés ont pour finalité la modernisation industrielle, notamment au moyen du crédit-bail immobilier, alors que les SII ont pour objet exclusif l'exploitation d'immeubles locatifs affectés à l'habitation. De surcroît ces sociétés qui bénéficiaient d'un régime fiscal spécial voisin de celui des SII opèrent depuis peu un retour au droit commun des sociétés de capitaux.

Instituées par l'ordonnance n° 67-837 du 28 septembre 1967 dans le but d'encourager les investissements immobiliers des entreprises industrielles ou commerciales au moyen d'opérations de crédit-bail immobilier, les SICOMI ont bénéficié d'un régime fiscal de faveur voisin de celui applicable aux sociétés immobilières d'investissement en contrepartie des obligations qui leur furent imposées jusqu'à ce que l'article 96 de la loi de finances pour 1991, ne prévoie un alignement de leur régime sur celui des sociétés passibles de l'impôt sur les sociétés.

L'ordonnance précitée du 28 septembre 1967 subordonnait l'application du régime fiscal de faveur au respect de plusieurs conditions relatives à la forme de ces sociétés (sociétés anonymes ou SARL), à leur objet social (location d'immeubles à usage professionnel) et à leurs modalités de fonctionnement (prévues par les dispositions statutaires imposées par le ministère de l'Economie des finances).

L'article 96 de la loi de finances pour 1991, amorce un retour progressif au droit commun qui affecte l'impôt sur les sociétés, le régime des bénéfices distribués et les droits d'enregistrement applicables aux apports, au motif que le développement du crédit-bail en France et la diminution du taux de l'impôt sur les sociétés justifient l'abrogation des régimes de faveur (v. l'instruction du 20 juin 1991, *DF,* 1991, n° 30, ID 10373).

Les caractéristiques majeures des SICOMI ont été appliquées aux sociétés agréées pour le financement d'installations ou de matériels destinés à économiser l'énergie (en abrégé SOFERGIE) instituées par l'article 30 de la loi du 15 juillet 1980 relative aux économies d'énergie et à l'utilisation de la chaleur (*JO* du 16, *DF,* 1980, n° 92, Com. 1733). Ces sociétés eurent à l'origine pour objet exclusif de financer, par voie de crédit-bail immobilier ou mobilier ou sous forme de location simple, des installations ou des matériels destinés à économiser l'énergie, à développer les sources d'énergie de remplacement des hydrocarbures ou à promouvoir les utilisations du charbon, quelle que soit l'activité exercée par le preneur. Ces sociétés, au nombre de 21 et toutes les agréées en 1981 et 1982, ont été autorisées par l'article 87 de la loi de finances pour 1987, à financer, par voie de crédit-bail mobilier ou immobilier ou de location simple les ouvrages et équipements utilisés par les collectivités territoriales, leurs groupements et leurs concessionnaires lorsque les recettes procurées par ces activités sont imposables de plein droit ou sur option à la TVA.

La dualité du régime fiscal applicable reflète la juxtaposition des secteurs d'activité successivement dévolus aux SOFERGIE. Un régime de faveur, comportant l'exonération d'impôt sur les sociétés s'applique au financement des installations et matériels destinés à économiser l'énergie. En revanche, les financements des ouvrages et équipements publics des collectivité territoriales sont soumis au régime fiscal de droit commun de l'impôt sur les sociétés (art. 208-3° *sexies* du CGI).

Section III
La taxation spécifique des immeubles possédés en France par certaines personnes morales étrangères

C'est une imposition spécifique, de création récente, assimilée à un droit d'enregistrement et dont la définition des redevables a subi de nombreux avatars résultant d'interprétations divergentes de la Cour de cassation et de l'administration, résolues par des interventions et validations législatives. La dénomination même de cette taxation a été modifiée puisque l'article 29 de la loi de finances pour 1993 supprime toute référence au caractère « étranger » de ces sociétés, qui avait fait l'objet de censures réitérées par le juge de l'impôt, tout en cherchant à atteindre les mêmes sociétés qu'auparavant.

127 OBSESSION ADMINISTRATIVE ET RÉSISTANCE DES FAITS ET DU JUGE. — L'article 990 D du CGI, issu de l'article 4-II de la loi de finances pour 1983, établit une taxe annuelle sur la valeur vénale des immeubles possédés en France, égale à 3 % de cette valeur lorsque les sociétés qui les possèdent n'ont pas en France leur siège social.

En réalité, le champ d'application de la taxe est beaucoup plus restreint que ne le suggère cette formulation générale, et ne peut être appréhendé qu'au regard de l'évolution chaotique de cette disposition.

Son institution procède de la volonté proclamée par l'administration de compenser par le paiement de cette taxe la dissimulation fiscale affectant l'ISF et les droits de succession dont seraient coupables les associés qui préserveraient leur anonymat au moyen de sociétés-écrans ayant leur siège social hors de France et qui y posséderaient uniquement des immeubles. Aussi fit-elle adopter par le Parlement plusieurs dispositifs successifs dont l'efficacité réelle est vite apparue limitée en raison des difficultés d'application et d'une jurisprudence ferme de la Cour de cassation déclarant contraire au principe d'égalité de traitement proclamé par les conventions fiscales internationales les discriminations établies selon la nationalité des sociétés et résultant de cette taxation spécifique.

L'histoire de la taxe annuelle de 3 %, véritable imposition sur le capital possédé par les société visées audit article, est une succession de textes largement inappliqués ou privés d'effet par le juge de l'impôt, sans cesse modifiés par une administration soucieuse d'échapper à la censure du juge au besoin par des dispositions législatives rétroactives. Les précédents révèlent les difficultés inhérentes à la mise en place de dispositifs internes destinés à lutter contre la fraude et l'évasion fiscales internationales.

L'article 209 A du CGI en vigueur de 1977 à 1981, soumettait à l'impôt sur les sociétés les immeubles possédés en France par des sociétés étrangères et dont la jouissance était concédée gratuitement à des tiers sur une base égale à 3 fois leur valeur locative.

Puis l'article 885 B du CGI relatif à l'application de l'IGF établit une présomption de propriété à la charge des personnes physiques ayant la jouissance d'immeubles appartenant à des personnes morales domiciliées dans des Etats à fiscalité privilégiée.

L'inefficacité de ces dispositifs conduisit à leur abrogation et à leur remplacement par une taxe annuelle de 3 % assise sur la valeur vénale des immeubles possédés en France par certaines personnes morales étrangères. Toutefois l'efficacité de ce nouveau dispositif fut contrariée par la jurisprudence des juridictions de l'ordre judiciaire, solennellement confirmée par la Cour de cassation selon laquelle le critère d'imposition fondé sur la localisation du siège hors de France se réfère non seulement à une domiciliation géographique, mais à la nationalité des sociétés (plus exactement à leur rattachement à un Etat autre que la France). Une telle discrimination entre sociétés étrangères et sociétés françaises se trouvant dans la même situation méconnaît la clause d'égalité de traitement contenue dans la plupart des conventions fiscales internationales conclues entre la France et les Etats étrangers (Cass. com., 28 février 1989, Sté Anglo-suisse Land and Building Compagny et autres, *DF,* 1989, n° 19, Com. 943, obs. B. Poujade, *RJF* 4/89, n° 524 ; *Bull. Joly,* avril 1989, p. 367, note Ph. Derouin ; *JCP,* 1990, éd. E, II, 15774, note J.-P. Maublanc).

Pour tenir en échec cette solution l'administration fit adopter par le Parlement la disposition prétendument interprétative de l'article 105-I-2 de la loi de finances pour 1990, selon laquelle le critère du siège situé hors de France est étranger à la nationalité des sociétés (*DF,* 1990, n° 2-3, Com. 54). La Cour de cassation jugea que ce nouveau texte ne pouvait rétroactivement préjudicier aux contribuables dont les droits ont été reconnus par une décision de justice passée en force de chose jugée et que le critère du siège situé hors de France, tel qu'il venait d'être redéfini par le législateur demeurait sans incidence sur la solution des litiges. Il s'ensuit que le principe de non-discrimination fiscale selon la nationalité des sociétés, proclamé par de nombreuses conventions fiscales internationales, interdit comme dans l'état de droit antérieur que des sociétés étrangères et françaises soient traitées différemment alors quelles se trouvent dans la même situation (Cass. com., Ass. 21 décembre 1990, Sté Roval, *RJF* 1/91, n° 106, concl. Donteville, p. 10 ; *DF,* 1991, n° 12, Com. 614, rapp. J. Lemontey et n° 15, Com. 806, note G. Tixier et T. Lamulle).

C'est pour assurer l'éffectivité de cette taxation que l'administration a de nouveau modifié les conditions d'assujettissement en faisant adopter par le Parlement l'article 29 de la loi de finances pour 1993 (commenté par une instruction du 22 octobre 1993, *DF,* 1993, n° 47-48, E 10999).

128 Ambiguïtés d'un texte remanié. — L'imposition annuelle assise sur la possession d'un capital immobilier prévue par les articles 990 D et s. du CGI présente trois caractères principaux qui en soulignent l'étrangeté.

En premier lieu, cette taxation spécifique n'est qu'un substitut à l'application défaillante d'autres impositions sur le capital (ISF, droits de succession, imposition des plus-values) auxquelles échappent des associés non identifiés qui se dissimulent derrière l'écran de sociétés multiples et interposées (Rép. Bêche, *JO, Déb. AN,* 6 mai 1991, p. 1813, n° 39775, *DF,* 1991, n° 30, Com. 1531). Pour atteindre cet objectif spécifique, non formulé par le texte, la loi établit un principe général de taxation de toutes les personnes morales françaises ou étrangères possédant directement ou par société interposée des immeubles situés en France (art. 990 D, du CGI), en édictant ensuite des exonérations multiples qui sont censées permettre de parvenir au résultat souhaité (art. 990 E du

CGI). Comme pour l'imposition des plus-values immobilières des particuliers, c'est de la liste des exonérations que, par déduction, résultera l'assujettissement, sans que le législateur ait formulé des conditions précises et positives d'imposition. Ainsi sont placées hors du champ de la taxation les sociétés qui ne sont pas à prépondérance immobilière, celles qui ont leur siège dans un pays ou territoire ayant conclu avec la France une convention d'assistance administrative (on en compte 71), celles qui ont leur siège de direction effective en France, celles qui ne doivent pas être soumises à une imposition plus lourde en vertu d'un traité à condition qu'elles communiquent ou prennent l'engagement de communiquer certains renseignements à l'administration, les sociétés côtées en Bourse, etc.

Pour éviter toute ambiguité et toute référence au critère ancien, l'article 29 précité ne vise plus les personnes morales dont le siège est hors de France et supprime les mots « étrangers » ou « étrangères » de la lettre des textes...

Cette méthode qui consiste à atteindre une catégorie déterminée de contribuables en multipliant les exonérations apportées à un principe général d'imposition peut aboutir à des résultats critiquables. Ainsi le critère de la prépondérance immobilière fait entrer dans le champ de la taxation les sociétés exerçant une activité de marchand de biens ou de promotion immobilière dont les immeubles sont inscrits dans les stocks, alors même qu'ils ne sont pas retenus dans l'assiette de la taxe (art. 990 E-1° et 990 F du CGI).

En second lieu, le nouveau 3° de l'article 990 E du CGI exonère de la taxation les personnes morales qui en vertu d'un traité ne doivent pas être soumises à une imposition plus lourde à condition qu'elles communiquent chaque année, ou prennent et respectent l'engagement de communiquer à l'administration, sur sa demande, certaines informations. La loi interne subordonne donc l'application d'une clause d'égalité de traitement fiscal contenue dans un traité au respect d'une condition de forme. Cette hypothèse vise notamment les sociétés suisses possédant des immeubles en France et que la Cour de cassation avait jugées non passibles de la taxe.

En dernier lieu, la présence de sociétés interposées soulève des difficultés pratiques et juridiques dans l'application de la taxation. Les immeubles possédés en France, qui permettent à la fois d'identifier les sociétés redevables de la taxe et qui servent d'assiette à celle-ci, sont ceux qui sont la propriété directe de sociétés ou qui leur appartiennent par le biais de sociétés interposées. Le droit de propriété doit donc remonter la chaîne des participations pour être apprécié au niveau de la société placée au début de la chaîne (art. 990 D du CGI). Or la détermination du redevable de la taxe soulève des difficultés dans le cas d'une chaîne de participations. Infirmant la doctrine administrative la Cour de cassation a exigé que l'on remonte la chaîne des sociétés interposées, la taxe n'étant pas due si le dernier maillon est une société qui a produit la déclaration annuelle prévue par l'article 990 E 2° du CGI (7 mars 1989, La nouvelle céramique industrielle, *RJF* 4/89, n° 525, *DF*, 1989, n° 19, Com. 943, obs. B. Poujade). Infirmant cette solution, l'article 105-III de la loi de finances pour 1990 valide la doctrine administrative en assujettissant à la taxe la ou les personnes morales les plus proches des immeubles et qui ne sont pas exonérées en application de l'article 990 E-2° du CGI, toute personne morale interposée étant solidairement tenue au paiement de la taxe.

129 CONCLUSION : LES PARADOXES DE LA FISCALITÉ DES SOCIÉTÉS IMMOBILIÈRES. — La fiscalité des sociétés immobilières offre bien des paradoxes, tant sur le plan technique que sur le plan de la politique fiscale. Sur le plan technique, elle excède le domaine étroit de la taxation des immeubles et des sociétés. En effet, elle influe directement sur l'imposition des associés, à l'occasion de la taxation des cessions de titres ou de leur imposition personnelle à l'IR. Et surtout, la volonté des pouvoirs publics de favoriser la collecte de l'épargne pour l'affecter à des investissements immobiliers a conduit à assimiler et à cumuler les avantages de la fiscalité immobilière et de la fiscalité des valeurs mobilières. Le résultat de cette association, réalisée avec les parts de sociétés immobilières d'investissement ou les parts de sociétés civiles de placement immobilier est subordonné au maintien des avantages fiscaux attachés initialement à ces formes de placements. La remise en cause du régime de faveur accordé aux SII après une dizaine d'années a conduit à une relative désaffection des épargnants. Le succès rencontré par les multiples SCPI et qui résulte des nombreux avantages fiscaux offerts aux épargnants a été très important ; mais il est tributaire de la conjoncture, favorable ou non, du marché de la location d'immeubles à usage de bureaux ou d'habitation. C'est reconnaître toutefois le caractère quelque peu ambigu et artificiel, voire fragile, de l'engouement suscité par ces formes de placement (12e rapport du Conseil des impôts, p. 283 et s., 343 et s.). La notion même de bien immobilier devient exagérément extensive.

Sur le plan de la politique fiscale, les paradoxes n'en sont pas moins criants. Ce que l'on a appelé la nouvelle fiscalité des sociétés immobilières fut inaugurée à partir de 1963, afin d'encourager la construction immobilière et l'immobilier en général. Or cet objectif fondamental a été entravé, voire compromis, non seulement par l'établissement d'une fiscalité plus lourde sur les immeubles que sur les valeurs mobilières, mais encore par d'autres facteurs techniques ou de politique législative. Une conception trop rigide et trop juridique de l'exclusivité de l'objet social des sociétés de construction-vente s'avère peu compatible avec les finalités recherchées et l'évolution économique, pour lesquelles la vente d'un immeuble implique nécessairement celles des équipements mobiliers complémentaires. Il parait dérisoire qu'une extension limitée de l'objet social, le cas échéant sujette à des appréciations délicates, conduise à des déchéances fiscales excessivement rigoureuses, par suite de la juxtaposition de régimes fiscaux dérogatoires et de droit commun foncièrement différents. La remise en cause des avantages fiscaux dont bénéficièrent à l'origine les SII et les profits de construction illustre la valse hésitation des gouvernants, qui font se succéder les régimes fiscaux dérogatoires initiaux destinés à encourager telle politique déterminée et l'application du droit commun, sans toujours rechercher si la remise en cause est économiquement opportune.

Enfin, ce n'est pas le moindre des paradoxes de voir que l'évolution de la fiscalité des sociétés immobilières a favorisé l'épargnant à la recherche d'un produit fiscal attractif, au détriment du constructeur d'immeuble ou plus largement du bailleur d'immeuble ancien. La détention d'un patrimoine immobilier devient ainsi un objectif très secondaire par rapport à l'intérêt fiscal de tels placements.

Pour aller plus loin

130 LE DÉPASSEMENT DE L'OBJET SOCIAL PAR LES SOCIÉTÉS DE CONSTRUCTION-VENTE. — Doctrine administrative et jurisprudence se sont attachées à définir, parfois dans des sens divergents, les hypothèses dans lesquelles l'exercice d'une activité de nature industrielle ou commerciale entraîne la déchéance du régime de l'article 239 *ter* du CGI et l'assujettissement de la société de construction-vente à l'impôt sur les sociétés. Selon le Conseil d'Etat, ce sont là des questions de fait non susceptibles d'être discutées devant le juge de cassation (CE, 27 septembre 1991, n° 110130, *DF,* 1992, n° 28, Com. 1345, concl. Ph. Martin, *RJF* 11/92, n° 1454).

La jurisprudence relative à l'exclusivité de l'objet social des sociétés immobilières de construction-vente (que l'on rapprochera de celle concernant les sociétés d'attribution de l'article 1655 *ter* du CGI) combine un relatif libéralisme dans la définition des opérations autorisées et une rigueur non démentie en cas de déchéance du régime de l'article 239 *ter*. En effet, un unique dépassement justifie l'application de l'IS à l'ensemble des opérations réalisées par la société, la notion de secteur distinct n'existant pas pour l'imposition des bénéfices (CE, 27 septembre 1991, n° 110130 préc., rapp. pour l'imposition des sociétés civiles, n° 112).

Quant à la définition même du dépassement, elle relève d'appréciations effectuées sous le contrôle du juge de l'impôt et fondées sur la théorie de l'accessoire.

a) Selon le Conseil d'Etat, la vente de terrains en l'état acquis dans le but d'y édifier des constructions ne fait pas perdre nécessairement à la société civile de construction-vente le bénéfice de la transparence fiscale prévu par l'article 239 *ter* du CGI.

C'est le cas d'abord lorsqu'une telle cession n'a pas revêtu un caractère habituel et que les associés eux-mêmes ne se livrent pas à des opérations caractérisant l'activité de marchand de biens, même s'ils participent à d'autres SCI consacrant leur activité à la construction en vue de la vente (CE, 23 juin 1993, SCI le Prieuré, *RJF* 8-9/93, n° 1133 ; CE, 29 janvier 1992, n° 8111, *RJF* 3/92, n° 310, *DF,* 1992, n° 23, Com. 1109).

Une revente isolée d'un terrain en l'état ne justifie pas la remise en cause du régime spécial prévu par l'article 239 *ter* du CGI (CE plénière, 18 mai 1983, n° 29524, *Rec.* 200, *DF,* 1984, n° 9, Com. 400, *RJF* 7/83, n° 862, concl. Schricke, p. 384 ; 18 juin 1990, n° 87245 *DF,* 1990, n° 40, Com. 1745, *RJF* 8-9/90, n° 977 ; CAA Nancy, 3 juin 1993, Lagier, *DF,* 1994, n° 12, Com. 568, *RJF* 9/93, n° 1112).

Les juridictions administratives admettent également que des circonstances indépendantes de la volonté de la société de construction-vente ont pu contraindre celle-ci à s'écarter de son objet social et à céder des terrains en l'état, sans que ces cessions soient motivées par une intention spéculative. De telles cessions forcées ne privent pas la société du bénéfice du régime de la transparence prévu par l'article 239 *ter* précité du CGI. Présentent ce caractère les cessions motivées par l'engagement d'une procédure d'expropriation (CE, 28 janvier 1983, n° 28193 *RJF* 3/83, n° 383, *DF,* 1983, n° 29-30, Com. 1537, concl. Rivière; CAA Paris, 16 juillet 1992, n° 215, SCI Les Tamaris, *RJF* 1/93, n° 27) ou par la mise en règlement judiciaire de l'entreprise chargée d'exécuter les travaux (CE, 2 mars 1987, n° 53058, *DF,* 1988, n° 7, Com. 261, concl. Le Roy, *RJF* 5/87, n° 487).

Enfin le Conseil d'Etat estime que des cessions de terrains en l'état ne font pas perdre le bénéfice de l'article 239 *ter* du CGI lorsqu'elles sont consenties dans le but de favoriser la réalisation des programmes immobiliers et qu'elles présentent un intérêt direct pour la réalisation de l'objet social (CE, 28 janvier 1983, n° 28193 préc., 2 mars 1988, n° 49546, *RJF* 4/88, n° 408, *DF,* 1988, n° 28, Com. 1454).

Cette solution a été appliquée à des opérations d'achat-revente de parkings exigées par le cahier des charges de l'opération et nécessaires à la réalisation de l'objet social (CE, 29 janvier 1992, n° 73433, SCI La Résidence Place Jean-Moulin, *RJF* 3/92, n° 309, *DF,* 1992, n° 21-22, Com. 1023, *AJPI,* 1992, p. 364, concl. O. Fouquet).

Dans la plupart des espèces citées ci-dessus, le Conseil d'Etat mêle ces considérations pour rechercher si l'acquisition et la cession du terrain furent ou non inspirées par une intention spéculative. Cette jurisprudence fondée sur la recherche des mobiles peut sembler rigoureuse eu égard aux conséquences fiscales qui en résultent, alors qu'aucune déchéance n'est encourue en cas de cessions d'immeubles inachevés.

b) La vente de locaux comportant des équipements mobiliers est matière à contentieux entre l'administration et les contribuables, la doctrine administrative étant, semble-t-il, infirmée par la jurisprudence libérale du Conseil d'Etat. Selon l'administration, le bénéfice du régime spécial de l'article 239 *ter* du CGI est écarté lorsque la société de construction-vente fournit également des équipements mobiliers (la même doctrine est applicable aux sociétés immobilières de copropriété transparentes de l'article 1655 *ter* du CGI).

L'administration distingue les équipements mobiliers constituant le complément necessaire des locaux (lesquels ne font pas perdre le bénéfice du régime spécial), ceux qui n'ont aucun lien avec la construction (dont la fourniture entraîne la déchéance de la transparence fiscale) et enfin ceux qui ont un lien avec la construction et qui, sous réserve de respecter des conditions précises établies par la doctrine (notamment quant à leur coût) n'entraînent pas la perte du régime spécial. Cette dernière catégorie vise notamment la livraison des appareils ou éléments simplement stabilisées ou raccordés (instruction du 12 septembre 1974, 8H-1-74, *DF,* 1974, n° 41, ID, 4598 et instruction du 12 décembre 1988, 8E-1-88, *DF,* 1989, n° 4, ID, 9613).

La jurisprudence fiscale s'écarte de cette doctrine complexe et sans fondement textuel. Elle a jugé qu'une société civile de construction-vente n'est pas déchue du régime de la transparence au motif que le prix demandé aux acquéreurs de studios comprenait la fourniture d'éléments fixes de réfrigération et de cuisson équipant les cuisines de ces appartements (CE, 20 mai 1981, n° 13460, *DF,* 1981, n° 51, Com. 2292, concl. Schricke, *RJF,* 7-8/81, n° 656).

La même solution a été retenue dans le cas d'une société de construction-vente qui avait pourvu les constructions destinées à des personnes âgées des équipements mobiliers nécessaires à leur utilisation dès lors que la livraison de ces équipements, dont le coût ne représentait qu'une faible part du coût total de l'opération, permettait de mener à bien la vente des immeubles construits (CE, 27 février 1989, n° 57066, SCI La Résidence du Bocage, *DF,* 1989, n° 22-23, Com. 1047, *RJF* 4/89, n° 423).

A tout le moins le réalisme économique, la théorie de la gestion commerciale normale et celle de l'accessoire justifieraient un moindre formalisme juridique. La définition des équipements mobiliers qui entraînent ou non la déchéance dépend de la destination des constructions, de la nature des équipements, de leur coût, de leur caractère nécessaire ou non au fonctionnement ou à la commercialisation de l'immeuble. Ce sont là autant d'indices qui offrent prise au pouvoir discrétionnaire fiscal et sapent la stabilité et la sécurité des situations juridiques.

Ainsi la destination des immeubles aux personnes âgées justifie une interprétation large de la notion de construction (arrêt du 27 février 1989, précité).

La jurisprudence raisonne équipement par équipement, en distinguant ceux qui sont les compléments nécessaires en vue de la vente de ceux qui ne repondent pas à cette finalité et dont la fourniture entraîne la déchéance du régime de l'article 239 *ter* du CGI (CAA Paris, 11 juillet 1989, n° 352, SCI du Château, *RJF* 10/89, n° 1086, confirmé par CE, 27 septembre 1991, n° 110130 préc.).

c) Enfin, il résulte tant de la doctrine administrative que de la jurisprudence fiscale qu'une vente de locaux accompagnée d'une offre de garantie minimale de rentabilité n'entraîne pas la déchéance du régime spécial (CE, 17 avril 1985, n° 42418, *DF,* 1985, n° 46, Com. 1957, *RJF* 6/85, n° 847, concl. Racine, 2 mars 1988, n° 49546, *DF,* 1988, n° 28, Com. 1454, *RJF* 4/88, n° 408, solution admise par une instruction du 12 décembre 1988, *DF,* 1989, n° 4, IIe partie, n° 9613).

131 BIBLIOGRAPHIE.

a) Sur les sociétés immobilières en général, voir :

C. Broquisse, Réflexions sur le régime fiscal des sociétés civiles immobilières non soumises à l'impôt sur les sociétés comparé au régime de l'imposition en l'absence de société, *JCP,* 1979, éd. N, Prat. 7060.

C. Bruno, L'assujettissement des sociétés civiles immobilières à l'IS, *AJPI,* 1976, p. 3.

— Sociétés immobilières. Conséquences de la réduction du taux de l'IS, *AJPI,* 1992, n° 5, p. 406.

— Souscription de titres de sociétés immobilières, *AJPI,* 1992, n° 4, p. 319.

— L'imposition des sociétés immobilières, *AJPI,* avril 1992, p. 19.

— Sociétés immobilières. Echange de titres dans le cadre d'une fusion, *AJPI,* 1989, p. 975.

A. Chappert, Essai de synthèse fiscale sur les cessions de droits sociaux, *Rép. Défrenois,* 1992, n°s 35538, 35364 et 35380.

Conseil des Impôts, 12e rapport relatif à la fiscalité de l'immobilier urbain, 1992, not. p. 275 et s.

M. Cozian, *Précis de fiscalité des entreprises,* Litec, 16e éd., 1992.

— Images fiscales : transparence, semi-transparence, translucidité et opacité des sociétés, *JCP,* 1976, éd. G, I, 2817 ; éd. CI, n° 341 ; *Les grands principes de la fiscalité des entreprises,* 2e éd., doc. n° 23.

— « Un traquenard » : les sociétés civiles à objet commercial, in *Les grands principes de la fiscalité des entreprises,* doc. n° 24.

— Une disposition fiscale « attrape-nigaud » : la soumission à l'impôt sur les sociétés des sociétés civiles à objet commercial (art. 206-2 du CGI), *DF,* 1979, n° 40, p. 1020).

— Fiducie et fiscalité, *DF,* 1986, n° 27, p. 859.

— Contribuables de tous Etats : mettez-vous en société. De l'art et la manière de mieux gérer son entreprise ou son patrimoine, *Rev, franç. de comptabilité,* 1992, n° 238, p. 61.

E. Delahaye-Pechitch, *Les sociétés civiles à objet immobilier,* thèse Paris II, 1981 (dactyl.).

J.-P. Le gall, Premières réflexions sur les dispositions fiscales de l'avant-projet de loi relatif à la fiducie, *DF,* 1991, n° 13, p. 558.

— La butte-témoin de la fiducie. L'article 55 de la loi de finances rectificative pour 1992. Une réglementation ou une prohibition, *DF,* 1993, n° 5, p. 225.

D. Ketchedjian, *La personnalité morale au regard du droit fiscal,* thèse Paris II, 1972 (dactyl.).

M. Magnan et X. Rohmer, Fiscalité des trusts et fiducies en Europe, *LPA,* 1992, n° 58, p. 89.

Mme Meyer Alauzen, La notion de personnalité morale en droit français, *DF,* 1966, n°s 31-36 et n° 37.

L. G. Pelloux, Les sociétés civiles de placement immobilier, *REDI,* 1971, n° 46, p. 67.

P. Puyraveau, *La fiscalité des sociétés de personnes, pratique et solutions nouvelles,* FIDAL, 1986.

E. Sicot, *Comment utiliser les sociétés de personnes dans les opérations immobilières ?* Lettre de l'Institut français des avocats spécialistes du droit fiscal, novembre 1992, n° 54, p. 2.

F. Tripet, *Trusts patrimoniaux anglo-saxons et droit fiscal français,* Litec, 1989.

A. de Waal, L'imposition des sociétés françaises membres de partsnerships anglo-saxons, *DF,* 1993, n° 30, p. 1339.

C. Witz, *La fiducie en droit privé français,* Economica, 1981, préface de D. Schmidt.

b) Sur les sociétés immobilières de droit commun, voir :

H. Bardet, La fiscalité des cessions de parts de sociétés de personnes détenues par des entreprises, *BF* 7/93, p. 463.

J.-C. Brault, La société civile, écran de fumée fiscal ?, *Defrénois,* 1985, art. 33578.

C. Bruno, Participation indirecte au capital d'une SCI, *AJPI,* 1991, n° 9, p. 647.

M. Büchl, Les sociétés civiles immobilières, éd. J. Delmas, 1re éd., 1988.
M. Cozian et M. Chadefaux, La fiscalité des sociétés civiles immobilières (solutions pratiques), *JCP,* 1987, éd. N, Prat. 157, p. 286 et s.
M. Cozian, Plaidoyer en faveur des SARL à caractère familial ayant opté pour le régime de l'IR, *JCP,* 1983, éd. N, Prat. 8503.
— Une disposition fiscale « attrape-nigaud » : la soumission à l'IS des sociétés civiles à objet commercial, *DF,* 1979, n° 40, p. 1020.
— Les charmes discrets des SCI. Aspects fiscaux, *Rev. de jur. commerciale,* 1992, n° 6, p. 214.
— Le régime fiscal des sociétés de personnes (sociétés dites semi-transparentes), *Rev. soc.,* 1980, p. 217.
— Un « traquenard » les sociétés civiles à objet commercial, in *Les grands principes de la fiscalité des entreprises,* Litec, 1983, p. 240.
— Du bon usage des sociétés civiles immobilières, *D,* 1994, ch. 199.
M. Cozian et A. S. Peignelin, un « sac d'embrouilles » : le régime fiscal des sociétés de personnes relevant de l'IR, *DF,* 1994, n° 5, p. 205.
M. Deslandes, Société civile et gestion fiscale de la transmission de l'immeuble, *LPA,* 1992, n° 115, p. 10 et n° 116, p. 4.
P. Frémont, Sociétés civiles immobilières, régime fiscal, *Administrer,* novembre 1983, p. 47.
M. et B. Galimard, *Les sociétés civiles,* coll. « Que sais-je ? », 2e éd., 1989.
M. Germain, Le droit commun des sociétés après la loi n° 88-15 du 5 janvier 1988, *JCP,* 1988, éd. N, I, p. 141.
Y. M. G., Régime fiscal des sociétés civiles de gestion immobilière et leurs associés, *Journal des notaires et des avocats,* 1987, n° 13-14, art. 59015.
M.-D. Hagelsteen, La translucidité des sociétés de personnes, *RJF* 4/78, p. 106.
B. Jadaud, Incidences fiscales des conditions de libération des SCI, *Rép. Defrénois,* 1992, art. 35253.
Le Particulier, société civile immobilière. *Pourquoi y entrer ? Comment en sortir ?,* n° 62, mars 1992.
M. Liebert-Champagne, Transparence fiscale des sociétés de personnes et imposition personnelle des associés, *RJF* 4/87, p. 207.
L. Martin, L'imposition des plus-values latentes en cas de dissolution d'une société civile immobilière ne comportant plus qu'un seul associé, *JCP,* 1991, éd. N, I, 248.
Ph. Martin, Option pour l'IS d'une société civile (conclusions sur CE, 15 décembre 1986, nos 48700 et 48701), *RJF* 2/87, p. 79.
P. Puyraveau, *La fiscalité des sociétés de personnes,* préface de M. Cozian, Nouvelles Editions fiduciaires, 1986.
V. Ripert-Jouvel, *Les sociétés civiles immobilières familiales,* Litec, 2e éd., 1991.
J.-C. Rioux, La fiscalité directe des cessions de parts de sociétés de personnes détenues par les entreprises, *DF,* 1992, n° 17-18, p. 809.
J. Turot, Entreprises cédant leur participation dans une société de personnes : l'autre sac d'embrouilles, *RJF* 8-9/91, p. 598.

c) Sur les sociétés civiles de construction-vente, voir :

J. Gilardi, Les sociétés civiles de construction-vente et le prélèvement sur les profits de construction dans le régime applicable avant le 1er janvier 1982, *DF,* 1982, n° 16, p. 590.
Kersinon, Régime fiscal des sociétés civiles de construction-vente en cas de pluralité d'activités, *Rép. Defrénois,* 1970, art. 29618, p. 823.
A. Luck, *Les sociétés immobilières de construction et leur régime fiscal,* thèse Paris 1, 1975 (dactyl.).
— *Le régime juridique et fiscal des sociétés immobilières de construction,* Berger-Levrault, 1976.

P. Meysson, Les sociétés civiles de construction et de vente après la loi n° 78-9 du 4 janvier 1978, *JCP,* 1979, éd. N, I, p. 209.
P. Meysson et M. Tirard, Les sociétés civiles de construction et de vente, *JCP,* 1973, éd. N, I, 2519.
Morin, Le caractère civil des sociétés de construction et de vente. *Rép. Defrénois,* 1970, art. 29657, p. 1003.
G. Pinceloup, Les sociétés civiles immobilières de construction en vue de la vente, *JCP,* 1965, éd. N, I, 1919 et 1923 *bis.*
F.-P. Racine, Profits de construction : objet social des sociétés de construction-vente (conclusions sur CE, 17 avril 1985, n° 42418), *RJF* 6/85, p. 434.
J. Schmidt, La société de construction et la loi du 28 juin 1938 : technique de commercialisation des immeubles, *Gaz. Pal.,* 1969, I, chr. p. 33.
A. Urios, L'objet civil des SCI de construction-vente et l'activité commerciale des associés, *JCP,* 1990, éd. N, I, p. 247.

d) Sur les sociétés immobilières transparentes, voir :

N. Doyon, Quel est l'avenir du temps partagé ?, *JCP,* 78, éd. N, I, p. 71.
— La société d'attribution d'immeubles en jouissance à temps partagé (loi n° 86-18 du 6 janvier 1986), *JCP,* 1986, éd. N, I, 121.
P. Frémont, De la transparence fiscale des sociétés immobilières de copropriété, *Rev. administrer,* octobre 1981, p. 55 et s., n° 117.
J.-M. Goetghebeur, Les opérations de partage dans les sociétés immobilières d'attribution, *JCP,* 1984, éd. N, I, p. 92.
M. Y. G., Les sociétés immobilières de copropriété. Application du principe de la transparence fiscale, *Journal des notaires et des avocats,* 1987, art. 59144.
R. Huber, *La transparence fiscale des sociétés immobilières,* thèse Paris II, 1979 (dactyl.).
M. Lacaze, les sociétés immobilières de copropriété et la transparence fiscale, *REDI,* 1974, n° 59, p. 67.
G. Lacroix, La réforme de la fiscalité immobilière : le régime fiscal des sociétés immobilières de copropriété, *AJPI,* 1963, p. 578.
M. Mallet, Déclin et renouveau des sociétés d'attribution, *JCP,* 85, I, 3186.
M. Roux, Multipropriété et fiscalité, *REDI,* 1976, n° 66, p. 28.
B. Stemmer, De la division dans le temps de la jouissance des immeubles inexactement qualifiée multipropriété, *JCP,* 1976, éd. N, I, 2789.

e) Sur les sociétés d'investissement, voir :

M. Bey et C. Gavalda, Une nouvelle SICOMI : la SOFERGIE, *JCP,* 1981, éd. CI, 13656 et *JCP,* 1982, éd. N, I, p. 301.
F. de Wissocq, Le rôle de la SOFERGIE dans la mise en œuvre de notre politique énergétique, *Revue Banque,* 1981, n° 404, p. 321.
J.-C. Parot, *Sociétés immobilières d'investissement et sociétés immobilières pour le commerce et l'industrie, aspects de droit fiscal,* thèse Bordeaux 1, 1978 (dactyl.).
J.-P. Delaplace, *Les sociétés immobilières d'investissement,* thèse Paris II, 1974 (dactyl.).
G. Simeau, *Les SICOMI,* thèse Orléans, 1976 (dactyl.).

f) Sociétés immobilières et abus de droit, voir :

M. Cozian, Transformation de société et abus de droit, *BF* 5/92, p. 321.
M. Cozian et F. Deboissy, Garanties et domaine de la procédure de répression des abus de droit, *RJF* 2/93, p. 99.
P. Dibout, La procédure de répression des abus de droit : pratique et critique, *DF,* 1992, n° 45, p. 1734.

Ph. Martin, Conclusions sur CE, 9 décembre 1992, n° 71859, *DF,* 1993, n° 41, Com. 1944.
O. Fouquet, Conclusions sur CE, 10 novembre 1993, n° 62445, *DF,* 1994 n° 9, Com. 416.
B. Plagnet, Evolution récente de la jurisprudence en matière d'abus de droit, *BF* 4/91, p. 239.
J. Turot, Réalisme fiscal, abus de droit et opposabilité à l'administration des actes juridiques, *RJF* 8-9/89, p. 458.
J.-F. Verny, Abus de droit, *RJF* 11/78, p. 309.
G. Vignaud, *L'abus de droit en matière fiscale,* thèse Bordeaux 1, 1980 (dactyl.).

g) Sur l'imposition des immeubles appartenant à des sociétés étrangères, voir :

G.-W. Balkind et W. Maxwell, Présentation des textes fiscaux récents concernant les investissements étrangers dans l'immobilier français, *Rev. de droit des affaires internationales,* 1988, n° 8, p. 1051.
T. Bonneau, La taxe de l'article 990 D du CGI et le droit transitoire, *Bull. Joly,* 1990, n° 7, p. 597.
Ph. Derouin, La taxe annuelle de 3 % sur les immeubles possédés par les sociétés étrangères. La loi rétroactive et le Conseil constitutionnel ou l'arroseur arrosé ? A propos de la décision n° 89-268 DC du 29 décembre 1989, *DF,* 1990, n° 4, p. 184.
J.-Ch. Duchon-Doris, La clause de non-discrimination dans les conventions fiscales, *BF* 12/88, p. 590.
H. Fontana, Le régime fiscal de la taxe de 3 % : une interprétation législative qui infirme la jurisprudence, *Rev. fiscalité européenne,* 1990, p. 11.
— Le régime fiscal de la taxe de 3 % : un jugement qui confirme l'exonération des sociétés couvertes par une clause d'égalité de traitement, *Rev. fiscalité européenne,* 1990, n° 4, p. 53.
— Le régime fiscal de la taxe de 3 % : une jurisprudence qui limite l'effet rétroactif de l'article 105 de la loi du 29 décembre 1989, *Revue fiscalité européenne,* 1990, n° 2, p. 17.
— La Cour de cassation confirme l'exonération des sociétés suisses de la taxe de 3 %, *Revue fiscalité européenne,* 1991, n° 1, p. 59.
P.-M. Fontaneau et A. Pons, L'incidence fiscale en France de la détention et de la mutation d'immeubles par les étrangers, *Revue de fiscalité européenne,* 1992, n° 1, p. 7.
B. Gouthière, Fiscalité immobilière des sociétés étrangères. A propos de la jurisprudence récente, *BF* 11/92, p. 687.
— Fiscalité internationale. Les solutions proposées par le nouveau modèle OCDE, *BF* 2/93, p. 79.
— Trois questions relatives au principe de non-discrimination *BF* 6/93, p. 399.
— La taxe patrimoniale de 3 % sur les immeubles des sociétés étrangères, *BF* 2/90, p. 79.
A. Hinfray, La taxation des actifs immobiliers détenus en France par les sociétés étrangères, *Gaz. Pal.,* 1990, 2, doctr. 560.
C. Laroche, Le sort des dettes fiscales des sociétés immobilières étrangères après attribution à un associé des immeubles qu'elles détenaient en France, *DF,* 1985, n° 15, p. 556.
J.-J. Neueur, La fiscalité des étrangers en France, *DF,* 1990, n° 25-26, p. 858.
B. Plagnet, Les clauses de non-discrimination incluses dans les conventions internationales, *DF,* 1984, n° 26, p. 870.
X. Rohmer, Non-discrimination et droit communautaire (note sous CJCE, 26 janvier 1993, Werner), *DF,* 1993, n° 19, Com. 1000.
J. Schmidt, L'égalité fiscale appliquée aux sociétés, *Rev. des sociétés,* 1989, n° 3, p. 429.
P. Serlooten, Les nouveaux contours de l'abus de droit appliqué à la transmission des entreprises, *DF,* 1994, n° 4, Com. 100.
G. Tixier et X. Rohmer, Chronique sur la taxe annuelle de 3 % et l'interprétation jurisprudentielle récente de la Cour de cassation, *LPA,* 1989, n° 88, p. 2.
J. Turot, Le juge fiscal et les clauses de non-discrimination, chr., *RJF* 6/90, p. 391.

h) L'application (éphémère) de l'article 209 A du CGI préfigurait le contentieux de la compatibilité de la taxe annuelle de 3 % prévue par l'article 990 D du CGI au regard de la clause d'égalité de traitement contenue dans les conventions fiscales internationales. Sur ce contentieux, relatif à un dispositif aujourd'hui abrogé, mais dont les principes conservent toute leur valeur, voir :

CE, 7 octobre 1988, n° 82784, *RJF* 12/88, n° 1305, *DF,* 1989, n° 7, Com. 239.

3 mai 1989, n° 78223 SA Quadriga, *RJF* 6/89, n° 751, *DF,* 1989, n° 46-47, Com. 2198, concl. O. Fouquet.

CAA Lyon, 17 octobre 1990, n° 89-271, *RJF* 12/90, n° 1453, *DF,* 1991, n° 5, Com. 137 et 6 février 1991, n° 541, SA col Sud, *DF,* 1991, n° 23-24, Com. 1192.

CE, 26 janvier 1990, n° 74133, *RJF* 3/91, n° 265, *DF,* 1990, n° 40, Com. 1752, concl. O. Fouquet.

CE, 16 décembre 1991, n° 54611, SA Ressources Management Corporation, *RJF* 2/92, n° 245, *DF,* 1992, n° 47, Com. 2197; *Rev. soc.,* 1992, n° 2, p. 94, concl. O. Fouquet. La clause d'égalité de traitement contenue dans la convention d'établissement entre la France et le Panama, et dont bénéficient à la fois les personnes physiques et les personnes morales, s'oppose à la perception de la taxe forfaitaire prévue par l'article 209 A du CGI comme à celle de la taxe annuelle de 3 % sur les immeubles des sociétés étrangères (Cass. com., 15 novembre 1994, n° 2068 P, Sté Firehouse Corporation, *RJF* 2/95, n° 277, *LPA,* 1995, n° 14, p. 13, note G. Tixier, et n° 36, p. 24, note J. Brandeau, *DF,* 1994, n° 52, Com. 2302).

TROISIÈME PARTIE

LA FISCALITÉ IMMOBILIÈRE GÉNÉRALE

132 REDÉCOUVERTE. — La fiscalité générale applicable aux immeubles était traditionnellement délaissée et regardée avec une certaine condescendance. Son caractère traditionnel, voire son archaïsme, son intégration dans la fiscalité de droit commun, son caractère peu interventionniste et sa finalité exclusivement budgétaire ne lui conféraient guère d'attraits au regard de la nouvelle fiscalité immobilière, interventionniste et parfois très favorable (avec notamment la fiscalité des profits de construction) issue de la grande réforme de 1963. Aussi la doctrine excluait-elle de la définition de la fiscalité immobilière les impositions très diverses comprises dans la fiscalité générale et qui se rattachaient de près ou de loin aux immeubles.

En réalité, cette exclusion, déjà contestable en soi, est devenue injustifiée au regard des évolutions du droit fiscal immobilier. La fiscalité générale applicable aux immeubles fut, historiquement, la forme la plus ancienne de l'imposition portant sur un élément de richesse stable et non dissimulable, avec notamment les droits de mutation et la fiscalité immobilière locale. Au demeurant, la fiscalité immobilière traditionnelle était à certains égards interventionniste avec notamment les exonérations de longue durée de taxe foncière.

Toutefois, l'exclusion de la fiscalité immobilière traditionnelle est devenue injustifiée à mesure d'une part que la fiscalité immobilière perdait sa spécificité et s'alignait sur le droit commun et d'autre part que le législateur fiscal appliquait à cette fiscalité traditionnelle les techniques de l'incitation fiscale. Il s'en est suivi un renversement des tendances et des perspectives antérieures. Alors que la fiscalité immobilière devenait globalement moins favorable aux contribuables, la fiscalité générale, à l'inverse, est devenue incitative et plus favorable à l'immobilier. L'objectif recherché a été de stimuler l'investissement immobilier en offrant des avantages susceptibles de concurrencer ceux qui s'attachent aux placements financiers largement favorisés par la politique fiscale. La défiscalisation, la déduction forfaitaire majorée des revenus fonciers, la réduction d'impôt pour investissement immobilier locatif s'inscrivent dans ce mouvement de rénovation de la fiscalité immobilière traditionnelle.

133 AMBIGUÏTÉS D'UNE DÉFINITION EXTENSIVE. — En réalité, si cette perspective élargie est justifiée, elle soulève des difficultés de définition et n'est pas à l'abri des critiques. La fiscalité générale applicable aux immeubles est aussi hétérogène qu'elle est envahissante et pesante. Il peut s'agir d'impositions visant exclusivement et spécifiquement les immeubles, mais il s'agit le plus souvent d'impositions synthétiques sur le revenu, la dépense ou le capital assises sur une base réelle ou indiciaire dans laquelle l'immeuble n'est qu'une composante parmi d'autres. Si la fiscalité immobilière *stricto sensu* possède un champ d'application propre et étroit, défini par le critère de la production et de la livraison d'immeubles, il n'en va pas de même pour la fiscalité générale des immeubles qui ne présente aucun critère unificateur ni aucun champ d'application exclusif. Elle résulte de multiples impositions établies au hasard de l'histoire, sous la pression des besoins financiers des gouvernants et qui affectent toutes les opérations et utilisations possibles de l'immeuble, c'est-à-dire sa mutation, sa location, sa construction, sa réfection et jusqu'à la jouissance personnelle de celui-ci.

Au demeurant, si la fiscalité traditionnelle de l'immobilier apparaît depuis quelques années plus favorable que naguère, rien n'est définitivement acquis. L'incitation fiscale et les régimes dérogatoires, par définition temporaires, ne confèrent aucun droit acquis à leur maintien et finissent par réintégrer le droit commun au terme d'une dialectique éprouvée, qui ne répond pas forcément à une logique économique. Il ne faudrait pas davantage exagérer la portée du renouveau de la fiscalité immobilière traditionnelle. Elle a dans le passé rogné et supprimé des avantages fiscaux qui n'étaient nullement des privilèges comparés à ceux que génère la fiscalité incitative contemporaine, comme la réduction de la déduction forfaitaire des revenus fonciers et la suppression des exonérations de longue durée de la taxe foncière. Elle a conduit aussi à l'aggravation de la pression fiscale locale et à l'institution de nouveaux impôts assis principalement sur les immeubles comme l'ISF. Elle s'intègre enfin dans des impositions justement décriées dont la complexité, parfois incohérence, l'archaïsme et les effets économiques néfastes ne sont plus à démontrer, qu'il s'agisse de l'impôt sur le revenu, de la fiscalité directe locale ou des droits d'enregistrement.

La gestion des patrimoines, privés ou professionnels, doit s'en accommoder, et c'est là un inépuisable sujet d'analyse fiscale.

Pour aller plus loin

134 BIBLIOGRAPHIE. — *Gestion du patrimoine et fiscalité.*

V. notamment le rapport de la Commission Aicardi (La Doc. franç., 1988 et extrait dans *DF,* 1988, n° 11, p. 422) et le rapport Hollande (résumé dans *DF,* 1990, n° 28, p. 950). Les rapports du Conseil des impôts de 1986 (8e rapport consacré à l'imposition du capital et le 12e relatif à la fiscalité de l'immobilier urbain) fournissent également une analyse d'ensemble de l'état du droit positif et des propositions de réforme.

V. également le LXXXVIIe Congrès des notaires de France. Patrimoine privé, Stratégie fiscale, *LPA,* 1991, n° 9 ; LXXIVe Congrès, *Droit fiscal et gestion des biens,* Nice, 1977.

P. Fernoux, L'abus de droit dans la gestion du patrimoine, *JCP,* 1991, éd. N, n° 17, doctr. p. 185.
M. Gizard, *La fiscalité forestière,* thèse Bordeaux 1, 1982 (dactyl.).
J. Grosclaude, L'impôt sur le revenu, instrument d'imposition du capital, in *L'impôt sur le revenu en question,* ouvrage collectif sous la direction de J.-Cl. Martinez, Litec, 1989, p. 134.
J.-L. Le Boulc'h, *Défiscalisation immobilière,* Ed. Peyrat et Courtens, 1992.
A. Luck, Incidences fiscales du démembrement du droit de propriété, *Revue des huissiers de justice,* 1991, n° 4, p. 169, et n° 5, p. 213 ; 1992, n° 30, p. 461.
OCDE, L'imposition des personnes physiques sur l'actif net, les mutations et les gains en capital, OCDE, 1988, (résumé dans la *Rev. franç. de comptabilité,* 1988, n° 195, p. 23).
J. Schmidt, Patrimoine privé ; stratégie fiscale, *Rép. Defrénois,* 1991, art. 35072.
Zoubida Azzouz, La réforme de l'imposition du patrimoine, *LPA,* 1990, n° 74, p. 4.
X..., Fiscalité du patrimoine, orientations du gouvernement, *DF,* 1991, n° 21-22, p. 852.

Sur les aspects plus particuliers de la gestion de certains biens, voir :

X..., Forêt et fiscalité, la gestion du patrimoine forestier, *BF,* 1989, n° 2, p. 86, et n° 3, p. 151.

E. Kornprobst, Une incertitude dans la fiscalité incitative : le cas du bail rural à long terme (art. 793-2-3° du CGI), *DF*, 1985, n° 25, p. 813.

Sur le recours à la fiducie et la fiscalité applicable voir J.-P. Le Gall, Premières réflexions sur les dispositions fiscales de l'avant-projet de loi relatif à la fiducie, *DF*, 1991, n° 13, p. 558.

Section I
Les droits d'enregistrement applicables aux mutations immobilières

135 LES PESANTEURS DE LA TRADITION. — De par ses fondements, son origine, sa technique et les obstacles qu'elle oppose à la mobilité des biens et des personnes, la fiscalité des mutations immobilières est fondamentalement attachée au passé. Ce fut d'ailleurs l'une des raisons majeures pour lesquelles les mutations destinées à la production et à la livraison d'immeubles furent placées en 1963 hors du champ d'application de cette fiscalité traditionnelle pour être assujetties à la TVA immobilière. Fiscalité redoutée, tant en raison de son poids que de ses présomptions de propriété, elle est parfois plus favorable que l'application de la TVA immobilière (v. n° 72).

En dépit des réformes récentes qui n'ont guère affecté ses fondements (attribution du produit des mutations à titre onéreux aux départements, tendance à l'interventionnisme fiscal), elle apparaît essentiellement comme une juxtaposition de régimes particuliers, notamment lorsqu'elle s'applique aux mutations d'immeubles à titre onéreux.

La distinction des mutations à titre onéreux et des mutations à titre gratuit ne procède pas seulement de l'existence de faits générateurs de nature différente. Elle correspond aussi à des régimes fiscaux distincts, en dépit de quelques similitudes de régime.

I | LES MUTATIONS D'IMMEUBLES A TITRE ONÉREUX

136 AMBIGUÏTÉS TERMINOLOGIQUES. — Dans son sens littéral et étymologique, l'enregistrement est l'inscription sur un registre. Il s'agit donc d'abord d'une formalité, accomplie à titre obligatoire (art. 635 et s. du CGI) ou facultatif, à l'occasion de laquelle est perçu un impôt, appelé droit d'enregistrement.

Ces droits sont des impôts indirects sur le capital dont le fait générateur est l'accomplissement d'actes ou d'opérations juridiques (même occultes) perçus lors de la présentation des actes à la formalité de l'enregistrement.

L'article 635-1-3° du CGI soumet à cette formalité dans le délai d'un mois à compter de leur date les actes portant transmission de propriété ou d'usufruit de biens immeubles. A défaut d'actes, l'article 638 du même code dispose que les mutations de propriété ou d'usufruit de biens immeubles font l'objet, dans le mois de l'entrée en possession, de déclarations détaillées et estimatives sur des formules spéciales délivrées par l'administration.

En réalité, la terminologie habituellement usitée par commodité de droit d'enregistrement est incorrecte dans la mesure où la loi n° 69-1168 du 26 décembre 1969 a mis fin au régime de la double formalité en soumettant désormais les actes relatifs aux mutations immobilières à la formalité fusionnée d'enregistrement et de publicité foncière.

Traditionnellement en effet, les mutations immobilières faisaient l'objet d'une formalité fiscale, l'enregistrement, et d'une formalité juridique, la publicité foncière, exécutées dans les bureaux de recettes de l'administration de l'enregistrement pour la première et dans les conservations des hypothèques pour la seconde. A cette occasion étaient perçus respectivement des droits d'enregistrement et une taxe de publicité foncière. Dans un but de simplification, la loi du 26 décembre 1969 opère la fusion des formalités et celle des droits.

Désormais est perçue une imposition unique, appelée taxe de publicité foncière, à l'occasion de cette formalité fusionnée, qui est exécutée à la conservation des hypothèques du lieu de situation des immeubles dans les deux mois à compter de la date de l'acte (art. 647 du CGI).

Elle s'applique à tous les actes portant sur les droits réels immobiliers et qui sont publiés au fichier immobilier de la conservation des hypothèques, sauf exclusion limitativement prévue par la loi. Dans ce dernier cas s'applique le régime traditionnel de la double formalité. C'est le cas par exemple pour les actes qui contiennent à la fois des dispositions soumises à publicité parce qu'elles portent sur des immeubles et d'autres qui n'en font pas l'objet, notamment parce qu'elles sont relatives à des biens meubles (actes dits mixtes, telles les ventes portant à la fois sur des immeubles et des meubles).

137 Anachronisme des droits d'enregistrement. — En vérité, l'évolution historique des droits d'enregistrement est celle d'un déclin irréversible. Issue des droits féodaux, la fiscalité de l'enregistrement fut l'objet, jusqu'à la veille du second conflit mondial, de tous les honneurs. Le droit fiscal se réduisait alors à la fiscalité de l'enregistrement et du timbre ; les ressources de l'enregistrement représentaient environ la moitié des ressources du budget de l'Etat. Sur le plan doctrinal des constructions jurisprudentielles élaborées par la Cour de cassation, comme celle de l'apparence ou la non-rétroactivité d'actes affectant la perception des droits, devaient durablement s'imposer dans quelque domaine que ce soit de la fiscalité. Toutefois la fiscalité de l'enregistrement a toujours été controversée pour des motifs qui n'ont rien perdu de leur actualité. Elle allie en effet une technique juridique perfectionnée, fondée sur l'analyse juridique des actes, à une taxation fiscale lourde et en contradiction avec le libéralisme économique. E. Maguero écrivait qu' « il n'existe pas dans tout notre système fiscal de taxes plus complexes, plus délicates à répartir, assises sur une base plus mouvante que les droits de timbre et d'enregistrement » (Traité, *op. cit.*, v. Enregistrement). Et surtout, cette fiscalité a taxé lourdement et essentiellement la fortune immobilière.

Evoquant les droits sur les ventes d'immeubles, déjà taxés au taux de 15 % en 1929, Edouard Maguéro déplorait qu'ils fussent « beaucoup trop élevés, car l'acquisition d'un immeuble ne fait pas nécessairement présumer un enrichissement. Un impôt aussi écrasant entrave la circulation du bien ; il constitue un obstacle au progrès de l'agriculture et aggrave la crise du logement » (*op. cit.*, v. Enregistrement, n° 19).

La nature et le poids de ces prélèvements établis sur les ventes d'immeubles reposaient sur la conception de l'immeuble sous l'Ancien Régime, élément stable du patrimoine dans une société traditionnelle et qui n'a pas vocation à être cédé. Cette conception devient anachronique dans les économies fondées sur la libre circulation des biens et des personnes, qui ont pour finalité la suppression de toutes les entraves aux échanges et dans lesquelles la fortune mobilière et les placements financiers n'ont plus aucun point commun avec les choses viles et de peu d'importance que raillait l'opinion traditionnelle. Force est pourtant de constater qu'en dépit des critiques réitérées et d'un rendement globalement modeste, le système fiscal français maintient une pression fiscale élevée sur la détention et les mutations de biens immobiliers, que l'interventionnisme fiscal et diverses considérations ont conduit à atténuer au profit de certaines opérations, de certains biens ou de certaines catégories socioprofessionnelles (notamment les professionnels de l'immobilier).

La véritable réforme entreprise au nom de la modernisation fut réalisée en 1963 avec l'assujettissement à la TVA immobilière des opérations concourant à la production et à la livraison d'immeubles, exonérées corrélativement des droits d'enregistrement (v. n°s 50 s.).

Quant aux réformes postérieures, elles n'ont guère affecté la nature de ces droits, qu'il s'agisse de l'application de la formalité fusionnée ou de l'attribution de son produit aux départements (v. numéro suivant). Le caractère fondamentalement conservateur de cette fiscalité immobilière a cependant été atténué par les techniques et les finalités de l'interventionnisme fiscal. Ainsi de nombreux taux réduits ou une exonération du droit départemental ont-ils été prévus lorsque l'acquéreur s'engage à affecter l'immeuble à certaines destinations, ce qui a conduit le législateur à privilégier la technique (déjà éprouvée, v. n° 164) de l'engagement de faire. En application de ces mêmes principes ont été institués de multiples régimes spéciaux comportant une taxation atténuée en fonction de la nature ou de la destination des immeubles acquis, qui confèrent paradoxalement un champ d'application résiduel au régime dit de droit commun (v. n° 204).

Les droits d'enregistrement sur les mutations d'immeubles à titre onéreux relèvent foncièrement d'une fiscalité analytique, juxtaposant des régimes particuliers et largement indifférente aux inégalités d'imposition qui en résultent.

138 UNE NOUVELLE FISCALITÉ IMMOBILIÈRE LOCALE. — Le produit de la plupart des droits d'enregistrement applicables aux mutations à titre onéreux d'immeubles est affecté non au budget de l'Etat, mais à celui des départements. Tel fut l'objet des articles 99 II de la loi n° 83-8 du 7 janvier 1983 et 28 de la loi n° 83-1179 du 29 décembre 1983, codifiés aux articles 1594-A à 1594-E du CGI.

Ces transferts financiers résultèrent des transferts de compétence réalisés dans le cadre de la réforme de la décentralisation.

Toutefois, le transfert des droits d'enregistrement ne fut pas total puisque l'Etat a conservé le produit des droits sur les échanges, sur tous les actes des sociétés et notamment les actes de constitution et les droits sur les mutations passibles d'un droit fixe (art. 1594 B du CGI).

Comme en matière de fiscalité directe locale, cette réforme a entraîné l'institution d'un prélèvement pour frais d'assiette, de recouvrement, de dégrèvement et de non-valeurs perçu au profit de l'Etat, à raison des charges afférentes à ces impositions perçues pour le compte des départements.

De ce caractère d'imposition locale il résulte que les conseils généraux exerçent dans les conditions et limites fixées par la loi une compétence fiscale étendue relative à la fixation du taux et à la définition des exonérations. Il s'en est suivi une dispersion des taux d'imposition et une évolution constante à la hausse que des dispositions successives contenues dans les lois de finances ont plafonné à la baisse (v. n° 148).

139 DÉFINITION EXTENSIVE DES BIENS IMMOBILIERS IMPOSABLES. — Sur un nombre d'opérations imposables notablement restreint par la réforme de 1963 instituant la TVA immobilière, la fiscalité traditionnelle des droits d'enregistrement définit extensivement l'assiette des droits établis sur les ventes d'immeubles.

Le terme de vente doit être entendu dans un sens large puisqu'il comprend « les adjudications, ventes, reventes, cessions, rétrocessions et tous autres actes civils et judiciaires translatifs de propriété ou d'usufruit de biens immeubles à titre onéreux » (art. 683-I du CGI).

Conformément aux principes du droit civil, les droits ne sont exigibles que si la vente est parfaite au sens de l'article 1583 du Code civil. Il faut aussi qu'elle soit certaine et actuelle, ce qui n'est pas le cas lorsqu'elle est affectée d'une condition suspensive (Cass. com., 22 mai 1978, Garnier, *RJF* 10/78, n° 444, *DF,* 1978, n° 46-47, Com. 1867, *JCP,* 1979, éd. N, II, p. 198, note C. David ; 10 janvier et 12 décembre 1989 (2 arrêts), *RJF* 3/90, n° 355, *DF,* 1989, n° 11, Com. 574, et 1990, n° 41 E 10101).

En revanche, les ventes affectées d'une condition résolutoire sont parfaites et immédiatement soumises aux droits de mutation, lesquels ne sont pas restituables en cas de réalisation de la condition (art. 1961 du CGI).

Mais l'extension du champ de cette taxation résulte également d'une définition particulièrement large des immeubles passibles des droits de mutation, même à l'époque où prévalait le principe de l'interprétation stricte des lois fiscales.

Les biens immobiliers imposables s'entendent des immeubles par nature (tels les arbres vendus par acte distinct à l'acquéreur du sol), des immeubles par destination (les objets mobiliers attachés au fonds à perpétuelle demeure visés par l'article 525 du Code civil), mais encore des droits immobiliers (comme les conventions notariées portant transfert sur un terrain voisin des possibilités de construction attachées à une propriété, v. Rép. Lagorce, *JO, Déb. AN,* 27 juin 1973, p. 2869, n° 26060, ou le droit d'usage des eaux attaché à un moulin, Cass. civ., 10 juin 1981, *DF,* 1981, n° 45, Com. 2039, et n° 50, ID, 7118).

Ce sont encore les immeubles par détermination de la loi (telles les redevances tréfoncières versées au propriétaire du sol par le titulaire d'une concession minière).

La notion de transparence fiscale conduit à assimiler à des cessions d'immeubles les cessions de parts sociales, soit lorsqu'il s'agit de titres de sociétés visées à l'article 1655 *ter* du CGI ou de sociétés ayant le même objet (art. 728 du CGI), soit lorsque la cession de parts sociales représentatives d'apports d'immeubles à une société de personnes intervient dans les trois ans de la réalisation définitive de l'apport (art. 727-I-1° du CGI, v. Cass. com., 9 octobre 1990, n° 1110 D, Brousse, *RJF* 12/90, n° 1552).

Enfin la théorie de l'accessoire entraîne la taxation au tarif des droits sur les immeubles des cessions simultanées de biens meubles et immeubles dans lesquelles le prix des meubles n'a pas été individualisé (art. 735 du CGI, v. Cass. com., 30 octobre 1989, n° 1283, Villette, *RJF* 2/90, n° 215, *DF,* 1990, n° 8, Com. 420).

140 DÉFINITION EXTENSIVE DE L'ASSIETTE DES DROITS. — Ce ne sont pas seulement les opérations imposables qui sont définies extensivement, c'est aussi la base sur laquelle les droits sont liquidés. L'article 683-I, alinéa 2, du CGI prévoit que les droits sont liquidés sur le prix exprimé, en y ajoutant toutes les charges en capital ainsi que les indemnités stipulées au profit du cédant à quelque titre et pour quelque cause que ce soit.

Présentent dès lors le caractère de charges augmentatives de prix, comprises dans l'assiette des droits, le montant de la TVA due par un marchand de biens à raison de la revente d'un immeuble et mise contractuellement à la charge de l'acquéreur (Cass. com., 26 janvier 1984, n° 101, Sté SICOM c/ DGI, *DF,* 1984, n° 23-24, Com. 1179), le montant des droits d'enregistrement que l'acquéreur d'un terrain à bâtir s'engage à rembourser au vendeur au cas où l'engagement de construire prévu par l'article 691 du CGI ne serait pas respecté (Cass. com., 13 février 1985, n° 1935, SCI « Résidence du Parc de Saint-Jean-de-Dieu », *DF,* 1985, n° 27, Com. 1270, et 1986, n° 8, E 8669), ainsi que la charge résultant de la remise en état d'une carrière par l'exploitant (Cass. com., 1er juin 1993, n° 1008 P, Sté Saviel, *RJF* 8-9/93, n° 1233).

Toutefois, l'article L. 17 du *LPF* autorise l'administration à substituer la valeur vénale réelle de l'immeuble qu'elle estime supérieure au prix stipulé augmenté des charges et indemnités. Pour opérer cette substitution, l'administration, qui supporte la charge de la preuve, a l'obligation de suivre la procédure de redressement contradictoire prévue à l'article L. 55 du *LPF* et ne saurait recourir à la procédure dite de l'arbitrage des droits (Cass. com., 19 juin 1984, *Bull. civ.* IV, p. 168, n° 202 ; *DF,* 1984, n° 51, Com. 2350, obs. E. Kornprobst, *RJF* 11/84, n° 1390). Il lui appartient alors de rapporter la preuve de l'insuffisance du prix exprimé ou des évaluations fournies dans les actes ou déclarations. La valeur vénale réelle, qui doit être appréciée à la date du fait générateur de l'impôt, est définie comme le prix que pourrait obtenir un acheteur quelconque par le jeu de l'offre et de la demande dans un marché réel au jour de la mutation sans considération pour les facteurs subjectifs tenant à la situation personnelle des parties (Cass. com., 23 octobre 1984, GFA de Plaimpeid, *DF,* 1985, n° 26, Com. 1241, *Bull. civ.* IV, n° 275, et même date Cabrol, *DF,* 1985, n° 41, Com. 1704, *Bull. civ.* IV, n° 274, *JCP,* 1985, éd. E, I, 13988).

Pour l'appréciation de ces éléments de fait, une jurisprudence rigoureuse écarte les allégations fondées sur des considérations économiques générales ou sur des évaluations théoriques pour s'attacher à des termes de comparaison intrinsèquement similaires cédés à une date rapprochée de la cession litigieuse, laquelle ne saurait en aucun cas être postérieure à cette dernière (Cass. com., 19 juin 1990, n° 868 P, *RJF* 8-9/90, n° 1129, *D*, 1990, IR, 1987, *DF*, 1990, n° 32-38, Com. 1676, *JCP*, 1990, éd. G-IV-316).

L'acquéreur éprouvera toutefois des difficultés à établir l'état de l'immeuble et donc sa valeur exacte au jour de la mutation s'il n'a pas pris le soin de faire constater par acte d'huissier l'état réel de l'immeuble à cette date ou s'il n'a pas conservé les factures des travaux qu'il a effectués postérieurement (Rép. Labarrère, *JO, Déb. AN*, 13 avril 1992, p. 1758, n° 52740, *DF*, 1992, n° 43, Com. 2011).

141 MULTIPLICATION DES RÉGIMES PARTICULIERS ET DES TARIFS SPÉCIAUX. — Il est d'usage de distinguer le régime de droit commun et les régimes spéciaux. En réalité, les droits applicables aux ventes d'immeubles révèlent une extraordinaire hétérogénéité. Le tarif de droit commun comprend le droit proportionnel de mutation perçu au profit du département de situation de l'immeuble, les taxes locales additionnelles (taxe communale et régionale), le droit de timbre de dimension, le prélèvement au profit de l'Etat ainsi que le salaire du conservateur des hypothèques.

Les taux du droit départemental d'enregistrement et de la taxe de publicité foncière peuvent être modifiés chaque année par le conseil général dans des conditions et limites fixées par l'article 1594 D, 2e alinéa du CGI. Enfin, les régimes particuliers s'appliquent dans les départements d'Alsace-Moselle, de Guyane et de Corse.

Quant aux régimes spéciaux, qui font bénéficier certaines acquisitions d'une exonération de droits ou d'une réduction du droit proportionnel perçu au profit du département, ils sont multiples et revêtent une importance pratique considérable (v. nos 203 et 204).

En dernier lieu, l'article 21 de la loi de finances rectificative pour 1993 institue un abattement de 600 000 F sur l'assiette du droit perçu au profit du département exigible lors de la première mutation à titre onéreux des immeubles acquis neufs par acte authentique signé entre le 1er juin 1993 et le 31 décembre 1994, affectés à l'habitation principale pendant trois ans et sous réserve que l'acquéreur n'ait pas bénéficié de la réduction d'impôt prévue en matière d'investissement immobilier locatif ou d'investissement outre-mer (*DF*, 1993, n° 27, Com. 1378).

Il résulte que le régime de droit commun s'applique selon un tarif élevé (18,65 % ou davantage) à un nombre limité d'acquisitions immobilières, telles celles à usage professionnel, alors que les régimes spéciaux taxent selon des tarifs atténués, variables selon les types d'opérations et les départements, des acquisitions immobilières qui ne paraissent pas présenter une utilité sociale supérieure.

La cohérence du système est encore affaiblie par la multiplicité des taux, la diversité des régimes, la hausse des tarifs et la complexité des règles.

142 De l'importance de la théorie de l'apparence. — Dans toute discipline juridique la jurisprudence occupe une place éminente. Son rôle est plus remarquable encore dans le droit de l'enregistrement où elle a élaboré de longue date des constructions essentielles fondées sur la notion d'apparence à une époque où prévalait une conception abusive de la légalité de l'impôt, excluant l'interprétation créatrice par le juge, en s'écartant au besoin des principes civilistes.

En vérité, la théorie de l'apparence fonde plusieurs dispositions fiscales dont l'article 1881 du CGI qui établit des présomptions révélant, à défaut d'acte, une mutation de propriété soumise aux droits d'enregistrement. Aux termes de cette disposition « la mutation d'un immeuble est suffisamment établie, pour la demande du droit d'enregistrement et la poursuite du paiement contre le nouveau possesseur, soit par l'inscription de son nom au rôle de la taxe foncière et des paiements par lui faits d'après ce rôle, soit par des baux par lui passés ou enfin par des transactions ou autres actes constatant sa propriété ou son usufruit ».

Ces apparences, qui selon l'administration révèlent une mutation secrète de propriété, n'engendrent que des présomptions dont il appartiendra aux tribunaux judiciaires, saisis par le possesseur visé par le texte, d'apprécier le bien-fondé.

Plus largement, la jurisprudence fiscale a consacré la plénitude des effets de cette théorie qui fonde l'exigibilité des droits sur les signes extérieurs. Elle entraîne évidement l'inopposabilité des conventions occultes (Cass. com., 8 juillet 1975, Léopold, *Bull. civ.* IV, n° 197).

Elle fonde la taxation sur les seules stipulations des actes, sans qu'elle soit subordonnée à des faits extérieurs ou à des dispositions étrangères à ces derniers (Cass. com., 12 décembre 1989, précité ; 5 janvier 1988, Groupement forestier de Foverelle, *DF*, 1988, n° 14, Com. 728).

Surtout, elle autorise l'administration à considérer que le propriétaire véritable d'un immeuble est le propriétaire apparent, et à soumettre aux droits d'enregistrement les mutations et changements postérieurs affectant cette situation apparente.

C'est une prérogative symétrique de celle qui appartient par ailleurs à l'administration de restituer aux actes leur véritable caractère pour l'établissement de l'impôt (Cass. com., 12 janvier 1988, Aymard c/ DGI, *Bull. cass.*, p. 14, n° 21, *DF*, 1988, n° 14, Com. 734).

Enfin, la théorie de l'apparence justifie la perception des droits sur des actes qui présentent toutes les apparences extérieures de la validité, fussent-ils entachés de nullité. Cette solution, fondée sur la liberté de gestion des affaires privées et la non-immixtion de l'administration dans cette gestion, ne comporte que deux exceptions. D'une part, la perception des droits serait dépourvue de cause juridique si l'annulation de l'acte prononcée par un tribunal intervenait avant cette perception, ce qui serait somme toute très exceptionnel. D'autre part et selon une jurisprudence ancienne et constante seuls les actes imparfaits, c'est-à-dire ceux dont la simple lecture révélerait l'absence de l'un des éléments essentiels requis pour la formation du contrat, ne peuvent servir de base à la perception des droits. Cette notion d'acte imparfait est remarquable en ce qu'elle opère une application simultanée des notions d'apparence et de vice manifeste.

En définitive, la notion d'apparence est un concept souple et fonctionnel qui peut être écarté au nom du réalisme et pour des motifs d'opportunité.

II | Les mutations d'immeubles a titre gratuit

143 L'ancrage dans le passé. — Ce sont des mutations par suite de décès, qui sont passibles des droits de succession, et les mutations entre vifs qui résultent de donations. Les droits d'enregistrement applicables à ces mutations ont une origine très ancienne. Issus du droit romain, les droits de succession furent institués au Moyen Age sous la forme de droits seigneuriaux (les droits de relief ou de rachat), puis à partir de la Renaissance, au profit du pouvoir royal (les droits d'insinuation et de centième denier). Après que la grande loi du 22 frimaire an VII eut établi des régimes distincts pour les successions et les donations, la loi du 14 mars 1942 devait unifier durablement les règles applicables aux mutations à titre gratuit, qu'elles résultent d'un décès ou d'une donation (art. 750 *ter* et s. du CGI).

Les rapprochements sont multiples. La formalité fusionnée n'est pas applicable (art. 647-I du CGI), et c'est la double formalité de l'enregistrement et de la publicité foncière qui doit être respectée.

Dans les deux cas, l'assiette des droits est constituée par la valeur des biens transmis à la date de la mutation. Le tarif des droits est identique (art. 777 du CGI) et est caractérisé par une forte progressivité (atténuée par l'amplitude de la 4e tranche taxée à 20 % pour les transmissions en ligne directe ou entre époux), par le montant réduit des abattements (comparés à ceux applicables à l'étranger), et par une forte personnalisation de l'impôt. Les immeubles représentent un peu plus de 60 % du patrimoine transmis à titre gratuit (12e Rapport du Conseil des impôts, p. 68, 69, 70) et leur localisation géographique est indifférente à l'application des droits.

En effet, les immeubles passibles des droits de mutation à titre gratuit sont les immeubles situés en France ou hors de France lorsque le donateur ou le défunt a son domicile fiscal en France, au sens de l'article 4-B du CGI (art. 750 *ter* du CGI) applicable sous réserve des règles de domiciliation et d'imposition prévues par les conventions internationales relatives aux doubles impositions (v. TGI de Bayonne, 8 septembre 1989, *LPA,* 22 janvier 1990, p. 10, note L. et J.-P. Maublanc ; *RJF* 6/90, n° 637).

S'agissant des mutations à titre gratuit des immeubles, le droit de l'enregistrement est demeuré imprégné de la conception ancienne qui justifiait le niveau élevé de taxation de ces éléments stables du patrimoine par le caractère exceptionnel des événements fondant la taxation. Aussi la spécificité du droit fiscal des mutations immobilières se limite-t-elle à des règles techniques qui ont pour objet d'élargir l'assiette des droits en établissant des présomptions de propriété, en majorant l'évaluation des biens transmis et en réduisant les catégories d'immeubles exonérés.

144 FORCE DES PRÉSOMPTIONS DE PROPRIÉTÉ IMMOBILIÈRE. — Pour l'application des droits de mutation, le droit fiscal répute propriétaires d'immeubles des personnes qui ne sont pas juridiquement et réellement propriétaires des biens litigieux mais qui se comportent comme s'ils possédaient cette qualité. Outre la théorie de la propriété apparente (n° 142) qui est d'origine jurisprudentielle, plusieurs dispositions du CGI établissent une telle présomption de propriété, applicable selon le cas aux meubles ou aux immeubles.

L'article 1881 du CGI répute suffisamment établie, pour la demande du droit d'enregistrement et la poursuite du paiement contre le nouveau possesseur, la mutation d'un immeuble en propriété soit par l'inscription de son nom au rôle de la taxe foncière et des paiements par lui faits d'après ce rôle, soit par des baux par lui passés ou enfin par des transactions ou autres actes constatant sa propriété ou son usufruit (l'art. 1882 du CGI établit une présomption analogue pour les mutations de propriété des fonds de commerce ou des clientèles).

Il s'agit d'une présomption simple, qui supporte la preuve contraire dans les formes compatibles avec la procédure écrite et qui n'a guère donné lieu à des décisions de jurisprudence significatives au cours des dernières années.

A la différence de l'article 1881 du CGI, applicable aux mutations à titre gratuit ou à titre onéreux, l'article 751 du CGI établit une présomption de propriété relative aux seuls droits de succession.

En vertu de cette disposition, sont réputés au point de vue fiscal faire partie, jusqu'à preuve contraire, de la succession de l'usufruitier toute valeur mobilière, tout bien meuble ou immeuble appartenant, pour l'usufruit, au défunt et, pour la nue-propriété, à l'un des présomptifs héritiers ou descendants d'eux, ou à ses donataires ou légataires, ou à des personnes interposées.

Le rattachement de la valeur de l'immeuble en pleine propriété à la succession de l'usufruitier défunt a pour objet de prévenir la fraude qui résulterait de la vente fictive de la nue-propriété aux successibles (celle-ci échappant ensuite aux droits de succession), l'extinction naturelle de l'usufruit lors du décès de l'usufruitier étant à son tour exonérée de tout droit en application de l'article 1133 du CGI.

Aux termes de la même disposition, la présomption de propriété n'est écartée que si la nue-propriété a fait l'objet d'une donation régulière consentie plus de trois mois avant le décès ou lorsque le démembrement de propriété est constaté dans un contrat de mariage.

En dehors de cette hypothèse légale, les parties doivent dans tous les autres cas écarter l'application de la présomption en établissant la sincérité et la réalité de l'opération de démembrement que la loi présume suspecte.

En pareil cas, la jurisprudence retient un faisceau d'indices (Cass. com., 9 mars 1993, n° 440 D, Tanne, *RJF* 8-9/93, n° 1242 ; TGI de Draguignan, 5 août 1992, Taupier, *RJF* 1/93, n° 162). La preuve contraire n'est pas rapportée s'il apparaît que l'acquéreur de la nue-propriété ne disposait pas de ressources suffisantes pour acquitter le prix (Cass. com., 27 juin 1989, Chauvelin, *RJF* 10/89, n° 1181) ou s'était engagé à verser à l'usufruitier une rente viagère d'un montant anormalement bas.

Enfin, les articles 752 et 754 B du CGI établissent des présomptions de propriété visant respectivement les parts sociales dont le défunt a eu la propriété, a perçu des revenus ou à raison desquelles il a effectué une opération quelconque dans l'année qui a précédé le décès ainsi que celles pour lesquelles les dirigeants de la société n'auraient pas respecté les règles de forme prévues par la loi fiscale.

145 DIFFICULTÉS PERMANENTES INHÉRENTES A LA DÉTERMINATION DE LA VALEUR VÉNALE RÉELLE. — C'est la valeur vénale réelle des immeubles transmis, appréciée à la date du décès ou de la donation, qui constitue l'assiette des droits de mutation à titre gratuit. Elle résulte de la déclaration détaillée et estimative fournie par les parties (art. 761, al. 1er du CGI).

La détermination de cette valeur vénale réelle au jour de la mutation soulève les inévitables difficultés d'appréciation lorsque l'administration entend rectifier le prix ou l'évaluation déclarés, en application de l'article L. 17 du *LPF* (v. nos 74 et 140). Des décisions administratives sont susceptibles d'affecter à la baisse cette valeur vénale, comme par exemple l'obligation incombant au défunt et restée inexécutée de faire procéder aux travaux de ravalement (Cass. com., 23 février 1993, n° 340 P, Ameline, *RJF* 5/93, n° 745, *DF*, 1993, n° 28, Com. 1454).

En revanche, il en est d'autres qui demeurent sans incidence sur celle-ci, alors même qu'il ne serait nullement contesté qu'elles dévaluent notablement l'immeuble, dès lors qu'elles sont postérieures au fait générateur de l'impôt. Tel est le cas, en vertu d'une doctrine et d'une jurisprudence constantes, pour les modifications affectant les réglementations d'urbanisme postérieures au décès, qui ne sauraient en aucun cas justifier une révision des perceptions et une éventuelle restitution des droits acquittés par les héritiers (Rép. Douffiagues, *JO, Déb. AN,* 8 juin 1979, p. 4829, n° 5479 et n° 14386; Rép. Ansquer, *JO, Déb. AN,* 15 mars 1979, p. 1607, n° 5764; Cass. com., 9 octobre 1990, n° 1108 D, Nicolai, *RJF* 12/90, n° 1560; Cass. com., 28 janvier 1992, n° 140 P, Obadia, *RJF* 4/92, n° 568).

La solution paraît excessivement rigoureuse lorsque l'assiette des droits est constituée par des terrains réputés constructibles au jour de la mutation et qui perdent peu de temps après ce caractère par l'effet d'une modification de la réglementation d'urbanisme (Cass. com., 9 octobre 1990, précité).

Le droit fiscal n'a donc pas dégagé, à l'instar du droit administratif, une théorie du changement de circonstances affectant la validité des actes d'imposition légalement établis à la date du fait générateur de l'impôt.

Cette évaluation à la date du fait générateur soulève quelques difficultés pratiques. Lorsqu'il s'agit de parts de sociétés civiles immobilières non cotées en bourse, la Cour de cassation a jugé que l'évaluation devait être aussi proche que possible de celle qu'aurait entraînée le jeu de l'offre et de la demande dans un marché réel au jour du décès, le montant de l'actif social n'étant que l'un des éléments dans cette appréciation globale (Cass. com., 28 janvier 1992, Obadia, précité).

Ce principe de l'évaluation au jour de la mutation supporte toutefois deux exceptions de portée inégale.

En application de l'article 761, alinéa 2 du CGI, ce sont le prix et les charges acquittés par un adjudicataire qui doivent être retenus pour l'assiette des droits, lorsque l'immeuble a fait l'objet d'une adjudication dans les deux années qui ont précédé ou suivi la mutation d'immeubles à titre gratuit (la même règle est applicable pour l'assiette des droits sur les échanges d'immeubles en vertu de l'article 684, alinéa 4 du CGI).

Cette substitution de valeur ne peut être opérée lorsque la consistance des immeubles a subi, dans l'intervalle, des transformations susceptibles d'en modifier la valeur. La règle est toutefois excessivement rigoureuse lorsque les héritiers ou légataires du *de cujus* ont acquitté les frais pour parvenir à l'adjudication (Rép. Fanton, *JO, Déb. AN,* 4 août 1979, p. 3223, n° 1944).

Par exception à la lettre du texte, l'administration admet que les héritiers ou donataires puissent réclamer la restitution des droits perçus en trop lorsque le prix d'adjudication est inférieur à la valeur déclarée.

Enfin, une exception de portée limitée concerne l'évaluation des immeubles situés en Corse. Elle est régie par un arrêté de l'administrateur général Miot du 21 Prairial an IX, toujours en vigueur et qui a force de loi. Pour l'assiette des droits de succession, la valeur des immeubles situés en Corse ne peut être fixée que sur la base de la dernière contribution foncière sur les propriétés bâties ou non bâties acquittée en 1948 au profit de l'Etat (Cass. com., 4 décembre 1984, DGI c/ Benedetti, *RJF* 3/85, n° 519 ; Cass. com., 28 janvier 1992, n° 187 P, Perrino, *RJF* 4/92, n° 569).

Cette règle d'évaluation, retenue également pour la détermination de l'assiette de l'IGF, a été expressément écartée en matière d'ISF par l'article 26-II de la loi du 23 décembre 1988 (art. 885 H du CGI).

146 RÉDUCTION DU NOMBRE DES MUTATIONS IMMOBILIÈRES EXONÉRÉES. — Alors que les exonérations et les réductions de droits d'enregistrement applicables aux mutations d'immeubles à titre onéreux ont été largement prévues par le législateur, il en va différemment en matière de mutations à titre gratuit. Les exonérations furent progressivement supprimées, comme celle dont bénéficiait la première transmission à titre gratuit des constructions à usage principal d'habitation achevées postérieurement au 31 décembre 1947 et des actions des sociétés immobilières d'investissement (art. 2 IX 2 de la loi n° 82-1126 du 29 décembre 1982). L'article 29 de la loi de finances pour 1993 a supprimé l'exonération des droits de mutation dont bénéficiaient les actions ou parts de sociétés étrangères à prépondérance immobilière assujetties à la taxe de 3 % (v. n°s 127 s.).

Aujourd'hui les catégories d'immeubles et de biens immobiliers exonérées sont peu nombreuses et, hormis les immeubles classés monuments historiques, intéressent essentiellement le monde rural. Elles sont subordonnées à des conditions précises qui font largement appel à la technique de l'engagement de faire, et reposent sur un certain formalisme fiscal.

En vertu de l'article 793 du CGI, sont exonérées des droits de mutation à titre gratuit, sous certaines conditions et limites, les mutations de propriétés en nature de bois et forêts, à concurrence des trois quarts de leur montant, ainsi que les parts de groupements forestiers. Les biens ruraux donnés à bail à long terme et les parts de groupements fonciers agricoles bénéficient sous certaines conditions d'une exonération partielle des droits de mutation à titre gratuit lors de la première transmission. C'est dans cette hypothèse que le juge de l'impôt a précisé les conditions dans lesquelles la conclusion d'un bail à long terme et une donation-partage de parts de GFA sont susceptibles de présenter le caractère d'un abus de droit (Cass. com., 19 avril 1988, Mme Fanny-Joseph, Epx Dozinel *DF,* 1988, n° 32-38, Com. 1733 ; TGI de Senlis, 24 avril 1990, M. Gonet, *DF,* 1990, n° 51, Com. 2427 ; Cass. com., 8 octobre 1991, H. de Saint-Exupéry, *DF,* 1992, n° 7, Com. 729).

Les immeubles qui sont, pour l'essentiel, classés ou inscrits sur l'inventaire supplémentaire des monuments historiques, ainsi que les biens meubles qui en constituent le complément historique ou artistique sont exonérés des droits de mutation à titre gratuit à condition que les héritiers, donataires ou légataires, aient souscrit avec les ministres chargés de la Culture et des Finances une convention à durée indéterminée, conforme à un modèle approuvé par décret, relative notamment aux modalités d'accès du public à ces monuments historiques (art. 795 A du CGI). Cette exonération a été justifiée par les difficultés d'évaluation de ces biens et par les sujétions imposées à leurs propriétaires. Elle s'applique depuis le 1er janvier 1995 aux monuments historiques détenus par l'intermédiaire d'une société civile. L'exonération est remise en cause lorsque les héritiers, donataires ou légataires, ne respectent pas les clauses de cette convention ; demeure sans incidence à cet égard le maintien ou la présence éventuelle de meubles à l'intérieur de l'immeuble classé ou inscrit (Rép. Caldoguès, *JO, Déb., Sénat,* 11 juin 1992, p. 1317, n° 20660, *DF,* 1992, n° 44, Com. 2015).

Enfin, plusieurs dispositifs récents ont exonéré des droits de mutation la première mutation à titre gratuit des constructions nouvelles affectées à l'habitation (principale ou non) du propriétaire ou de toute autre personne ou des immeubles acquis sous le régime des droits d'enregistrement et affectés à la location (article 21 de la loi de finances rectificative pour 1993 et articles 21 et 23 de la loi de finances rectificative pour 1995). Ces dispositifs prévoient une exonération partielle des droits de succession ou de donation sous la forme d'un abattement de 300 000 F par part, à l'occasion de la première mutation à titre gratuit, à condition que l'immeuble soit acquis pendant une période déterminée (actuellement entre le 1er août 1995 et le 31 décembre 1996) et que l'affectation soit maintenue pendant la durée prévue par la loi. Par ces mesures, le législateur a entendu encourager l'acquisition d'immeubles et inciter les propriétaires à les louer. Pour les propriétaires, ces acquisitions peuvent être faites dans la perspective d'une transmission échelonnée du patrimoine puisqu'il est fait abstraction des donations remontant à plus de dix ans. Toutefois l'exonération, qui ne peut être cumulée avec l'avantage analogue prévu à l'occasion de la première mutation à titre onéreux de ces mêmes immeubles (v. n° 141), ne s'applique pas aux parts de SCI ou de SCPI. S'agissant de l'acquisition d'immeubles neufs, elle n'est pas davantage applicable aux contribuables qui ont bénéficié de la réduction d'impôt prévue en matière d'investissement immobilier locatif ou d'investissement outre-mer.

147 CONCLUSION : INADAPTATION DES DROITS DE MUTATION SUR LES IMMEUBLES A L'ÉVOLUTION SOCIALE. — La fiscalité traditionnelle des droits d'enregistrement applicable aux mutations immobilières, fondée sur une conception essentiellement statique de l'immeuble justifiant une taxation élevée, paraît difficilement compatible avec les exigences d'une économie en récession largement ouverte sur l'extérieur. Le niveau élevé des droits de mutation, à titre onéreux comme à titre gratuit, les difficultés inhérentes à la détermination de la valeur vénale réelle au jour de la mutation, les inégalités d'imposition fondées sur les catégories de biens, leur destination et leur localisation géographique sont autant d'entraves à la mobilité des agents économiques et à la rentabilité du capital immobilier. D'où la recherche d'échappatoires sous la forme de création de sociétés civiles immobilières et dans un but de meilleure gestion et de transmission du patrimoine (v. M. Cozian, Du bon usage des sociétés civiles immobilières, *D*, 1994, ch. p. 199 ; M. Deslandes, Société civile et gestion fiscale de la transmission de l'immeuble, *LPA*, 24 avril 1991 ; C. Jacquet et C. Patat, Société civile et transmission du patrimoine, *Bull. Joly*, 1991, p. 581).

Pour aller plus loin

148 LES DROITS APPLICABLES AUX VENTES D'IMMEUBLES DESTINÉS A L'HABITATION (art. 710 du CGI).

a) L'article 710 du CGI prévoit que le taux du droit départemental d'enregistrement est, sous réserve des modifications adoptées par les conseils généraux en application de l'article 1594 D du CGI, de 4,20 %. Ce taux de droit commun ayant été notablement accru dans certains départements, la loi fiscale a plafonné ce taux à 7 % en 1991, à 6,5 % à compter du 1er janvier 1992, à 6 % à compter du 1er juin 1993, à 5,5 % à compter du 1er juin 1995 et à 5 % à compter du 1er juin 1996 (art. 93 de la loi de finances pour 1991, et art. 102 de la loi de finances pour 1993 modifiée). L'article 92 de la loi de finances pour 1993 prolonge ces mesures en prévoyant que les conseils généraux peuvent instituer un abattement sur l'assiette de la taxe départementale de publicité foncière ou du droit départemental d'enregistrement (*DF,* 1993, n° 1-2, Com. 1). L'article 11 de la loi de finances rectificative pour 1995 a réduit ce droit de 35 % pour les actes passés entre le 1er juillet 1995 et le 31 décembre 1996.

Ces mesures ne peuvent mieux illustrer l'accroissement de la pression fiscale locale et les limites apportées à l'application du principe de libre administration des collectivités locales, elles-mêmes issues des excès de la décentralisation.

Le même tarif réduit bénéficie aux acquisitions de terrains ou de locaux à usage de garages (art. 711 du CGI). Ce régime de faveur dont les sociétés étrangères peuvent revendiquer le bénéfice en invoquant une clause de non-discrimination contenue dans une convention fiscale internationale (Cass. com., 9 novembre 1983, n° 91-17373, *DF,* 1994, n° 4, Com. 100, note G. Tixier) présente plusieurs caractéristiques remarquables résultant de la prise en compte des intentions de l'acquéreur.

Il repose sur l'engagement pris par l'acquéreur de ne pas affecter l'immeuble à un usage autre que l'habitation pendant une durée minimale de trois ans à compter de l'acte d'acquisition. L'administration n'est guère formaliste quant aux modalités de souscription de cet engagement qui peut être pris dans un acte complémentaire, éventuellement après renonciation à l'engagement de démolir et de construire qui permet d'assujettir une opération à la TVA immobilière en application des articles 691 et 257-7° du CGI. Mais la rigueur prévaut lorsque l'engagement n'est pas tenu puisque, outre l'application du droit départemental au taux de droit commun (15,40 %, éventuellement modifié par les conseils généraux), sont exigés un droit supplémentaire de 6 % (susceptible de remise gracieuse) et l'intérêt de retard au taux de 0,75 % par mois, perçus au profit du département. En outre, les droits pour frais d'assiette perçus au profit de l'Etat sont majorés dans la proportion du droit départemental sur lequel ils sont assis.

b) L'affectation à l'usage d'habitation soulève des difficultés d'appréciation pour la solution desquelles le juge de l'impôt fait preuve de réalisme.

En principe la location de l'immeuble à une société commerciale révèle le non-respect de l'engagement d'affectation à l'habitation (Cass. com., 26 mars 1985, n° 3615, SCI Mac, *DF,* 1985, n° 30, Com. 1411 et n° 42 E 8552). Mais la présomption de commercialité peut être écartée par l'acquéreur lorsqu'il établit que la location à une société commerciale est destinée à une occupation bourgeoise et non professionnelle (Cass. com., 20 janvier 1987, Guy Barre, *DF,* 1987, n° 13, Com. 698 et n° 42 E 9208).

Demeure encore affectée à l'habitation la partie d'un logement acquis par un auteur-compositeur pour y exercer son art, dès lors qu'il exerce seul cette activité, sans personnel, sans clientèle et que le produit des droits d'auteur est collecté par des organismes spécialisés avant de lui être versé (TGI Paris, 6 novembre 1984, Ind. enreg. 14313). La condition précitée est encore remplie dans le cas d'un immeuble acquis par une commune pour y installer un centre aéré (Cass. com., 23 février 1983, n° 204, DGI c/ Brochard, *DF*, 1983, n° 23, Com. 1261, *RJF* 8-9/83, n° 1078) ou d'une simple hutte de chasse, dès lors qu'elle était munie du mobilier nécessaire pour vivre et dormir (TGI Boulogne-sur-Mer, 23 février 1990, Mme Laloy-Froissard, *DF*, 1990, n° 51, Com. 2425).

En revanche, revêt le caractère d'une exploitation à caractère professionnel la partie du logement affectée à son activité par un ingénieur-conseil et agent artistique (TGI Paris, 13 juillet 1989, Grégoire, *DF*, 1990, n° 11, Com. 575). L'affectation à usage de bureaux ne remplit pas la condition légale (Cass. com., 12 juillet 1983, n° 1369 P, Association Fial, *RJF* 10/93, n° 1399).

Même s'il existe des régimes spéciaux institués en faveur du commerce et de l'industrie (art. 697 et s. du CGI), la discrimination opérée par les articles 710 et 711 du CGI entre l'affectation à usage d'habitation et à usage professionnel apparaît d'une opportunité contestable dans un contexte économique de récession, eu égard aux utilités sociales comparables de ces deux sortes d'affectation.

c) L'engagement visé à l'article 710 du CGI revêt un objet et une finalité spécifiques qui le distinguent des autres engagements prévus pas la loi fiscale, même s'il est possible de prendre simultanément plusieurs engagements ou de substituer rétroactivement un engagement à un autre.

Ainsi, le bénéfice de l'article 710 du CGI est susceptible d'être revendiqué par les marchands de biens pour les immeubles qu'ils destinaient à la vente, à condition qu'ils souscrivent l'engagement en ce sens. Cette condition n'est pas remplie s'ils se bornent à souscrire l'engagement prévu par l'article 1115 du CGI dont l'objet est différent puisqu'il exprime une intention de vendre dans le délai de quatre ans (Cass. com., 16 octobre 1984, n° 725, Bacri, *DF*, 1985, n° 5, Com. 171 ; 18 février 1986, Sté Corfim, *DF*, 1986, n° 18, Com. 935 ; 18 décembre 1986, Sté Le Relais Louis-XIII, *DF*, 1987, n° 33-38, Com. 1607, *JCP*, 1987, éd. N, Prat. p. 420).

En outre, il est possible de renoncer à l'engagement initial d'affecter l'immeuble à l'habitation pendant trois ans, afin de placer une acquisition sous le régime de la TVA immobilière en souscrivant (rétroactivement) l'engagement de démolir et de construire prévu à l'article 691 du CGI (instruction du 23 mai 1972, *DF*, 1972, n° 25, CA 3922, v. n° 64).

Toutefois la jurisprudence n'admet cette substitution rétroactive d'engagement que si les travaux de reconstruction projetés étaient totalement imprévisibles lors de l'acquisition de l'immeuble. En effet, la souscription initiale de l'engagement d'affecter l'immeuble à l'habitation apparaît rétroactivement fallacieuse si, en raison de sa dépréciation, l'immeuble ne pouvait être affecté à l'habitation (Cass. com., 11 juillet 1988, SCI du 21, rue Pierre-Le-Garrec, *DF*, 1990, n° 10, CA 9925).

d) L'affectation à l'habitation pendant trois ans à compter de la date d'acquisition fait aussi intervenir des éléments subjectifs tirés des intentions de l'acquéreur. Il n'est pas nécessaire que l'immeuble soit immédiatement affecté à l'habitation. En effet le régime de faveur s'applique aux immeubles qui n'ont pas reçu cette affectation à la date de l'acquisition, mais qui sont destinés à être habités pourvu qu'ils ne reçoivent pas après cette date une affectation autre que l'habitation. De même l'article 710 s'applique aux immeubles qui ont, lors de l'acquisition, une affectation autre que l'habitation (par exemple industrielle ou commerciale) dès lors que l'acquéreur se propose de l'affecter à l'habitation (qu'il s'agisse d'ailleurs d'une habitation à titre principal ou secondaire, et quelles que soient la nature et la durée de l'habitation. V. TGI de Boulogne-sur-Mer, 23 février 1990, Mme Laloy Froissart, préc. à propos de l'acquisition d'une hutte de chasse).

La mauvaise volonté du locataire qui refuse de renoncer à l'usage professionnel des locaux acquis n'est pas de nature à remettre en cause la déchéance du régime de faveur prévu par l'article 710 du CGI, laquelle est valablement encourue (Cass. com., 6 février 1985, Dame Carnot, *DF*, 1985, n° 20-21, Com. 1044, et n° 29 E 8476, *JCP*, 1985, éd. G, IV, 146).

S'il envisage de réaliser des travaux dans l'immeuble qu'il destine à l'habitation, l'acquéreur doit veiller à ce que l'importance des travaux réalisés n'entraîne pas la déchéance du régime de faveur de l'article 710 du CGI précité et l'assujettissement à la TVA immobilière (l'acquisition portant en réalité sur un terrain à bâtir). Il doit aussi veiller à ne pas laisser paraître qu'il ne souhaitait pas affecter l'immeuble à l'habitation. Tout droit de repentir est exclu, même en l'absence d'affectation réelle d'une autre nature (Cass. com., 9 février 1982, SCI Deganne c/ DGI, *Bull. cass.*, 1982, IV, p. 46, *DF*, 1982, n° 26, Com. 1414 et n° 50 E 7524).

Par ailleurs, la technique de l'engagement de faire est mise en œuvre par plusieurs régimes spéciaux en faveur de l'agriculture (art. 702 relatif aux acquisitions d'immeubles ruraux susceptibles d'améliorer la rentabilité des exploitations agricoles ; art. 705 relatif aux acquisitions d'immeubles ruraux par les fermiers).

En définitive, si l'on prétend que le droit fiscal est réaliste, force est de convenir qu'il ne prend pas seulement en compte ce qui est, mais encore ce qui doit être et souvent ce qui sera, par l'effet d'une manifestation unilatérale de volonté. La fiscalité de l'enregistrement relative aux ventes d'immeubles est tout entière fondée sur des critères finalistes, justifiés par l'interventionnisme fiscal, qui impliquent une projection dans le futur au moyen d'une manifestation de volonté le cas échéant modifiable ultérieurement.

149 DES DIVERSES CONTESTATIONS AFFECTANT LE PRIX DÉCLARÉ. — Les droits perçus à l'occasion des ventes d'immeubles étant des impôts indirects sur le capital, établis proportionnellement à la valeur des biens cédés, et d'un montant non négligeable, il était indispensable que l'administration pût corriger les insuffisances d'évaluations affectant le prix de cession déclaré.

Le droit fiscal offre à cet égard plusieurs possibilités dont les conditions et la mise en œuvre sont soumises à des règles différentes qui ont évolué vers une plus grande protection du justiciable.

a) L'insuffisance de prix. Au prix exprimé dans l'acte qui constitue en principe l'assiette des droits (art. 683 du CGI), l'administration peut substituer la valeur vénale réelle des biens transmis lorsqu'elle estime le prix de cession insuffisant, à condition de suivre la procédure contradictoire de redressement prévue à l'article L. 55 du *LPF* et d'apporter la preuve de l'insuffisance devant le juge de l'impôt (art. L. 17 du *LPF*).

En pareil cas aucune dissimulation ou « dessous de table » n'est allégué ; il s'agit seulement de substituer une valeur vénale réelle du bien au jour de la mutation estimée par le service supérieure au prix déclaré. Le contentieux est relatif à la pertinence des termes de comparaison produits par le service, qui doivent être intrinsèquement similaires au bien litigieux, bien que l'administration et le juge puissent se fonder sur toute autre méthode permettant une évaluation aussi exacte que possible (Cass. com., 10 mai 1988, Dalbas, *DF*, 1988, n° 28, Com. 1507).

Lorsque le tribunal fait droit à la demande de l'administration en écartant le prix déclaré, la Cour de cassation exerce un contrôle étroit sur la motivation retenue par les juges du fond, laquelle ne saurait reposer sur des considérations d'ordre général (Cass. com., 6 mai 1986, Chancel, *DF*, 1986, n° 30, Com. 1423).

En particulier les termes de comparaison ne sauraient être postérieurs à la cession litigieuse (Cass. com., 19 juin 1990, n° 868, Directeur général des impôts c/ Fleury, *DF*, 1990, n° 32-38, Com. 1676, *JCP*, 1990, éd. G, IV, 316).

La preuve de l'insuffisance de prix, qui incombe dans tous les cas à l'administration (depuis l'article 81-VI de la loi de finances pour 1987, *DF,* 1987, n° 2-3, Com. 48), soulève des questions de fait particulièrement délicates dans les périodes d'instabilité du marché immobilier.

Les solutions jurisprudentielles, protectrices des droits des contribuables, sont applicables à tous les impôts assis sur la valeur des biens immobiliers (et également des fonds de commerce), qu'il s'agisse des droits de vente sur les immeubles, des droits de succession ou de l'impôt de solidarité sur la fortune. Toutefois, l'assiette des droits de mutation à titre gratuit est constituée par le prix de l'adjudication lorsqu'il est d'un montant supérieur à celui de la valeur vénale réelle et que cette adjudication est intervenue dans les deux années qui ont précédé ou suivi la mutation (art. 761, al. 2 du CGI).

b) Le droit de préemption. L'article L. 18 du *LPF,* issu d'une loi du 31 décembre 1941 autorise l'administration à exercer son droit de préemption lorsqu'elle estime le prix de vente insuffisant, en offrant de verser à l'acquéreur ou à ses ayants droit le montant du prix majoré d'un dixième.

Cette prérogative fiscale qui s'analyse en une substitution d'acquéreur ou en un retrait, est d'application exceptionnelle. Le contentieux qui est porté exclusivement devant les juridictions de l'ordre judiciaire (CE, 22 décembre 1950, Dupuis et Desbrosse, *D,* 1951, p. 547, note Morange) a récemment évolué vers une protection plus satisfaisante de l'acquéreur évincé.

La jurisprudence traditionnelle était injustement défavorable pour les parties au contrat. L'administration n'était nullement tenue de rapporter la preuve de l'insuffisance du prix porté dans l'acte (Cass. com., 5 février 1957, *Bull. civ.* III, n° 44), ce qui aboutissait à reconnaître au droit de préemption le caractère de prérogative d'usage totalement discrétionnaire, insusceptible comme telle de tout recours contentieux.

Seule la preuve d'un éventuel détournement de pouvoir était susceptible d'être rapportée pour justifier l'exercice illégal du droit de préemption, avec toutes les difficultés qu'implique la recherche des mobiles ayant réellement conduit le service à préempter (Cass. com., 3 novembre 1981, n° 910, Degroute, *DF,* 1982, n° 9, Com. 427 et n° 19 E 7347). La loi du 11 juillet 1979 sur la motivation des actes administratifs devait justifier le développement d'une jurisprudence plus équilibrée obligeant l'administration à énoncer les considérations de droit et de fait (c'est-à-dire les motifs de l'insuffisance de prix) justifiant l'exercice du droit de préemption (TGI d'Albertville, 31 janvier 1984, *DF,* 1984, n° 44, Com. 1930 ; *Gaz. Pal.,* 1985, I, doctr. 5, obs. D. Linotte).

C'étaient là les signes annonciateurs d'un revirement qu'impliquait l'existence même d'un Etat de droit. Dans quatre arrêts rendus le 16 juin 1987 (*Bull. civ.* IV, n°s 148 à 151, *DF,* 1987, n° 45, Com. 2056 et 2057), la chambre commerciale et financière de la Cour de cassation a jugé que la décision d'exercer le droit de préemption, portant atteinte à un droit de propriété de l'acquéreur, présente le caractère d'une sanction fiscale et entre comme telle dans les prévisions de la loi du 11 juillet 1979 sur la motivation des actes administratifs. Dès lors la motivation doit être écrite et comporter l'énoncé des considérations de droit et de fait qui en constituent le fondement. Les motifs ainsi indiqués (à peine de nullité de la décision) pourront être valablement et utilement discutés par l'acquéreur évincé qui conteste la prétendue insuffisance du prix. Le juge de l'impôt contrôle l'insuffisance du prix alléguée et le déclenchement même de la procédure fondée sur l'exercice du droit de préemption (v. le rapport de la Cour de cassation pour 1987, p. 197 à 200 ; *DF,* 1988, n° 20-21, Com. 1072 ; D. Linotte, Le régime juridique du droit de préemption, *Gaz. Pal.,* 1983, 2, 468 ; J. Lamarque, note sous l'article L. 18 du *LPF,* Code Dalloz, 1993, p. 84).

L'exercice de cette compétence est susceptible d'engager la responsabilité de l'administration (Cass. com., 20 mars 1990, n° 439 D, *RJF* 5/90, n° 633, *DF*, 1990, n° 20-21, Com. 1036).

Enfin, par une importante décision du 22 septembre 1994 Mme Hentrich c/France, la Cour des droits de l'homme a jugé que l'exercice du droit de préemption prévu par l'article 668 du CGI alors en vigueur méconnaissait le droit au respect de ses biens reconnu à toute personne par l'article 1 du protocole n° 1 de la convention dès lors que cette prérogative ne garantissait pas un juste équilibre entre la sauvegarde du droit de propriété et les exigences de l'intérêt général (*Rev. marché commun*, 1995, n° 388, ch. L.-V. Maublanc-Fernandez et J.-P. Maublanc, *RJF* 1/95, n° 131, *JCP*, 1995, II, 22374, note J.-P. Le Gall et L. Gérard).

c) La dissimulation de prix. Avec la dissimulation du prix, les sanctions sont rigoureuses (amende fiscale égale à la moitié des droits omis, solidarité du contractant, nullité de la contre-lettre), mais l'administration doit prouver l'existence d'une fraude, c'est-à-dire soit celle d'un versement d'argent de main à main, soit celle d'un acte juridique secret appelé contre-lettre (art. 1827 et 1840 du CGI).

Il n'est pas aisé de distinguer la dissimulation de l'insuffisance de prix. Constitue une dissimulation le fait de ne pas déclarer le prix exact ou le fait d'omettre un élément du prix versé au vendeur (en l'espèce le remboursement à ce dernier des sommes qu'il avait avancées pour assurer l'évacuation des locaux : Trib. civil Troyes, 9 juin 1943, *JCP*, 44, éd. N, II, 2682).

En revanche, il y a simple insuffisance si tous les éléments du prix sont déclarés, mais pour une valeur inférieure à la réalité.

Or la distinction présente maints intérêts. Outre la nature et la lourdeur des sanctions, le délai de prescription est de dix ans en matière de dissimulation de prix (art. L. 186 du *LPF*) mais il est réduit à trois ans si l'exigibilité des droits et taxes a été suffisament révélée par un document enregistré ou présenté à la formalité, sans qu'il ait été nécessaire de procéder à des recherches extérieures (art. L. 180 du *LPF*; Cass. com., 19 juin 1990, *RJF* 10/90, p. 729, *DF*, 1990, n° 42, Com. 1947).

La nullité de la contre-lettre libère la partie débitrice, qui est tenue à l'exécution des seules obligations prévues par l'acte ostensible (Cass. civ., 13 avril 1988, Roginsky, *DF*, 1988, n° 24, Com. 1219).

Le caractère divisible de l'acte ostensible et de la contre-lettre est une conséquence necessaire de l'article 1840 du CGI, quoique dans l'esprit des parties l'indivisibilité des deux actes soit indiscutable (Cass. com., 6 novembre 1979, *JCP*, 1980, éd. N, II, p. 278).

Le caractère exceptionnel du contentieux révèle les difficultés de la preuve de l'existence d'une dissimulation. Le législateur fiscal n'est pas dupe et il a multiplié les mesures de prévention et les sanctions : obligation faite au notaire d'informer les parties de l'existence des sanctions et de mentionner expressément l'affirmation de sincérité dans l'acte de mutation (art. 863 et 864 du CGI) ; application de l'amende fiscale de 50 % aux complices de la dissimulation (art. 1828 du CGI) ; obligation d'exprimer l'affirmation de sincérité dans tout acte ayant pour objet une vente d'immeuble, une cession de fond de commerce ou du droit à un bail (art. 850 du CGI) ; application des peines d'emprisonnement et d'amende prévues par l'article 1837 du CGI ; destitution de l'officier public ou ministériel convaincu de s'être rendu complice de manœuvres destinées à éluder le paiement de l'impôt (art. 1838 du CGI). V. M. Cozian, Crime et châtiment : fulminations fiscales contre les dessous de table en cas de vente d'immeubles ou de fonds de commerce, *Defrénois*, 1994, art. 35943.

d) La dissimulation du véritable caractère d'un contrat. La dissimulation du prix doit être distinguée de la dissimulation du véritable caractère d'un contrat. Dans cette dernière hypothèse visée à l'article L. 64 du *LPF*, l'acte présenté à la formalité de l'enregistrement donne ouverture à des droits moins élevés que ceux qui auraient résulté de la nature réelle de l'acte. La Cour de cassation adopte une définition de l'abus de droit analogue à celle retenue par les juridictions administratives (Cass. com., 16 octobre 1984, *DF,* 1985, n° 9, Com. 476, *Bull. civ.* IV, p. 215, n° 263, *RJF* 2/85, n° 342 ; 19 avril 1988, *Bull. civ.* IV, p. 95, n° 134, *D,* 1988, IR, 126, *DF,* 1988, n° 32-38, Com. 1733, *RJF* 2/89, p. 47) et fondée soit sur le caractère fictif des opérations, soit sur une motivation exclusivement fiscale ayant inspiré l'acte litigieux.

Le terrain d'élection est évidement les donations déguisées sous forme de ventes d'immeubles, et force est de reconnaître que les tarifs des droits de mutation à titre gratuit applicables en ligne collatérale ou entre non-parents favorisent ce type de fraude (v. n° 150).

150 LES DONATIONS DÉGUISÉES SOUS FORME DE VENTES. — Si les taux d'imposition manifestement abusifs appliqués aux donations consenties à des collatéraux (35 et 45 % entre frères et sœurs, 55 % entre parents jusqu'au 4e degré inclusivement) et à des personnes non unies par des liens de parenté (60 %) ne sauraient justifier la fraude, ils expliquent largement la volonté des contribuables d'échapper par tous les moyens à cette spoliation peu compatible avec le caractère libéral de notre société.

L'Etat accapare en effet une part très importante des biens, excédant selon le cas plus de la moitié du produit d'une vie de labeur, dans des conditions fiscalement et humainement inacceptables pour les héritiers, donataires ou légataires, et sans autre compensation que l'abattement de 10 000 F opéré sur chaque part successsorale (art. 788-II du CGI).

Aussi les taux moins élevés applicables aux ventes d'immeubles offrent-ils la possibilité de déguiser une donation, et d'éviter le paiement des droits de succession (fixés au même tarif que les droits assis sur les donations).

Une jurisprudence traditionnelle autorise l'administration à restituer aux actes leur véritable caractère afin de percevoir l'impôt sur des bases réelles. Ce réalisme est fondé, en ce qui concerne les donations déguisées sous forme de ventes sur les termes (maladroitement rédigés) de l'article L. 64 du *LPF* relatif à la procédure de répression des abus de droit. Ce sont évidemment les ventes d'immeubles effectuées peu de temps avant le décès du vendeur, dans des conditions et un contexte que l'administration estime *a priori* suspects, qui fournissent au juge de l'impôt l'occasion de dire si la vente est réelle et sincère, ou si au contraire elle déguise plus ou moins habilement une donation. La charge de la preuve incombe en principe à l'administration, excepté dans le cas (rare en pratique) où elle aurait consulté le Comité consultatif des abus de droit et se serait conformée à cet avis.

La donation déguisée est déduite d'un ensemble d'indices, de présomptions qui, rapprochés et envisagés globalement, permettent le cas échéant de déceler la simulation. La Cour de cassation rappelle que les juges du fond exercent un pouvoir souverain d'appréciation sur les éléments versés aux débats par les parties (v. par ex. Cass. com., 30 juin 1987, *Bull. civ.* IV, p. 126, n° 168, *RJF* 8-9/87, n° 953, *DF,* 1988, II, 9321 ; 5 novembre 1980, Agoyer, *RJF* 6/81, n° 643).

C'est un faisceau indices qu'allègue l'administration pour déqualifier l'acte de vente, et qui donnent à ces affaires des relents balzaciens à la limite parfois du supportable (c'est davantage le calcul des héritiers et légataires qui inspire la vente que la dernière manifestation de volonté de celui qui veut, par-delà la mort, préserver ses biens).

Sont ainsi exposés et discutés, avec toute l'indiscrétion fiscale qui sied à ce genre d'évocations l'âge avancé du cédant, son état de santé, son brusque décès peu de temps après la vente, les liens de parenté, d'alliance et d'affection unissant le vendeur et l'acquéreur, l'absence du prix de cession dans la succession du cédant, les ressources insuffisantes de l'acquéreur, la stipulation d'une rente viagère ou d'une obligation de soins en paiement du prix de vente, la constitution d'une réserve d'usufruit viager par le vendeur, son mode de vie plus ou moins dispendieux pendant sa maladie, etc.

En réalité, aucune de ces circonstances, fussent-elles troublantes, n'est isolément ou globalement déterminante. Chacun de ces indices est ambivalent et peut, selon l'éclairage qu'on lui prête, accréditer ou infirmer la thèse de la simulation.

Ainsi, la conversion du paiement du prix en une obligation de soins ou dans le versement d'une rente viagère, puis la survenance du décès peu de temps après la vente ne révèlent pas nécessairement la simulation dès lors que par définition même les parties au contrat ont entendu faire dépendre l'exécution du contrat d'un aléa, ce qui est parfaitement licite au regard du droit civil et donc du droit fiscal.

Aussi la jurisprudence fiscale est-elle conduite plutôt à rechercher le caractère prévisible ou non du décès à la date du contrat, ce qui revient à s'interroger sur l'ignorance que pouvait avoir le cédant de son véritable état de santé et de sa fin prochaine (TGI de Châlons-sur-Marne, 15 janvier 1975, Le Tellier, *RJF* 7/75, n° 388).

A plus forte raison un décès survenant plusieurs années après la vente suspecte aux yeux du fisc affaiblit la preuve de la simulation.

Etonnante jurisprudence qui fait dépendre le sort des successions de la résistance physique du défunt et de la connaissance qu'il pouvait avoir de son véritable état de santé, ainsi d'ailleurs que de l'habileté et de la pugnacité dont sauront faire preuve les héritiers acquéreurs des immeubles menacés dans leurs droits. La jurisprudence est en réalité réticence à admettre la simulation et elle écarte des indices pourtant révélateurs. Mais cette rigueur est en vérité justifiée. Rien n'interdit de vendre ses biens à un parent, même à l'article de la mort, de convenir contractuellement du paiement d'une rente viagère ou de stipuler une obligation de soins, tous éléments parfaitement licites en eux-mêmes et qui se rattachent à la liberté de gestion des affaires privées. Rien n'interdit non plus au cédant de retirer des fonds quelques jours avant son décès, ni d'encaisser le prix de la vente hors la vue du notaire. La simulation ne saurait être déduite de la réunion d'éléments accidentels et disparates greffés sur des contrats licites présentant un caractère réellement aléatoire.

Si la frontière entre le licite et l'illicite, le droit et son abus est ténue, alors force est d'exiger que l'administration apporte des éléments de preuve indiscutables pour établir la simulation.

Il est à l'inverse des circonstances qui induisent en elles-mêmes l'existence d'une simulation. Elles sont d'une nature telle qu'elles anéantissent l'existence même du contrat de vente présenté à la formalité de l'enregistrement. C'est le cas lorsque le prix de la vente n'a pas été payé, et que ce fait résulte de l'aveu même des acquéreurs. L'une des conditions essentielles du contrat de vente fait défaut, et dès lors l'intention libérale du cédant est établie avec certitude (TGI Le Havre, 20 février 1975, Navarre-Malandain, *RJF* 7/75, n° 388 ; Cass. com., 8 décembre 1975, Bouré-Vacelier, *RJF* 5/76, n° 258).

Il en va de même lorsque le prix payé est ensuite restitué à l'acquéreur par le vendeur, si l'obligation de soins ne peut être matériellement exécutée par des acquéreurs résidant à une distance éloignée du cédant ou si le vendeur ou l'acquéreur reconnaît le caractère fictif de l'opération.

151 BIBLIOGRAPHIE.

a) Sur les droits d'enregistrement en général, les ouvrages anciens peuvent toujours être utilisés. Parmi la littérature très riche de ce qui était le droit fiscal par excellence, voir :

E. Allix et M. Lecerclé, *Les droits d'enregistrement. Traité théorique et pratique,* 1933.

Championnière et Rigaud, *Droits d'enregistrement,* 1851.

G. Demante, *Principes d'enregistrement,* 1897.

E. Dublineau, *Traité théorique et pratique de l'enregistrement,* 1932.

E. Maguéro, *Traité alphabétique des droits d'enregistrement, de timbre et d'hypothèque,* 3e éd., 1929.

E. Pilon, *Principes et techniques des droits d'enregistrement,* 1929.

Pour des analyses plus récentes, voir :

P. Beltrame et Ch. Aimé, *Les droits d'enregistrement,* coll. « Que sais-je ? », 1989, n° 2445.

P. Beltrame, *Droits d'enregistrement. Dictionnaire encyclopédique des finances publiques,* Economica, 1991, p. 734.

Numéro spécial de la *RFFP,* n° 42/1993, consacré aux droits d'enregistrement et notamment P. Beltrame, *Les paradoxes des droits d'enregistrement,* p. 7.

C. David, *Droit de l'enregistrement et taxe de publicité foncière,* Dalloz, 1985.

b) Sur certains aspects particuliers de l'application des droits de mutations d'immeubles à titre onéreux ou à titre gratuit, voir :

Cl. Cuvreau, A quelles conditions la mutation d'un bien forestier peut-elle bénéficier des dispositions de l'article 703 du CGI ?, *Gaz. Pal.,* 1985, 2, doctr. 712.

M. Deslandes, Société civile et gestion fiscale de la transmission de l'immeuble, LXXXVIIe Congrès des notaires de France, Patrimoine privé, Stratégie fiscale, *LPA,* 1991, n° 49, p. 52.

M. Dagot, Le règlement d'une succession comportant un monument historique et la pratique notariale, *JCP,* 1988, éd. N, I, p. 369.

P. Fontaneau, Une comparaison des droits de succession en Europe, les leçons pour la France, *Revue de fiscalité européenne,* 1990, n° 3, p. 5.

A. Granderoute, Contraintes et pièges du régime fiscal des mutations des bois et forêts, *Rev. dr. rur.,* n° 157, novembre 1987, p. 420.

— Engagements liés aux régimes de faveur en matière d'enregistrement, *Rev. dr. rur.,* 1991, n° 194, p. 241.

— Les dernières modifications apportées dans le domaine des transmissions à titre gratuit des biens ruraux, *Rev. dr. rur.,* 1992, n° 205, p. 331.

F. Hollande, Les droits d'enregistrement dans la fiscalité du patrimoine, *RFFP,* n° 43/1993, p. 31.

E. Jouve, Note sur certains aspects de la notion d'apparence en droit public français, *RSF,* 1968, p. 117.

L. Martin, Les adjudications et ventes d'immeubles destinés à l'habitation. Aspect fiscal, *JCP,* 1990, éd. N, n° 41, doctr. p. 384.

N. et F. Ransan, *Les successions. Aspects civils et fiscaux,* LGDJ, coll. « Systèmes », 1991.

Rép. J. Marsaudon, *JO, Déb. AN,* 6 décembre 1993, p. 4370, n° 7625, *DF,* 1994, n° 9, Com. 405 à propos de la transmission à titre gratuit des entreprises.

B. Soinne, La notion d'engagement de maintenir l'immeuble acquis à usage d'habitation au sens de l'article 710 du CGI, note sous Cass. com., 14 mars 1983, *D,* 1983, p. 453.

c) Sur les méthodes et les difficultés d'évaluation des immeubles, voir :

Association fiscale internationale (IFA), *Détermination de l'assiette de l'impôt sur les biens immobiliers,* Congrès de Barcelone, 1991, vol. LXXXVI, 1er sujet, Kluwer, 1991, 581.

A. Chappert, Evaluation des immeubles en Corse, note sous Cass. com., 28 janvier 1992, *Rép. Defrénois,* 1992, art. 32255.

M. Cozian, Variations fiscales sur le prix de vente (ou l'art de contester le prix déclaré), in *Les grands principes de la fiscalité des entreprises,* Litec, 1986, doctr. 5, *DF,* 1982, n° 40, p. 1164.

J.-C. Darmon, *L'insuffisance de prix ou d'évaluation des immeubles en matière de droits d'enregistrement,* thèse Aix, 1985.

L. Galtier et M. Galimard, Les litiges avec l'administration fiscale concernant l'évaluation des biens, *Journal des notaires et des avocats,* 1988, art. 59543.

A. Granier, Le contrôle par l'administration fiscale des prix de vente et des valeurs vénales

des biens immobiliers, des fonds de commerce et des droits sociaux, *Journal des notaires et des avocats,* 1992, n° 10, art. 60592.
M. Hatoux, La notion de valeur vénale réelle en matière fiscale, le contrôle de la Cour de cassation, in *Rapport de la Cour de cassation,* La Doc. franç., 1992, p. 65.
J. Lamarque, obs. sous l'article L. 17 du *LPF,* Code Dalloz, éd. 1993.

Section II
L'imposition des locations immobilières

152 UNE FISCALITÉ TRADITIONNELLE RENOUVELÉE. — Les locations immobilières sont l'un des centres d'intérêts les plus traditionnels du droit fiscal immobilier, reposant notamment sur les revenus fonciers et le droit de bail.

En réalité, l'intérêt que présente cette fiscalité a été renouvelé d'une part en raison des difficultés de qualification des revenus locatifs imputables notamment à la dénaturation des revenus fonciers et d'autre part et principalement en raison du développement de nouvelles formes de locations accompagnées d'un transfert de propriété des biens loués soit au profit du bailleur, soit du preneur.

I | LES LOCATIONS LIMITÉES AUX MUTATIONS DE JOUISSANCE DES BIENS

Elles supportent cumulativement une fiscalité directe et indirecte assise sur les loyers perçus.

A - L'imposition des revenus locatifs

Cette expression évoque naturellement l'imposition des revenus fonciers dans le cadre de l'impôt sur le revenu. Toutefois les revenus fonciers sont soumis à d'autres impositions, comme la contribution sociale généralisée et le prélèvement social exceptionnel (régulièrement reconduit depuis 1987) de 1 % sur les revenus du capital financier ou immobilier. Et surtout, les revenus tirés des locations immobilières sont susceptibles d'être rangés dans d'autres catégories de revenus, principalement les BIC, sans que les critères de distinction présentent toujours les conditions de clarté et de sécurité requises.

153 Pluralité et difficultés de qualification. — Les revenus fonciers sont usuellement définis comme les revenus tirés de la location d'immeubles. En réalité, cette affirmation est doublement inexacte. D'abord parce qu'ils comprennent des gains autres que ceux tirés d'une location immobilière, le terme de location n'étant d'ailleurs pas utilisé par l'article 14 du CGI relatif à la définition des revenus fonciers. Ensuite parce que les revenus tirés de la location d'immeubles sont susceptibles de revêtir d'autres qualifications.

La lettre même de l'article 14 du CGI suggère clairement le caractère résiduel de la catégorie des revenus fonciers puisque ne présentent ce caractère que les revenus qui ne sont pas inclus dans les bénéfices d'une entreprise industrielle, commerciale ou artisanale, d'une exploitation agricole ou d'une profession non commerciale. En effet, les revenus tirés de la location d'immeubles peuvent être rangés dans les catégories suivantes :

— celle des BIC, lorsque l'immeuble loué est inscrit à l'actif d'une entreprise commerciale, industrielle ou artisanale, lorsqu'une location civile est dénaturée par l'effet attractif des BIC ou dans le cas d'une sous-location en meublé ;
— celle des BNC, lorsque l'immeuble fait l'objet d'une sous-location à condition qu'elle porte sur un immeuble nu ;
— celle des BA, lorsque les terres à usage agricole sont exploitées par l'intermédiaire d'un métayer (mais les locations des terres à un fermier sont imposables dans la catégorie des revenus fonciers) ;
— celle des revenus de capitaux mobiliers, pour l'imposition de l'avantage en nature constitué par l'exécution des travaux effectués au profit d'un associé sur un immeuble lui appartenant, par une société qui l'a pris en location, dès lors qu'une telle opération ne répond pas aux critères d'une gestion commerciale normale (CE, 24 juin 1987, n° 48475, *RJF* 8-9/90, n° 879, *DF,* 1987, n° 49, Com. 2195).

La location d'immeubles nus est une activité civile dont les revenus sont imposables dans la catégorie des revenus fonciers. Toutefois, en pratique, la qualification des revenus tirés de la location d'immeubles soulève de délicats problèmes lorsque l'administration allègue l'existence d'éléments de fait qui dénaturent le caractère civil d'une location immobilière. C'est le cas lorsque la location porte sur un établissement commercial ou industriel muni du mobilier ou du matériel nécessaire à son exploitation, puisqu'une telle location présente en application de la loi un caractère commercial (art. 35-I-5° du CGI). Selon la jurisprudence, la dénaturation n'est encourue que si l'essentiel de l'outillage est loué au preneur et à condition que ces éléments, tant mobiliers qu'immobiliers, soient suffisants, à eux seuls, pour permettre au preneur d'exercer une activité professionnelle quelconque (CE, 29 janvier 1992, n° 73615, *RJF* 3/92, n° 287, *DF,* 1992, n° 19-20, Com. 974).

C'est également le cas, en vertu d'une importante solution jurisprudentielle sans fondement textuel, s'il résulte des circonstances que le bailleur a entendu soit poursuivre sous une modalité juridique différente une exploitation commerciale antérieure, soit participer effectivement à la gestion et aux résultats de l'entreprise commerciale locataire. La première branche de cette jurisprudence traditionnelle apparaît désormais caduque dans la mesure où le Conseil d'Etat juge que la division d'une exploitation individuelle en une location d'immeuble nu et un apport du fonds de commerce à une société commerciale placée sous la dépendance de l'ancien exploitant peut être valablement opérée sans que les revenus produits par la location de l'immeuble soient qualifiés de bénéfices commerciaux (CE, Plénière, 20 juillet 1990, n° 42926, Dieuregard, *RJF* 10/90, n° 1175, *DF,* 1990, n° 43, Com. 2023, concl. F.-P. Racine).

Quant à la deuxième branche de la jurisprudence, elle est d'application nuancée dans la mesure où toute clause contenue dans le contrat et révélant au profit du bailleur soit une dépendance économique du preneur, soit une participation aux résultats de ce dernier n'est pas suffisante à elle seule pour dénaturer le contrat de bail et les revenus fonciers qui en résultent. Seules une participation importante aux résultats ou la manifestation de la volonté du bailleur d'intervenir directement dans la gestion du preneur sont de nature à justifier le caractère commercial du contrat de bail (CE, 28 mai 1984, n° 36308, *RJF* 7/84, n° 817, *DF,* 1984, n° 41, Com. 1718, concl. F.-P. Racine;

12 décembre 1979, n°s 15226 et 15227, *RJF* 2/80, n° 75, *DF,* 1980, n° 30, Com. 1666, concl. Lobry).

C'est dire que de telles appréciations, fondées sur des indices et une immixtion dans la gestion du bailleur et du preneur, conduisent à ranger les revenus locatifs dans des catégories diverses et à les soumettre (rétrospectivement souvent) à des régimes très différents.

154 DÉFINITION EXTENSIVE DES REVENUS FONCIERS. — Conformément à la théorie de l'enrichissement net de période qui appréhende globalement le champ des gains imposables à l'IR, le droit fiscal définit très extensivement les revenus imposables dans la catégorie des revenus fonciers. En vérité, cette catégorie apparaît foncièrement hétérogène car, outre les revenus tirés de la location d'immeubles (ou le cas échéant de meubles, tels les bateaux, utilisés en un point fixe et visés par l'article 14-1° *c* du CGI), elle comprend des gains qui ne sont pas des revenus soit parce qu'ils présentent un caractère exceptionnel et non répétitif, soit parce qu'il s'agit de gains fictifs non perçus en l'absence même de contrat de bail.

La location d'un immeuble ou d'un droit immobilier n'est pas une condition nécessaire à la définition des revenus fonciers. Le droit fiscal impose dans cette catégorie les réserves personnelles de jouissance, qui sont par définition non productives de loyers, par application des dispositions combinées des articles 30 et 15-II du CGI, lorsqu'elles portent sur des immeubles autres que les logements dont les propriétaires se réservent la jouissance.

Sont dès lors imposables dans la catégorie des revenus fonciers les revenus fictifs qu'auraient pu rapporter, si elles avaient été louées, les propriétés rurales qui ne sont pas des exploitations agricoles ou qui ne sont pas affectées à l'habitation (art. 30 du CGI), les propriétés affectées à la chasse ou à la pêche par son propriétaire pour son usage personnel (CE, 8 novembre 1967, n°s 69972 et 69973, *Rec.* 412 ; 6 juillet 1966, n° 57644, Dupart, 1966, p. 453), ainsi que les terres incultes ayant la même affectation (CAA Nantes, 25 avril 1990, n° 489, Lidec, *DF,* 1990, n° 49, Com. 2262).

Par analogie, et pour l'imposition des BA selon le régime du bénéfice réel, les contribuables qui ont usé de la faculté d'inscrire la maison d'habitation à l'actif du bilan (excepté lorsqu'il s'agit d'une maison de maître) doivent déclarer dans les bénéfices imposables les revenus qu'aurait pu produire la location de celle-ci, et en contrepartie sont autorisés à déduire les charges d'exploitation correspondantes (art. 38 *sexdicies* D-I, de l'annexe III du CGI).

Enfin, l'imposition des revenus fictifs peut également résulter d'une réévaluation du loyer stipulé au contrat lorsque l'administration l'estime insuffisant au regard de la valeur locative réelle de l'immeuble loué (CE, 29 mai 1991, n°s 75021 et 75022, *RJF* 7/91, n° 956) à moins qu'elle ne préfère déclarer inopposable le bail qui dissimulerait une réserve personnelle de jouissance (CE, 8 juillet 1988, n° 76910, *RJF* 10/88, n° 1144, *DF,* 1989, n° 9, Com. 413, concl. Martin-Laprade).

Outre l'imposition des gains fictifs doivent être rangés dans la catégorie des revenus fonciers les gains en nature (comme la valeur des travaux et aménagements effectués par le preneur et revenant gratuitement au bailleur en fin de bail) ainsi que diverses indemnités perçues de façon exceptionnelle par le bailleur, tels les droits d'entrée ou pas de porte (CE, sect. 24 février 1978, n° 97347, *RJF* 4/78, n° 160, chr., *RJF* 12/78, p. 346, *DF,* 1978, n° 41, Com. 1558, concl. Rivière) ou les indemnités d'assurances et les subventions versées par l'Agence nationale pour l'habitat (art. 29, al. 1er *in fine,* infirmant la solution contraire adoptée par le Conseil d'Etat dans un arrêt de Plénière du 30 mai 1988, n°s 79359 et 69765, *RJF* 7/88, n°s 863 et 864, chr., p. 450, *DF,* 1989, n° 1, Com. 10, 11 et 12).

Enfin, les revenus fonciers imposables rémunèrent la location d'immeubles, alors même qu'il en résulterait une dépréciation de leur valeur ou la destruction physique du fonds. La jurisprudence refuse en effet d'assimiler les redevances à des indemnités compensatrices de l'aliénation d'un capital (CE, 24 octobre 1979, n° 9658, *RJF* 12/79, n° 716, *DF,* 1980, n° 27, Com. 1491, concl. Fabre; 12 juillet 1969, n° 73232, Dupont, 1969, p. 386, *DF,* 1970, n° 10, Com. 258, concl. Lavondès).

Par exception à cette définition extensive des revenus fonciers imposables, l'administration refuse d'imposer dans cette catégorie les loyers versés par une entreprise individuelle à l'exploitant qui a conservé les immeubles dans son patrimoine privé. Corrélativement, ces loyers ne sont pas déductibles des résultats de l'entreprise locataire. Cette solution, qui méconnaît la théorie de la distinction des patrimoines d'un entrepreneur individuel, paraît incompatible avec une jurisprudence ancienne du Conseil d'Etat (CE, 13 juillet 1955, n° 17908, Dupont, 1955, p. 379).

155 PRINCIPES D'IMPOSITION DES REVENUS FONCIERS. — Conformément au principe défini par l'article 13 du CGI, le revenu net foncier est égal à la différence entre le montant du revenu brut et le total des charges de la propriété (art. 28 du CGI), recettes et charges étant comptabilisées selon le principe de la comptabilité de caisse et, au cas où les loyers seraient assujettis à la TVA, hors taxe.

L'article 29 énumère les recettes brutes, qui sont constituées par les loyers, augmentés du montant des dépenses incombant normalement au propriétaire et mises à la charge des locataires et diminués du montant des dépenses supportées par le propriétaire pour le compte des locataires. Subventions et indemnités doivent être comprises dans le revenu brut (v. n° 154).

Sont également rangées dans les recettes imposables celles qui proviennent de la location du droit d'affichage ou du droit de chasse, de la concession du droit d'exploitation des carrières, de redevances tréfoncières ou autres redevances analogues ayant leur origine dans le droit de propriété.

Quant aux charges déductibles énumérées par l'article 31 du CGI, elles sont définies distinctement selon qu'elles grèvent les propriétés urbaines ou les propriétés rurales (les propriétés urbaines étant constituées par les propriétés bâties et leurs dépendances, ainsi que par les terrains à bâtir, à l'exclusion des propriétés bâties affectées ou non à l'habitation dépendant des exploitation agricoles).

Sont compris parmi les charges déductibles des propriétés urbaines les dépenses de réparation et d'entretien, les frais de gérance et de rémunération des gardes et concierges, les dépenses d'amélioration afférentes aux locaux d'habitation à l'exclusion des travaux de construction, de reconstruction ou d'agrandissement, les travaux de démolition réalisés dans le cadre d'une opération groupée de restauration immobilière, les impôts locaux, les intérêts des dettes contractées pour la conservation, l'acquisition, la construction, la réparation ou l'amélioration des propriétés, une déduction forfaitaire d'un montant variable, représentant les frais de gestion, l'assurance et l'amortissement (v. numéro suivant). Les primes d'assurances pour loyers impayés, payées à compter du 30 septembre 1994, sont désormais déductibles du revenu brut foncier pour leur montant réel.

Les charges déductibles des propriétés rurales comprennent, outre les charges précitées, le montant réel des primes d'assurances, les dépenses d'amélioration non rentables supportées par le propriétaire et une déduction forfaitaire représentant les frais de gestion et l'amortissement.

156 DISCRIMINATIONS FISCALES ET DIFFICULTÉS D'APPLICATION. — En réalité, la détermination de l'assiette des revenus fonciers imposables laisse apparaître des inégalités d'imposition et des difficultés pratiques d'application justifiant une réforme d'ensemble du dispositif. Ainsi le montant de la déduction forfaitaire, qui regroupe les frais de gestion, l'assurance et l'amortissement des propriétés urbaines, a profondément varié dans le temps, puisque, évalué à 30 % jusqu'en 1966, il a successivement été ramené à 15 %, 10 % puis 8 % à compter de l'imposition des revenus de 1990 avant d'être porté à 10 % à compter du 1er janvier 1993. La loi de finances rectificative pour 1995 l'a porté à 13 %. Toutefois le taux de la déduction est porté à 35 % pour les revenus des dix premières années de location des logements construits ou acquis du 1er juin 1986 au 31 décembre 1989 et qui bénéficient de la réduction d'impôt sur le revenu, à condition que le logement soit loué à titre de résidence principale pendant six ans.

Lorsqu'il s'agit de logements acquis ou construits dans le cadre du régime prorogé de l'investissement locatif (applicable à certains logements acquis ou construits entre le 20 septembre 1989 et le 31 décembre 1989, et non achevés à cette date, et aux logements acquis ou construit du 1er janvier 1990 au 31 décembre 1997), le taux de la déduction est de 25 %.

Ces déductions majorées s'appliquent dans les mêmes conditions aux revenus fonciers provenant de la souscription de parts de SCPI effectuée pendant les mêmes périodes.

Ce dispositif temporaire fortement discriminatoire, inspiré à la fois par les besoins financiers de l'Etat et l'interventionnisme fiscal, lèse gravement les bailleurs d'immeubles anciens. Au surplus, le caractère nécessairement global et forfaitaire de la déduction ne permet pas d'isoler la charge que représente l'amortissement de l'immeuble loué, ni d'ailleurs le montant des primes d'assurances (lesquelles sont en revanche déduites pour leur montant réel lorsqu'il s'agit de propriétés rurales). Cette déduction globale inclut également les frais de gestion des immeubles exposés par les propriétaires bailleurs qui en assurent la gestion, révélant la faible estime dans laquelle de législateur tient leur travail personnel, alors que les frais de gérance sont intégralement déductibles lorsque l'administration de l'immeuble est confiée à un tiers. Il en résulte que les revenus fonciers imposables sont largement surévalués compte tenu des limitations apportées à la déduction des charges, diminuant ainsi la rentabilité de l'immobilier ancien. La déduction des déficits fonciers sur les revenus de même nature pendant cinq ans seulement est critiquable pour les mêmes motifs, un allongement de la période d'imputation paraissant souhaitable (v. le 12e rapport du Conseil des impôts, préc., p. 165). A compter de l'imposition des revenus de 1993, l'imputation des déficits fonciers sur le revenu global est admise sous certaines conditions (v. n° 169).

Enfin, la déduction des charges entraînées par les travaux immobiliers soulève de sérieuses difficultés de qualification juridique. Les dépenses de réparation et d'entretien sont, quel que soit leur objet, déductibles pour leur montant réel (CE, 25 février 1976, n° 97398, *RJF* 4/76, n° 180, *DF,* 1977, n° 24, Com. 928), excepté lorsqu'elles sont indissociables des travaux de construction ou de reconstruction. Elles doivent aussi être distinguées des dépenses d'amélioration, lesquelles sont seulement déductibles si les locaux sont affectés à l'habitation, à l'exclusion par conséquent des locaux professionnels ou commerciaux (sauf s'il s'agit de dépenses destinées à l'accueil des handicapés). Ces dépenses sont intégralement déductibles, quelle que soit l'importance des travaux ou la vétusté de l'immeuble (CE, 7 décembre 1987, nos 58013 et 70619, *RJF* 2/88, n° 184, *DF,* 1978, n° 14, Com. 695).

En revanche, ne sont pas déductibles les dépenses correspondant à la construction, la reconstruction ou l'agrandissement des immeubles, lesquelles sont définies prétoriennement depuis un arrêt de Section du 17 décembre 1976 maintes fois confirmé (nos 92159, 99017 et 787, *RJF* 2/77, n° 93, chr., p. 49, *DF,* 1977, n° 7, Com. 204, concl. Lobry).

En ce domaine, les distinctions sont complexes et relatives. Ainsi la création de nouveaux locaux d'habitation dans des locaux auparavant affectés à un autre usage sont des travaux de reconstruction (CE, 30 mai 1979, n° 9045, *RJF* 7-8/79, n° 451, *DF,* 1979, n° 40, Com. 1866). Toutefois les mêmes travaux doivent être regardés comme des dépenses d'amélioration déductibles lorsqu'il s'agit de transformer des immeubles auparavant affectés à l'habitation (hôtels, grands appartements, etc.) en appartements pourvus du confort moderne (CE, 29 mars 1989, n° 68330, *RJF* 5/89, n° 573, *DF,* 1989, n° 28, Com. 1422).

Soulève également de délicates questions d'appréciation la définition des travaux d'aménagement interne qui, par leur importance, équivalent à une reconstruction (CE, 7 juin 1978, n° 5822, *RJF* 9/78, n° 363, *DF,* 1978, n° 44, Com. 1681 ; 21 octobre 1987, n° 51028, *RJF* 12/87, n° 1238, *DF,* 1988, n° 5, Com. 139, concl. O. Fouquet).

Ces inégalités et ces incertitudes ont conduit le Conseil des impôts à souhaiter une revalorisation du statut fiscal des propriétaires bailleurs par le biais d'une réforme d'ensemble pourvue d'une réelle stabilité. Une option offerte aux propriétaires fonciers pour un régime d'imposition selon le bénéfice réel (BIC ou BNC) a paru souhaitable, parce qu'elle permettrait notamment de constater l'amortissement réel des immeubles (12e rapport, p. 349 et s.). Mais les implications de cette évolution seraient profondes, notamment au regard de l'exonération des biens professionnels de l'ISF qu'elle serait susceptible d'entraîner (v. n° 182).

B - La fiscalité indirecte des locations immobilières

Elle repose sur l'application de la TVA ou celle des droits d'enregistrement aux locations immobilières, et qui sont exclusives l'une de l'autre.

157 L'ASSUJETTISSEMENT A LA TVA DE CERTAINES LOCATIONS IMMOBILIÈRES. — Etant assimilées traditionnellement à des opérations de nature civile, les locations immobilières ne sont des prestations de services passibles de la TVA que si des conditions précises sont remplies. Aussi notre droit fiscal définit-il extensivement les locations exonérées (art. 261 D du CGI) et concède-t-il un champ d'application étroit à l'assujettissement de plein droit des locations immobilières tout en prévoyant d'assez larges facultés d'option pour le paiement de la TVA (art. 260 du CGI).

Sont exonérées de la TVA les locations de terres et de bâtiments à usage agricole, les locations de terrains non aménagés et de locaux nus, les locations ou concessions de droits portant sur des immeubles dont les locations sont exonérées, dans la mesure où elles relèvent de la gestion d'un patrimoine foncier, ainsi que les locations occasionnelles, permanentes ou saisonnières de logements meublés ou garnis à usage d'habitation (art. 261 D, du CGI).

Selon une jurisprudence constante, les locations d'immeubles nus sont exonérées de TVA alors même que le bailleur serait une société commerciale et que les loyers seraient imposés dans la catégorie des BIC (v. CE, 14 décembre 1984, n° 37659, SA Sté marseillaise de constructions immobilières, *RJF* 2/85, n° 222, *DF,* 1985, n° 32-38, Com. 1522).

Aux locations exonérées il convient d'assimiler les locations consenties moyennant un loyer très faible et qui, ne pouvant être regardées comme des prestations de services effectuées à titre onéreux au sens de l'article 256 du CGI, sont placées hors du champ d'application de la TVA. Selon l'administration, cette interprétation conduit à déclarer inopposables au service les options pour l'assujettissement à la TVA qui auraient été exercées par des personnes privées donnant leurs immeubles en location pour un loyer très inférieur à leur valeur locative.

En revanche, les collectivités locales qui procèdent à des locations assujetties à la TVA moyennant un loyer très inférieur à la valeur locative normale doivent asseoir la TVA, non sur le montant du loyer réellement versé par le preneur, mais sur un loyer réputé normal équivalant à l'amortissement des biens.

Ces solutions sur la légalité desquelles le juge de l'impôt n'a pas statué procédent d'une part de l'application de la théorie de l'acte de gestion normale en matière de TVA (où elle ne s'applique pas en principe), et d'autre part d'une interprétation d'un arrêt célèbre de la CJCE, du 21 septembre 1988 relatif au décret « quinzième », d'où il résulte que la France avait manqué aux obligations qui découlent du traité en maintenant un système qui limitait la déduction de la taxe grevant l'acquisition ou la construction d'immeubles pris en location lorsque le montant du loyer était inférieur au 1/15e de la valeur des immeubles (affaire n° 50/87, Commission c/ France, *Rec.,* p. 4797, *RJF* 11/88, n° 1255, *DF,* 1988, n° 50, Com. 2305, concl. Gordon Slynn).

L'article 261 D du CGI définit négativement les locations immobilières assujetties de plein droit comme celles qui sont exclues du champ des exonérations. Sont des prestations de services assujetties à la TVA les locations pour le stationnement des véhicules (solution directement inspirée par la jurisprudence communautaire : arrêt de la CJCE du 13 juillet 1979, Morten Henniksen, *Rec.*, p. 2763, *RJF* 10/89, n° 1183), les locations de terrains aménagés (par analogie avec les dispositions de l'article 35-I-5° du CGI), les locations qui sont pour le bailleur un moyen de poursuivre sous une autre forme l'exploitation d'un actif commercial ou pour accroître ses débouchés ou qui révèlent sa participation aux résultats de l'entreprise locataire (solution légale identique à celle retenue par la jurisprudence pour l'imposition des loyers dans la catégorie des BIC) et enfin des locations meublées limitativement définies et qui sont assorties de prestations offertes par les professionnels de l'hôtellerie.

Toutefois, le champ d'application de la TVA aux locations immobilières est notablement élargi par les facultés d'option reconnues par l'article 260 du CGI aux bailleurs qui donnent en location des locaux nus à usage professionnel (que le preneur soit ou non assujetti), aux personnes qui passent un bail à construction (v. n° 159) ainsi qu'à celles qui donnent en location des terres et bâtiments d'exploitation à usage agricole.

Cette option, qui résulte d'une manifestation unilatérale de volonté, est exercée indépendamment de la qualification, civile ou commerciale, attribuée aux loyers perçus (v. l'article 256 A du CGI, qui établit le principe d'indépendance de la TVA par rapport aux autres impôts). Elle présente un intérêt évident pour le bailleur puisqu'il est soumis au même régime que les assujettis de plein droit. Elle entraîne le droit à déduction des taxes d'amont, procure le bénéfice d'un crédit de départ (art. 226 de l'annexe II au CGI) et l'exonère du paiement de la taxe sur les salaires et du droit de bail.

158 APPLICATION SUPPLÉTIVE DES DROITS D'ENREGISTREMENT. — Les droits d'enregistrement sont occasionnels ou périodiques. Occasionnels lorsque le bail est présenté volontairement à cette formalité, et cette présentation donne lieu à la perception d'un droit fixe de 100 F (art. 739 du CGI). Les baux d'immeubles urbains, même notariés, sont dispensés de la formalité de l'enregistrement.

Quant aux droits perçus à raison de la mutation de jouissance elle-même, il convient de distinguer les baux à vie qui, par réalisme, sont assimilés à des mutations de propriété par l'article 744 du CGI et les baux à durée limitée d'immeubles, de fonds de commerce ou de clientèle qui sont assujettis au droit de bail et, le cas échéant, à la taxe additionnelle à ce droit et à la taxe de publicité foncière (respectivement par les articles 741 *bis* et 742 du CGI).

S'agissant des baux à durée limitée soumis au droit de bail ou à la taxe additionnelle à ce droit, le champ d'application de l'imposition est général, puisque sont imposables notamment les locations verbales, les sous-baux, les prorogations légales ou conventionnelles, les baux à construction, les baux emphytéotiques, les opérations de crédit-bail immobilier, etc. (art. 736 du CGI).

En réalité, le champ des exonérations est très large puisque sont exonérées les locations assujetties à la TVA soit de plein droit, soit sur option. Diverses exonérations sont aussi prévues lorsque le preneur est l'Etat ou lorsque celui-ci a la qualité de bailleur. Enfin, sont exonérées de droit de bail les locations immobilières dont le loyer annuel n'excède pas 12 000 F.

Le droit de bail est liquidé au taux de 2,50 % sur le montant du loyer couru (et non sur le montant des loyers effectivement perçus), augmenté des charges imposées au preneur, sur une période d'imposition qui s'étend du 1er octobre de l'année précédente au 30 septembre de l'année en cours.

Le bailleur est tenu de souscrire une déclaration annuelle et son dépôt doit être accompagné du paiement des droits, lesquels peuvent être mis par convention à la charge du preneur.

Outre le droit de bail, d'autres droits d'enregistrement sont éventuellement exigibles sur les locations immobilières.

Il s'agit d'abord de la taxe additionnelle au droit de bail, qui est assise sur les loyers des locaux situés dans des immeubles achevés depuis quinze ans au moins, sauf si l'immeuble ancien a subi des transformations telles qu'elles peuvent être assimilées à des constructions nouvelles.

Cette taxe est due lorsque le droit de bail est applicable (mais les sous-locations sont exonérées), au taux de 2,50 %. Elle s'ajoute au droit de bail, aggravant ainsi la fiscalité traditionnelle grevant les immeubles anciens.

Il s'agit ensuite de la taxe de publicité foncière, perçue au taux de 0,60 %, sur les baux des immeubles d'une durée supérieure de douze ans (art. 742 du CGI). Cette taxe est assise sur le montant cumulé des loyers et des charges de toutes les années à courir, limité toutefois à vingt années.

Ni la taxe de publicité foncière ni la taxe additionnelle au droit de bail n'est exigible lorsque la location est assujettie à la TVA.

II | Les locations assorties d'un transfert de propriété

Plusieurs types de baux présentent un tel caractère et obligent à prendre respectivement en considération les effets fiscaux de la location d'une part, ceux attachés au transfert de propriété intervenant postérieurement d'autre part, au profit du bailleur ou du preneur selon le cas.

159 Le bail a construction. — Institué par la loi du 16 décembre 1964, le bail à construction est le contrat par lequel le preneur s'engage à titre principal à édifier des constructions sur le terrain du bailleur et à les conserver en bon état d'entretien pendant toute la durée du bail. Prévu pour une durée comprise entre dix-huit et quatre-vingt-dix neuf ans, le régime du bail à construction (auquel est assimilé le bail emphytéotique) est défini par les articles L. 251-1 à L. 251-8 du Code de la construction et de l'habitation.

Sur le plan fiscal, il conduit à distinguer d'une part une location d'immeuble portant sur un terrain à bâtir et d'autre part une cession d'immeuble qui intervient normalement à l'expiration du bail et qui est constituée soit par la cession du terrain au preneur, soit par la cession au bailleur des constructions édifiées par le preneur.

Le régime fiscal du bail à construction reflète cette dualité d'opérations juridiques prévues au sein du même acte.

En premier lieu, et conformément à la conception extensive du revenu retenue par le droit fiscal, les revenus locatifs imposables comprennent non seulement les loyers et les avantages en nature versés par le preneur, mais aussi la valeur des constructions remises gratuitement au bailleur en fin de bail.

Toutefois, l'imposition est répartie dans le temps sur l'année d'attribution des constructions et les quatorze années suivantes afin, notamment que les effets conjugués de l'annualité et de la progressité de l'IR ne privent le bailleur d'un gain acquis sur une longue période (art. 33 *ter* du CGI).

En second lieu, et bien qu'il entre dans les prévisions de l'article 257-7° du CGI, le bail à construction peut être assujetti sur option à la TVA immobilière, à condition qu'elle soit prévue dans le contrat de bail. Cette option, qui entraîne l'exonération corrélative du droit de bail, résulte de l'assimilation du bail à construction à une cession de terrain à bâtir, alors que le transfert de propriété n'intervient qu'au terme du bail. Cette assimilation, qui est le produit d'une fiction, conduit le redevable légal de la TVA à acquitter en totalité la TVA dès la conclusion du contrat de bail sur le montant cumulé des loyers, sans qu'il soit tenu compte des clauses d'indexation du loyer ni de la valeur de reprise des constructions en fin de bail (art. 266-5 du CGI). En cas de loyers nuls ou insuffisants, la taxe est assise sur le montant cumulé des loyers qui auraient dû être réclamés au preneur pendant toute la durée du contrat (CE, 19 octobre 1994, n° 114852, SCI Paris Lilas, *RJF* 12/94, n° 1314).

Cet assujettissement facultatif à la TVA immobilière autorise le redevable légal, déterminé comme en matière de cession de terrains à bâtir (v. n° 194), à exercer ses droits à déduction de la TVA d'amont.

Enfin, la TVA immobilière ou les droits d'enregistrement sont exigibles à l'occasion de la cession par le bailleur ou le preneur de leurs droits en cours de bail, les cessions de droits étant assimilées à des cessions d'immeubles par l'article 1378 *ter* du CGI (v. n° 209).

160 LE BAIL A RÉHABILITATION. — C'est, avec l'exonération temporaire des revenus fonciers tirés des locations consenties à des personnes défavorisées (art. 15 *bis* du CGI), l'une des mesures récentes instituées en vue de mettre en œuvre le droit au logement, prévu par la loi n° 90-449 du 31 mai 1990. Ce sont en effet les premières mesures fiscales qui bénéficient au parc de logements sociaux possédés par des particuliers (appelé parc social de fait). Elles devenaient urgentes dès lors que le parc locatif HLM, qui bénéficie habituellement des aides fiscales, ne recouvre plus la notion de logement social, eu égard aux ressources des occupants (12e rapport du Conseil des impôts, préc., p. 188 s.).

Le bail à réhabilitation est un contrat prévu par l'article L. 252-1 du Code de la construction et de l'habitation par lequel un organisme habilité à cette fin (un organisme d'HLM, une société d'économie mixte dont l'objet est de construire ou de donner à bail des logements ou un organisme dont l'un des objets est de contribuer au logement des personnes défavorisées) s'engage à réaliser dans un délai déterminé des travaux d'amélioration sur l'immeuble du bailleur et à le conserver en bon état d'entretien et de réparations de toute nature, en vue de le louer à usage d'habitation pendant la durée du bail. Au terme du bail qui est conclu pour une durée minimum de douze ans, les améliorations réalisées bénéficient au bailleur sans indemnité.

L'article 33 *quinquies* du CGI impose dans la catégorie des revenus fonciers les loyers et prestations de toute nature qui constituent le prix d'un bail à réhabilitation. Le montant des dépenses de construction, reconstruction et agrandissement qui correspondent aux travaux revenant gratuitement au bailleur en fin de bail est ajouté aux revenus fonciers de l'année où intervient le terme du bail (sans que soit offerte une possibilité de répartition sur plusieurs années, comme pour le bail à construction). Quant aux dépenses d'amélioration exécutées par le preneur et relatives à des travaux qui reviennent gratuitement au bailleur en fin de bail, il est admis que ce dernier n'en tienne compte ni dans les recettes, ni dans les charges, puisqu'elles rentrent à la fois dans la catégorie des dépenses incombant normalement au propriétaire, et payées par les locataires en vertu du bail, et dans celle des dépenses d'amélioration déductibles des revenus fonciers.

Enfin, la loi prévoit deux exonérations fiscales susceptibles d'être instituées par les Conseils généraux, et relatives à la part départementale de la taxe foncière sur les propriétés bâties (art. 1586 B du CGI) et à la taxe de publicité foncière normalement exigible au taux de 0,60 % sur les baux d'immeubles d'une durée supérieure à douze années (art. 1594 J du CGI).

Ce dispositif, qui est trop récent pour qu'on puisse en apprécier la portée, paraît toutefois insuffisant au regard des objectifs qui lui sont assignés.

161 LA LOCATION-ACCESSION A LA PROPRIÉTÉ IMMOBILIÈRE. — C'est un type particulier de contrat, institué par la loi n° 84-595 du 12 juillet 1984, aux fins de favoriser l'accession à la propriété de personnes ayant des ressources modestes et qui réunit en réalité deux conventions distinctes et successives.

En effet, ce contrat est à la fois un contrat de location d'un logement et un contrat de vente de l'immeuble loué, ce dernier prenant effet après la période de location à la suite d'une manifestation unilatérale de volonté de l'accédant à la propriété. La redevance versée au bailleur-vendeur de l'immeuble présente aussi un caractère mixte puisqu'elle est la contrepartie du droit de l'accédant à la jouissance du logement et de son droit personnel au transfert futur de propriété du bien. Ce contrat peut être conclu par toute personne (simple particulier ou professionnel de l'immobilier), mais ne concerne que les immeubles à usage d'habitation (à l'exclusion par conséquent des immeubles affectés exclusivement à un usage industriel, commercial ou agricole). Il peut s'agir d'immeubles anciens, neufs ou en cours de construction.

Le régime fiscal de ce type de contrat conduit à distinguer d'une part la location d'immeuble et d'autre part la promesse unilatérale de vente, qui peut ou non entraîner des effets de droit (le transfert de propriété) lorsque l'accédant à la propriété décide ou non de se porter acquéreur.

Pendant la période de location, le bailleur perçoit des revenus imposables dans la catégorie correspondant à son statut et à la nature de ces derniers (revenus fonciers s'il s'agit de particuliers, BIC ou autres bénéfices professionnels dans les autres cas).

Toutefois les revenus imposables ne comprennent pas les acomptes à valoir sur le prix de cession, puisque ces derniers rémunèrent non le droit de jouissance de l'immeuble, mais le droit au transfert de propriété. Le droit de bail est exigible sur le montant des redevances correspondant au droit de jouissance des biens, dans tous les cas puisque la loi fiscale ne prévoit pas l'assujettissement à la TVA des loyers perçus. S'agissant des professionnels de l'immobilier, la TVA afférente à la construction de l'immeuble ou à son acquisition est déductible, alors même que la levée de l'option réalisant la vente n'aurait pas été effectuée, dès lors que la vente est présumée intervenir dans le délai de cinq ans suivant l'achèvement de l'immeuble (en réalité, la levée de l'option par l'accédant peut intervenir à tout moment, avant ou après ce délai). Si l'option n'est pas levée dans ce délai, la TVA initialement déduite et afférente à la construction ou à l'acquisition de l'immeuble doit être reversée au Trésor.

La levée de l'option entraîne la vente de l'immeuble. Le profit immobilier réalisé par le cédant présente selon le cas le caractère d'une plus-value (plus-value des particuliers ou plus-value professionnelle selon la qualité du cédant) ou d'un bénéfice d'exploitation (lorsqu'il est réalisé par les professionnels de l'immobilier). Au regard de la TVA, la cession de l'immeuble est passible soit de la TVA immobilière lorsqu'elle entre dans les prévisions de l'article 257-7° du CGI (le cédant étant le redevable légal de la taxe), soit de la TVA de droit commun (assise sur la marge lorsque le cédant est un marchand de biens), soit des droits d'enregistrement dans les autres cas et selon le tarif correspondant à la nature de l'immeuble cédé.

Une particularité doit être signalée relative aux contrats de location-accession qui prévoient le versement (ou la rétention sur les acomptes versés) d'une indemnité majorée (égale à 3 % de la valeur de l'immeuble), au cas où l'accédant ne lèverait pas l'option ou obtiendrait la résolution du contrat relatif à un immeuble qui entre dans le champ d'application de la TVA immobilière. Par exception au principe selon lequel le transfert de propriété n'intervient qu'au moment de la levée de l'option, le contrat de location-accession prévoyant une indemnité majorée est assimilé à une vente pour l'application de la TVA immobilière. Toutefois, le fait générateur de la taxe (la signature du contrat) et le paiement de celle-ci sont dissociés puisque ce dernier n'interviendra qu'à compter de la 5e année qui suit l'achèvement de l'immeuble ou à la date de la levée de l'option si elle est antérieure.

Enfin, que l'immeuble entre ou non dans le champ d'application de la TVA immobilière, l'acquéreur est redevable de la taxe de publicité foncière au taux de 0,60 % à raison de la vente de l'immeuble.

Lorsque le contrat de location-accession a été assimilé à une vente pour l'application de la TVA immobilière, la renonciation du preneur à lever l'option équivaut à une résiliation de la vente, justifiant le reversement de la taxe afférente à la construction ou à l'acquisition antérieurement déduite.

En principe, et sauf si la renonciation est formulée avant l'expiration du délai de cinq ans qui suit l'achèvement, l'immeuble se trouve placé hors du champ d'application de la TVA immobilière et ne pourra plus faire l'objet d'une cession entrant dans les prévisions de l'article 257-7° du CGI. En cas de revente postérieure par un professionnel de l'immobilier, la TVA est applicable sur la marge, sans possibilité de déduction de la taxe ayant grévé la construction ou l'acquisition de l'immeuble (art. 231 de l'annexe II au CGI ; v. Rép. P. Mauger, *JO, Déb. AN,* 18 novembre 1985, p. 5326, nos 63106 et 74861, *DF,* 1986, n° 1, Com. 1). Par conséquent dans tous les cas il y a lieu à reversement de la TVA antérieurement déduite.

Quant aux opérations immobilières des organismes d'HLM et des personnes morales assimilées, elles sont exonérées de TVA, y compris pour celles qui présentent le caractère de location-accession à la propriété, mais les personnes visées peuvent toutefois renoncer à cette exonération.

162 LE CRÉDIT-BAIL IMMOBILIER. — Des dispositions fiscales particulières, profondément modifiées par l'article 57 de la loi n° 95-115 du 4 février 1995 d'orientation pour l'aménagement et le développement du territoire, relatives aux impôts directs et aux droits d'enregistrement, s'appliquent aux opérations de crédit-bail portant sur des biens immobiliers à usage professionnel, quelle que soit la qualité du bailleur (établissement de crédit ou SICOMI ; v. *DF,* 1995, n° 6, p. 120 et Com. 60). Cette réforme législative résulte de plusieurs évolutions : la soumission des SICOMI à l'impôt sur les sociétés dans les conditions de droit commun à compter du 1er janvier 1996, l'importance que revêt le crédit-bail dans la vie économique et la prise en compte des objectifs liés à la politique de l'aménagement du territoire.

Le contrat de crédit-bail immobilier est un contrat de location assorti d'une clause permettant au preneur de devenir propriétaire du bien loué, en levant l'option d'achat dont il est bénéficiaire. La location entraîne l'imposition des loyers dans la catégorie des BIC, lesquels peuvent bénéficier d'une exonération si le bailleur est une SICOMI ou une SOFERGIE (v. n° 126) ; ils sont déductibles des résultats du preneur dès lors qu'ils correspondent à une charge normale de l'entreprise. L'article 57 précité de la loi d'orientation pour l'aménagement et le développement du territoire aménage la situation du preneur et prévoit que la quote-part des loyers se rapportant à la valeur du terrain n'est pas déductible des résultats imposables du preneur. Des réintégrations doivent être effectuées à la clôture de chaque exercice et elles viendront en diminution de celles qui seront effectuées lors de la levée de l'option d'achat. Quant au bailleur, il est désormais autorisé à constituer à la clôture de chaque exercice une provision destinée à prendre en compte la différence constatée entre la valeur nette comptable du terrain et des constructions et le prix convenu pour la cession, ce dernier étant en pratique très inférieur à cette valeur.

Les locations peuvent être le cas échéant assujetties à la TVA, de plein droit ou sur option, dans les conditions de droit commun. La levée de l'option d'achat, en fin ou éventuellement en cours de bail, entraîne le transfert de propriété du bien au profit du preneur. Cette cession dont l'administration soumettait le produit au régime des plus- et moins-values professionnelles, relèvera désormais du régime des pertes d'exploitation, intégralement déductibles des bénéfices ; elle sera compensée le cas échéant par la provision précitée.

En ce qui concerne le preneur, une particularité du régime fiscal réside dans la réintégration dans les bénéfices de l'exercice d'une fraction des loyers versés lorsque l'immeuble est acquis pour une valeur inférieure à sa valeur résiduelle comptable. Cette réintégration, inspirée à la fois par le réalisme et la neutralité fiscale, affecte la base de calcul des amortissements pratiqués sur les immeubles acquis à l'échéance du contrat. A côté du régime général des réintégrations, qu'aménage l'article 45 de la loi de finances rectificative pour 1994, le législateur a établi un régime spécifique aux opérations de crédit-bail relatives aux immeubles de bureaux en Ile-de-France et à celles intéressant les petites et moyennes entreprises implantées dans les zones d'aménagement du territoire que définit la loi.

Par ailleurs, le contrat est un élément de l'actif immobilisé du crédit-preneur, qui peut être cédé à un acquéreur. La cession du contrat et les opérations assimilées telles que les fusions dégagent une plus-value professionnelle imposable au nom du cédant, déterminée en distinguant les droits afférents au terrain et ceux relatifs à la construction. La cession du contrat équivaut, pour le cessionnaire, à l'acquisition d'un élément de l'actif immobilisé amortissable pour la seule fraction des droits correspondant aux constructions selon le mode linéaire en fonction de la durée normale d'utilisation.

Pour aller plus loin

163 BIBLIOGRAPHIE.

a) Sur les locations immobilières en général : qualification des loyers et assujettissement, le cas échéant, à la TVA, voir :

G. Bachelier, Abus de droit et locations immobilières, concl. sur CE, 17 janvier 1994, n° 120157, *DF,* 1994, n° 15, Com. 746.

P. Bissara, Prise en charge d'une dette par un héritier, concl. sur CE, 29 juillet 1983, n° 23432, *RJF* 11/83, p. 578.
C. Bruno, Locations fictives, *AJPI,* 1990, n° 6, p. 478.
— BIC et imposition des locations, *AJPI,* 1991, n° 2, p. 159.
— Revenus fonciers. Logements vacants dans les petites communes, *AJPI,* 1992, n° 6, p. 486.
— Locations commerciales : option pour le régime de la TVA, *AJPI,* 1983, p. 709.
— L'acquisition d'un patrimoine locatif, numéro spécial, *AJPI,* avril 1991, p. 5.
M. Cozian, La chasse aux déficits fonciers de complaisance, *Mélanges Sibille,* Bruxelles, 1981, p. 355.
— La définition fiscale du commerçant, *Mélanges Roblot,* LGDJ, 1984, p. 83.
— Le foutoir fiscal des locations meublées, *JCP,* 1981, éd. N, 8060.
P. Frémont, Les locations immobilières et la TVA, *Administrer,* mai 1985, p. 41.
G. Goulard, Champ d'application de la TVA, location de locaux à usage de bureaux (note sous CE, 5 janvier 1994, n° 73875), *RJF* 3/94, p. 131.
M. Friocourt, La TVA et les locations d'immeubles, *Administrer,* février 1979, p. 46.
G. Gest, Revenus fonciers in *Dictionnaire encyclopédique des finances publiques,* 1991, p. 1400.
M.-D. Hagelsteen, Revenus fonciers, charges déductibles, dépenses d'amélioration, *RJF* 2/77, p. 49.
— TVA, location de locaux nus par une société commerciale, *RJF* 6/77, p. 213.
— BIC, locations meublées saisonnières, *RJF* 3/78, p. 69.
J. Heinrich, *La commercialité des locations des immeubles au regard du droit fiscal,* thèse Dijon, 1985 (dactyl.).
— La notion d'immeuble aménagé en droit fiscal, *DF,* 1985, n° 29, p. 923.
J. Laurent, *La commercialité fiscale de l'entreprise de location d'immeubles,* thèse Rouen, 1977 (dactyl.).
F. Loloum, Concl. sur CE, 28 juillet 1993, n° 52596 (revenus fonciers, aménagements réalisés par le locataire), *RJF* 10/93, p. 730.
M. Liebert-Champagne, Notion de revenus fonciers, *RJF* 7/88, p. 450.
— Déductibilité des dépenses d'amélioration des propriétés urbaines, *RJF* 3/1988, p. 143.
— TVA, option, location de locaux nus à un prestataire de services, *RJF* 3/88, p. 146.
A. Luck, Location meublée. Régime fiscal, *Revue des huissiers de justice,* 1992, n° 12, p. 615.
M.-P. Madignier, La location à soi-même d'immeubles agricoles, *DF,* 1994, n° 20, p. 837.
B. Martin Laprade, Frais de réparation supportés par le nu-propriétaire d'un immeuble, *RJF* 3/75, p. 88.
— Gain correspondant aux aménagements effectués par le locataire, *RJF* 3/75, p. 89.
— L'imposition du droit de chasse, *RJF* 4/75, p. 126.
J.-J. Philippe, TVA. L'option des loueurs immobiliers : problème du champ d'application, *BF* 6/91, p. 391.
— Nouvelles variations sur la notion de commercialité en matière de TVA. Les locations d'immeubles nus, *DF,* 1978, n° 18, p. 480.
J.-F. Picard, La notion de revenu foncier, *RJF* 3/90, p. 162 et 4, p. 238.
— La détermination du revenu foncier (revenu brut), *RJF* 7/91, p. 515.
— La détermination du revenu foncier : les charges déductibles, *RJF* 7/92, p. 563.
M. Peisse, Le statut fiscal et social de loueur en meublé, *Administrer,* mars 1986, p. 4.
F.-P. Racine, Arrérages de rente viagère, *RJF* 1/83, p. 3.
R. Rouquette et H. Lipietz, La fiscalité au secours du logement social, *AJPI,* 1991, n° 6, p. 414.
J. Schmidt et D. Sizaire, L'imposition à la TVA des locaux d'emplacements de stationnement, *Administrer,* juillet 1980, p. 55.

J.-F. Verny, Revenus fonciers. Frais supportés par le nu-propriétaire d'un immeuble, *RJF* 4/79, p. 111.
— BIC. Locations meublées saisonnières, *RJF* 5/80, p. 199.
— Location fictive ou location moyennant un loyer anormal, *RJF* 3/80, p. 92.
— Location d'un immeuble nu à une société à laquelle le propriétaire a apporté les actifs mobiliers et incorporels qu'il exploitait dans l'immeuble, *RJF* 4/80, p. 143.
— Caractères des dépôts de garantie, concl. sur CE, 8 mai 1981, n° 19171, *RJF* 7-8/81, p. 348.
X..., La taxation des profits des loueurs en meublé saisonniers occasionnels, *DF*, 1981, n° 24-25, p. 778.

b) S'agissant du régime fiscal du droit d'entrée ou pas-de-porte, voir :

J. Lafond, Le « droit d'entrée » versé au bailleur est-il un revenu foncier imposable ?, *JCP*, 1990, éd. N, n° 39, Prat., p. 529.
A. de Malafosse, Concl. sur CAA Bordeaux, 6 mai 1993, Lemut, *RJF* 10/93, p. 731.
J. Turot, Pas-de-porte et indemnité d'éviction, *RJF* 11/89, p. 611.
J.-F. Verny, Pas-de-porte et indemnité d'éviction, *RJF* 12/78, p. 340.

c) Sur les locations immobilières assorties d'un transfert de propriété, voir :

G. Araud, La location-accession, *REDI*, 1984, n° 107, p. 33.
J. Cabin Saint-Michel, Le régime fiscal applicable aux opérations de crédit-bail mobilier et immobilier, *Droit des sociétés*, août-septembre 1991, p. 1.
A. Chappert, Les incidences fiscales de la construction sur le sol d'autrui, *Rép. Defrénois*, 1991, art. 35060, 35071 et 35080.
J.-L. Courtier, Nouvelle fiscalité des opérations portant sur le crédit-bail, *LPA*, 1992, n° 86, p. 23 et n° 88, p. 10 ; *Journal des notaires et des avocats*, 1992, art. 60606 et 60612.
M. Dagot et Le Peltier, Le transfert de propriété dans le contrat de location-accession, *JCP*, 1985, éd. N, I, 49.
J. Fouasse, La fiscalité des opérations de crédit-bail, *BF* 4/90, p. 239 et n° 5, p. 319.
O. Fouquet, L'imposition des préloyers. L'étalement des subventions publiques d'équipement (concl. sur CE, 16 décembre 1991, n° 75833, SA Gel Occitan), *BGFE*, 1991, n° 30, p. 6.
P. Frémont, L'imposition de la location-accession à la propriété immobilière, *Administrer*, juillet 1985, p. 37.
E. Gauthier, Le crédit-bail immobilier des sociétés financières n'ayant pas le statut de SICOMI, *Rev. fr. de comptabilité*, 1990, n° 10, p. 60.
J. Hugot, Etablissement d'un régime fiscal incitatif pour les baux à réhabilitation, *JCP*, 1991, éd. N, Prat., 1681.
— Un nouveau-né : le bail à réhabilitation : commentaires et formules, *JCP*, 1990, éd. N, I, p. 217.
L. Lafond, L'absence de publication des contrats de crédit-bail immobilier, Incidences fiscales, *JCP*, 1991, éd. N, Prat., n° 1881.
M. Liebert-Champagne, TVA Indemnités perçues par un crédit-bailleur, *RJF* 12/87, p. 619.
Y. Ouedraogo, *Le crédit-bail immobilier*, thèse Toulouse I, 1980 (dactyl.).
R. Saint-Alary et C. Saint-Alary Houin, La location-accession à la propriété immobilière, *Rev. dr. immo.*, 1985, p. 1.
X..., Le crédit-bail immobilier. Régime des SICOMI, *Le quotidien juridique*, 1989, n° 141, p. 3 ; n° 142, p. 13 et n° 143, p. 3.
X..., La fiscalité directe du crédit-bail immobilier, *BF* 4/93, p. 232 ; *BF* 5/90.

Section III
La fiscalité des travaux immobiliers

164 Des définitions contingentes au service de fiscalités incitatives. — Vouloir définir de façon générale les travaux immobiliers relève d'une tâche impossible, car cette notion revêt de multiples acceptions selon l'objet des dispositions fiscales applicables. En dépit d'une définition commune des travaux de construction, de reconstruction et d'agrandissement, par opposition aux travaux d'amélioration, le droit fiscal consacre la spécificité et la relativité de multiples catégories de travaux immobiliers, définies dans leur objet et dans leurs effets par des dispositions particulières. Il y a peu de points communs entre les dépenses de ravalement ou d'isolation thermique et celles afférentes aux monuments historiques, entre les dépenses d'investissement professionnel dans les départements et territoires d'outre-mer et les dépenses d'amélioration culturale ou foncière exposées par les exploitants agricoles, ou entre les participations à des dépenses d'équipement public et le régime des constructions sur le sol d'autrui, etc.

En vérité, la notion de travail immobilier est à la fois omniprésente en fiscalité et polymorphe en raison de la nature même de l'immeuble, bâti ou non, qui exige un travail initial puis continu de construction, d'entretien, d'amélioration, etc. L'hétérogénéité des dépenses fiscales liées aux travaux immobiliers révèle cette diversité (12e rapport du Conseil des impôts, p. 101), sans que l'efficacité, ni le coût de ces mesures puisse être sérieusement évalué.

La raison de cette dispersion tient à deux causes principales. En premier lieu, les travaux immobiliers et notamment ceux relatifs à l'entretien, à la réparation, à l'amélioration, à la restauration et à la réhabilitation des immeubles présentent une importance économique et sociale de première grandeur, par le nombre d'entreprises et de salariés intéressés. Ils contribuent aussi à l'entretien du parc immobilier, à la restauration des immeubles anciens et à la réhabilitation des centres-ville.

En second lieu, le législateur a largement cédé à la facilité en instituant des dispositifs fondés sur l'incitation fiscale, en principe temporaires et affectés d'une mutabilité chronique.

Toutefois, par l'effet de prorogations et de reconductions successives, puis par l'effet d'une accoutumance rendant difficile toute remise en cause des avantages acquis, les éléments essentiels de ces régimes fiscaux sont finalement dotés d'une certaine permanence. Le mimétisme guide aussi le législateur, puisque maints dispositifs incitatifs reposent sur la technique de l'engagement de faire le respect des engagements souscrits à l'origine conditionnant le bénéfice des allégements d'impôts. Il en résulte des dispositifs particulièrement complexes et déroutants pour les contribuables non gullivériens (selon l'expression de J.-Cl. Martinez), auquels s'ajoutent chaque année des conditions et limites nouvelles. Comme tous les dispositifs interventionnistes, ils aggravent les inégalités d'imposition dans le droit fiscal immobilier, sans qu'un suivi sérieux permette d'en apprécier les effets en termes de coût et d'avantages.

I | L'ENTREPRISE ET LES TRAVAUX IMMOBILIERS

La fiscalité générale attache une importance particulière aux travaux immobiliers dès lors qu'ils constituent une charge de l'entreprise, déductible sous certaines conditions, et une prestation de services assujettie à la TVA.

165 LA DÉDUCTION DES CHARGES AFFÉRENTES AUX TRAVAUX IMMOBILIERS RÉALISÉS PAR LES ENTREPRISES. — Il s'agit essentiellement des entreprises industrielles ou commerciales, bien que les principes et règles applicables soient transposables à la détermination des BNC ou des BA imposables selon le régime réel. Cependant la portée doctrinale des solutions jurisprudentielles, l'ancienneté du contentieux, l'abondance de la matière font que les règles dégagées en matière de BIC jouent un rôle pilote à l'égard des autres catégories de revenus professionnels.

La déduction des charges relatives à l'exécution de travaux immobiliers implique que soit clairement défini, en amont, l'appartenance de l'immeuble à l'actif commercial de l'entreprise ou au patrimoine privé de l'exploitant individuel, à l'actif immobilisé de l'entreprise ou au stock immobilier de celle-ci (v. n°s 26 et 27). Les modalités de la déduction des charges résultent encore de choix économiques effectués par le chef d'entreprise qui peut préférer soit acquérir l'immeuble ou des parts de sociétés immobilières de copropriété transparentes, soit la location des murs, le cas échéant à une société civile immobilière constituée à cet effet ou selon les modalités lui permettant d'en acquérir ultérieurement la propriété (v. n°s 159 et 162).

Lorsque l'immeuble appartient à l'actif immobilisé de l'entreprise, la déduction des charges afférentes aux travaux immobiliers soulève de délicates difficultés d'appréciation et est entendue de façon restrictive par la jurisprudence fiscale.

Les difficultés d'appréciation résultent de la distinction, claire dans son principe mais fortement atténuée en pratique, entre les dépenses qui font entrer un nouvel élément dans l'actif de l'entreprise ou qui prolongent notablement sa durée probable d'utilisation, et qui sont amortissables, et celles qui n'ont d'autre objet que de maintenir un élément de l'actif en l'état tel que son utilisation puisse être poursuivie jusqu'à la fin de la période d'amortissement restant à courir, et qui présentent le caractère de frais généraux immédiatement déductibles. Cette distinction, qui repose sur un critère finaliste et non sur le coût ou l'importance des travaux, conduit à qualifier, selon le cas, de dépenses amortissables ou de charges courantes de l'exercice les travaux de réfection et de consolidation, les travaux d'aménagement, de transformation et de modernisation, ainsi que les travaux de réparation et d'entretien effectués sur les immeubles inscrits à l'actif immobilisé (CE, 4 mars 1992, n° 80797, Ruaud, *RJF* 5/92, n° 618 ; 26 juin 1992, n° 78850, Petitmengin, *RJF* 10/92, n° 1307, *DF,* 1992, n° 47, Com. 2208, *LPA,* 1992, n° 127, p. 6, concl. O. Fouquet ; 21 juillet 1970, n° 78878, Dupont, 1970, p. 410, *DF,* 1970, n° 39, Com. 1063) ou les participations à des dépenses d'équipement public (v. chr. G. Goulard, *RJF* 10/93, p. 727).

Les difficultés d'appréciation s'appliquent aussi à la répartition du prix de revient global d'un ensemble industriel entre la valeur du sol et celle, seulement amortissable, des constructions (CE, 4 novembre 1970, n° 77759, Dupont, 1971, p. 35, *DF,* 1970, n° 50, Com. 1430), cette répartition pouvant être remise en cause à toute époque.

Elles affectent aussi la qualification des travaux immobiliers préparatoires à une construction ou une exploitation industrielle (CE,

30 avril 1975, n° 93770, *RJF* 6/75, p. 204, *DF,* 1975, n° 28, Com. 953 ; 8 janvier 1975, n° 93348, *RJF* 2/75, n° 46, *DF,* 1975, n° 9, Com. 323, concl. Fabre ; CAA Paris, 7 mai 1992, n° 91258, *DF,* 1994, n° 21-22, Com. 997, *RJF* 9/92, n° 1121).

De façon générale, la déduction des travaux immobiliers est soumise à des conditions restrictives qui ne tiennent pas toujours compte, sur le plan fiscal, de la valeur réelle de l'immeuble. Ce n'est que de façon tout à fait exceptionnelle que les travaux de construction, de reconstruction, d'aménagement, d'entretien ou de réparation peuvent donner lieu à la constitution de provisions.

Le principe est en effet que les travaux immobiliers ne peuvent être provisionnés soit parce qu'ils accroissent la valeur de l'actif de l'entreprise, soit parce qu'ils correspondent à des charges annuelles et normales de celle-ci.

Une provision ne serait susceptible d'être déduite des bénéfices imposables que si des difficultés insurmontables, assimilables à des circonstances exceptionnelles ou à une force majeure ont conduit à différer les travaux (CE, 12 mars 1969, n° 75615, Dupont, 1969, p. 199) ou si des travaux importants de gros entretien ont dû être répartis sur plusieurs exercices (CE, 13 mai 1966, n° 59602, Dupont, 1966, p. 344 ; 6 juillet 1990, n° 73078, Ets Alexis, *RJF* 10/90, n° 1166, *DF,* 1991, n° 18, Com. 965).

La même rigueur conduit à refuser la déduction d'une provision ou d'un amortissement exceptionnel pour dépréciation d'un immeuble inscrit à l'actif alors même que la dépréciation de l'immeuble serait objectivement établie (CE, 24 octobre 1980, nos 17147 et 17148, *RJF* 12/80, n° 940, *DF,* 1981, n° 7, Com. 286 ; 20 février 1991, n° 81904, Sté DODAP, *RJF* 3/91, n° 393, *DF,* 1991, n° 13, Com. 686).

La jurisprudence est extrêmement réticente pour admettre un taux d'amortissement supérieur à celui qui résulte des usages et qui permettrait de tenir compte d'une dégradation accélérée de l'immeuble (CAA Nancy, 9 avril 1991, n° 567, SARL Grill Motel, *RJF* 8-9/91, n° 1042).

Enfin, la déduction des charges résultant de travaux immobiliers est subordonnée à l'appréciation de la gestion commerciale normale de l'entreprise (CE, 25 avril 1990, nos 57386 et 57688, *RJF* 6/90, n° 622, *DF,* 1990, n° 22, Com. 1066 ; 24 juin 1987, n° 48475, *RJF* 8-9/87, n° 879, *DF,* 1987, n° 49, Com. 2195).

S'agissant des constructions et aménagements sur le sol d'autrui que la société locataire peut amortir bien qu'ils doivent revenir au bailleur en fin de bail, la durée de l'amortissement est la durée normale d'utilisation des biens alors même qu'elle serait supérieure à la durée du bail restant à courir (art. 39 D du CGI).

En définitive, et pour un ensemble de raisons, la fiscalité de l'entreprise apparaît plus favorable à la location de biens immobiliers qu'à la détention directe et à l'inscription des immeubles à l'actif. Cette dissociation entre le droit de propriété et l'utilisation professionnelle des immeubles renvoie à la fiscalité de droit commun applicable à l'acquisition, à la mutation, à la détention des immeubles, souvent conservés dans le patrimoine privé et dont dépend la poursuite de l'activité professionnelle.

166 L'ASSUJETTISSEMENT A LA TVA DES ENTREPRISES DE TRAVAUX IMMOBILIERS. — C'est de la TVA de droit commun dont il est question, dont sont redevables les entreprises qui réalisent des travaux immobiliers, et non de la TVA immobilière qui s'applique aux seules opérations concourant à la production et à la livraison d'immeubles, même lorsqu'elles sont effectuées par de simples particuliers.

Or la définition de ces travaux immobiliers a soulevé de redoutables difficultés en jurisprudence, d'abord parce qu'il s'agit de prestations de services (art. 256-IV du CGI) qu'il convient de distinguer d'autres opérations imposables telles les ventes de biens meubles qui peuvent les accompagner, ensuite parce que le régime de droit commun de la TVA qui leur est applicable comporte quelques particularités.

La base d'imposition est constituée par le montant des marchés, mémoires ou factures (art. 266-1 *f* du CGI). Fait générateur et exigibilité de la TVA se situent à la même date, à savoir l'encaissement des acomptes, des avances ou du montant des mémoires ou factures.

Toutefois, la loi fiscale offre aux entreprises de travaux immobiliers la faculté d'opter sous certaines conditions pour le paiement de la TVA d'après les livraisons (art. 269-2 *c* du CGI), celle-ci intervenant à la date de remise des ouvrages en la possession du maître de l'ouvrage, sans pouvoir se situer postérieurement à l'occupation ou à l'utilisation réelle des locaux ou installations (art. 81 de l'annexe III au CGI). L'exercice de cette option autorise donc le redevable à acquitter la TVA postérieurement à l'encaissement des acomptes et des avances.

Or, si l'application des règles techniques relatives à la TVA ne soulève guère de difficultés, il n'en va pas de même en ce qui concerne la définition des travaux immobiliers. Il convient en effet de distinguer les travaux immobiliers proprement dits, qui sont des prestations de services, des ventes de matériel assorties d'opérations accessoires de prestations de services comme l'installation sur place du matériel vendu. Or ces ventes, dites mixtes, doivent être imposées distinctement selon les règles qui leur sont propres, les prestations de services accessoires pouvant ou non présenter le caractère de travaux immobiliers.

A défaut de texte, cette définition a été dégagée par le juge de l'impôt dans de nombreuses décisions rendues pour l'application de textes aujourd'hui abrogés, mais qui conservent néanmoins toute leur valeur. La définition prétorienne est triple, puisque présentent le caractère de travaux immobiliers :

— soit les travaux de construction de bâtiments et autres ouvrages ;
— soit les travaux d'équipement portant sur ces immeubles ;
— soit les travaux de réparation.

Les travaux de construction immobilière, y compris les travaux de démolition, présentent le caractère de travaux immobiliers, qu'il s'agisse de travaux publics ou de travaux privés, exécutés à l'aide de matériaux fournis ou non par le maître de l'ouvrage, et quel que soit le corps de métier appelé à participer au travail de construction.

Les travaux de réparation et de réfection des immeubles présentent aussi le caractère de travaux immobiliers, à l'exception, selon l'administration, des opérations de simple entretien qui n'impliquent que l'emploi de menues fournitures.

Ce sont les travaux d'équipement qui soulèvent le plus fréquemment les difficultés de qualification, puisque le travail immobilier proprement dit est précédé par une livraison d'un bien meuble corporel qui sera physiquement intégré selon des modalités techniques variables à l'immeuble.

La jurisprudence retient à titre principal le critère de l'incorporation, à l'instar de la définition administrative du travail public, et qualifie de travaux immobiliers d'équipement ceux qui ont pour effet d'incorporer à titre définitif des objets mobiliers aux constructions qui ne pourraient en être dissociés sans subir (ainsi que le fonds) de graves dommages. Ce critère conduit à accorder une importance essentielle au mode de fixation des équipements (scellement ou simple raccordement) et à la mobilité éventuelle de l'équipement installé. L'installation d'équipements amovibles ne présente pas le caractère de travaux immobiliers (CE, 11 juin 1975, n° 93894, *RJF* 9/75, n° 406), mais tout est question d'appréciation des faits (pour un exemple typique, v. CE, 20 janvier 1989, n° 45815, SA Delahaye, *RJF* 3/89, n° 302, *DF,* 1989, n° 22-23, Com. 1103, *LPA,* 1989, n° 69, p. 4, concl. M. de Saint-Pulgent, à propos de la construction de serres, le cas échéant démontables et non fixées au sol, qualifiée de travaux immobiliers).

Lorsque l'entreprise vend le matériel dont elle équipe ensuite les constructions, l'éventuelle divisibilité de cette opération complexe, jointe au critère éminemment technique de l'incorporation et de la mobilité éventuelle des biens installés aggravent les incertitudes. De telles opérations peuvent présenter le caractère de travaux immobiliers dans leur globalité ou celui d'une vente de biens meubles assortie d'une prestation de services (la pose du matériel), qui peut elle-même présenter le caractère d'un travail immobilier.

Dans cette appréciation interviennent des éléments subjectifs tirés de la pratique commerciale de l'entreprise et des éléments objectifs fondés sur la nature même des biens livrés et installés.

La dissociation s'impose, et il y a lieu à facturation distincte si l'entreprise qui vend les équipements ne procède qu'accessoirement, occasionnellement, aux opérations d'installation chez les clients (CE, sect. 4 mai 1973, n° 81132, Min. des Finances c/ Etablissements Merlin et Gérin, Dupont, 1973, p. 262, *DF,* 1973, n° 40, Com. 1375, concl. Delmas Marsalet).

Quant aux opérations de pose, de montage, effectuées chez les clients, elles relèvent ou non de la catégorie des travaux immobiliers si les critères traditionnels de l'incorporation sont réunis (CE, 4 novembre 1977, n° 3084, Société Hydro-Pulsateur, *RJF* 12/77, n° 648, *DF,* 1977, n° 52, Com. 1889).

La jurisprudence se réfère également au caractère général ou spécifique des équipements vendus et installés par l'entreprise.

Si l'entreprise vend et procède à l'installation d'équipements particuliers, c'est-à-dire hautement spécialisés, la jurisprudence considère que l'ensemble de ces opérations forme un marché unique comprenant la fabrication d'un bien meuble corporel qui, compte tenu de ses caractéristiques, est achevé sur place lors du montage. De cette opération indivisible ne résulte aucun travail immobilier (jurisprudence constante depuis CE, sect. 3 mars 1976, Fives Penhoët, n° 94749, à propos de travaux d'achèvement sur place et de montage d'échangeurs de chaleur dans une centrale nucléaire, *RJF* 4/76, n° 170, *DF,* 1977, n° 1-2, Com. 32, concl. Mme Latournerie).

En revanche, l'installation des équipements généraux accompagnant normalement l'édification de tous bâtiments constitue globalement un travail immobilier au regard de l'application de la TVA, y compris pour la fourniture du matériel (CE, sect. 17 décembre 1976, SA Gouillioud, *RJF* 2/77, n° 82, *DF,* 1977, n° 48, Com. 1707, concl. Fabre, à propos des opérations de rénovation d'immeubles anciens faisant l'objet d'une facturation globale incluant le prix du matériel fourni).

Ces solutions forment un ensemble éminemment complexe en raison des distinctions opérées entre des opérations (de ventes et d'équipement) qui concourent au même but et en raison de la relativité des critères techniques utilisés (la théorie de l'incorporation et celle du démontage éventuel des meubles sans dégradation, v. l'arrêt du CE du 20 janvier 1989, Delahaye Frères, précité, rendu sur concl. contraires du commissaire du gouvernement).

II | Les aides fiscales pour travaux immobiliers réalisés par les particuliers

A - Les réductions d'impôt sur le revenu

167 Les réductions d'impôt pour travaux d'entretien et d'amélioration de l'habitation principale. — Les revenus des logements dont les propriétaires se réservent la jouissance étant exonérés d'impôt depuis 1964 (art. 15-II du CGI), il s'ensuit que les charges correspondantes ne sont déductibles que sur le fondement d'une disposition expresse de la loi fiscale (la non-déductibilité des charges foncières est le principe pour l'imposition des propriétaires qui se réservent la jouissance de leurs immeubles, alors qu'à l'inverse le principe est la déduction des charges lorsqu'il s'agit de locations consenties par les propriétaires bailleurs).

Aussi les réductions d'impôt accordées au titre des dépenses afférentes à l'habitation principale, prévues par les articles 199 *sexies* et s. du CGI, ne visent-elles que certaines dépenses limitativement énumérées, à savoir les intérêts des emprunts contractés pour l'acquisition, la construction ou les grosses réparations du logement, les dépenses de ravalement, les dépenses de grosses réparations, d'amélioration, d'isolation thermique et de régulation du chauffage. De nouvelles dépenses y ont été ajoutées, comme l'installation de l'équipement sanitaire élémentaire d'un logement qui en était dépourvu, l'installation d'une porte blindée et d'un interphone, la réalisation de travaux destinés à faciliter l'accès de l'immeuble aux personnes handicapées et l'adaptation de leur logement (loi n° 92-655 du 15 juillet 1992, art. 2).

Les dispositifs (car le pluriel s'impose) sont particulièrement complexes. Les dépenses doivent être effectuées sur l'habitation principale ou sur le logement qui est destiné à le devenir en vertu d'un engagement du contribuable. Peuvent bénéficier de la réduction les propriétaires directs de leur habitation principale ainsi que les associés des sociétés transparentes, mais encore les associés des sociétés civiles immobilières de droit commun qui bénéficient de l'attribution gratuite d'un logement appartenant à la société (TA Grenoble, 25 octobre 1994, n° 89-2951, Gidrol, *RJF* 3/95, n° 294 ; rap. n° 47). Ces réductions d'impôt sont d'ailleurs fortement personnalisées, puisque d'une part en furent exclus les contribuables dont les revenus excédaient un seuil déterminé (avant que l'article 22-III à IV de la 1re loi de finances rectificative pour 1993, n'abroge cette discrimination) et d'autre part le plafond des dépenses varie selon la situation de famille et le nombre de personnes à charge.

Le régime des réductions d'impôt, qui est spécifique à chaque catégorie de charges, a été notablement modifié dans le temps, lors des prorogations successives, en ce qui concerne les plafonds des dépenses (à la fois annuels et pluriannuels), le taux de la réduction, la ou les années d'imputation. En ce qui concerne les intérêts des emprunts, pas moins de cinq régimes différents sont susceptibles d'être appliqués en fonction de la date du contrat de prêt.

En réalité, la rationalité de ces dispositifs apparaît douteuse à de multiples points de vue. Les finalités mêmes des diverses réductions d'impôt n'ont pas été clairement dégagées puisque depuis l'exonération décidée en 1964 du loyer fictif que constitue la libre disposition de son habitation, des dépenses de nature très différentes ont été intégrées dans les divers dispositifs, qu'il s'agisse de dépenses d'acquisition, de grosses réparation, d'amélioration, etc. Or la question fondamentale est celle de savoir quelles finalités justifient les dépenses fiscales afférentes aux logements occupés par leurs propriétaires, si les dispositifs fiscaux applicables permettent d'atteindre ces objectifs (ce qui suppose qu'ils aient été préalablement dégagés) et si c'est bien le rôle de l'impôt d'intervenir en ce domaine (par préférence aux aides directes, les subventions par exemple).

Il apparaît que les techniques fiscales mises en œuvre obéissent à des logiques parfois contradictoires et mal définies. Le plafond de réduction commun aux intérêts d'emprunts et aux dépenses de ravalement, ainsi que celui applicable aux dépenses de grosses réparations, d'isolation thermique, de régulation de chauffage, d'amélioration, englobe des dépenses de nature foncièrement différente et d'une périodicité elle-même variable (dans le cas des dépenses de ravalement), empêchant ainsi toute action « ciblée » des pouvoirs publics sur une catégorie de dépense déterminée. L'accentuation de la personnalisation des dispositifs amorcée en 1984, avec la substitution des réductions d'impôt à la déduction des charges pratiquée antérieurement, poursuivie avec l'institution de majorations supplémentaires pour charges de famille et avec l'exclusion des contribuables excédant un seuil déterminé de revenus apparaît fondamentalement étrangère par rapport aux objectifs recherchés visant à encourager l'acquisition de l'habitation principale, son entretien, son amélioration, etc. (sans qu'il soit besoin d'épiloguer sur l'application de l'égalité devant l'impôt qui en résulte). En pratique, les réductions pour dépenses de ravalement ou de grosses réparations occupent une place résiduelle au regard de la réduction liée aux intérêts des emprunts contractés pour l'acquisition de l'habitation principale (12e rapport du Conseil des impôts, p. 240), ce qui affaiblit l'objectif du maintien en état du parc immobilier existant qui est recherché par ces dispositifs. L'insuffisante réévaluation des plafonds précités, doublement contraignants puisqu'ils sont à la fois annuels et pluriannuels, aboutit au même constat d'inadaptation des moyens à des finalités mal définies.

168 LA RÉDUCTION D'IMPÔT POUR INVESTISSEMENT IMMOBILIER LOCATIF. — Afin de favoriser la construction de logements neufs destinés à la location, le législateur a institué depuis 1985 plusieurs régimes successifs prévoyant une réduction d'impôt au bénéfice des contribuables qui font construire ou qui acquièrent des logements neufs destinés à la location, ou qui souscrivent au capital de sociétés immobilières d'investissement ou de sociétés civiles de placement immobilier ayant le même objet (art. 199 *nonies, decies, decies* A et *decies* B du CGI), à l'exclusion des sociétés civiles immobilières de droit commun.

Le régime fiscal de la réduction d'impôt dépend de la date de réalisation des investissements ou de la souscription des parts. Le régime actuel, modifié par l'article 5 de la loi n° 92-1376 du 30 décembre 1992, s'applique aux logements neufs situés en France, acquis ou construits entre le 1er janvier 1990 et le 31 décembre 1997, et ouvre droit à une réduction d'impôt soit au taux normal de 10 %, soit au taux spécial de 15 % lorsque le logement loué se situe dans le secteur dit « intermédiaire », défini par référence aux plafonds de loyer et aux ressources du locataire. L'assiette de cette réduction est constituée par le prix de revient du logement ou le montant de la souscription des parts, lequel est plafonné en fonction de la situation de famille (300 000 F pour les célibataires, veufs ou divorcés, ou 600 000 F pour les couples mariés lorsqu'il s'agit de la réduction de 10 %). La loi fiscale prévoit aussi les années sur lesquelles la réduction doit être pratiquée, ainsi que la périodicité des réductions. La réduction d'impôt fait l'objet d'une reprise, notamment lorsque l'acquéreur du logement ne respecte pas l'engagement de le louer pendant six ans ou lorsque le souscripteur ne conserve pas les titres pendant une durée identique à compter de l'achèvement des immeubles ou de leur acquisition par la société si elle est postérieure.

Ces avantages fiscaux réservés au seuls immeubles neufs (ainsi qu'aux locaux vacants transformés en logements, en application de l'article 26 de la loi de finances rectificative pour 1993) sont appréciables alors surtout que s'y ajoute la déduction forfaitaire majorée pratiquée sur les revenus fonciers perçus par le bailleur (v. n° 156). La dépense fiscale à la charge de l'Etat n'est pas négligeable, puisqu'elle était estimée à 1,5 milliard de francs en 1992 au titre de la réduction d'impôt et à 230 millions de francs en ce qui concerne les revenus locatifs. Toutefois, outre les inégalités fiscales qu'ils génèrent, ces dispositifs de relance spécifique encourent plusieurs critiques. D'abord sur le plan des méthodes, puisque le législateur a fait succéder dans le temps ou se superposer des régimes certes différents mais qu'il eût été plus rationnel d'établir pour une durée allongée sur la base de règles pourvues de la stabilité indispensable à la planification des investissements et à la sécurité juridique des opérateurs.

Ensuite sur la finalité même de ces dispositifs qui associent les avantages fiscaux des valeurs mobilières et ceux des placements immobiliers, renouvelant ainsi l'acception de l'immeuble en droit fiscal. En effet, ce n'est pas l'investissement immobilier en lui-même qui exerce un effet attractif, parce qu'il répondrait à une rationalité économique ou à une rentabilité à moyen ou long terme. Ce sont essentiellement les avantages fiscaux que recherche l'épargnant, et qui seuls expliquent le succès de ces dispositifs dans le public. D'où un caractère artificiel et une grande fragilité de ces types de placements dont la pérennité n'est nullement garantie en droit, même si elle est difficile à remettre en cause en fait. La fiscalité des sociétés immobilières d'investissement, très favorable à l'origine (en 1963), démontre néanmoins que des suppressions ponctuelles d'avantages fiscaux divers relatifs par exemple aux droits de mutation, aux taxes foncières, etc., peuvent entraîner une désaffection des épargnants, alors que dans le même temps la réduction d'impôt pour investissement locatif était instituée (12e rapport du Conseil des impôts, p. 343).

B - L'imputation des charges et déficits fonciers afférents aux immeubles historiques

169 LES IMMEUBLES HISTORIQUES ET ASSIMILÉS. — La protection du patrimoine historique a justifié que soient apportées des dérogations au principe de la non-déductibilité des charges foncières afférentes aux immeubles dont le propriétaire se réserve la jouissance et, plus largement, au principe de la non-déductibilité des déficits fonciers sur le revenu global du contribuable. Toutefois, atténuant fortement ce principe, la loi fiscale autorise désormais l'imputation sur le revenu global des déficits fonciers dans la limite annuelle de 70 000 F (pour les dépenses payées à compter du 1er janvier 1995) à condition qu'ils ne proviennent pas d'intérêts d'emprunts (art. 64 de la loi de finances pour 1995, *DF,* 1995, n° 1-2, Com. 1).

Sont d'abord visées, en application de l'article 156-II 1° *ter* du CGI, les charges foncières afférentes aux immeubles classés monuments historiques ou inscrits à l'inventaire supplémentaire ainsi qu'aux immeubles appartenant au patrimoine national en raison de leur caractère historique ou artistique particulier et qui ont été agréés à cet effet par le ministre de l'Economie et des Finances. La déduction des charges foncières est acquise, alors même que l'immeuble serait la résidence principale du contribuable. Elle est égale à la totalité des dépenses exposées lorsque l'immeuble est ouvert au public et à la moitié seulement si cette condition n'est pas remplie.

Toutefois, les participations aux travaux de réparation ou d'entretien exécutés ou subventionnés par l'administration des Affaires culturelles sont déductibles pour leur montant total (art. 41 E de l'annexe III et s. du CGI). Quant au déficit foncier éventuel, il s'impute sur le revenu global du contribuable (art. 156-I-3° du CGI).

En réalité, le dispositif actuel ne donne pas entière satisfaction. Il présente une certaine complexité puisqu'il conduit à distinguer trois régimes : celui applicable aux immeubles qui procurent des recettes imposables et qui ne sont pas occupés par leur propriétaire (application du régime des revenus fonciers avec possibilité de déduire le déficit foncier du revenu global) ; celui applicable aux immeubles qui ne procurent aucune recette imposable (déduction des charges foncières du revenu global dans les conditions prévues par les articles 41 F à 41 J de l'annexe III au CGI) ; enfin celui relatif aux immeubles qui procurent des recettes et qui sont occupés par leur propriétaire (application du régime des revenus fonciers et déduction du revenu global des charges foncières qui n'ont pu être déduites du revenu brut foncier).

Les textes paraissent limiter trop étroitement les possibilités de déduction et ont justifié un effort d'interprétation de la part du Conseil d'Etat.

Ainsi les travaux de reconstruction à l'identique dans un autre lieu ne sauraient être qualifiés de travaux de réparation ou d'entretien déductibles (CE, 7 juin 1972, n° 82052, Dupont, 1972, p. 284, *DF,* 1972, n° 31, Com. 1218). L'assimilation est également refusée pour la transformation en un jardin planté de la cour-terrasse d'un château inscrit (CE, 19 mars 1975, n° 92682, *DF,* 1975, n° 24, Com. 825, *RJF* 5/75, n° 225). Les charges afférentes à l'entretien du chemin d'accès à un château inscrit ne sauraient ouvrir droit à déduction lorsque l'immeuble ne procure aucune recette, dès lors que le chemin lui-même n'est pas inscrit (CE, 19 mars 1975, n° 92682 préc.). Et la longueur de la procédure d'inscription ne saurait autoriser rétroactivement la déduction des charges foncières (CE, 12 décembre 1990, n° 61552, Touillet, *RJF* 2/91, n° 139, *DF,* 1991, n° 43, Com. 2029, concl. O. Fouquet), laquelle est subordonnée à la production, en annexe de la déclaration de revenus, de l'attestation de l'administration des Affaires culturelles (CAA Paris, 22 avril 1993, n° 834, Camus, *RJF* 8-9/93, n° 1089).

Aussi la jurisprudence fiscale a-t-elle libéralement élargi les termes de la loi au bénéfice d'une interprétation souple de ses dispositions. Sont qualifiées de travaux de réparation déductibles les opérations de dégagement du sous-sol d'une collégiale classée monument historique des vestiges d'un église mérovingienne et d'une enceinte gallo-romaine (CE, 9 juillet 1982, n° 30897, *DF,* 1982, n° 42, Com. 1922, *RJF* 10/82, n° 900).

La théorie de l'accessoire indispensable, souvent utilisée par ailleurs au détriment du contribuable, autorise la déduction des dépenses afférentes aux parties classées et non classées d'un monument historique, dès lors que les travaux forment un ensemble indivisible (CE, 21 décembre 1990, n° 62770, Gernez, *RJF* 2/91, n° 147, *DF,* 1991, n° 16-17, Com. 889).

Le Conseil d'Etat admet la déduction de la totalité du montant des travaux d'entretien et de réparation exposés par l'associé d'une société civile, quelle que soit l'importance de sa participation dans le capital de la société (CE, 17 mai 1989, n° 62770, Gernez, *RJF* 7/89, n° 798, *DF,* 1989, n° 40, Com. 1771, concl. M. Liébert-Champagne ; 9 juillet 1982, n° 30897 préc.).

170 LES OPÉRATIONS DE RESTAURATION IMMOBILIÈRE. — Sont ensuite visés les déficits provenant de travaux exécutés dans le cadre d'une opération de restauration immobilière en application de la loi n° 62-903 du 4 août 1962 (dite loi Malraux), ainsi que des frais de relogement, d'adhésion à des associations foncières urbaines libres ou des indemnités d'éviction versées à cette occasion. A plusieurs reprises ce régime a été modifié, et de façon substantielle, par l'article 40 de la loi de finances rectificative pour 1994 puisque l'ancienne appellation d'opération groupée de restauration immobilière n'a plus lieu d'être utilisée sous le nouveau régime.

Les déficits sont déductibles du revenu global sans limitation, mais à l'exclusion des intérêts des emprunts. Toutefois, le bénéfice de cette imputation est subordonné, à compter de l'imposition des revenus de 1991, à des conditions restrictives et notamment à l'engagement du propriétaire de livrer l'immeuble à usage de résidence principale du locataire pendant une durée de neuf ans, délai ramené par la suite à six ans. La loi n° 91-662 du 13 juillet 1991 a exclu de l'imputation sur le revenu global les déficits fonciers afférents à des locaux destinés à une location commerciale.

Ces modifications qui limitent les possibilités d'imputation des déficits fonciers ont paru compromettre les objectifs recherchés et les souhaits exprimés par le Conseil des impôts (rapport de 1992, p. 268). En effet, les possibilités d'imputation étaient soumises à des conditions très restrictives relatives à la localisation de l'immeuble dans un secteur sauvegardé ou dans un périmètre de restauration immobilière, à la conformité des travaux au plan permanent de sauvegarde et de mise en valeur et à l'exécution dans le cadre d'une opération groupée de restauration immobilière.

Dès lors, n'ouvraient pas droit à imputation les travaux réalisés isolément par les propriétaires (jurisprudence constante, v. CE, 30 novembre 1988, n° 57806, *RJF* 1/89, n° 2, *DF,* 1989, n° 10, Com. 468) ou qui avaient été décidés par la société de promotion immobilière qui a acquis l'immeuble à restaurer (l'initiative devant émaner du groupement des propriétaires ou, à défaut, d'une collectivité publique : CAA Nantes, 20 juin 1990, n° 340, Lucas, *RJF* 11/90, n° 1352 ; CAA Bordeaux, 29 juin 1993, n°s 91716 et 92216, *DF,* 1994, n° 20, Com. 931).

En tout état de cause seuls étaient déductibles les travaux d'entretien, de réparation et d'amélioration, à l'exclusion des travaux de reconstruction définitive ou d'agrandissement (CE, 9 mars 1988, n° 71316, *RJF* 5/88, n° 606).

Le propriétaire ne pouvait pratiquer la déduction des déficits fonciers que s'il était en possession de l'autorisation spéciale de travaux visée par l'article L. 313-3 du Code de l'urbanisme (CAA Nantes, 20 janvier 1993, n° 91-3, *DF,* 1993, n° 28, Com. 1433, concl. Chamard).

En définitive, ces difficultés de définition et le formalisme applicable étaient peu adaptés aux objectifs recherchés.

C'est la raison pour laquelle la loi de finances rectificative pour 1994 modifie profondément le régime antérieur au bénéfice des propriétaires qui ont obtenu une autorisation de travaux à compter du 1er janvier 1995 (sous réserve de mesures transitoires prévues par l'administration au bénéfice des opérations en cours, v. *DF,* 1995, n° 1-2, Com. 2).

L'article 40 substitue à la notion d'opération groupée de restauration immobilière celle de restauration complète d'un immeuble bâti, ce qui autorise désormais un propriétaire agissant isolément sur un seul immeuble à bénéficier du nouveau régime. Outre les propriétaires, les collectivités publiques ou les organismes chargés par ces dernières d'une telle opération peuvent désormais en prendre l'initiative. S'agissant des zones concernées, la loi retient les travaux effectués dans les secteurs sauvegardés et dans les zones de protection du patrimoine architectural urbain et paysager, et non plus ceux réalisés dans les périmètres de restauration immobilière. Le formalisme et la lourdeur des procédures sont atténués dans la mesure où la déduction n'est plus subordonnée à l'approbation par décret en Conseil d'Etat du plan de sauvegarde et de mise en valeur. Sont déductibles les dépenses payées à compter de la publication du plan de sauvegarde et de mise en valeur ou à compter de la création du secteur sauvegardé lorsque les travaux de restauration ont été déclarés d'utilité publique. Il en va de même pour les dépenses payées à compter de la déclaration d'utilité publique afférente aux travaux exécutés dans les zones de protection du patrimoine architectural précitées.

Contrairement aux solutions antérieures, le nouveau régime autorise sous certaines conditions la déduction des travaux de reconstruction de toiture ou de murs extérieurs ainsi que celle des travaux de transformation en logement de tout ou partie d'un immeuble dans le volume bâti existant.

Pour aller plus loin

171 BIBLIOGRAPHIE.

a) Sur les aides fiscales pour travaux immobiliers réalisés par des particuliers, voir :

C. Bruno, Acquisition d'un patrimoine immobilier locatif, *AJPI,* 1991, n° 4, p. 5.
— Dépenses d'isolation thermique et de régulation du chauffage, *AJPI,* 1991, n° 4, p. 309.
I. Bouillot et C. Lacaze, La transformation d'immeubles au regard des impôts directs, de la TVA, des droits de mutation, *LPA,* 1988, n°s 90, 91, 93 et 103.
B. Jadaud, L'investissement dans un immeuble à réhabiliter, LXXXVIIe Congrès des notaires de France, *LPA,* 1991, n° 49, p. 70.
B. Mortier, *La défiscalisation immobilière et les investissements particuliers,* 1993.
Ch. Patat, La fiscalité des travaux de rénovation, *REDI,* 1988, p. 419.
J. Schmidt, La fiscalité et les dépenses d'amélioration, *REDI,* 1972, n° 49, p. 26.

X..., Réduction d'impôt pour les grosses réparations et dépenses d'isolation thermique, *Le Quotidien juridique*, 1990, n° 144, p. 3.
X..., Logement et fiscalité en 1992, *Notes bleues*, n° 601 du 13 au 19 juillet 1992, ministère de l'Economie et des Finances.
X..., Les mesures fiscales du plan logement, *Notes bleues* du 16 au 31 décembre 1993, ministère de l'Economie et des Finances.
X..., Réduction pour investissement immobilier locatif, *Le Quotidien juridique*, 1990, n° 149, p. 2 et n° 150, p. 3.

b) La défiscalisation des investissements dans les départements et territoires d'outre-mer.

Cette défiscalisation a inspiré une abondante littérature. C'est un aspect particulier de la fiscalité d'outre-mer. Elle illustre les extravagances de la fiscalité incitative et les effets pervers qui en résultent. Elle s'inspire en réalité, en les modifiant, des régimes antérieurs de déduction dont bénéficiaient les entreprises et les particuliers. Issu de la loi n° 86-824 du 11 juillet 1986, dite loi Pons (*DF*, 1986, n° 30, Com. 1400), et codifié aux articles 238 *bis* HA et HC et à l'article 199 *undecies* du CGI, le régime actuel prévoit au bénéfice des entreprises la déduction de leurs résultats imposables du montant total des investissements productifs qu'elles ont réalisés, ou du montant des souscriptions au capital de sociétés lorsque l'investissement ou la souscription entre par son objet ou par sa finalité dans l'un de ceux visés par la loi (dans certains cas la déduction est réduite à 75 % du montant des investissements réalisés). Quant aux particuliers, ils peuvent bénéficier d'une réduction d'impôt lorsqu'ils réalisent des investissements, soit dans l'acquisition ou la construction d'un logement neuf situé dans les DOM-TOM ou dans les collectivités d'outre-mer, soit au moyen de la souscription de titres de sociétés de construction de logements situées dans ces mêmes départements et territoires, soit au moyen de souscription en numéraire au capital de certaines sociétés. La base de la réduction d'impôt est égale à 20 % du prix de revient de l'investissement, du prix de son acquisition ou du prix de souscription des parts. Le taux de la réduction qui était égal à 50 % de cette base jusqu'en 1989 a été ramené à 25 % pour les années 1990 à 2005. L'article 30 de la loi de finances rectificative pour 1993 porte le taux à 50 % pour les investissements réalisés à compter du 1er juillet 1993 jusqu'en 1996 dans le secteur du logement.

Ce dispositif présente les caractéristiques générales visées ci-dessus (v. n° 164). C'est un ensemble de dispositions de caractère temporaire sans cesse remaniées, puisque le régime initial a été successivement modifié par la loi n° 91-1322 du 30 décembre 1991, puis par la loi n° 92-1476 du 31 décembre 1992, par l'article 30 de la première loi de finances rectificative pour 1993 du 22 juin 1993 (*DF*, 1993, n° 27, Com. 1378) et enfin par l'article 11 de la loi de finances pour 1994. Le bénéfice de la déduction (dans le cas des entreprises) ou de la réduction d'impôt (dans le cas des particuliers) est subordonné à un engagement du contribuable de maintenir l'affectation de l'investissement ou celle du logement neuf à l'habitation principale pendant un certain délai (modifié en dernier lieu par l'article 30 précité de la loi de finances rectificative pour 1993). Dans le cas de souscriptions au capital de sociétés, le bénéfice de la déduction ou de la réduction est subordonné à l'engagement de la société d'effectuer les investissements, de maintenir l'affectation des biens pendant une certaine durée, le souscripteur étant quant à lui tenu de conserver les titres pendant une durée déterminée (cinq ans). Les investissements réalisés dans certains secteurs et ceux excédant 30 millions de francs doivent être préalablement agréés.

Ce dispositif a fait l'objet d'appréciations mitigées. Si le rapport Richard lui a reconnu certains effets positifs, il reconnaît qu'il a également produit des effets pervers, tels que des investissements peu rationnels du point de vue de la rentabilité, la délocalisation d'investissements pour des motifs exclusivement fiscaux, l'interposition de sociétés écran ou fictives, permettant à des particuliers de bénéficier du régime plus attractif offert aux entreprises (*DF,* 1991, n° 45, p. 1630, § 9).

Le financement des investissements dans les DOM-TOM par des capitaux privés n'obéit pas forcément à la logique que les initiateurs de ces dispositifs avaient imaginée pour compenser le désengagement de l'Etat. Au demeurant la question est celle de savoir si ces dispositifs conserveront au travers des aménagements successifs un caractère suffisamment attractif. Les modifications apportées par la loi de finances pour 1992 avaient été interprétées comme un « durcissement » du dispositif ; l'article 30 de la loi de finances rectificative pour 1993 paraît au contraire favoriser ces investissements, en étendant le champ d'application de la déduction et de la réduction d'impôt, en réduisant le délai de conservation ou d'affectation des investissements, en augmentant le taux de la réduction d'impôt pour le secteur du logement, bien qu'il aménage le régime de l'agrément préalable.

Sur ce thème, voir le n° 33 de la *RFFP* consacré à la fiscalité des îles et également :

P. A. Anjuere, Investissement outre-mer des entreprises : quelle défiscalisation ?, *BF* 10/92, p. 615.

C. Bruno, Investissements outre-mer. Principe de la réduction d'impôt, *AJPI,* 1992, n° 7-8, p. 567.

B. Castagnède, *La défiscalisation des investissements outre-mer,* PUF, 1987.

P. Diener, La défiscalisation par entreprises fictives dans les DOM après la loi de finances pour 1992, *D,* 1992, chr., p. 181. — Droit de la défiscalisation dans les DOM-TOM, Réalités et mirages, préface de M. Cozian, *Dalloz,* 1994.

M.-C. Esclassan, Le régime fiscal des départements d'outre-mer, *RFFP* 33/1991, p. 39.

E. Ginter, Le régime de défiscalisation des investissements réalisés dans les DOM-TOM après la loi de finances pour 1992, *DF,* 1992, n° 19-20, p. 845.

Y. de Givre, Les investissements immobiliers dans les DOM-TOM, LXXXVIIe Congrès des notaires de France, *LPA,* 1991, n° 49, p. 76.

F. Vellas, La défiscalisation et les investissements immobiliers et touristiques dans les DOM-TOM, *LPA,* 1989, n° 47, p. 8.

X..., La fiscalité des départements d'outre-mer (rapport A. Richard), *DF,* 1991, n° 45, p. 1630.

c) Sur l'immobilier d'entreprise, voir :

G. Goulard, Participations aux équipements publics, *RJF* 10/93, p. 727.

O. Fouquet, TVA immobilière et zones d'aménagement (concl. sur CE, 7 mai 1986, n° 49991), *RJF* 7/86, p. 422.

B. Martin-Laprade, Provisions pour travaux, *RJF* 6/78, p. 183.

Ph. Martin, Amortissements : prix de revient des constructions en cas de participations financières versées à des collectivités publiques (concl. sur CE, 17 février 1992, n°s 74272 et 81690-82782), *RJF* 4/92, p. 267.

O. Masson, Les options de TVA et leurs conséquences sur l'immobilier d'entreprise, *BF* 12/1991, n° 759.

G. Noël, Réflexions sur les avantages et les inconvénients respectifs d'un cadre juridique autonome pour les immeubles de l'entreprise, *Rev. jur. du Centre-Ouest,* 1993, n° 11, p. 12.

d) Sur la fiscalité des monuments historiques, voir :

C. Bruno, Loi Malraux, déduction du déficit foncier, *AJPI,* 1991, n° 10, p. 714.

MM. Bruno, Bancel, Peyré, Les opérations immobilières sous l'empire de la loi Malraux et de la loi Pons, *Gaz. Pal.,* 1991, 2, doctr. 685.

B. Jadaud, Acquisition d'un immeuble monument historique, régime fiscal, *JCP,* 1985, éd. E, 15017.

Marcel Martin, Fiscalité des monuments classés, inscrits ou agréés, *DF,* 1966, n°s 38 et 39.
D. Seguin, Les dispositions fiscales issues de la loi Malraux, *Gaz. Pal.,* 1989, 1, doctr. 248.
— Les dispositions fiscales issues de la loi Malraux : quelques aspects jurisprudentiels, *LPA,* n° 63, 27 mai 1994, p. 12.

Section IV
L'imposition de la détention du capital immobilier

172 RÉTICENCES ORIGINAIRES ET LÉGITIMITÉ D'UNE TELLE ÉTUDE. — A la différence des impositions relatives aux mutations, aux locations et aux travaux immobiliers, celles qui sont assises sur la fortune immobilière elle-même paraissent rentrer difficilement dans le champ du droit fiscal immobilier. La fiscalité immobilière *stricto sensu* en excluait radicalement l'étude en raison d'une part du caractère statique de cette fiscalité, étranger au critère fondamental de cette discipline nouvelle, et d'autre part de son intégration dans la fiscalité traditionnelle, notamment la fiscalité locale. Par ailleurs l'archaïsme de cette dernière, ainsi que l'absence d'impôt synthétique et annuel sur la détention du capital immobilier pouvaient valablement fonder une réticence de principe à l'égard de ce type d'imposition.

En réalité, l'étude des impositions assises sur la détention du capital immobilier ne se situe plus aux frontières du droit fiscal immobilier, comme on le pensait jusqu'alors. C'est historiquement une modalité d'imposition parmi les plus anciennes et apparemment facile à mettre en œuvre puisque établie à la charge du détenteur d'un signe extérieur de richesse, non dissimulable par définition. Issue de la doctrine physiocratique, la fiscalité de l'Etat au XIXe siècle était essentiellement une fiscalité assise sur la possession de l'immeuble avant qu'elle ne soit affectée aux collectivités locales. D'un point de vue technique, c'est une fiscalité qui se présente sous la forme d'impositions nombreuses et très diverses, de façon souvent dissimulée au sein de vastes catégories. La fiscalité immobilière *stricto sensu* ne répugne pas à en intégrer quelques-unes, comme la taxe annuelle de 3 % établie sur les immeubles de certaines sociétés étrangères (v. n ° 127 s.), ou la taxe annuelle sur les bureaux établie en Ile-de-France (v. n° 99). A côté de ces impositions analytiques, la fiscalité de la détention du capital immobilier inclut des impositions nouvelles et synthétiques comme l'impôt de solidarité sur la fortune qui, sans viser exclusivement les immeubles et les biens immobiliers, sont assises principalement sur la fortune immobilière. Enfin, l'accroissement de la pression fiscale sur la détention de l'immeuble, qui résulte essentiellement des impôts directs locaux et, plus marginalement, de l'institution de l'ISF, ne permet plus d'ignorer cette fiscalité.

Outre sa dispersion et son poids élevé, il convient aussi de relever deux autres caractères communs. Elle rêvet d'abord un champ d'application particulièrement extensif comme le suggère le terme imprécis de détention ou de possession d'immeubles. Cette détention peut être fondée sur un titre juridique, celui de propriétaire, mais aussi, et conformément à une solide tradition fiscale (la théorie de l'apparence, v. n° 142), sur des situations de fait ou des situations malaisément définissables d'un point de vue juridique (c'est le cas par exemple pour l'assujettissement à l'ISF ou à la taxe d'habitation).

La fiscalité de la détention du capital immobilier révèle ensuite les difficultés de nature technique, économique et politique que soulève ce type d'imposition annuelle, et qui résultent du choix des critères d'évaluation de la valeur des immeubles ou des effets psychologiques et économiques d'une telle taxation.

Aux deux extrémités de notre histoire fiscale, la fiscalité immobilière locale et l'ISF illustrent les difficultés inhérentes à la taxation de la détention du capital immobilier.

173 DES VISÉES IDÉOLOGIQUES DESSERVIES PAR UNE TECHNIQUE DÉFAILLANTE. — La fiscalité de la détention du capital immobilier présente une originalité certaine au sein de la fiscalité immobilière générale. Elle a toujours été le support de projets ambitieux qui ont entendu faire de ce mode de taxation le remède aux difficultés structurelles de notre société, sans que la technique fiscale ne puisse évidemment parvenir aux résultats escomptés. Ainsi la réforme de la fiscalité directe locale et l'institution annoncée d'un impôt foncier établi sur la valeur réelle du capital immobilier furent présentées comme le remède à la crise des finances locales. L'institution de l'impôt de solidarité sur la fortune et antérieurement celle de l'impôt sur les grandes fortunes furent justifiées par des considérations politiques et sociales. Ces finalités idéologiques, voire mythiques, reflètent les débats passionnels inhérents à l'imposition du capital en France et confèrent à l'imposition du capital immobilier une dimension particulière.

Or force est de reconnaître que ce mode de taxation se prête mal aux visées idéologiques qui lui sont assignées. Les difficultés liées à l'évaluation de la valeur vénale des biens, le faible rendement résultant de l'imposition annuelle d'un capital faiblement productif, la pluralité des impositions de toutes natures établies occasionnellement ou périodiquement sur le capital immobilier, enfin les inévitables résistances et déconvenues que suscite toute réforme fiscale profonde ont conduit à l'institution ou au maintien d'impositions sans commune mesure avec les ambitions affichées.

I | La fiscalité immobilière locale

174 L'imposition indiciaire du capital immobilier. — Si l'on excepte la taxe professionnelle, la fiscalité directe locale est essentiellement une fiscalité immobilière qui frappe les immeubles sur lesquels le contribuable exerce un droit de propriété ou de jouissance.

Les taxes foncières et la taxe d'habitation sont les héritières directes du système fiscal révolutionnaire fondé sur la doctrine physiocratique, dont le produit fut dévolu aux collectivités locales lorsque fut institué l'impôt sur le revenu. En réalité, c'est tout le système fiscal local qui repose sur l'imposition de l'immeuble.

Outre les taxes spéciales d'équipement, qui sont des taxes additionnelles aux quatre impôts directs locaux, peuvent être instituées des taxes additionnelles à un seul impôt local et dont l'assiette est commune (tel est le cas pour la taxe d'enlèvement des ordures ménagères, qui est établie d'après le revenu net servant de base à la taxe foncière en application de l'article 1522 du CGI).

L'impôt local peut être établi forfaitairement sur des immeubles déterminés, telle la redevance communale des mines perçue sur chaque tonne de produit extrait (art. 1519 du CGI), l'imposition forfaitaire annuelle sur les pylônes supportant des lignes électriques (art. 1519 A du CGI) ou la taxe de balayage prévue par l'article 1528 du CGI (établie uniquement en fonction des nécessités de la circulation, de la salubrité et de la propreté des voies publiques, à l'exclusion de tout critère fondé sur la valeur des propriétés).

En attribuant au département le produit des droits d'enregistrement et de la taxe de publicité foncière, la réforme de la décentralisation ne faisait que confirmer l'assise immobilière de la fiscalité locale.

Une particularité notable de cette fiscalité immobilière locale procède de ce qu'elle est assise sur des bases indiciaires, et non sur la valeur réelle du capital immobilier. Les taxes foncières, la taxe d'habitation, les taxes annexes sont assises et liquidées sur une base indiciaire commune déterminée selon des règles complexes décrites par les articles 1494 et s. du CGI, constituée par la valeur locative cadastrale des immeubles, appréciée par comparaison avec celle de locaux types.

Cette valeur locative, appréciée à la date du 1er janvier 1970 pour les propriétés bâties et du 1er janvier 1961 pour les propriétés non bâties, n'a jamais pu être déterminée selon les procédures excessivement lourdes et complexes prévues par la loi n° 68-108 du 2 février 1968 (des révisions périodiques générales tous les six ans, des mises à jour annuelles, des actualisations triennales et des majorations forfaitaires entre deux actualisations).

Un tel système est éminemment approximatif. La taxe foncière sur les propriétés bâties est assise sur un revenu net qui est censé correspondre à la moitié de la valeur locative cadastrale des immeubles, les dépenses d'entretien étant présumées équivaloir à la moitié du revenu cadastral de ces propriétés. La taxe foncière sur les propriétés non bâties est assise sur un revenu cadastral égal à 80 % de la valeur cadastrale des propriétés (respectivement articles 1388 et 1396 du CGI).

L'approximation n'est pas moindre pour la détermination de l'assiette de la taxe d'habitation, qui en outre est fortement personnalisée, mêlant ainsi le caractère réel de la fiscalité immobilière locale à des éléments subjectifs qui y sont étrangers. Cette assiette constituée par la valeur locative afférente à l'habitation principale est en effet diminuée d'un abattement obligatoire pour charges de famille et d'abattements facultatifs à la base (art. 1411 du CGI).

L'archaïsme des techniques fiscales mises en œuvre et l'insuffisance du rendement financier soulèvent la question de l'éventuelle institution (en remplacement ou en complément de cette fiscalité) d'un impôt foncier assis sur la valeur vénale réelle des immeubles, dont le champ d'application et les finalités sont régulièrement débattus.

175 UNITÉ ET DIVERSITÉ DE LA FISCALITÉ IMMOBILIÈRE LOCALE. — Son unité apparaît essentiellement sur un plan technique. Le fait générateur de l'impôt est constitué par la propriété ou la possession d'un immeuble à la date du 1er janvier de l'année d'imposition. A la différence des anciennes contributions qui reposaient sur des bases différentes évaluées à des dates variables, l'assiette est constituée par la valeur locative cadastrale déterminée et mise à jour pour l'ensemble de ces taxes dans les conditions unifiées prévues par les articles 1516 et s. du CGI. Depuis 1980, la liquidation est effectuée par application de taux fixés par les assemblées délibérantes des collectivités locales dans les conditions et limites prévues par la loi fiscale (art. 1636 B *sexies* et s. du CGI).

Toutefois, cette unité qui fut recherchée sur le plan technique est inséparable d'une réelle diversité, remarquable à deux points de vue. Elle résulte d'une part des pouvoirs fiscaux reconnus par la loi aux assemblées locales et qui se traduisent par la fixation des taux dans certaines limites, par la faculté de déterminer des exonérations et parfois par la décision même d'instituer ou non tel prélèvement. Cette diversité des taux, source d'inégalités d'imposition entre redevables, s'est accompagnée d'une forte augmentation des tarifs et du produit de cette fiscalité. C'est l'une des conséquences, au plan fiscal, de la réforme de la décentralisation entreprise en 1982.

La diversité résulte d'autre part de la définition de l'assiette fiscale qui n'est pas exclusivement fondée sur la valeur locative des immeubles.

La taxe professionnelle est assise à la fois sur la valeur locative de l'ensemble des immobilisations corporelles et sur une quote-part des salaires versés ou des recettes réalisées par le redevable. L'assiette de la taxe d'habitation est fortement personnalisée (art. 1411 et s. du CGI).

Or maintes propositions ont été présentées aux fins de substituer d'autres assiettes imposables, telle la valeur ajoutée, à la valeur locative actuellement retenue, sans que le Conseil des impôts ne retienne cette suggestion (10e rapport du Conseil des impôts, relatif à la fiscalité locale, 1990).

A cet égard l'institution d'une taxe départementale sur le revenu assise sur les revenus du contribuable amorçait peut être une évolution importante qui aurait affecté l'ensemble de la fiscalité directe locale. Toutefois l'article 3 de la loi n° 92-655 du 15 juillet 1992 a suspendu l'application de cette réforme.

176 ARCHAÏSMES, ANACHRONISMES ET FICTIONS. — La fiscalité immobilière locale, fondée sur les « quatre vieilles » est à maints égards un système infiniment complexe et archaïque.

Archaïque, le système fiscal local l'est assurément au regard de l'ampleur des missions qu'assument les collectivités locales et au regard de leur dépendance financière chronique à l'égard de l'Etat, en contradiction avec les principes mêmes de la décentralisation. Ce système fournit aux collectivités locales des ressources insuffisantes, peu élastiques, par définition réfractaires à l'application du principe de l'égalité devant l'impôt. Il l'est également vis à vis des exigences démocratiques du principe de libre administration des collectivités territoriales, puisqu'il sollicite largement l'Etat pour instituer, définir, liquider et recouvrer l'impôt, ainsi que pour compenser les dégrèvements et exonérations législatifs (l'Etat étant le premier contribuable local).

Les techniques fiscales mises en œuvre aboutissent au même constat.

De l'assiette indiciaire de l'impôt, évaluée selon des procédures lourdes et complexes à des dates de référence situées dans le passé, il résulte que le système fiscal local ne repose pas sur des déclarations souscrites par les contribuables (excepté lors des révisions générales, en cas de changement dans la consistance ou l'affectation des propriétés ou en cas de constructions nouvelles). Et ce n'est qu'à une époque récente que furent abandonnés le système des principaux fictifs et des centimes additionnels ainsi que celui de la répartition.

Malgré les tentatives de modernisation, entreprises dès 1959, maintes dispositions, empruntées aux anciennes contributions, évoquent une France rurale, fortement ancrée dans ses traditions et en marge des transformations qui affectent le monde contemporain. L'usage d'un vocabulaire suranné, largement descriptif et réaliste, y contribue (v. not. les art. 1382 et 1398). Et il n'est pas rare d'invoquer un contentieux centenaire au soutien de certaines solutions, ce qui est tout à fait exceptionnel en matière fiscale (hormis en matière de droits d'enregistrement).

Par ailleurs, maintes solutions jurisprudentielles illustrent le rôle qu'occupent les fictions et les anachronismes dans la fiscalité immobilière locale. Ainsi les locaux meublés qui entrent dans le champ d'application de la taxe d'habitation peuvent être délabrés et meublés de façon sommaire (CE, 14 juin 1972, n° 79444, Leca, Dupont, 1972, p. 306).

Une même rigueur d'un âge révolu inspire la définition de l'achèvement de l'immeuble, point de départ des exonérations temporaires de taxe foncière (art. 1383 et s. du CGI). Cette condition est réputée remplie lorsque l'état d'avancement des travaux permet de l'habiter, fût-ce dans des conditions de confort rudimentaires et alors même que les travaux de finition n'auraient pas été achevés (v. CE, 6 janvier 1993, n° 82093, *DF,* 1993, n° 19, Com. 976, avec obs.).

Par ailleurs, contrairement à une opinion commune l'assujettissement à la taxe d'habitation n'est point subordonné à une occupation effective du local meublé, mais à la faculté théorique, juridique ou matérielle de s'y installer à tout moment. L'imposition est établie à bon droit pour des locaux offerts à la vente ou à la location dont le propriétaire ne serait plus en possession des clés (CE, 20 janvier 1980, n° 15663, *RJF* 4/80, n° 337), pour des locaux meublés appartenant à une personne domiciliée à l'étranger (CE, 20 juin 1962, n° 39952, Dupont, 1962, p. 682) ou en situation de présomption judiciaire d'absence (CE, 19 février 1969, n° 74001, Gilotin, Dupont, 1969, p. 172).

Comme pour l'application de la TVA immobilière ou des droits d'enregistrement, la fiscalité immobilière directe locale est largement fondée sur la destination des immeubles.

La qualification et donc le classement des propriétés non bâties entre les 13 grandes catégories ou groupes ne résultent pas tant de la situation de fait réelle que de la vocation, de la destination des propriétés. C'est au regard de la productivité normalement escomptée, compte tenu de la fertilité du sol, que doit être effectué le classement d'une propriété inexploitée ou insuffisamment cultivée (CE, 12 décembre 1979, n° 13341, Aubert, *RJF* 2/80, n° 122, *DF,* 1980, n° 11, Com. 594).

Et c'est au regard de l'intention de construire manifestée par le propriétaire qu'est défini le terrain à bâtir, alors même qu'il serait encore en nature de culture à la date du fait générateur de l'impôt (CE, 26 octobre 1988, n° 65990, Greiner, *RJF* 12/88, n° 1335, *DF,* 1989, n° 7, Com. 275 ; 11 mai 1988, n° 69781, SCI du Marchais Barnault, *RJF* 7/88, n° 883, *DF,* 1988, n° 40, Com. 1816), excepté dans le cas où l'intéressé se trouverait dans l'impossibilité de construire ou de le vendre à cette fin, pour des raisons indépendantes de sa volonté (CE, 9 mars 1990, n° 57849, Deniel, *RJF* 5/90, n° 560 ; 20 février 1991, n° 76252, Joly, *LPA,* 1991, n° 80, p. 4, *DF,* 1991, n° 43, Com. 2042, *RJF* 4/91, n° 453).

Enfin, la jurisprudence relative à l'application du dégrèvement de taxe foncière prévu par l'article 1389 du CGI illustre de façon topique le rôle des fictions au détriment des réalités économiques. Une jurisprudence constante impute à la volonté du contribuable l'inexploitation d'un immeuble à usage industriel ou commercial ou la vacance d'une maison normalement destinée à la location, alors même qu'il apparaîtrait clairement qu'elles résultent de circonstances économiques, de l'évolution des techniques ou des marchés assimilables à des forces majeures et inaccessibles au pouvoir de n'importe quelle volonté humaine (jurisprudence constante, v. CE, 20 juillet 1988, n°s 57892 et 79745, Grundig Radio, *RJF* 11/88, n° 1111, *DF,* 1988, n° 45, Com. 2085, concl. Mme de Saint-Pulgent ; CAA Bordeaux, 14 mai 1992, n° 567, Chemille, *RJF* 7/92, n° 1007 ; CE, 6 novembre 1991, n° 70491, Sté minière et métallurgique du Châtelet, *RJF* 1/92, n° 74, *DF,* 1992, n° 1, Com. 27).

Pour aller plus loin

177 BIBLIOGRAPHIE.

a) Sur les caractères de la fiscalité immobilière locale et les propositions et projets de réforme, voir les 8e, 10e et 12e rapports du Conseil des impôts ; les n°s 25 (1989) et 38 (1992) de la *RFFP* consacrés aux finances locales ; M. Bouvier, *Les finances locales,* LGDJ, 1992 ; J. Combey et V. Renard, *L'impôt foncier,* coll. « Que sais-je ? », 1985 ; A. Gilbert et A. Guengant, *La fiscalité locale en question,* Ed. Montchrestien, 1992 ; A. Guengant et J. M. Uhaldeborde, *Crise et réforme des finances locales,* PUF, 1989 ; J.-S. Klein, *Moderniser la fiscalité locale,* Economica, 1990 ; J. Cathelineau, *Les impôts locaux,* Dalloz, 1994 ; T. Lambert, *Impôts directs locaux,* Economica, 1987 ; Impôts locaux, in *Dictionnaire encyclopédique des finances publiques,* 1991, p. 935.

Voir également :

J. Arrighi de Casanova, Droit de propriété et taxes foncières : les limites de l'autonomie du droit fiscal, concl sur CE, sect. 26 juillet 1991, n° 51086, SCI Port Deauville, *LPA,* 1992, n° 115, p. 4.

L. Blanc, Défense et illustration des quatre vieilles, *RFFP* 38/92, p. 211.

C. Bruno, Faut-il envisager une réforme des taxes foncières ?, *AJPI,* 1987, p. 142.
M. Charasse, L'avant-projet de révision des bases des impôts locaux, *LPA,* 1990, n° 42, p. 45.
D. Barthelemy, Le revenu cadastral : une assiette contraire à l'imposition proportionnelle des valeurs ajoutées et du revenu d'exploitation, *RFFP* 31/1990, p. 161.
F. Bouyssou, Le mythe de l'impôt foncier sur la valeur vénale, *REDI,* 1982, n° 96, p. 2.
R. Derosière, Fiscalité locale : constat et perspective, *RFFP* 25/89, p. 1.
J. Fourré, La fiscalité directe locale, 10ᵉ rapport du Conseil des impôts, *LPA,* 1990, n° 11, p. 15.
J. Grosclaude, L'impôt foncier : mythe ou panacée, *in* H. Isaïa et J. Spindler, *Histoire du droit des finances publiques,* t. III, 1988, p. 293.
R. Hertzog, L'imposition du revenu et les impôts locaux : d'un passé ambigu à un avenir incertain, in *L'impôt sur le revenu en question,* ouvrage collectif sous la direction de J.-Cl. Martinez, Litec, 1989, p. 147.
J.-S. Klein, Réussir la réforme des impôts locaux, *RFFP* 38/92, p. 35.
— Les finances locales dans l'expectative, *AJDA,* 1987, p. 177.
T. Lambert, L'assiette des impôts directs locaux, note pour une recherche historique in *Histoire du droit des finances publiques,* t. 3, p. 267.
J.-Y. Nizet, Impôts directs locaux : un bel exemple de pérennité fiscale, *RFFP* 42/93, p. 93.
J.-L. Péreau, La rénovation de la taxe d'habitation, *LPA,* 1992, n° 59, p. 7.
B. Perrin, Plaidoyer pour la fiscalité locale, *RFFP* 21/88, p. 149.
P. Salin, Les impôts locaux contre l'Etat, *RFFP* 29/1990, p. 121.
T. Schmitt, Gestion de l'environnement, taxe sur le foncier non bâti et modes de faire-valoir, *Economie rurale,* 1992, n° 208-209, p. 129.
X..., La réforme de la fiscalité locale, *DF,* 1974, n° 12 *bis* et 1975, n° 48.
X..., La loi n° 90-669 du 30 juillet 1990 relative à la révision générale des évaluations des immeubles retenus pour la détermination des bases des impôts directs locaux, *DF,* 1990, n° 32-38, p. 1146 et Com. 1606.

b) Sur le contentieux relatif à l'évaluation de la valeur locative des immeubles, voir notamment :

Chahid-Nouraï, Valeur locative des propriétés bâties : immeubles commerciaux construits après le 1ᵉʳ janvier 1970 (concl. sur CE, 6 mars 1992, n° 75009), *RJF* 4/92, p. 271, *DF,* 1992, n° 6, Com. 836).
— *La valeur locative des locaux commerciaux, la lettre des impôts locaux,* 1992, n° 2, p. 1.
O. Fouquet, Valeur locative des locaux industriels (concl. sur CE, 5 novembre 1993, Hochland), *RJF* 12/93, p. 895.
M. de Guillenschmidt, Evaluation d'une demeure historique (concl. sur CE, 23 juin 1986, n° 47541), *RJF* 10/86, p. 532.
M. Gaeremynck, La fiscalité locale appliquée aux autoroutes, *RJF* 5/85, p. 351.
D. Léger, Foncier bâti ; installations des bâtiments industriels, *RJF* 12/81, p. 558.
M. Liébert-Champagne, Détermination de la valeur locative des locaux commerciaux et biens divers, *RJF* 2/87, p. 75.
— Assujettissement de l'Etat à la taxe professionnelle et à la taxe foncière sur les propriétés bâties (concl. sur CE, 4 juillet 1986, nᵒˢ 50790-50848 et 50789-50847), *RJF* 10/86, p. 525.
F.-P. Racine, Evaluation et contestation de la valeur locative, *RJF* 5/82, p. 222.
— Taxe foncière, installations industrielles, *RJF* 1/83, p. 6.
J.-F. Verny, Valeur locative des locaux d'habitation, *RJF* 11/79, p. 369.

Sur la révision des évaluations cadastrales en application de la loi précitée n° 90-669 du 30 juillet 1990, v. CE, 1ᵉʳ décembre 1993, nᵒˢ 138890 et 140021, *DF,* 1994, n° 7, Com. 281, concl. J. Arrighi de Casanova.

II | L'ISF ET LA FORTUNE IMMOBILIÈRE

178 AMBIVALENCES DE L'ISF. — Etabli à compter du 1er janvier 1989, l'impôt de solidarité sur la fortune est un impôt annuel, déclaratif (la déclaration étant accompagnée du paiement de l'impôt), progressif par tranches et assis sur l'ensemble du patrimoine des personnes physiques formant un foyer fiscal lorsqu'il excède un seuil actualisé en principe chaque année. En réalité, et compte tenu des exonérations dont bénéficient certains objets mobiliers (objets d'antiquité, d'art ou de collection) ou certains droits, l'ISF atteint essentiellement la fortune immobilière.

Toutefois, l'ISF (comme l'impôt sur les grandes fortunes en vigueur de 1982 à 1986 avec lequel il présente de nombreuses analogies) est une imposition ambivalente à un double point de vue.

C'est sans aucun doute une imposition spécifique, à nulle autre comparable, établie sur la détention annuelle d'un patrimoine important par les personnes physiques formant un foyer fiscal. Mais c'est aussi une imposition dont le régime est largement inspiré par celui des droits de succession, comme le prévoit expressément l'article 885 D du CGI.

C'est encore une imposition ambivalente dans la mesure où elle établit de profondes inégalités dans la taxation de la détention des immeubles. Au régime de droit commun qui inclut la valeur vénale des immeubles dans l'assiette de l'impôt, il oppose l'exonération des immeubles affectés à l'exercice d'une profession. En réalité, cette exonération revêt une portée plus étroite que ne le suggère la formule usuellement employée de l'exonération des biens professionnels.

S'agissant du statut fiscal des immeubles passibles de l'ISF, les emprunts au régime des droits de succession sont relatifs aux conditions de l'imposition, tandis que les règles particulières concernent l'exonération des immeubles utilisés à titre professionnel.

A - Les emprunts du statut fiscal des immeubles au régime des droits de succession

A maints égards le statut fiscal des immeubles passibles de l'ISF est très proche de celui des immeubles soumis aux droits de succession.

179 DIFFICULTÉS D'APPLICATION DES RÈGLES DE TERRITORIALITÉ DE L'IMPÔT. — L'application même de l'ISF ainsi que la définition de son assiette sont subordonnées à la domiciliation fiscale des personnes physiques, en France ou hors de France, déterminée à l'aide des critères alternatifs énumérés par l'article 4 B du CGI (localisation du foyer ou du lieu du séjour principal, lieu de l'exercice de l'activité professionnelle, centre des intérêts économiques), sous réserve des dispositions contenues dans les conventions internationales. Comme pour l'application des droits de mutation à titre gratuit (art. 750 du CGI), les personnes physiques qui ont leur domicile fiscal en France y sont imposables à raison de l'universalité de leurs biens, qu'ils soient situés en France où à l'étranger.

En revanche, seuls les biens situés en France sont imposables dans cet Etat lorsque les personnes physiques n'y ont pas leur domicile fiscal, sous réserve des placements financiers qui bénéficient d'une exonération totale en application de l'article 885 L du CGI.

Bien que l'article 885 A du CGI ne le mentionne pas expressément, ces règles s'appliquent sous réserve des dispositions contenues dans les conventions internationales relatives aux doubles impositions.

Or l'instauration récente de l'IGF, puis de l'ISF ne permettait pas, à défaut de disposition expresse, d'inclure dans le champ des conventions les impôts annuels sur la fortune. Aussi des avenants aux conventions existantes ou de nouvelles conventions ont été conclus avec plusieurs Etats (Allemagne, Autriche, Etats-Unis, Inde, Italie, etc.).

Quant aux autres conventions qui ne visent pas expressément l'ISF, l'administration française estime qu'elles s'appliquent néanmoins à cette imposition lorsqu'elles comportent des dispositions suffisantes pour déterminer les modalités d'imposition de la fortune. Cette interprétation conduit à inclure l'ISF dans le champ d'application de 17 conventions internationales.

L'imposition à l'ISF des biens immobiliers en application des conventions internationales a soulevé deux sortes de difficultés.

La première est relative à la détermination de l'Etat auquel est attribué le droit d'imposer les immeubles en application de sa législation interne. De nombreuses conventions, rédigées sur le modèle de l'OCDE, prévoient que la fortune constituée par les biens immobiliers est imposable dans l'Etat contractant où les biens sont situés. Bien que ces dispositions soient dépourvues d'équivoque, l'administration française estimait que ce droit était partagé entre l'Etat du lieu de situation de l'immeuble et celui de la résidence du propriétaire, à condition que ce dernier Etat élimine les doubles impositions en accordant un crédit d'impôt. Ce système d'imposition partagé ne devait être écarté que si une disposition conventionnelle expresse réservait le droit exclusif d'imposer à l'Etat du lieu de situation des immeubles, ce qui est le cas de trois conventions seulement (celles conclues avec le Danemark, l'Egypte et le Luxembourg).

Mais par une importante décision du 24 mars 1992 rendue pour l'application de la convention franco-suisse, la Cour de cassation a jugé que les immeubles sont exclusivement imposables dans l'Etat où ils sont situés. Dès lors, si l'Etat de résidence du contribuable est la France, l'administration française n'est pas en droit d'asseoir l'ISF sur ses biens immobiliers possédés à l'étranger, alors même que l'Etat étranger n'aurait pas institué d'impôt annuel sur la fortune (n° 522 P, Le Marois d'Andlau, *RJF* 6/92, n° 909, chr. p. 477, *DF,* 1992, n° 31-32, Com. 1618).

Cette solution est transposable aux conventions comportant des dispositions identiques, bien que l'administration ait limité sa portée aux conventions conclues avec l'Espagne, la Finlande, les Pays-Bas et la Suisse.

La deuxième difficulté concerne la définition même des biens immobiliers, pour l'application des conventions. La distinction entre meubles et immeubles est essentiellement variable et contingente selon les conventions. En principe sont assimilées à des immeubles les parts ou actions des sociétés immobilières de copropriété transparentes visées à l'article 1655 *ter* du CGI (c'est une conséquence de la transparence fiscale), excepté dans la convention conclue avec les Pays-Bas, qui assimile ces titres à des meubles. Les parts ou actions des sociétés non transparentes à prépondérance immobilière sont en principe considérées comme des biens meubles, mais elle peuvent être assimilées à des biens immobiliers (ce qui est le cas pour quelques conventions, dont celles liant la France aux Etats-Unis et à l'Allemagne).

Enfin, six conventions prévoient que le régime des immeubles s'applique aux meubles qui garnissent l'habitation à laquelle ils sont affectés (Autriche, Danemark, Etats-Unis, Luxembourg, Suède et Suisse).

L'intérêt de ces distinctions réside dans la définition de l'Etat auquel est attribué le droit d'imposer ces biens. Pour les biens et droits autres que les immeubles et les biens assimilés, c'est à l'Etat où le détenteur des biens a sa résidence fiscale qu'est réservé en principe le droit d'imposer.

L'élimination des doubles impositions à l'impôt sur la fortune dans l'Etat de situation des biens et dans celui de la résidence du propriétaire résulte de l'octroi d'un crédit d'impôt par l'Etat de résidence, cette imputation pouvant résulter des conventions conclues ou à défaut de convention, de la transposition des règles applicables en cas de mutation par décès (art. 784 A du CGI, auquel renvoie l'article 885 D du même code).

180 DÉFINITION EXTENSIVE DE LA DÉTENTION D'IMMEUBLES. — Bien que l'article 885 E du CGI vise les biens « appartenant » au foyer fiscal, l'expression doit être entendue dans un sens beaucoup plus large que l'exercice d'un droit de propriété. Dès lors que l'assiette de l'ISF est déterminée conformément aux règles relatives aux mutations par décès, il y a lieu d'inclure dans le patrimoine imposable les biens sur lesquels les personnes physiques n'exercent pas nécessairement un droit de propriété.

S'appliquent dès lors la théorie de la propriété apparente (v. n° 142), les présomptions de propriété comme celle établie par l'article 752 du CGI (n° 144) ainsi que la théorie de l'accession fondée sur l'article 546 du Code civil.

En revanche, la présomption légale de propriété établie au bénéfice de l'usufruitier par l'article 751 du CGI est écartée *de facto,* dès lors que l'article 885 G du CGI établit une présomption irréfragable de propriété au bénéfice de l'usufruitier ou du titulaire d'un droit d'usage ou d'habitation.

Cette présomption de propriété, dont le champ d'application est plus large que celui de l'article 751 du CGI, a pour objet d'obvier aux conséquences de démembrements de propriété destinés à éluder l'assujettissement à l'ISF.

Le même article prévoit cependant trois dérogations au principe de la taxation de l'usufruitier ou du titulaire du droit pour la valeur en pleine propriété des biens et des droits.

A condition que l'usufruit ne soit ni vendu, ni cédé à titre gratuit par son titulaire, le démembrement du droit de propriété produit ses effets au regard de l'assujettissement à l'ISF lorsqu'il résulte soit de la vente de la nue-propriété, soit des dispositions des articles 767, 1094 ou 1098 du

Code civil, soit d'un don ou d'un leg fait à une collectivité publique ou au profit d'une fondation reconnue d'utilité publique.

La référence à l'article 1094 du Code civil vise, selon une jurisprudence constante de la Cour de cassation, tous les usufruits résultant de l'application des articles 1094-1 à 1094-3 de ce Code (Cass. com., 18 avril 1989, n° 583, Vve Bergondi, *RJF* 6/89, n° 776, *DF,* 1989, n° 22-23, Com. 1140 et n° 28, Com. 1450 ; 7 avril 1992, n° 652 P, Mme Pavie, *RJF* 5/92, n° 758, *DF,* 1992, n° 30, Com. 1547, *Rép. Defrénois,* 1992, art. 35369, *JCP,* 1992, éd. E, J, n° 346, note C. David).

Quant aux biens détenus à titre précaire, et qui ne sont pas la propriété de la personne imposable, ils ne sont pas compris dans l'assiette de l'impôt. Tel est le cas pour les dépôts de garantie versés par les locataires (Rép. Julia, *JO, Déb. AN,* 21 mai 1990, p. 2375, n° 15044, *DF,* 1990, n° 27, Com. 1354, solution confirmée par Cass. com., 9 octobre 1990, n° 1112 P, Hossiaux, *RJF* 12/90, n° 1562).

181 PRINCIPE DE L'ÉVALUATION FONDÉE SUR LA VALEUR VÉNALE RÉELLE NETTE DES IMMEUBLES. — Dès lors que l'article 885 S du CGI prévoit que la valeur des biens est déterminée suivant les règles en vigueur en matière de droits de mutation par décès, c'est la valeur vénale nette au 1er janvier de l'année d'imposition qui doit être retenue pour l'assiette de l'impôt, excepté dans l'hypothèse de l'article 761, alinéa 2 du CGI où le prix d'adjudication qui aurait été tiré de la vente des immeubles dans les deux années qui ont précédé ou suivi l'année d'imposition aurait excédé cette valeur déclarée (v. n° 145).

Comme toujours en matière de droit d'enregistrement, l'évaluation de cette valeur vénale réelle présente d'inévitables difficultés qui résultent d'une part du degré d'approximation que recèle cette valeur (c'est le prix pour lequel le bien doit normalement être cédé) et d'autre part de l'application de critères comparatifs eux-mêmes aléatoires.

Il appartient à l'administration, dans tous les cas, de rapporter la preuve d'une valeur vénale réelle supérieure à l'estimation déclarée. Elle doit à cette fin tenir compte de tous les éléments qui entraînent une dépréciation de l'immeuble et qui résultent de son état ou de sa situation juridique à la date du fait générateur. C'est ainsi que l'usufruitier, qui est imposable sur la valeur en pleine propriété, est en droit de pratiquer sur celle-ci un abattement en raison de l'impossibilité pour lui-même et le nu-propriétaire de disposer seul du bien (TGI

Rochefort-sur-Mer, 18 mai 1988, Glotin, *RJF* 5/89, n° 647, *DF*, 1988, n° 30-31, Com. 1570).

La dépréciation peut résulter également de l'état d'indivision dans lequel se trouve l'immeuble ou de l'engagement d'une procédure d'expropriation. Dès lors que cette dernière s'oppose à toute cession à un particulier, elle rend inopérants les éléments de comparaison produits par l'administration. Lorsque la procédure est engagée, la valeur vénale réelle est nécessairement inférieure au montant de l'indemnité d'expropriation fixé postérieurement (Cass. com., 30 octobre 1989, Chodron de Courcel, *RJF* 12/89, n° 1454, et sur renvoi de la Cour, TGI Créteil, 30 octobre 1990, *RJF* 7/91, n° 1026).

En tout état de cause, des évaluations postérieures au fait générateur ne sauraient être retenues (Cass. com., 12 octobre 1993, n° 1501, Mancel, *RJF* 12/93, n° 1594).

Les difficultés d'évaluation ne sont pas moindre pour l'évaluation du passif immobilier. Dès lors que l'assiette de l'ISF est constituée par la valeur nette, au 1er janvier de l'année d'imposition, de l'ensemble du patrimoine appartenant au foyer fiscal, il convient de déduire les dettes réunissant les conditions exigées pour la liquidation des droits de mutation par décès par l'article 768 du CGI (dettes existant au 1er janvier de l'année d'imposition, personnelles au redevable, et justifiées par tous modes de preuve compatibles avec la procédure écrite). En conséquence, sont notamment déductibles :

— les impôts dont le fait générateur se situe au plus tard le 1er janvier de l'année d'imposition (impôt sur le revenu, ISF, taxe d'habitation, taxes foncières). Dès lors que pour l'IR, la taxe d'habitation et les taxes foncières, le montant de l'impôt n'a pu encore être déterminé en l'absence d'émission du rôle, il appartient au redevable de déduire le montant qu'il estime être réellement dû (par ex. le montant des impôts acquittés au titre de l'année précédente), à charge pour lui d'opérer ensuite une régularisation ;
— les emprunts immobiliers, pour un montant égal au capital restant dû au 1er janvier de l'année d'imposition, aux intérêts échus à cette date et non payés et à ceux courus au 1er janvier ;
— dans le cas d'immeubles acquis moyennant le versement d'une rente viagère, le montant de la rente due au 1er janvier de l'année d'imposition pour sa valeur en capital d'après l'âge du crédiren-

tier (Rép. Clément, *JO, Déb. AN,* 6 juin 1983, p. 2523, n° 29125, *DF,* 1983, n° 29-30, Com. 1583) ;
— les dettes envers les entrepreneurs de travaux et non acquittées au 1er janvier de l'année d'imposition.

En définitive, la plupart des règles précitées ne font que transposer à l'ISF le statut fiscal des immeubles défini pour l'application des droits de succession. Les analogies s'étendent à certaines exonérations, comme celles qui s'appliquent aux bois et forêts, aux parts de groupements forestiers ou aux biens ruraux loués par bail à long terme (mais les monuments historiques entrent dans le champ d'application de l'ISF). Cependant, c'est l'exonération prévue au profit des biens professionnels, spécifique à l'ISF, qui revêt un intérêt pratique évident puisqu'elle est susceptible d'affecter les immeubles et les titres de sociétés immobilières (art. 885 N et s. du CGI). A cet égard, le législateur a défini de façon singulièrement restrictive cette notion, en raison notamment de l'adoption d'un critère étroit et foncièrement contestable de la profession.

B - Définition étroite des biens professionnels exonérés

182 DÉFINITION CONVENTIONNELLE DE LA PROFESSION. — Pour l'application de l'ISF, un bien professionnel n'est pas comme l'impliquerait le sens commun, un bien affecté à l'exercice d'une activité professionnelle génératrice de revenus imposables. Réciproquement, tout bien appartenant à une entreprise et utilisé par celle-ci, ou utilisé dans l'exercice d'une profession n'est pas nécessairement un bien professionnel exonéré en application des articles 885 N et s. du CGI.

Le législateur a en effet défini très étroitement la notion de bien professionnel en ne reconnaissant le caractère de profession qu'à certaines activités lucratives et en exigeant au surplus que les immeubles soient nécessaires à l'exercice de ces seules professions ouvrant droit à l'exonération. L'article 885 N du CGI réserve cette qualification aux seuls « biens nécessaires à l'exercice à titre principal, tant par leur propriétaire que par le conjoint de celui-ci, d'une profession industrielle, commerciale, artisanale, agricole ou libérale ».

La distinction entre les activités qui sont érigées en professions et celles qui ne le sont pas n'est pas seulement délicate à apprécier, elle relève aussi de la pure convention. L'activité civile de location immobilière ne rentre pas dans les prévisions de l'article 885 N du CGI (v. n° 183). Et on ne saurait induire l'existence d'une profession de la seule imposition des profits qui en résultent dans la catégorie des BNC ou des BIC, compte tenu d'une part de l'imposition des gains innommés et des profits les plus divers sur le fondement sur l'article 92 du CGI et d'autre part du caractère attractif que revêt la définition des BIC. En revanche, peut exercer une profession agricole pour l'application de l'article 885 N du CGI, celui qui n'a jamais exploité directement un fonds, dès lors que les profits sont imposables dans la catégorie des bénéfices agricoles (Cass. com., 10 mai 1989, n° 674 P, Sicard, *RJF* 7/89, n° 903, *DF,* 1990, n° 52, Com. 2506, *DF,* 1990, n° 30-31, Com. 1571, à propos de l'exploitation de massifs forestiers par une coopérative agricole dont la personne recherchée en paiement de l'impôt avait la qualité d'associé).

Quant aux salariés, ils peuvent, dans le silence du texte légal, mais en vertu d'une doctrine administrative opposable au service, bénéficier de l'exonération réservée aux biens professionnels (instruction du 19 mai 1982, 7 R-2-82 ; Cass. com., 18 décembre 1990, n° 1544 P, Peuble, *RJF* 2/91, n° 228, *DF,* 1991, n° 13, Com. 747).

183 CARACTÈRE NON PROFESSIONNEL DE L'ACTIVITÉ DE GESTION D'UN PATRIMOINE IMMOBILIER LOCATIF. — Il résulte des termes mêmes de l'article 885 N du CGI que l'activité civile de gestion d'immeubles par voie de location ne présente pas un caractère professionnel susceptible de justifier l'exonération de l'ISF des immeubles loués (Cass. com., 12 décembre 1989, n° 15339 P, Fayard, *DF,* 1990, n° 12, Com. 627, *Bull. civ.,* p. 212, n° 315, *RJF* 2/90, n° 219 ; 18 décembre 1990, n° 1546 P, Feingold, *RJF* 2/91, n° 229, *DF,* 1991, n° 13, Com. 746). Le Conseil d'Etat avait d'ailleurs déjà jugé que les titulaires de revenus fonciers n'exercent pas une profession autorisant la déduction des frais d'acte et d'enregistrement acquittés à l'occasion de l'acquisition d'un immeuble, s'agissant de charges exposées en vue de la constitution d'un capital immobilier (CE, sect., 20 juin 1969, n° 74924, *DF,* 1969, n° 32-37, Com. 986, Dupont, 11/69, p. 351, *Rec.* 328).

Toutefois le caractère civil des locations immobilières peut aisément être dénaturé sous l'influence de plusieurs facteurs et générer des profits imposables dans la catégorie des BIC (v. n° 153). Il appartient alors au juge de l'impôt de qualifier l'activité exercée aux fins de statuer sur le caractère professionnel ou non des immeubles en cause (Cass. com., 18 juillet 1989, n° 1077 P, Péchenart, *Bull. cass.* IV, p. 157, n° 233, *RJF* 11/89, n° 1292).

Mais l'imposition des profits locatifs dans la catégorie des BIC ne suffit pas à caractériser l'exercice d'une profession à titre principal ouvrant droit à exonération comme le prévoit expressément l'article 885 R du CGI pour les loueurs en meublé inscrits au registre du commerce et qui réalisent moins de 150 000 F de recettes annuelles et retirent de cette activité moins de 50 % de leur revenu (Cass. com., 16 janvier 1990, n° 68 P, Balion, *RJF* 3/90, n° 358, *DF*, 1990, n° 40, Com. 1806).

Sont également exclus du champ des exonérations les parts et actions des sociétés ayant pour activité principale la gestion de leur propre patrimoine immobilier (art. 885 O *quater* du CGI).

Quelques exceptions sont toutefois prévues.

La première concerne les parts de sociétés de personnes soumises à l'impôt sur le revenu visées aux articles 8 et 8 *ter* du CGI, lorsque le redevable exerce dans la société son activité professionnelle principale (art. 885 O du CGI). La seconde, prévue par la doctrine administrative, s'applique aux immeubles qui sont loués directement par leur propriétaire ou par l'intermédiaire d'une société dont il détient les droits sociaux et qu'il utilise pour les besoins exclusifs de son activité professionnelle exercée à titre principal (instruction du 28 avril 1989, *DF*, 1989, n° 20-21 E 9739). Une autre exception, prévue également par la doctrine administrative, vise les actions ou parts de sociétés holdings qui sont les animatrices effectives de leur groupe et qui ne se bornent pas à gérer leur portefeuille-titre (Cass. com., 2 juin 1992, Mantelet, *RJF* 8-9/92, n° 1274 ; 19 novembre 1991, n° 1457 P, Davies, *RJF* 2/92, n° 270, *DF*, 1992, n° 13, Com. 694).

Enfin, les parts ou actions de sociétés exerçant une activité industrielle, commerciale, artisanale, agricole ou libérale ne sont considérées comme des biens professionnels que pour une fraction de leur valeur, si la société exerce à titre complémentaire une activité de location d'immeuble nu (art. 885 O *ter* du CGI).

A supposer que l'immeuble ou les droits sociaux soient affectés à l'exercice d'une profession définie de la façon spécifique et étroite décrite ci-dessus, ils ne sauraient bénéficier de l'exonération que si la profession est exercée à titre principal et s'ils sont nécessaires à cette fin.

184 Nécessité d'une profession exercée a titre principal. — Il résulte de la jurisprudence que le caractère principal d'une profession est apprécié au regard de son importance économique et du montant des revenus qu'elle procure à l'intéressé (Cass. com., 3 juillet 1990, n° 940 D, Hascoet, *RJF* 10/90, n° 1291, *DF*, 1990, n° 42, Com. 1956 ; 15 juillet 1987, n° 85-11728, *DF*, 1987, n° 50, Com. 2282 ; 25 février 1992, n° 350 D, Lefevre, *RJF* 5/92, n° 757 ; 24 novembre 1992, n° 1785 P, Bich, *RJF* 2/93, n° 293, *DF*, 1993, n° 12, Com. 617).

Lorsque plusieurs activités professionnelles sont exercées simultanément, l'exonération est néanmoins acquise au bénéfice des immeubles ou biens immobiliers affectés à l'exercice de l'activité secondaire lorsque cette dernière n'est pas autonome par rapport à l'activité principale. L'appréciation de ce lien de connexité ou de complémentarité est une question de fait (Cass. com., 20 décembre 1988, n° 1282 D : ne présentent pas un caractère professionnel les terrains qu'un agriculteur affecte au camping, dès lors que l'exploitation du camping ne participe pas à l'exploitation du fond, et ne s'analyse pas comme un débouché de la profession agricole. Cpr Cass. com., 25 février 1992, n° 350 D, Lefevre précité).

185 Caractère nécessaire des biens a l'exercice de la profession. — L'application de la condition tenant au caractère nécessaire des biens à l'exercice de la profession, appréciée en fonction des circonstances de fait, présente un caractère doublement paradoxal. Elle conduit d'abord à accentuer la relativité des notions fiscales, puisque les biens professionnels identifiés par ce critère sont définis indépendamment de leur inscription ou de leur non inscription au bilan des entreprises (Cass. com., 3 juillet 1990, n° 939, Milotic, *RJF* 10/90, n° 1290, à propos du caractère non professionnel d'immeubles inscrits à l'actif du bilan, loués à des tiers ou mis à la disposition de dirigeants ou de salariés de l'entreprise à titre privatif). Patrimoine privé et patrimoine professionnel reçoivent donc des définitions distinctes pour l'imposition des revenus et pour celle de la fortune.

Elle conduit ensuite à opérer des distinctions entre les biens appartenant à des personnes morales et à imposer à l'ISF des biens qui sont affectés à l'exercice de l'activité sociale, nonobstant le non-assujettissement des personnes morales à l'ISF. En distinguant les biens nécessaires ou non à l'exercice de la profession, ce principe de divisibilité conduit à écarter, pour l'application de l'ISF aux associés des sociétés de personnes ou de capitaux, la personnalité fiscale et l'écran social des sociétés. Contrairement à l'administration qui limite la portée de l'article 885 N du CGI, relatif à la définition des biens professionnels aux seules entreprises individuelles, la Cour de cassation reconnaît une portée générale à cette disposition (Cass. com., 10 mai 1989, n° 674 P, Sicard précité ; 29 mars 1989, n° 497 P et 498 P, Blain et Fayot, *RJF* 5/89, n° 645 ; 18 décembre 1990, n° 1544 P, Peuble, *RJF* 2/91, n° 228).

L'actionnaire ne pourra considérer comme bien professionnel exonéré que la fraction de la valeur des parts ou actions correspondant aux éléments du patrimoine social nécessaires à l'activité professionnelle de la société (art. 885 O *ter* du CGI).

En définitive, ce dispositif complexe encourt une double critique. En premier lieu, celle de privilégier des définitions spécifiques et d'une rationalité douteuse des professions et des biens professionnels, largement usitées par ailleurs en droit fiscal, fondées sur des critères d'appréciation délicate dont le contrôle de la qualification juridique accroît l'exercice du pouvoir discrétionnaire fiscal. Ensuite, celle de reposer sur une distinction socialement et juridiquement condamnable, puisque la loi dévalue et pénalise fiscalement l'activité de location d'immeuble exercée à titre exclusif et, à l'inverse, valorise les biens immobiliers affectés à l'exercice d'une activité autre que locative. La réduction continue du parc immobilier locatif et les mesures particulières de relance prises en faveur des propriétaires bailleurs paraissent difficilement compatibles avec un tel dispositif aussi discriminatoire.

Pour aller plus loin

186 BIBLIOGRAPHIE.

a) Sur l'imposition annuelle du capital, avant l'institution de l'IGF puis de l'ISF, voir :

J. Grosclaude, *L'impôt sur la fortune,* Berger-Levrault, coll « L'administration nouvelle », 1976.

J.-L. Hay, *Techniques et politiques de l'imposition du capital,* thèse Nice, 1978 (dactyl.).

P. Montgroux, *L'impôt sur le capital,* thèse Clermont-Ferrand I, 1972 (dactyl.).

M. Pagery, *L'impôt sur le capital et les partis de la majorité,* thèse Clermont-Ferrand I, 1981 (dactyl.).

Rapport de la Commission d'étude d'un prélèvement sur les fortunes (Commission Ventejol, Blot et Méraud), La Doc franç., 1979.

b) L'institution de l'IGF puis de l'ISF a suscité maintes études, voir notamment :

B. Aliouat, Holdings, ISF et rationalisation de l'agent en matière fiscale : vers une stratégie d'optimisation, *LPA,* 1991, n° 26, p. 8.
A. Babeau, L'expérience française d'impôt sur les grandes fortunes, 1982-1986, *Rev. d'écon. politique,* 1987, n° 3, p. 321.
C. Bacrot, J. Bravard et M. Noémie, *L'ISF ? Le patrimoine de A à Z,* Nouv. éd. fiduciaire, 1989.
C. Bacrot, ISF et diagnostic patrimonial, *L'actualité financière,* 1989, n° 724, p. 10.
D. Besson, L'imposition du capital et ses ambiguïtés, Doc. franç., *Regards sur l'actualité,* n° 127, janvier 1987, p. 26.
C. Bruno, Pourquoi l'impôt sur la fortune ?, *AJPI,* 1988, n° 9, p. 646.
— L'imposition du capital, *AJPI,* 1987, p. 68.
A. Chappert, Le rétablissement de l'impôt sur la fortune : présentation des mesures nouvelles, *Rép. Defrénois,* 1989, art. 34461, p. 257.
Conseil des impôts, 8e rapport relatif à l'imposition de la fortune (1986) et 12e rapport (1992) relatif à la fiscalité de l'immobilier urbain (1992).
P. Courtois, *L'impôt de solidarité sur la fortune,* Litec, 1989.
— *L'impôt sur les grandes fortunes,* Litec, 1982.
J. Dubergé, De l'IGF à l'ISF, *RFFP* 23/1988, p. 139.
G. Ferbos, *L'impôt sur la fortune et l'évaluation fiscale du patrimoine,* Ed. du Moniteur, 1993.
J. Gilardi, Les aspects internationaux de l'impôt sur la fortune, *DF,* 1992, n° 12, p. 445.
J. Grosclaude, De l'IGF à l'ISF, *Jur.-Cl. fisc.* : Impôt sur la fortune, fasc. 15.
— Capital (imposition du —), in *Dictionnaire encyclopédique des finances publiques,* 1991, p. 254.
— Fortune (imposition annuelle de la —), *op. cit.,* p. 845.
— L'impôt sur les grandes fortunes 1982-1986 (problématique et esquisse de bilan), *RFFP* 22/1988, p. 83.
J.-L. Hay, *L'imposition du capital,* coll. « Que sais-je ? », 1986.
C. Hortus, IGF et propriété immobilière, *REDI,* 1984, n° 109, p. 37.
F.-C. Jeantet et J.-P. Le Gall, Application de l'impôt sur les grandes fortunes à certains trusts anglo-saxons, *JCP,* 82, éd. CI, 13896.
M. Martin, De quelques anomalies et étrangetés concernant l'application de la loi relative à l'imposition sur les grandes fortunes, *DF,* 1983, n° 32-38, p. 1094.
G. Melleray, L'impôt sur les grandes fortunes et l'agriculture, *Rev. dr. rur.,* 1982, p. 243.
D. de Montbrial, L'ISF et la sécurité juridique, *Gaz. Pal.,* 3-4 mai 1989, p. 2.
J.-L. Pierre, Fiscalité du patrimoine. Comparaison entre la situation de la France et celle des pays voisins, LXXXVIIe Congrès des notaires de France précité, *LPA,* 1991, n° 49, p. 96.
G. Potriquet, Fiscalité du patrimoine en Europe : l'ISF ou l'art de bien choisir son domicile, *ibid.,* p. 124.
J.-L. Puygauthier, L'impôt de solidarité sur la fortune, *JCP,* 89, éd. N, doctr. p. 103.
Rapport d'information sur la fiscalité du patrimoine, dit rapport Hollande, *JO, Déb. AN,* n° 1415, 1989-1990.
E. Sage, *Evaluation des biens professionnels, impôt sur les grandes fortunes,* Sirey, 1982.
T. Schmidt, A propos de l'IGF et l'environnement, *Rev. jur. environ.,* 1985, p. 442.
H. Sumary, ISF. De quelques réflexions, *Gaz. Pal.,* 14 octobre 1988, p. 1.
G. Tixier et D. Lalanne Berdouticq, L'impôt sur les grandes fortunes, *RFFP* 1/1983, p. 145.

— *L'impôt sur les grandes fortunes,* LGDJ, 1982.
G. Tixier, Les incidences fiscales de l'impôt sur les grandes fortunes, *Mélanges Gaudemet,* p. 833.
M. Vion, L'impôt sur les grandes fortunes, *Rép. Defrénois,* 1982, p. 305, 369 et 449.
X..., L'ISF, *DF,* 1989, n° 2-3, p. 39.

c) Plusieurs études sont relatives à l'imposition (ou à l'exonération) des immeubles de l'ISF, voir :

C. Bruno, Les immeubles faisant l'objet d'un bail commercial peuvent-ils être qualifiés de biens professionnels ?, *AJPI,* 1983, p. 63.
— Impôt sur la fortune. Biens professionnels. Les immeubles donnés en location, *AJPI,* 1991, n° 7, p. 548.
B. Castagnède, L'entreprise et la profession en droit fiscal, *DF,* 1992, n° 17, p. 757.
B. V., L'imposition sur la fortune d'un contribuable français à raison d'un immeuble possédé en Suisse, note sur Cass. com., 26 mars 1992, n° 90-10522, *Le quotidien juridique,* 1992, n° 54, p. 6.
A. Granderoute, ISF et biens professionnels en agriculture, *Rev. dr. rur.,* 1989, n° 176, p. 393.
J.-M. Levet, IGF, Faudrait-il en éliminer les biens immobiliers ?, *AJPI,* 1988, n° 7-8, p. 517.
D. Maubru, Les parts de sociétés civiles immobilières et l'impôt sur les grandes fortunes, *JCP,* 1982, éd. N, 8384.
S. Salou et Ph. Juilhard, Fortune immobilière à l'étranger et ISF : portée de l'arrêt Le Marois d'Andlau, *RJF* 6/92, p. 477.

187 CONCLUSION : ÉCLATEMENT ET INÉGALITÉS D'IMPOSITION DU DROIT FISCAL IMMOBILIER.

Il convient d'être fort prudent sur la spécificité du droit fiscal immobilier, car il souffre des maux qui affectent notre fiscalité en général : profusion, instabilité, complexité et ambiguïté des sources, à la fois légales, administratives et jurisprudentielles, souvent difficilement conciliables sur des questions précises ; hétérogénéité d'impositions dont le poids global réduit fortement la rentabilité du capital immobilier, même si certaines formes de placements immobiliers ont été fiscalement avantagées ; utilisation abusive d'un interventionnisme dont l'efficacité, difficilement appréciable et en tout état de cause tardive, est douteuse ; pénalisation fiscale de l'immobilier locatif ancien et des transmissions d'immeubles, peu fondée au regard du contexte économique et social environnant.

De surcroît les éléments psychologiques, qui ont toujours joué un rôle essentiel dans le droit fiscal immobilier, ont selon le cas ralenti ou plus ou moins artificiellement stimulé l'investissement immobilier. Des propositions ou des impositions prétendument progressistes, présentées au nom de la justice sociale ou des exigences budgétaires, ont été davantage de nature à effrayer, à révulser les épargnants qu'à les rasséréner, alors surtout que la conjoncture économique s'est dégradée.

Toutefois, c'est probablement l'éclatement de cette discipline et les inégalités d'imposition qu'elle établit qui en constituent les caractères fondamentaux.

En premier lieu, la fiscalité immobilière est menacée d'éclatement pour des motifs à la fois internes à cette discipline et externes à celle-ci. Dans la conception originaire dégagée en 1963 prévalait l'unité de cette discipline autour du concept finaliste de construction immobilière. Mais la multiplication des régimes fortement individualisés, dérogatoires au droit commun, spécifiques à telle ou telle catégorie de contribuables, destinés à stimuler des comportements déterminés aboutit à transformer cette discipline en une juxtaposition de dispositifs spécifiques poursuivant des objectifs multiples et variables dans le temps. Le droit fiscal immobilier procède par catégorisation et par sectorisation. Il n'y a pas une fiscalité immobilière, mais de multiples fiscalités applicables à des immeubles et à des redevables déterminés. Il juxtapose la fiscalité des professionnels de l'immobilier, celle de l'accession à la propriété, celle du logement locatif et celle du logement social, celle des monuments historiques, etc. Cette propension au fractionnement est aggravée lorsque est retenue une conception analytique de cette fiscalité, fondée sur les classifications et les types d'impôts traditionnels, issue d'une accumulation empirique de prélèvements qui n'eut qu'exceptionnellement une logique autre que celle de l'impécuniosité des personnes publiques.

De surcroît, des motifs externes conduisent à étendre le champ des investigations, entraînant une dilution de la matière. Contrairement à l'étymologie du vocable, la fiscalité immobilière excède largement le champ des seuls immeubles, puisque la fiscalité des valeurs mobilières et celle des placements financiers se rapportent fréquemment aux immeubles, soulignant la relativité de la distinction entre meubles et immeubles. En réalité, la fiscalité immobilière *stricto sensu* n'appréhendait qu'un domaine étroit du droit fiscal immobilier, aisément identifiable par référence au concept de construction immobilière, mais résultant d'un découpage à maints égards artificiel. Ce parti pris, justifié dans la phrase initiale de constitution d'une discipline nouvelle, conduisait à dévaluer d'autres aspects de cette fiscalité, certes moins attractifs car plus traditionnels, mais d'un intérêt pratique et théorique évident : les droits d'enregistrement, la fiscalité immobilière locale, celle des locations immobilières, la fiscalité de l'immeuble pris comme richesse naturelle protégée contre les défrichements et l'urbanisation, etc.

En second lieu, parce qu'il est soumis aux objectifs multiples et ponctuels des politiques fiscales, le droit fiscal immobilier révèle maintes inégalités d'imposition, non seulement au regard de la fiscalité des placements mobiliers, mais aussi dans la définition des multiples statuts fiscaux applicables à autant de catégories d'immeubles. Justifiées par les préoccupations interventionnistes des pouvoirs publics et aggravées par les compétences fiscales des autorités locales décentralisées, ces inégalités accentuent l'éclatement du droit fiscal immobilier. Il n'existe pas un type unique d'immeuble soumis à un statut fiscal uniforme, mais autant de dispositifs fiscaux que la loi a institué de catégories différenciées d'immeubles en fonction d'un nombre infini de variables, telles que la nature des immeubles, leur affectation, leur localisation géographique, le type d'imposition, la qualité du redevable, les choix fiscaux qu'il a exercés, etc. C'est la fiscalité qui façonne les immeubles et non l'immeuble qui déclenche l'application d'une fiscalité déterminée. Les différenciations engendrent de fortes disparités dans la rentabilité des différents types de placements immobiliers.

Or, de l'obsession de la législation ponctuelle ne peuvent résulter d'authentiques politiques fiscales. Il est inévitable qu'un dispositif fiscal ait d'abord un temps de retard sur une conjoncture qu'il est censée corriger, quand il ne produit pas des effets contraires à ceux que l'on devrait encourager lorsque la conjoncture a de nouveau évolué, obligeant alors le législateur à remettre en vigueur les dispositifs antérieurs auxquels il avait renoncé... La quête de la sécurité juridique, le respect de l'égalité devant l'impôt, l'allégement de cette fiscalité devraient être les objectifs majeurs d'une impossible réforme fiscale.

Tableaux

204 Régimes d'exonération et de taxation atténuée des droits d'enregistrement applicables aux ventes d'immeubles.
205 Redevances et taxes d'urbanisme.
206 Typologie des sociétés immobilières dégagée par M. Cozian.
207 Fiscalité des sociétés immobilières placées hors du champ d'application ou exonérées d'IS.
208 Qualification des rémunérations versées aux gérants et dirigeants de sociétés immobilières.
209 Fiscalité du bail à construction.
210 Fiscalité de la location-accession à la propriété immobilière.

188 *Typologie des profits immobiliers*

Type de profit	Bénéficiaires	Qualification des profits réalisés
Profits immobiliers habituels	Professionnel de l'immobilier [1], simple particulier ou société, quelle que soit sa forme	BIC
profits immobiliers occasionnels	entreprise, particulier ou associé d'une société visée à l'article 8 du CGI	plus values professionnelles ou plus values des particuliers [2]
profits immobiliers susceptibles d'une qualification alternative : - profits de lotissement - profits de construction - profits réalisés par des personnes non domiciliées ou établies en France	qualité indifférente	BIC ou plus values selon le cas

([1]) La condition d'habitude n'est pas exigée pour les profits réalisés par les intermédiaires (v. n° 18).
([2]) Certaines plus-values immobilières réalisées par les entreprises sont soumises au régime des plus-values des particuliers (v. n° 37).

189 *Tableau synoptique de l'imposition des plus-values immobilières réalisées par les particuliers*

	PRIX DE CESSION DIMINUE DU PRIX DE REVIENT		
Règles générales relatives à la détermination de la plus value	- majoré des charges en capital et des indemnités stipulées au profit du cédant - diminué du montant des taxes acquittées et des frais supportés par le vendeur à l'occasion de la cession (ex : commission versée à un intermédiaire)	actualisation à l'aide de coefficients tenant compte de l'érosion monétaire figurant sur un tableau publié chaque année lorsque la plus value est à long terme	***égal :*** au prix d'acquisition ou à la valeur vénale en cas d'acquisition à titre gratuit ***majoré :*** - des frais d'acquisition à titre gratuit (à l'exclusion des droits de mutation) ou des frais d'acquisition à titre onéreux (frais réels ou 10 % du prix d'acquisition) - des dépenses de construction, reconstruction, agrandissement, rénovation ou amélioration.(montant réel ou 15 % du prix d'acquisition) - des travaux effectués par le cédant ou les membres de sa famille (évaluation réelle ou égale à 3 fois le prix des matériaux utilisés) - des frais de voirie, réseaux et de distribution imposés par les collectivités locales
			- des intérêts d'emprunts contractés pour l'acquisition ou la réparation d'une résidence secondaire - des honoraires des consultations fiscales.
Abattements pratiqués sur le montant de la plus value nette.	**a)** Abattement par année de possession au delà de la deuxième applicable aux seules plus values à long terme (5 % pour les cessions réalisées à compter du 26 juin 1993 : 3,33 % auparavant) **b)** abattements communs aux plus values à court terme ou à long terme : - abattement général de 6 000 F porté à 75 000 F en cas d'expropriation - abattement spécial pour cession d'une première résidence secondaire taxable cumulable avec les deux précédents abattements.		
Modalités d'imposition	PV à court terme - plus value assimilée à un revenu ordinaire et ajoutée aux autres revenus du contribuable.	PV à LT	- division par 5 de la plus value imposable et calcul de l'impôt - Hypothèses de report de la taxation des plus values afférentes à des cessions ou à des apports de terrains à bâtir - paiement fractionné de l'impôt

190 *Actif commercial des exploitants individuels soumis à l'IR dans la catégorie des BIC*

	Biens en faisant nécessairement partie	Biens en faisant partie en raison d'un choix du contribuable	Biens ne pouvant en aucun cas en faire partie
Régime du bénéfice réel (normal ou simplifié)	Biens affectés par nature à l'exploitation (immeubles spécialisés, fonds de commerce, éléments incorporels du fonds de commerce)	Biens inscrits à l'actif du bilan (depuis CE Plén 24 mai 1967, Dup 67 p 366) ou pour les petites entreprises dispensées de fournir un bilan, les biens figurant au tableau des immobilisations et amortissements, qu'ils soient ou non affectés à l'exercice de la profession	
Régime du forfait	- Selon le Conseil d'Etat et l'administration, les biens affectés par nature à la profession, qu'ils soient ou non inscrits sur la déclaration annuelle n° 951 (fonds de commerce, immeubles professionnels, équipements etc.) - Selon l'administration, les biens affectés par destination à l'exercice de la profession et inscrits sur la déclaration n° 951 sont présumés appartenir à l'actif commercial (terrains nus, biens susceptibles d'un usage mixte, privé et professionnel etc.)		Biens non affectés à l'exercice de la profession

190 *Actif professionnel des titulaires de BNC*

	Biens en faisant nécessairement partie	Biens en faisant partie en raison d'un choix du contribuable	Biens ne pouvant en aucun cas en faire partie
Régime de la déclaration contrôlée	Biens affectés par nature à l'exploitation, qu'ils soient ou non inscrits au registre des immobilisations	Biens utilisés dans l'exercice de la profession sans y être affectés par nature à condition qu'ils soient inscrits dans le registre des immobilisations	Biens non affectés à l'exercice de la profession [1]
Régime de l'évaluation administrative	- l'ensemble des biens affectés à l'exercice de la profession selon l'administration - les seuls biens affectés par nature à l'exercice de la profession selon le Conseil d'Etat.		Les biens non affectés par nature à l'exercice de la profession et néanmoins utilisés dans l'activité professionnelle selon le Conseil d'Etat

(1) Le Conseil d'Etat a confirmé la doctrine administrative selon laquelle les immeubles de rapport ne peuvent en aucun cas être considérés comme des éléments d'actif dès lors qu'ils ne sont pas utilisés pour l'exercice de la profession non commerciale, alors même qu'ils auraient été inscrits à tort au registre des immobilisations (CE, 28 novembre 1990, n° 55861, Korber, *RJF* 1/91, n° 50). La situation des titulaires de BNC relevant du régime de la déclaration contrôlée diffère donc de celle des titulaires de BIC relevant du régime réel.

190 *Actif professionnel des exploitants agricoles soumis au régime du bénéfice réel (article 38* sexdecies *DI de l'annexe III du CGI)*

Biens en faisant nécessairement partie	Biens en faisant partie en raison d'un choix du contribuable	Biens ne pouvant en aucun cas en faire partie
- les immeubles bâtis affectés à l'exploitation - les améliorations foncières temporaires, selon l'administration (drainages, voies de desserte sommaires, etc.) - les plantations, selon le Conseil d'Etat (CE Plén 25 juillet 1980 n°s 15122, 15123 et 15124, RJF 10/80 n° 787, DF 1981 n° 46 com 2041 concl. Rivière)	- la maison d'habitation de l'exploitant - les terres et les améliorations foncières permanentes (travaux de défrichement, arasement de talus, comblement de mares, etc.)	la maison d'habitation lorsqu'elle présente le caractère d'une maison de maître

191 *Définition des plus-values et des moins-values professionnelles*

NATURE DES BIENS	DURÉE DE DÉTENTION DES BIENS	
	moins de deux ans	plus de deux ans
biens amortissables	plus values et moins values à court terme	plus values à court terme pour la fraction correspondant aux amortissements et à long terme pour l'autre partie. les moins values sont toujours à court terme
biens non amortissables	plus et moins values à court terme	plus et moins values à long terme

192 *Tableau synoptique des plus-values et moins-values réalisées par les entreprises*

Régime fiscal des Entreprises		Régime des plus values et moins values	
		Régime des plus values professionnelles	Application le cas échéant du régime des plus values privées
Exploitants individuels et associés des sociétés de personnes soumis à l'IR dans la catégorie des BA, des BIC et des BNC	petites entreprises (recettes inférieures au double des limites du forfait ou de l'évaluation administrative)	- exonération si l'activité est exercée depuis plus de 5 ans et si la cession ne porte pas sur un terrain à bâtir - régime des PV à CT et à LT si activité exercée depuis moins de 5 ans	- PV de cession de biens "migrants" - PV de cession de terrains à bâtir - PV de cession de terres à usage agricole ou forestier si l'activité est exercée moins de 5 ans. Exonération au delà. - PV réalisées par les loueurs en meublé non professionnels
	autres entreprises (recettes supérieures à la limite précitée)	régime des PV à CT et à LT	- PV de cession de biens "migrants" - PV réalisées par les loueurs en meublé non professionnels (solution administrative d'une légalité douteuse)
Entreprises passibles de l'IS, quel que soit le montant du chiffre d'affaires		Régime des PV à CT et à LT exclusivement	non

193 *Les régimes successifs et temporaires des profits de construction*

I - *Régime antérieur à la loi n° 63-254 du 15 mars 1963 :*

Les profits de construction réalisés à titre habituel :

— sont imposables dans la catégorie des BIC ou des BNC, selon des critères incertains ;
— mais sont fréquemment exonérés en vertu de dispositions législatives ou de mesures administratives de tempérament.

II - *Régime prévu par l'article 28 de la loi du 15 mars 1963, applicable jusqu'au 31 décembre 1971 :*

— prévoit un prélèvement sur les profits réalisés par les particuliers de 15 %, puis de 25 %, qui est libératoire de tout impôt sous certaines conditions ;
— prévoit une exonération sous condition de remploi au profit des entreprises relevant de l'IR ;
— établit une taxation atténuée de ces profits à l'IS (15 % puis 25 %), avec possibilité de bénéficier de l'exonération sous condition de remploi.

III - *Régime prévu par l'article 2 de la loi n° 71-506 du 29 juin 1971 reconduisant pour dix ans, en le modifiant, le régime temporaire :*

— relève le taux du prélèvement à 30 %, puis à 33,33 %, applicable aux particuliers comme aux entreprises industrielles ou commerciales passibles de l'IR ;
— assouplit les conditions du prélèvement libératoire, mais institue un plafonnement ;
— maintient le système d'exonération sous condition de remploi, mais en faveur des seules entreprises industrielles ou commerciales relevant de l'IR ;
— établit une taxation atténuée au profit des personnes morales passibles de l'IS, qu'elles aient ou non pour objet exclusif la construction de logements destinés à l'habitation.

IV - *Article 23 de la loi de finances pour 1982 établissant un nouveau régime pendant une période transitoire de cinq ans :*

— porte le prélèvement à 50 % pour les profits réalisés par les personnes physiques, les sociétés de personnes, les sociétés n'ayant pas d'établissement en France et à 51 % pour le prélèvement libératoire de l'IR ;
— le prélèvement est libératoire sur option et est précédé par le versement d'acomptes ;
— reconduit partiellement, en le modifiant, le régime d'imposition atténuée applicable aux entreprises ayant pour activité exclusive la construction de logements, passibles de l'IS ; ne reconduit pas le régime spécial applicable aux entreprises n'ayant pas cet objet exclusif.

V - *Retour au droit commun, à compter du 1er janvier 1987, de par la non-reconduction des régimes temporaires :*

— imposition des profits de construction dans la catégorie des BIC ou dans celle des plus-values immobilières des particuliers, selon le cas ;
— application du prélèvement de 50 % ou du tiers sur les profits réalisés par des personnes physiques ou des sociétés n'ayant pas d'établissement ou de domicile en France.

194 *La détermination du redevable de la TVA immobilière (art. 285 du CGI et art. 246 de l'annexe II au CGI)*

	Mutations à titre onéreux ou apports en société			
Opérations de production ou de livraison d'immeubles imposables (article 257-7° du CGI)	l'immeuble n'était pas placé antérieurement dans le champ de la TVA immobilière (y compris les terrains replacés dans le champ des droits d'enregistrement pour non respect de l'engagement de construire)	l'immeuble était déjà placé dans le champ de la TVA immobilière ex : vente d'un immeuble neuf bâti ; vente d'un immeuble inachevé selon le juge de l'impôt [1]	livraison à soi-même de l'immeuble	cession de droits sociaux
Redevable de la TVA immobilière	l'acquéreur, la société bénéficiaire de l'apport ou le débiteur de l'indemnité. Toutefois, le vendeur peut prendre la qualité d'assujetti enfin d'exercer ses droits à déduction	le vendeur, l'auteur de l'apport ou le bénéficiaire de l'indemnité	le constructeur	le cédant

(1) La jurisprudence fiscale estime que l'exécution de travaux de construction fait entrer l'immeuble dans le champ d'application de la TVA immobilière, alors même que l'acquisition du terrain a été soumise aux droits d'enregistrement (v. n° 58).

195 *Vente d'un terrain moyennant remise de locaux à construire*

Modalités de l'opération	Régime fiscal applicable à la cession du terrain [1]	Régime fiscal applicable à la dation en paiement des locaux [2-3]
I - Cession d'un terrain moyennant remise de locaux à édifier sur le terrain cédé	TVA immobilière	TVA immobilière
II - Cession d'une fraction indivise de terrain correspondant à X millièmes moyennant remise de locaux à édifier sur le terrain cédé.	TVA immobilière	Selon l'administration application de la TVA immobilière bien que la dation en paiement s'analyse en une accession directe à la propriété et non en une mutation d'immeuble neuf
III - Cession d'un terrain moyennant la construction de locaux sur la fraction de terrain conservée par le vendeur ou sur un autre terrain lui appartenant.	TVA immobilière	- selon l'administration application de la TVA immobilière bien qu'il n'y ait pas mutation d'immeuble neuf passible de la taxe - le cas échéant, assujettissement de la livraison à soi-même des locaux édifiés par l'acquéreur du terrain.

(1) La TVA immobilière est due par le promoteur qui acquiert le terrain.

(2) La TPF prévue par l'article 652 du CGI est due par le vendeur du terrain auquel est consentie la dation en paiement puisqu'il y a, selon l'administration, mutation d'un immeuble bâti neuf.

(3) Le fait générateur de la TVA immobilière peut, selon le cas, être constitué à la date de cession du terrain ou à celle de l'acte qui constate la dation en paiement (v. n° 73).

196 *Acquisition d'un terrain : droits dus par l'acquéreur*

Qualité de l'acquéreur	TVA immobilière	Droits de mutation à titre onéreux
<u>I - L'acquéreur est un particulier :</u>		
a) qui conservera le terrain en l'état	non	régime de droit commun
b) qui le destine à un usage agricole	non	nombreux régimes spéciaux
c) qui le destine à la revente	non	régime de droit commun
d) qui le destine à la construction	oui, quelle que soit la destination de la construction	application pour la fraction du terrain qui excède 2 500 m2 (ou la superficie minimale exigée pour construire) si le terrain est destiné à la construction d'une maison individuelle.
<u>II - L'acquéreur est un marchand de biens ou un lotisseur qui destine le terrain à la revente :</u>		
a) le sous-acquéreur le destine à être construit	sur option	régime spécial de l'art. 1115 sur option
b) le sous-acquéreur ne le destine pas à la construction	non	régime spécial de l'art. 1115 du CGI
c) le marchand de biens ou le lotisseur ignore la destination du terrain	sur option. Faculté de renonciation rétroactive à défaut de revente à un constructeur	régime spécial de l'art. 1115 du CGI sur option

197 *Acquisition d'un immeuble bâti : droits dus par l'acquéreur ou le vendeur*

Nature de l'acquisition	Régime fiscal de l'acquisition	
	TVA immobilière [1]	Droits de mutation à titre onéreux
1) d'une construction neuve, quelle que soit sa destination	oui [2]	TPF au taux de 0,60 % due par l'acquéreur (art 692 du CGI)
2) d'une construction ancienne destinée à être démolie en vue d'une reconstruction	oui (l'immeuble est assimilé à un terrain à bâtir)	non
3) achat d'une construction ancienne qui fera l'objet d'importants travaux	oui, si les travaux équivalent à une reconstruction	oui, si les travaux n'équivalent pas à une reconstruction
4) achat d'une construction à usage de garage	oui, s'il s'agit d'une construction (2)	application du régime spécial de l'art 711 du CGI
5) acquisition d'immeubles ruraux	non	nombreux régimes particuliers
6) acquisition d'un immeuble en état futur d'achèvement	oui (l'immeuble est regardé comme achevé)	TPF au taux de 0,60 % due par l'acquéreur (art 692 du CGI)
7) acquisition d'un immeuble inachevé	oui (l'immeuble est assimilé à un terrain à bâtir)	non
8) acquisition d'une construction par un marchand de biens	sur option si le sous-acquéreur construira ou si le marchand de biens ignore l'affectation de l'immeuble	régime spécial de l'art 1115 du CGI, exclusif de celui de la TVA immobilière
9) acquisition de toute autre construction ancienne	non	régime de droit commun ou le cas échéant, régimes particuliers

(1) Sur la détermination du redevable de la TVA immobilière, v. tableau n° 194.
(2) Lorsqu'il s'agit de la première cession faite à une personne autre qu'un marchand de biens dans le délai de cinq ans suivant l'achèvement de l'immeuble.

198 *Vente d'un immeuble par un particulier : imposition des profits et application de la TVA*

Opérations imposables	Nature des profits réalisés	Application de la TVA immobilière
vente d'un terrain	- imposition des plus values selon les règles de l'art 150 A et s du CGI, sauf exonération - imposition éventuelle des profits de lotissement dans la catégorie des BIC si les terrains ont été acquis en vue de la vente après leur division en lots	si le terrain est destiné à la construction, le vendeur peut prendre la qualité d'assujetti pour exercer ses droits à déduction
vente de l'habitation principale	exonération de la plus value de cession	à la charge du cédant si la construction est cédée moins de 5 ans après son achèvement dans les conditions prévues à l'art 257-7° du CGI
vente d'un immeuble bâti autre que l'habitation principale	- exonération de la première vente d'un logement autre que la résidence principale - à défaut, imposition de la plus value selon le régime de droit commun	application, le cas échéant, de la TVA immobilière à la charge du cédant (par ex s'il a fait construire l'immeuble cédé ou selon la jurisprudence fiscale contraire à la doctrine administrative s'il l'a cédé moins de 5 ans après son achèvement, après l'avoir acquis à titre gratuit). [1]

(1) V. tableau n° 194.

199 *Vente d'un immeuble par une société (SCI de droit commun ou société de capitaux) Imposition des profits et application de la TVA*

Ventes faites par	Nature des profits immobiliers réalisés	Application de la TVA
Sociétés civiles immobilières de droit commun	- PV immobilières privées si les profits sont occasionnels - BIC et assujettissement à l'IS si les profits sont habituels. Ces profits sont exonérés s'ils sont réalisés par une société de construction-vente de l'art 239 ter du CGI - les profits de lotissement revêtent selon le cas l'une ou l'autre qualification.	- application de la TVA immobilière si la cession de l'immeuble entre dans les prévisions de l'art 257-7° du CGI - application de la TVA de droit commun sur la marge si les cessions présentent un caractère habituel (art 257-6° du CGI)
Sociétés de capitaux	- PV professionnelle si l'immeuble appartient à l'actif immobilisé - BIC s'il fait partie du stock immobilier - les profits de lotissement présentent selon le cas le caractère de plus values professionnelles ou de bénéfices d'exploitation	

200 *Cession de titres de sociétés immobilières : droits de mutation et TVA immobilière*

Types de sociétés dont les titres sont cédés	Droits de mutation sur les cessions de titres	TVA immobilière ou droits de mutation sur les cessions d'immeubles
Sociétés immobilières de droit commun	Applicables selon les règles de l'art 726 du CGI (droit d'enregistrement de 4,80 %)	application, le cas échéant, de l'article 727 du CGI (cession de parts sociales dans les sociétés dont le capital n'est pas divisé en actions réalisée dans les 3 ans suivant l'apport définitif)
Sociétés immobilières de construction-vente	applicablesselon les règles de l'article 726 du CGI	si les cessions de titres sont assimilées à des cessions d'immeubles en application de l'article 727 précité
Sociétés immobilières de copropriété transparentes de l'art 1655 ter du CGI	non applicables, en raison de la transparence fiscale, les cessions de titres équivalant à des cessions d'immeubles (art 728 du CGI)	application de la TVA immobilière ou des droits de mutation, selon que les titres cédés correspondent à des immeubles qui entrent ou non dans les prévisions de l'art 257-7° du CGI
Sociétés de copropriété non transparentes	non applicables dès lors que l'article 728 du CGI assimile les cessions de titres aux cessions d'immeubles	même régime que celui applicable aux cessions de titres de sociétés de copropriété transparentes (art 728 du CGI)

201 *Cession de titres de sociétés immobilières : imposition des profits et TVA due par le cédant*

Qualification des profits résultant de la cession de droits sociaux	Assujettissement à la TVA
a) plus value immobilière des particuliers s'il s'agit de titres de sociétés non côtées à prépondérance immobilière (article 150 A bis du CGI) ou de titres de sociétés immobilières de copropriété transparentes [1] **b)** si les titres cédés ne sont pas ceux d'une société à prépondérance immobilière - application selon le cas du régime de l'art 160 du CGI ou de celui de l'art 92 B du même code, lorsque la société immobilière est passible de l'IS - application du régime de l'art 92 K aux plus values de cessions réalisées par l'associé simple apporteur de capitaux dans une société relevant de l'art 8 du CGI [2] **c)** plus value professionnelle si les titres cédés par une entreprise appartenaient à son actif immobilisé **d)** BIC si le cédant se livre à des opérations habituelles caractérisant une activité de marchand de biens	a) application de la TVA immobilière si les cessions entrent dans le champ des opérations visées à l'art 257-7° du CGI b) à défaut, application de la TVA de droit commun si le cédant est un marchand de biens (art 257-6° du CGI) [3]

(¹) L'article 150 A *bis* du CGI vise les parts d'intérêts dans les sociétés civiles, les parts négociables dans les sociétés de capitaux, les parts sociales dans les SARL, les sociétés en commandite simple ou en nom collectif.

(²) Le régime de l'article 150 *nonies* du CGI est inapplicable aux cessions de titres de sociétés civiles immobilières (Rép. Pringalle, *JO, Déb. AN,* 24 mars 1980, p. 1183, n° 14968, *DF,* 1980, n° 17-18, com. 933).

(³) Dans les deux cas la TVA est assise sur la plus-value de cession (respectivement art. 248 de l'annexe II au CGI et 268 du CGI).

202 *La fiscalité des marchands de biens*

Bénéfices imposables	Acquisition d'immeubles	Ventes d'immeubles	Cessions de droits sociaux[3]	Locations d'immeubles en instance de vente
a) BIC - possibilité d'étalement ou système du quotient si les profits ne sont pas habituels; - application éventuelle du prélèvement de 50 % si le cédant n'a pas d'établissement en France (art 244 bis du CGI) b) PV immobilière privée si l'opération se rattache à la gestion du patrimoine privé.	Dualité éventuelle de régime avec faculté de substitution rétroactive. a) application du régime spécial des achats en vue de la revente prévu par l'article 1115 du CGI (DE ou TPF au taux réduit de 0,60 %) b) faculté d'option pour le régime de la TVA immobilière si le terrain à bâtir ou le bien assimilé est destiné à être revendu à un constructeur	Dualité éventuelle de régime a) application du régime général de la TVA prévu par l'article 257-6° du CGI relatif aux opérations portant sur les immeubles [1] b) mais application du régime particulier de la TVA immobilière pour les cessions qui entrent dans les prévisions de l'art 257-7° du CGI (ex : vente de terrains à bâtir ou d'immeubles bâtis neufs)	Application soit du régime général de la TVA de l'art 257-6°, soit de la TVA immobilière de l'art 257-7° selon que la cession de titres intervient plus ou moins de 5 ans suivant l'achèvement des immeubles. Dans les deux cas, la TVA est assise sur la marge	a) imposition des loyers dans la catégorie des BIC au titre des profits accessoires b) remboursement de la TVA ayant grevé la construction de l'immeuble loué qui est sorti du champ d'application de la TVA immobilière et dont les loyers ne sont pas assujettis à la TVA [2]

(¹) Sur le calcul de la marge servant d'assiette à la TVA, v. CAA Bordeaux, 27 mai 1992, n° 91-18, *DF,* 1993, n° 42, com. 2008, concl. J. Catus.

(²) Sur le fait générateur de la régularisation, v. CE, 9 octobre 1992, n° 82144, *DF,* 1993, n° 17-18, com. 933 *bis,* concl. M.-D. Hagelstein ; *RJF* 12/1992, n° 1646.

(³) Il s'agit de droits sociaux dont la possession assure, en droit ou en fait, l'attribution en propriété ou en jouissance d'immeubles ou de fractions d'immeubles.

203 *Régime de droit commun des droits d'enregistrement applicables aux ventes d'immeubles*

Droits cumulatifs	Tarif applicable
Droit départemental d'enregistrement ou taxe de publicité foncière (articles 683 et 1594 D du CGI)	15,40 % (le cas échéant modifié par les conseils généraux)
Taxe locale additionnelle perçue au profit de la commune ou d'un fonds de péréquation départemental (articles 1584 et 1595 bis du CGI)	1,20 %
Taxe régionale (art 1599 sexies du CGI)	fixé par les conseils régionaux dans la limite maximum de 1,60 %
Prélèvement au profit de l'Etat pour frais d'assiette ou de recouvrement, assis sur le montant du droit départemental (article 1647 V du CGI)	2,50 %
Droit de timbre de dimension (articles 899-1° et 905 du CGI)	tarif établi en fonction de la dimension du papier

NB. — Ces droits sont majorés du salaire du conservateur des hypothèques (art. 296 de l'annexe III au CGI).

204 *Régimes d'exonération et de taxation atténuée des droits d'enregistrement applicables aux ventes d'immeubles*

A / Opérations exonérées de tout droit de mutation

Opérations assujetties à la TVA immobilière (mais application de la taxe de publicité foncière pour les opérations autres que celles portant sur des terrains à bâtir et biens assimilés)	art. 257-7°, 691 et 692
Acquisition d'immeubles par l'Etat, par certains établissements publics de l'Etat, par les collectivités locales et leurs établissements publics	art. 1040 et 1042-I
Sur décision du conseil général, les cessions de logements HLM à leurs locataires et diverses cessions de logements sociaux	art. 1094 G, 1094 H et 1094-I
Acquisitions réalisées dans les ZAD, les ZIF ou en application du droit de préemption urbain	art. 696
Acquisitions d'immeubles réalisées par des organismes de Sécurité sociale	art. 1027, 1084 et 1085
Acquisitions réalisées dans le cadre d'expropriations et d'opérations assimilées	art. 1045 à 1047

B / Droit départemental au taux réduit de 0,60 %

Mutations faites dans le cadre d'opérations de rénovation urbaine	art. 693
Acquisitions réalisées par les sociétés d'Etat et les sociétés d'économie mixte	art. 694
Cessions de terrains classés faites aux collectivités locales	art. 695
Acquisitions d'immeubles par les sociétés de crédit-bail	art. 698 et 698 *bis*
Opérations immobilières réalisées par les SAFER	art. 1028 et 1025 *bis*
Transmission d'immeuble par un organisme d'intérêt public à un établissement d'utilité publique	art. 1039
Opérations résultant de remembrements fonciers	art. 1055
Acquisitions immobilières faites par les organismes d'aide sociale et d'assistance à l'enfance	art. 1066 et 1067
Acquisitions d'immeubles par les mutuelles et organismes assimilés	art. 1080, 1087 et 1089
Achats effectués en vue de la revente par les marchands de biens	art. 1115

C / Droit départemental au taux réduit de 3,60 %, éventuellement modifié

Opérations réalisées dans le cadre de l'aménagement du territoire	art. 697
Acquisitions faites par les locataires dans le cadre de contrats de crédit-bail	art. 698
Acquisitions faites par les mutuelles, associations culturelles et certaines associations reconnues d'utilité publique (mais les acquisitions faites par les mutuelles de retraite des anciens combattants sont exonérées en application de l'article 1594-I du CGI).	art. 713

D / Droit départemental au taux réduit de 4,20 %, éventuellement modifié

Acquisitions d'immeubles à usage d'habitation ou de garage	art. 710 et 711

E / Différentes réductions du droit départemental en faveur des acquisitions d'immeubles ruraux

Le tarif de droit commun est de 13,40 %	art. 701
Multiples régimes particuliers	art. 702 à 709
	art. 1594 F, F *bis* et F *ter*

F / Abattement de 600 000 F sur l'assiette des droits de mutation à l'occasion de la première cession à titre onéreux de logements acquis neufs entre le 1er juin 1993 et le 31 décembre 1994	art. 1055 *bis*

205 *Redevances et taxes d'urbanisme*

A / *Participations exclusives de la TLE*

Participation des constructeurs en secteur d'aménagement (art. L. 332-9 C. urb.).
Participation des lotisseurs, des aménageurs de terrains destinés à l'accueil d'habitations légères de loisir et des associations foncières urbaines de remembrement (art. L. 332-12 C. urb.).
Participation pour la réalisation des aménagements dans les ZAC (art. L. 311-1 s. C. urb.).

B / *Participations susceptibles d'être exigées en sus de la TLE*

1 - *Participations fiscales*

Participation pour dépassement du COS (art. L. 332-1 s. C. urb.).
Versement pour dépassement du PLD (art. L. 112-2 s. C. urb. et art. 1723 *octies* et s. du CGI).
Taxe départementale des espaces naturels sensibles (art. L. 142-2 et s. C. urb.).
Taxe départementale pour le financement des CAUE (art. 1599 B du CGI).
Taxe spéciale d'équipement routier de la Savoie (art. 1599 OB du CGI).
Taxe complémentaire à la TLE établie au profit de la région Ile-de-France (art. 1599 *octies* du CGI).
Participation des riverains dans les départements du Haut-Rhin, du Bas-Rhin et de la Moselle (art. L. 332-6-1-3° C. urb.).
Redevance pour création de bureaux et de locaux de recherche en Ile-de-France (art. L. 520-1 et s. C. urb.).
Taxe annuelle sur les locaux à usage de bureaux perçue en Ile-de-France (art. 231 *ter* du CGI).

2 - *Participations de nature non fiscale*

Participation pour raccordement à l'égout (art. L. 35-4 du C. de la Santé publique).
Participation pour réalisation de parcs publics de stationnement (art. L. 421-3 C. urb.).
Participation pour la réalisation d'équipements publics exceptionnels (art. L. 332-8 C. urb.).
Participation pour la réalisation des équipements des services publics industriels ou commerciaux (art. L. 336-6-1-2° C. urb.).
Cessions gratuites de terrains destinés à être affectés à certains usages publics (art. L. 332-6-1-2° *e* C. urb.).
Réalisation des équipements propres à l'opération (art. L. 332-15 C. urb.).
Participation sous forme de travaux nécessaires à la viabilité et à l'équipement de la construction (ancienne participation au financement des branchements) (art. L. 332-6 C. urb.).

206 *Typologie des sociétés immobilières dégagée par M. Cozian*

Qualification des sociétés	Types de sociétés	Caractéristiques au regard de l'IS	Situation des associés
Sociétés semi-transparentes	Sociétés civiles immobilières de droit commun et sociétés assimilées (sociétés civiles de construction-vente et sociétés civiles de placement immobilier).	Sociétés de personnes placées hors du champ d'application ou exonérées de l'IS mais passibles de cet impôt en cas de déchéance	directement imposables à l'IR (dans la catégorie des RF ou des BIC) ou à l'IS à raison des bénéfices distribués ou mis en réserve
Sociétés opaques	Sociétés passibles de l'IS à raison de leur forme, de leur objet ou d'uneoption pour ce régime	Sociétés assujetties à l'IS	Sont des actionnaires imposables à raison des dividendes distribués à l'IR ou à l'IS, et qui bénéficient de l'avoir fiscal
Sociétés transparentes	Sociétés d'attribution ou sociétés de pluripropriété	Sociétés exonérées de l'IS quelle que soit leur forme juridique mais passibles de cet impôt en cas de déchéance	Assimilés à des propriétaires directs d'immeubles. Exonération de l'avantage en nature que procure la jouissance de l'immeuble
Sociétés translucides	Sociétés d'investissement	Sociétés de capitaux exonérées de l'IS sauf pour certaines opérations ou dans la perspective d'un retour au droit commun	Sont des actionnaires imposables à raison des dividendes distribués à l'IR ou à l'IS sans bénéficier de l'avoir fiscal

207 *Fiscalité des sociétés immobilières placées hors du champ d'application ou exonérées de l'IS*

Types de société	Forme juridique	Objet social	Revenus ou avantages versés aux associés	Plus values de cession d'immeubles	Régime fiscal des cessions de titres
Sociétés immobilières de gestion patrimoniale (art 8 du CGI)	En principe sociétés de personnes, de forme civile ou commerciale, énumérées par l'art 8 du CGI	location d'immeubles nus ou mise à disposition gratuite des associés de tels immeubles	revenus fonciers ou BIC selon la nature de l'activité et la qualité de l'associé (art 8 et 238 bis K du CGI)	PV des particuliers ou PV professionnelles selon la qualité des associés	- Les cessions de titres peuvent suivre le régime des cessions d'immeubles (v. art. 150 A bis, 727, 728 du CGI, plus values de cessions de parts de SCPI)
Sociétés immobilières de construction-vente (art 239 ter du CGI)	Sociétés civiles ou sociétés en nom collectif	construction d'immeubles en vue de la vente	BIC	les cession d'immeubles bâtis génèrent des bénéfices d'exploitation ; les cessions de terrains non bâtis présentent un caractère exceptionnel eu égard à l'objet social	
Sociétés civiles de placement immobilier (art 239 septies du CGI)	Sociétés civiles autorisées à faire publiquement appel à l'épargne	acquisition et gestion d'un patrimoine immobilier locatif	revenus fonciers ou BIC selon la qualité de l'associé	caractère exceptionnel de telles cession (loi du 4 janvier 1993)	
Sociétés immobilières de copropriété transparentes (art 1655 ter du CGI)	indifférente	construction, acquisition, gestion, location d'immeubles destinés à être attribués aux associés en propriété ou en jouissance	revenus fonciers ou BIC, exonération on non de l'avantage en nature procuré aux associés (art 239 octies du CGI	régime des PV des particuliers ou des PV professionnelles selon la qualité des associés	Assimilation des cessions de droits sociaux à des cessions d'immeubles au regard de l'imposition des PV, de l'application des droits de mutation ou de la TVA immobilière
Sociétés de pluripropriété (art 239 octies du CGI)	indifférente	transfert aux associés de la jouissance de biens immeubles	exonération de l'avantage en nature procuré aux associés (art 239 octies du CGI)	régime des PV professionnelles puisque sont des sociétés commerciales par leur objet et très souvent par leur forme	
Société immobilière d'investissement (art 208 B du CGI)	Sociétés de capitaux agréées par les pouvoirs publics	exploitation d'immeubles locatifs affectés à l'habitation	revenus mobiliers ou impôt sur les sociétés selon la qualité des associés	caractère exceptionnel de telles cessions admises par mesure de tolérance	régime fiscal des cessions de titres pour l'imposition des PV et l'application des droits de mutation

208 *Qualification des rémunérations versées aux gérants et dirigeants de sociétés immobilières*

Sociétés civiles relevant de l'art 8 du CGI	- revenus fonciers lorsque les rémunérations sont versées à des associés personnes physiques - BIC lorsque les rémunérations sont perçues distinctement par le gérant qui ne détient qu'une faible participation ou par un gérant non associé lorsqu'ils exercent l'activité commerciale de gestion d'affaires - - traitements et salaires pour les rémunérations perçues par un gérant non associé
Sociétés immobilières passibles de l'IS en raison de leur forme, d'une option ou de leur objet	- régime de l'art 62 du CGI pour les rémunérations versées aux administrateurs, aux gérants ou aux associés en contrepartie des fonctions exercées - BNC pour les rémunérations versées aux associés ayant la qualité d'administrateurs de sociétés civiles ayant exercé l'option pour l'IS (solution administrative)
Sociétés de copropriété transparentes visées à l'art 1655 ter du CGI	- BIC dès lors que le dirigeant exerce l'activité commerciale de gestion des affaires d'autrui
Sociétés de construction-vente de l'art 239 ter du CGI	- BIC pour les rémunérations perçues par un associé-gérant ou un gérant non associé, en contrepartie d'une activité de gestion d'affaires - traitements et salaires dans le cas d'un gérant non associé placé dans une situation de subordination

NB. — La catégorie des rémunérations des dirigeants de sociétés est très hétérogène. La nature des rémunérations dépend du type de société, de la qualité du bénéficiaire et de la nature des fonctions exercées.

209 *Fiscalité du bail à construction*

Opérations imposables	Situation fiscale du bailleur	Situation fiscale du preneur
Conclusion du contrat faculté d'opter pour l'assujettissement à la TVA immobilière, quoique le bail à construction entre par définition dans les prévisions de l'art 257-7° du CGI (exonération corrélative du droit de bail en cas d'option)	est le redevable légal de la TVA immobilière : - si le terrain était antérieurement placé dans le champ de la taxe - s'il choisit de prendre cette qualité pour exercer ses droits à déduction (de la taxe qui a grévé l'acquisition du terrain et qu'il a acquittée à l'occasion des travaux d'aménagement du terrain) L'opération est assimilable à une cession de terrain à bâtir	est le redevable légal de la TVA immobilière si le terrain n'était pas placé antérieurement dans le champ de la taxe. Il exerce son droit à déduction de la taxe dès la conclusion du contrat. Par la suite la TVA ayant grevé la construction de l'immeuble est déductible - soit de la TVA due à raison de la réalisation d'opérations imposables - soit de la TVA due à raison de l'assujettissement à la TVA de la livraison à soi-même de l'immeuble.
Location	- imposition des revenus locatifs (revenus fonciers ou BIC)	déduction des loyers des bénéfices professionnels
Transfert de propriété (intervenant normalement en fin de bail)	- imposition à l'IR ou à l'IS de la valeur des constructions revenant gratuitement au bailleur en fin de bail, avec une répartition sur 15 ans (art 33 ter I du CGI) et sur une assiette réduite (art 33 ter II du CGI) ; exonération si la durée du bail excède 30 ans - imposition du profit immobilier provenant de la cession du terrain au preneur selon les règles de l'article 151 quater du CGI - assujettissement à la taxe de publicité foncière ou à la TVA immobilière selon le cas, de la cession de ses droits par le bailleur au preneur (la cession des droits à un tiers n'entre jamais dans le champ des opérations visées à l'art 257-7° du CGI)	- application de la taxe de publicité foncière ou de la Tva immobilière selon le cas, à la cession de ses droits par le preneur au bailleur ou à un tiers (art. 1378 ter du CGI)

Opérations imposables		Situation fiscale du bailleur
location de l'immeuble		a) imposition des loyers dans la catégorie correspondante (revenus fonciers, BIC), à l'exception des acomptes à faire valoir sur le prix de cession b) à défaut de texte, les loyers ne sont pas assujettis à la TVA et supportent le droit de bail, lequel peut être mis par convention à la charge du preneur c) déduction immédiate par les professionnels de l'immobilier de la TVA ayant grevé l'acquisition ou la construction de l'immeuble loué dès lors que l'immeuble est destiné à être vendu dans le délai de 5 ans prévu par l'art. 257-7° du CGI
Vente de l'immeuble et transfert de propriété[1]	levée de l'option	a) le profit résultant de la cession est, selon le cas un bénéfice d'exploitation (dans le cas des professionnels de l'immobilier) ou une plus value privée ou professionnelle b) application de la TVA immobilière si la cession entre dans les prévisions de l'art. 257-7° du CGI ou dans l'hypothèse visée au (1) ; application de la TVA de l'article 257-6° si le bailleur est un marchand de biens ou un promoteur.
	non-levée de l'option	a) reversement de la TVA déduite à défaut de vente dans les 5 ans suivant l'achèvement b) application de la TVA de l'art. 257-6° sur la marge en cas de cession postérieure par un professionnel de l'immobilier c) assujettissement à la TVA des indemnités de résiliation versées par le preneur à un assujetti à la TVA.

(1) La conclusion du contrat vaut vente au regard de la TVA s'il comporte une majoration de l'indemnité de résiliation au profit du vendeur ; mais la TVA n'est acquittée qu'à la date du transfert de propriété ou au plus tard le 1er janvier de la 5e année suivant l'achèvement de l'immeuble.

Index[1]

1. Les chiffres renvoient aux numéros et non aux pages.

Table des matières

PREMIÈRE PARTIE

LA FISCALITÉ IMMOBILIÈRE « STRICTO SENSU »

TROISIÈME PARTIE

LA FISCALITÉ IMMOBILIÈRE GÉNÉRALE

Imprimé en France
Imprimerie des Presses Universitaires de France
73, avenue Ronsard, 41100 Vendôme
Janvier 1996 — N° 41 115